조선 건국과 경국대전체제의 형성

The Founding of the Joseon Dynasty and the Completion of *Kyungguktaejun* System

edited by Oh, Young-kyo

이 저서는 2002년도 한국학술진흥재단의 지원에 의하여 연구되었음
(KRF-2002-074-AM1012)

연세국학총서 46
조선 국가의 구조와 경영 1

조선 건국과
경국대전체제의 형성

오 영 교 편

혜안

편자 서문

요즈음 우리 사회는 '탄핵정국'의 와중에서 갖가지 갈등과 대립이 나타나고 있다. 국민들은 수많은 정치인과 정당, 대의기구의 존재에도 불구하고 진정한 국민의 의사를 대변하는 절차와 기능에 대해 깊은 회의를 품고 있다. 현존 정치제도의 문제, 정치운영 시스템의 작동의 문제가 제기되고 있다.

새삼스러운 말이지만 우리는 2000여 년에 걸쳐 국가를 경영해 온 유구한 역사적 전통과 경험을 갖고 있는 민족이다. 여러 도전과 난관에도 불구하고 이러한 국가경영의 전통은 연속성을 갖고 계승·발전되어 왔다. 그러나 개항 이후 서구 제국주의의 침략을 받으면서 우리의 역사적 전통과는 단절된 채 서구의 정치사상과 제도에 의해 압도되어 온 것이 저간의 현실이었다. 오늘날 우리의 정치 현실이 난맥상을 노출하고 있는 데는 바로 이와 같은 역사적 전통·풍토와의 단절에도 그 원인의 일단이 있다고 할 수 있다. 인문학, 역사학의 입장에서 바라보는 현실에 대한 단상이다.

조선사회에서 축적된 국가경영의 경험은 극심한 체제변동에 대응하여 새로운 사유체계, 정치이념, 문화를 생산하고 그것을 현실화하는 가운데서 얻은 자산이었다. 그것은 한편 국가·사회를 최고의 수준으로 운영하고자 하는 이상과 그것의 좌절 혹은 현실화의 과정이기도 했다. 조선 건국 후의 '經國大典體制'의 성립과 수정, 재정립과 좌절에 이르기까지의 과정은 조선사회가 갖는 이러한 움직임을 풍부하게 잘 보여주는 경우라 하겠다.

　본 연구는 조선시대 국가경영의 이상과 현실이라는 주제 하에 조선왕조의 건국에서 '개항' 직전까지의 시기를 대상으로 '경국대전체제'의 변동 과정을 살펴보고자 한다. 여기에서 '경국대전체제'란『경국대전』을 근간으로 하여 형성된 조선의 국가체제 전반을 의미하는 것이다. 우리는『경국대전』과 이후 여러 법전에 수록된 法 規定의 범위를 넘어, 조선의 정치・경제・사회・문화 전 영역을 포괄하는 의미로 '경국대전체제'라는 용어를 사용하고자 한다.

　이 주제의 해결을 위해 조선시대 역사(사상사・사회사・과학사・정치사)・철학・문학을 전공한 10명의 연구자들이 모여 연구팀을 구성하였고, 2002년도 학술진흥재단의 기초학문육성 지원과제에 선발되어 소정의 연구비를 지급 받을 수 있었다. 본 연구팀은 해당과제의 연구를 효율적으로 수행하기 위해 크게 조선전기 국가 성립기에서부터 변동기를 거쳐 19세기 개항 직전까지를 대상으로, 모두 3단계로 나누어 작업이 진행되도록 구상하였다. 1차 년도 수행주제는 '朝鮮의 建國과 經國大典體制의 형성', 2차 년도 수행주제는 '兩亂後 국가위기 수습과『續大典』편찬', 3차 년도 수행주제는 '勢道政權期 체제변동과『大典會通』의 성립'으로 구성되어 있다.

　본 연구서는 이같이 3년으로 기획된 연구과제의 1차 년도 작업을 결산하는 보고인 셈이다. 여기에는 조선의 건국과 '경국대전체제'의 형성, 그리고 16세기 그러한 체제운영을 둘러싸고 일어난 훈구파・사림파 등 여러 사회세력의 갈등과 다양한 문화간의 충돌 과정을 다루었다. 구체적인 세부 과제로서 '조선의 건국과 유교문화의 확대', '조선전기 법전의 정비와『經國大典』의 성립' 등 10개의 논문을 수록하였다. 이상 10개 주제에 대한 연구를 통해, 우리는 고려 멸망과 조선 개국의 역사변화가 갖는 의미, 그리고 15, 16세기 사회 변화가 갖는 구체적인 내용을 정치사·경제사·사회사·사상사·법제사의 여러 영역에서 다원적으로 파악하고자 했다.

본 연구는 다음의 문제해결에 기여할 것으로 감히 기대해 본다.

첫째, 현 단계 우리학계에서 이룩한 朝鮮史 연구의 성과를 일정하게 담아내는 한편 재차 그 영역·연구분야의 확대를 모색하는 계기로 삼고자 한다. 지금까지 국가경영의 이념에 대한 연구나 法思想·法理念에 대한 연구에 대해 학계의 이해가 제한적이었는데, 본 연구를 통해서 이들 영역을 분석하고 종합할 수 있는 방법론과 논리틀 그리고 그 시각을 보다 넓게 확장할 수 있을 것이다.

둘째, 본 연구서는 조선시대 정치계와 사상계, 문화계 일반의 동향을 통일적으로 이해할 수 있는 근거를 마련하는 데 도움이 될 것이다. 10개의 소주제만으로는 다루고자 하는 과제를 충분히 소화할 수 없지만, 여러 영역에서 제기되는 문제를 일관된 맥락에서 상호 연관 지우며 해명한다면, 조선전기 역사상을 폭넓게 조망할 수 있을 것이다.

셋째, 연구의 방법과 관련하여 본 연구서는 역사학, 철학, 국문학, 과학사학 영역의 문제의식과 방법을 최대한 활용하면서 이루어진 것이다. 그런 점에서 이들 여러 학문과의 學際間 硏究를 진행한 셈이 되는데, 인접한 학문영역의 장벽을 허물며 그 성과를 효율적으로 이용하는 방법론을 적극적으로 개척하는 의미를 지닌다고 할 것이다.

지니고 보니 지난 1년 동안 연세대학교 국학연구원 한국사상 연구실(백양관 620호)에서 10명의 연구자들이 수시로 모여 수많은 학담회와 월례발표회를 통해 다양한 의견을 주고받았다. 다른 연구팀과 달리 문·사·철의 학제간 연구를 위해 학맥의 전통과 학문적 경험을 공유한 비슷한 연배의 학자들이 모여 동일한 시기의 정치·사회·문화구조에 대해 끝없는 대화를 나누고 고민하면서 상호 가진 시각과 방법론의 교정을 모색했다. 이 과정에서 연구방법론 상의 상이점이 확인되기도 했으나 이해와 조정을 거쳐 연구논문이 발표되었으며, 개별 연구자의 연구 역량은 더욱 배가될 수 있었다. 따라서 본 연구는 10명의 연구 자들이 각자의 연구분야에 대해 독자성을 유지하면서도 공동의 문제 의식을 개척하며 공유한, 일종의 공동작업인 셈이 된다.

그러나 의욕이 앞선 나머지 충분히 해결하지 못한 미흡한 점과 아쉬 운 점이 눈에 많이 띈다. 특히 학제간을 불문하고 공통적으로 소용되 는 '경국대전체제'에 대한 새로운 개념규정이 말끔히 정리되지 못한 것 이 가장 크게 걸린다. 이는 2차, 3차 년도 과제 진행 과정에서 보다 신 경 써서 해결해야 할 부분이다. 본 연구팀은 과제의 미진한 부분을 해 결하기 위해 더욱 노력할 것이다.

본 연구서가 나오기까지 여러 기관의 도움이 있었다. 우선 본 과제 의 수행을 위해 연구비를 지원해주신 학술진흥재단 관계자들께 감사 드린다. 이 연구비로 인해 해당 연구자들이 지닌 연구역량이 누수되지 않고 그대로 보존되며 더 발전할 수 있었음을 확인하게 된다. 또한 원 활한 연구를 위해 연구실을 제공하고 갖가지 행정실무를 담당하며, 이 렇게 국학총서로서 책자를 발간할 수 있도록 지원해준 연세대학교 국 학연구원에 대해 사의를 표한다. 아울러 사료집 정리와 각종 학술세미 나에 참여하여 작업해준 황병기·정두영 선생 등 14명의 연구보조원 들에게도 고마운 말씀을 전한다. 끝으로 혜안출판사 오일주 사장을 비 롯 편집부 여러분께도 감사드린다. 관련 동학들의 많은 비판과 질책을 기대한다.

2004년 5월 20일
오영교 謹識

차 례

제2부 집권체제의 사회경제 운영구조

CONTENTS

조선 건국과 경국대전체제의 형성

제1부
조선의 건국과 경국대전체제의 성립

조선의 건국과 유교문화의 확대

도 현 철*

1. 머리말

고려말 사대부들은 직면한 대내외적 위기상황을 개혁정치를 통해
수렴하고 위화도회군과 私田改革을 추진하면서, 조선왕조를 개창하였
다. 그리고 이들은 하은주 삼대를 이상사회로 하는 새로운 국가건설,
국가경영을 지향하였다.[1]

이들은 이를 위해서 성리학을 개혁사상으로 삼아 체제를 개편하고
새로운 사회질서를 확립하고자 하였다. 그런데, 구래의 정치사상을 새
로운 정치사상으로 대치하고 정치제도를 개혁하는 것은 현실의 이해
관계와 긴밀히 결합되어 있었으므로 간단히 정리되어 현실화될 수 있
는 문제가 아니었다. 또한 건국 주체사들 간에는 유불 교대에 대한 다
양한 의견이 제기되었고, 새로운 국가상 예컨대 권력구조, 지배방식에
대한 서로 다른 견해가 존재하였다. 특히 불교는 왕실, 사대부 그리고
일반 민에게 오랫동안 종교 신앙으로 기능하였고, 성리학의 이념에 따
라 일순간에 완전히 없앨 수 없었다. 향촌사회의 재편 문제 역시 지방

---

* 연세대학교 조교수, 국사학
1) 李相佰, 『李朝建國의 研究』, 을유문화사, 1949 ; 韓永愚, 『鄭道傳思想의 研
   究』, 서울대학교 출판부, 1973/1983 ; 『朝鮮前期社會經濟研究』, 을유문화사,
   1983.

세력의 이해와 직결되었으므로, 지방 토착세력이 바로 새로운 왕조의
일원으로 참여하기 어려웠다.[2] 불교와 도교와 같은 신앙에 근거하여
향촌사회를 이끌어갔던 지방세력은 성리학을 이념으로 받아들인 건국
주체세력의 의도대로 따르기 쉽지 않았던 것이다. 결국은 유교 성리학
의 정치사회사상이 조선의 지배 체제를 보수, 안정화시키는 이념근거
로서 받아들여지지만, 이것이 현실정치사회에 뿌리내리는 데에는 많은
우여곡절이 존재하고 조선초기의 역사상을 풍부하게 하고 있었다.

요컨대 건국당초 조선왕조가 해결해야 할 과제는 성리학적 질서의
수립문제 곧 현실에 강하게 영향력을 행사하고 있는 불교와 같은 異端
을 비판하고 이와 연결된 정치사회세력을 제어하며 성리학적 이념이
담긴 중앙집권적 정치체제를 확립하는 일이었다.

조선건국의 의의나 조선초 사회의 성격에 대해서는 많은 논란이 존
재한다. 조선초기 사회를 중세로 볼 것인가 아니면 근세사회로 볼 것
이냐 하는 시대구분 문제에서, 정치, 경제, 사회, 사상 각 분야별 변화
의 내용과 성격에 이르기까지 다양한 견해가 제시되어 있다.[3]

본고에서는 기왕의 연구성과에 유의하면서 건국 주체자들의 정치사
상적 지향을 살펴보고 새로운 사회질서를 정립해 가는 과정을 이해하
며 불교와 같은 異端・邪說의 비판과 성리학의 정착・분화과정을 파
악함으로써, 왕조 성립의 역사적 성격 나아가 경국대전 체제로 집약되
는 조선의 정치체제의 특성을 이해하는 데 많은 시사를 얻고자 한다.[4]

---

2) 강은경, 『高麗時代 戶長層硏究』 혜안, 2002 ; 蔡雄錫, 「여말선초 향촌사회의
   변화와 埋香활동」, 『歷史學報』 173, 2002.

3) 조선건국의 의의에 대한 최근의 연구가 있다(이경식, 「조선건국의 성격문제」,
   『한국중세사회의 변화와 조선건국』, 연세대학교 국학연구원 제336회 국학연
   구발표회 발표문, 2003).

4) 조선전기 성리학에 대한 연구로 다음이 참고된다(權延雄, 「世宗朝의 經筵과
   儒學」, 『世宗朝文化硏究(Ⅰ)』, 한국정신문화연구원편, 1982 ; 文喆永, 「朝鮮
   前期 儒學思想의 歷史的 特性」, 『韓國思想史大系』 1991, 한국정신문화연구
   원 ; 許南進, 「朝鮮前期의 性理學硏究」, 『國史館論叢』 26, 1991 ; 김항수, 「조

2. 조선의 건국과 성리학적 정치사상

1) 조선의 건국과 사상재편 운동

조선의 건국은 성리학을 수용한 사대부의 불교비판과 정치사회개혁
과정에서 이루어졌고, 그런 점에서 유교에 의한 정치사회 사상의 확립
과 그에 입각한 체제정비는 지속될 수밖에 없었다. 조선의 건국으로
여말의 개혁작업이 완료된 것이 아니었고, 고려시대의 인물들이 모두
중앙정계에서 물러난 것이 아니었다. 조선은 태조의 즉위교서에서 밝
히고 있듯이5) 고려의 문물제도를 이으면서 성리학의 이념에 입각한
새로운 국가체제를 확립하고자 하였다.

건국 주체인 사대부는 성리학을 개혁사상으로 하여 새로운 왕조를
개창하였다. 이들은 무인집권기와 원 간섭기, 고려 최말기에 이르는 대
내외적 위기상황, 체제변동을 타개하기 위하여 개혁정치를 추구하였
고, 성리학의 정치사상을 활용하였다. 이들은 공민왕의 반원개혁 이후
회복된 고려 왕정을 정상화하고 안정시키는 데 주력하였고, 특히 공민
왕 16년 중영된 成均館을 통하여 성리학을 현실사회를 이끌어 가는 이
념으로 삼고자 하였다.6)

하지만, 이들은 공민왕의 죽음과 우왕의 보수정치 속에서 사상과 행
동에 상이점이 보이기 시작하고 위화도회군과 공양왕의 즉위 과정에

선전기의 정치사상」, 『한국사』 8, 1994, 한길사 ; 이범직, 김용곤, 「성리학의
보급」, 『한국사』(조선 초기의 문화 Ⅰ) 26, 1995 ; 琴章泰, 「世宗代의 哲學思
想」, 『朝鮮前期의 儒學思想』 서울대학교 출판부, 1997 ; 鄭在薰, 「朝鮮前期
儒敎政治思想 硏究」, 서울대학교 박사학위논문, 2001. 그리고 조선전기 유학
과 관련된 연구정리로는 다음의 글이 있다(고영진, 「성리학의 발전」, 『한국역
사입문 - 중세편』 1995).

  5) 『太祖實錄』 권1, 원년7월정미(1책, 22쪽).
  6) 閔賢九, 「辛旽의 執權과 그 政治的 性格」, 『歷史學報』 38, 40, 1968 ; 이익주,
    「공민왕대 개혁의 추이와 신흥유신의 성장」, 『역사와 현실』 15, 1995.

서 분화하였다. 즉 이들은 성리학적 질서를 지향한다는 점에서 일치하
였으나, 체제개편, 새로운 왕조의 개창에 견해를 달리했다. 이색 계열
사대부는 王政을 복구하여 집권 관료제의 정상적인 운영을 도모하여
‘先王之法’·‘古制’·‘舊制’·‘舊法’으로 표현되는 고려의 옛 官制와 制
度를 復舊하려고 하였다. 반면에 정도전 계열 사대부는 당시의 전반적
인 법과 제도의 폐해를 철저히 개혁하여 일원적인 중앙 집권적 정치체
제를 확립하려고 하였다. 이들은 유교정치의 이상인 ‘先王之法’도 가감
할 수 있다는 입장을 취하였고,7) 舊法(舊制)을 개혁하여 新法을 제정
하고 維新의 정치를 도모하였다.8) 결국 정도전, 조준을 비롯한 개혁파
사대부들은 이성계를 옹립하여 성리학을 국시로 하는 조선왕조를 건
국하였다.

　조선의 건국 주체들은 불교를 배격하고 유교정치를 표방하였다. 이
들은 仁義정치를 내세우면서 조선의 성립이 天命과 人心에 순응하는
것임을 강조하였다. 종래 고려가 불교에서 제시하는 초월적 권위를 내
세우면서 왕실의 권위를 유지하였다면, 조선은 유교의 현실적이고 세
속적인 명분을 내세워 왕권의 권위를 정당화하려고 하였다. 성리학의
이상정치를 추구한 유학자들이 왕정에 참여하고 국왕이 유교적 이상
군주가 되며 유교이념에 맞는 관료정치를 추구하였던 것이다.9)

　이러한 유교 정치이념의 확립과 체제정비 그리고 새로운 정치사회
질서의 수립에는 불교비판이 필요하였다. 성리학을 국정교학으로 정함
으로써 유학을 正統, 正學으로 파악하고 불교와 도교와 같은 사상을
유학에 대한 異端, 邪說로 규정한 결과였다. 이때 불교는 고려의 국가
이념이면서 사회모순, 사회변동을 일으키는 근본원인으로 인식되었기
때문에 불교비판은 철저한 것이어야 했다.

---

7) 『高麗史』권117, 列傳 권30 李詹(하책, 579쪽), “成均博士金貂上書曰……先
　王之法猶有所損益之者”.

8) 都賢喆, 『高麗末 士大夫의 政治思想硏究』, 一潮閣, 1999.

9) 李泰鎭, 「朝鮮王朝의 儒敎政治와 王權」, 『韓國史論』23, 1990, 104~107쪽.

　조선초기 사상계를 대표하는 정도전과 권근의 저작인 『佛氏雜辨』과 『五經淺見錄』은 성리학을 국정교학으로 파악하는 정치철학적 관점이 제시되어 있다. 『佛氏雜辨』은 宋儒의 理氣論과 心性情說에서 제시한 성리학적 세계관에 입각해서, 心法과 佛性을 본질적 존재로 보고 현상세계를 幻妄으로 부정하는 불교적 세계관을 辨斥한 것이다. 이에 의하면, 불교는 心의 작용인 性을 空으로 보고 일체의 작용이 허망하다고 하여 이치를 궁구하지 않는다. 따라서 불교는 도덕적 원리로서의 天理를 心 속에서 밝혀내지 못하게 되어 도덕적 원리(天理)를 어기는 일도 정당화된다는 것이다. 이는 유학의 논리를 보강한 성리학의 수용을 통해서 虛學인 불교에 대한 實學으로서의 유교의 입장을 천명하는 것으로서 불교의 존재의의를 부정하는 근거가 될 수 있었다. 성리학은 修己治人을 지향하여 格物·致知, 齊家·平天下에 이르는 방법을 철학적으로 정립한 것이고, 理氣, 體用 등의 개념을 통하여 실제적이고 체계적인 논리로 세계와 인간을 그 자체로서 긍정하는 학문이기 때문이다.[10]

　또한 건국의 주체세력들은 윤리사상이나 사회경제적인 면에서 불교를 비판하였다. 이들은, 고려말에 김초나 박초가 상소문에서 지적하듯이, 불교를 아비도 없고 임금도 모르는 '無父無君'의 비윤리사상으로 파악하고, 불교나 巫俗의 의례를 淫邪로 배격하여 祀典에 기재된 유교식 예제만을 행하라고 하였다. 또한 이들은 사원을 役을 피하는 避役逃賦의 소굴로 이해하였다.[11] 승려들은 一身만을 도모하며 소비만하

---

10) 韓永愚, 「人性論 實踐論」, 『鄭道傳 思想의 硏究』, 서울대학교 출판부, 1973/1983 ; 金駿錫, 「朝鮮前期의 社會思想」, 『東方學志』 29, 1981 ; 柳仁熙, 「退·栗 이전 朝鮮性理學의 問題發展」, 『東方學志』 42, 1984 ; 琴章泰, 「三峰 鄭道傳의 佛敎批判論과 社會思想」, 『朝鮮前期의 儒學思想』, 서울대학교 출판부, 1997.

11) 『高麗史』 권119, 列傳 권32 鄭道傳(하책, 611쪽) ; 『高麗史』 권117, 列傳 권30 李詹(하책, 580-581쪽) ; 『高麗史』 권120, 列傳 권33 金子粹(하책, 634쪽).

는 무익한 존재이고, 사원 역시 노비와 토지를 소유하는 가운데 국가
의 경제기반을 약화시키는 존재로 인식하였던 것이다. 그리하여 조선
은 태조 즉위교서에서 성리학을 국정교학으로 천명한 이래, 현실에 남
아 있는 불교 제거작업을 벌인다. 태종 연간에 전국에 242寺만 남겨놓
고 그 이외의 사원을 폐지하였고, 이에 소속된 토지와 노비를 관에 몰
수하였다.[12]

물론 조선 건국 이후에도 비유학적 요소는 강고히 존재하고 있었고
왕실마저도 불교에 대한 관심과 애정을 떨치지 못했다. 死後冥福의 기
원이나 天變地災, 疾病, 兵禍 등에 대한 消災를 위한 종교 신앙적 일
면을 불교가 담당하였고, 國喪에서 불교식 49齋가 행해지게 되었다.
전국의 사찰 가운데 1/10만을 남기고 寺社의 田民을 혁거한 태종의 국
상조차도 49재를 설행하고 있다.[13] 『불씨잡변』을 통하여 윤회설과 인
과설을 비판하지만, 죽는 이를 위해 복을 비는 신앙적인 차원의 불교
숭상은 지속되었다.[14]

다른 한편에서 조선왕조는 국가의 인적 자원과 물적 자원을 사원경
제에서 획득하려는 바가 컸다. 태조 이래로 승려들을 국가의 토목공사
에 동원한 것이 그러한 예가 된다. 세종 연간에는 賦役僧을 동원하고
그 勞役의 대가로 양식을 주거나 도첩 및 직첩을 발급하였다. 숭유억
불을 주장한 성종 역시 백성들의 농사일에 지장을 주지 않고 국가에
이익이 된다는 구실로 공사에 승들을 동원하였다. 『經國大典』에서 度
僧조를 삭제하였지만, 중종30년(1535)의 安行梁 운하공사에 승려를 동
원하였는데, 이때 동원된 3,000명의 부역승에게 호패를 주었다. 국가의
공민증이라고 할 수 있는 호패를 줌으로서 신분을 보장해주었던 것이

---

12) 韓㳓劤, 『儒敎政治와 佛敎』 일조각, 1993.
13) 崔在馥, 「朝鮮初期 國喪에서의 49齋 설행과 변화」, 『朝鮮時代史學報』 19,
    2001.
14) 韓㳓劤, 「朝鮮王朝初期에 있어서의 儒敎理念의 實踐과 信仰・宗敎」, 『韓國
    史論』 3, 1976.

다.15)

조선의 유교정치는 뿌리깊게 내려온 불교의 종교성마저 부정하기 어려웠고 현실에 남아있는 불교적 요소를 제거할 수 없었다. 조선은 새롭게 재편된 지배질서를 유지하는 데 필요한 불교적 요소는 용인하였고 오히려 활용하였다. 불교 역시 고려의 질서를 유지하는 데 기여하였고, 승려나 사원도 그러하였다. 고려와 조선은 같은 중세였고 그런 점에서 불교나 유교는 중세사회를 보수 유지하는 역할을 수행할 수 있었기 때문이다. 말하자면, 조선의 건국주체들은 유교정치를 표방하고 이단인 불교비판에 철저하였지만, 현실에 강고하게 존재하는 불교를 용인하였는데, 여기에는 불교가 지배체제의 유지에 결코 방해만 되지 않는다는 점이 인정된 것으로 보인다.

2) 중앙집권 체제의 지향과 성리학적 정치사상

조선왕조는 유교의 예제를 보다 철저히 시행하는 가운데 유교적 이상국가를 건설하려고 하였다. 조선은 禮制의 國家禮의 확립을 통하여 재편된 지배질서를 정당화하고 王權의 확립에 주력하였다. 고려말 이래의 朱子家禮, 세종대의 五禮 그리고 성종 5(1474)년의 『國朝五禮儀』로 이어지는 일련의 禮制 정비작업이 그것이었다. 朱子家禮에 의한 冠婚喪祭의 四禮는 사대부 중심의 지배질서를 옹호하고,16) 성리학의 초학 입문서인 小學은 신분계급주의 · 가부장주의 · 가족주의적인 성격을 갖고 있었으며, 三綱五倫은 신분제사회의 지배 · 복종의 논리를 지닌다.17) 말하자면, 성리학의 인간관과 名分論은 사대부 중심의

15) 李鍾英, 『朝鮮前期社會經濟史硏究』 혜안, 2003 ; 김영태, 「불교」, 『한국사』 26, 1995, 261~265쪽.
16) 高英津, 「15, 6세기 朱子家禮의 施行과 그 意義」, 『韓國史論』 21, 1989 ; 朴連鎬, 『朝鮮前期 士大夫 敎養에 관한 硏究』 정신문화원 박사학위논문, 1994.
17) 金駿錫, 「朝鮮前期의 社會思想」, 『東方學志』 29, 1981.

사회관계를 기축으로 하는 차별적인 질서를 확립하고 男子・長子・嫡子 중심의 상하, 존비의 관계를 정당화시킨다.[18] 이는 종래 왕권 중심의 五禮와 함께 여말 사대부의 성장 속에서 家禮가 인정되고, 五禮와 家禮의 절충된 형태로서『國朝五禮儀』가 성립되었음을 의미한다. 吉凶嘉賓軍禮의 五禮와 冠婚喪祭의 四禮(사대부)가 보급되어 왕조의 예적 지배질서를 유지하는 근간으로 자리잡는 것이다.[19]

이러한 성리학의 예제정비는 성리학에 입각한 正統論의 확립과정에서 확인할 수 있다. 즉 私的인 血統論에 대하여 公的인 正統論을 주장하는 성리학자들은 義理 名分을 기준으로 하는 宗廟, 宗法制度, 文廟從祀를 주장하고 卒哭制・白衣・白笠을 확립하고자 하였다.[20]

유교정치를 추구한 조선은 중앙집권적 관료체제를 모색했다.『朝鮮經國典』와『經濟六典』그리고『經國大典』으로 이어지는 법제, 법전의 정비과정을 거치면서 유교이념에 맞는 통치구조가 확립되어 갔다.[21] 특히『經國大典』은『經濟六典』이 가진 受教集 성격을 벗어나, 통일적이고 영속적인 법전을 만들려는 노력의 산물이면서, 세조가 추구하는 왕권의 강화와 이를 뒷받침하는 통일적인 법전체제를 확립하는 뜻이 담겨 있다.[22] 그리하여 조선은 단계적인 개혁과정을 거쳐 중앙정치제도, 정치운영의 원칙이 마련되는 가운데 경국대전체제로 집약되는 왕

---

18) 金泰永,「朝鮮前期 封建的 社會思想 試論」,『經濟史學』2, 1978 ; 장병인, 『조선초기 혼인제와 성차별』, 일지사, 1998 ; 이순구,『朝鮮初期 宗法의 수용과 女性地位의 변화』, 정신문화원 박사학위논문, 1994.

19) 李範稷,『韓國中世禮思想研究』, 一潮閣, 1991 ; 고영진,『조선중기예학사상사』, 한길사, 1995 ; 韓亨周,『朝鮮初期 國家祭禮 研究』, 一潮閣, 2002 ; 金海榮,『朝鮮初期祭祀典禮 研究』, 集文堂, 2002.

20) 池斗煥,『朝鮮前期 儀禮研究』, 서울대학교 출판부, 1995.

21) 윤국일,『경국대전연구』, 과학백과사전출판사, 1986 ; 연세대학교 국학연구원 편,『經濟六典輯錄』, 다운샘, 1993.

22) 朴秉濠,「經國大典의 編纂과 頒行」,『한국사』9, 1973 ; 정호훈,「朝鮮前期 法典의 整備와『經國大典』의 성립」,『朝鮮의 建國과 '經國大典 體制'의 形成』(연세대학교 국학연구원 제331회 국학연구발표회 발표문 2003).

조의 정치체제를 마무리하였는데,[23] 그것은 국왕을 중심으로 정치·경
제·군사·사회의 모든 권력을 중앙에 집중시키는 중앙집권적 정치체
제를 지향하는 것이라고 할 수 있다.

　건국의 사상 기반을 마련한 정도전은『朝鮮經國典』,『經濟文鑑』을
통하여 성리학에 입각한 국가의 경영이념, 지배질서의 확립을 표방하
였다.[24] 그는 仁政論을 제시하여 仁이 천지가 만물을 생육하는 마음이
라 하고, 군주는 천지가 만물을 생육하는 마음을 자신의 마음으로 삼
아 차마하지 못하는 마음으로 하는 정치를 행하라고 하였다.[25] 仁政에
의한 국가경영의 원칙을 천명한 것이라고 할 수 있다.[26]

　또한 정도전은 朱子의 말[27]을 인용하여 재상이 지방의 최소 단위인
鄕까지 직접 파악하는 齊民的 지배체제를 지향하였다. 그는 鄕－縣－
州－諸路－臺省－宰相에 이르는 상하 통솔체계를 밝히고[28] 국가의
集權力을 강화하는 일원적인 집권체제를 확립하고자 하였다. 중앙의
지방에 대한 통제력을 강화하고 豪族이나 私門(權貴)에 의한 私的 지
배에 의한 폐단을 막으려는 것이다. 중앙집권과 지방행정을 일원화하
고 국가의 公權力·集權力을 강화하여 私的 權力, 私的인 支配關係
를 약화시키는 國家經營·政治體制를 구상한 것이라고 할 수 있다.[29]

---

23) 南智大,『朝鮮初期 中央政治制度研究』, 서울대학교 박사학위논문, 1993.
24) 金駿錫,「儒教思想論」,『韓國史認識과 歷史理論』(金容燮教授停年紀念韓國
　　史學論叢 1), 1997.
25)『三峯集』권7, 朝鮮經國典 上 正寶位, "人君以天地生物之心爲心 行不忍人
　　之政 使天下四境之人皆悅而仰之若父母 則長享安富尊榮之樂 而無危亡覆
　　墜之患矣".
26) 韓永愚,『鄭道傳思想의 研究』, 서울대학교 출판부, 1983.
27)『朱子大全』권11, 庚子應詔封事, "一家則有一家之綱紀 一國則有一國之綱
　　紀 若乃鄕總於 縣總於州 州總於諸路諸路總於臺省 臺省總於宰相 宰相兼
　　統衆職 以與天子 相可否而出政令 此則天下之綱紀也".
28)『三峯集』권5, 經濟文鑑 上 宰相 宰相天下之紀綱, "一家則有一家之紀綱 一
　　國則有一國之紀綱 若乃鄕總於縣 縣總於州 州總於諸路 諸路總於臺省 臺省
　　總於宰相 宰相兼總衆職 以與天子相可否而出政令 此則天下之紀綱也".

이때 정도전의 정치체제 구상에는 事功 계열의 類書學이 활용되었다. 최근에 밝혀진 『經濟文鑑』의 전거연구에 의하면, 『經濟文鑑』에는 『周禮訂義』, 『山堂考索』 등 남송대 사공학계열의 저서가 주된 자료로 활용되었다. 정도전이 활용한 사공 계열의 저서는 주자의 견해를 핵심으로 하는 내용이거나 주자의 논지와 배치되지 않는 내용이 그 주류를 이루고 있다. 말하자면, 정도전은 성리학적 질서를 지향하면서 체제변혁기, 왕조교체기라는 특수상황을 감안하여 도덕수양이나 본성함양에 치중하는 성리학이 상대적으로 내용이 소략한 국가단위의 조직운영, 국가경영에 관한 부분을 사공학에서 이끌어왔던 것이다.[30]

조선의 정치체제는 『周禮』의 정치체제와 조응하면서 태종대의 정치개혁을 통하여 그 윤곽이 드러난다. 태종은 都評議使司와 같은 고려 이래의 합좌기구를 폐지하고, 소수의 조정대신이 국가의 중요정책을 심의 결정하였던 권력구조를 개편하여 兩府의 재상들에게 집중된 각종의 권한을 분산시키고자 하였다. 문하부에 소속되었던 낭사가 사간원으로 독립하였고, 문하부의 재상들이 육조의 장을 겸직할 수 없게 하였다. 또 中樞院에 귀속되었던 承旨의 업무가 承政院으로 독립되었고, 軍機에 관한 특권은 병조와 삼군부에 이관되었다. 그리하여 議政府는 7명의 재상으로 구성된 국가의 상징적인 기구로 변하고, 중추원은 유명무실하게 되었다. 반면에 육조는 그 권한이 대폭 강화되었고 의정부의 지휘와 감독으로부터 거의 벗어날 수 있었다.[31]

이러한 조선의 정치체제는 제도적으로 왕권이 강화되고 정치에 참여하는 관료층의 폭이 넓어지는 계기가 된다. 국왕은 육조직계제를 통하여 국가권력과 행정체계상의 실질적인 정점이 되도록 제도화되었고,

---

29) 都賢喆, 앞의 책, 1999.

30) 都賢喆, 「『經濟文鑑』의 典據를 통해본 鄭道傳의 政治思想」, 『歷史學報』 165, 2000.

31) 鄭杜熙, 「朝鮮建國期 統治體制의 成立過程과 그 歷史的 意味」, 『韓國史硏究』 67, 1989 ; 「조선전기 중앙통치체제의 확립」, 『한국사』 7, 한길사, 1994.

분화된 정치기구를 통해 보다 전문화된 관료의 진출이 가능해졌던 것
이다. 물론 왕권의 강도에 따라 정치운영의 상이성이 존재하여, 議政
府 署事制를 시행할 때에는 의정부가 육조를 지휘하면서 국정운영을
주도하고, 반대로 육조직계제를 실시할 때에는 육조가 국정 운영을 주
도하기도 한다. 그리고 이러한 집권체제를 운영하는 관료는 유교적 교
양이나 정치사상이 주요한 자격요건으로 자리잡게 되고 국왕을 정점
으로 하는 정치체제하의 왕권과 신권의 조화를 통한 유교적 정치운영
을 도모하게 된다.32)

이때 중앙집권적인 정치체제의 지향은 성리학이 추구하는 公的 질
서와 부합하는 것이었다.33) 성리학은 人性을 물질(관능)·욕망의 추구
와 도덕·규범의 지향이라는 두 측면으로 나누어 전자를 人欲의 私邪
나 惡으로, 후자를 天理의 公正과 善으로 규정하고 이 모든 작용은 마
음[心]의 그러한 속성에 기인하는 것이므로, 사람은 人欲의 私를 버리
고 天理의 公으로 돌아가야 한다고 했다.34) 理 인식의 심화는 모든 사
물에 도덕적 理가 내재하고 여기에서 파생되는 公天下를 실현할 수
있게 하기 때문이다. 따라서 성리학의 天理와 公正의 세계는 군주를
정점으로 하여 公權力·集權力을 강화하는 중앙집권적 정치체제와 연
결되었다.

또한 정치체제상의 집권성을 확립하는 가운데 議政府署事制와 六
曹直啓制가 서로 병존하는 것과 마찬가지로 성치운영상의 문세도 세
기된다. 재상정치론과 왕권강화론이 그것이다. 정도전은 주자의 정치
사상을 위용하여 재상정치론을 주장하였다. 그는 군주는 상징적인 의

---

32) 南智大, 「조선초기 중앙집권제론의 검토」, 『國史館論叢』 26, 1991 ; 「集權官
    僚制論」, 『韓國史認識과 歷史理論』(金容燮敎授停年紀念韓國史學論叢 1),
    1997.
33) 김훈식, 「여말선초의 민본사상과 명분론」, 『애산학보』 4, 1986 ; 金貞信, 「朝
    鮮前期 '公'認識과 君臣共治論」, 『學林』 21, 2000.
34) 金駿錫, 「17세기 正統朱子學派의 政治社會論」, 『東方學志』 67, 1990, 114쪽.

미만 갖고 실질적 통치를 재상에게 위임해야 한다고 하였다. 군주의 권한은 宰相을 선택·임명하고 재상과 政事를 협의·결정할 뿐이고, 군주는 政事를 협의하는 데 큰 문제는 재상과 협의하지만, 작은 문제는 재상이 독자적으로 처리해야 할 것으로 보았다. 재상이 정책의 결정과 집행에 최고의 실권을 가지고 백관을 통솔하며 만민을 다스리는 실질적인 정치운영의 주체여야 한다고 보는 것이다.[35]

반면에 태종은 왕권을 강화하는 데 주력하였고, 신권에 대한 왕권의 우월성과 초월성을 내세웠다. 태종대의 왕권강화론은 卞季良을 통해서 확인할 수 있다. 그는 정도전의 재상정치론을 반박하고, 주자를 비롯한 사대부들이 말하는 人主의 제한적 역할(人主는 재상만 정한다)을 전제하면서, 이것은 옛날에는 행할 수 있었지만, 지금에는 행할 수 없는 것이라고 하였다. 왜냐하면 權(세)이라는 것은 천하가 두려워하는 바이고 利(익)라는 것은 천하가 구하는 바이니, 權利의 자루는 하루라도 아래에 넘길 수 없는 것이다. 人主는 至寡(매우 적고)하고 群臣은 至衆(매우 많은데)한데 그 至衆(매우 많은 자들로써)으로써 至寡(매우 적은)자에게 복역하게 하는 이유는 權(세)과 利(익)가 위에 있기 때문이니, 그것을 넘기는 것이 가하지 않다는 것이다.[36] 權利를 군신보다 상위의 존재인 君主가 가져야 한다는 君權論을 말한 것으로 재상 정치론을 지향한 정도전과 다른 견해라고 할 수 있으며, 정도전을 숙청한 專制的 태종 정권의 君臣觀이라고 할 수 있다.[37]

---

35) 韓永愚, 앞의 책, 134~136쪽.
36) 『春亭集』 권6, 御君臣(『韓國文集叢刊』 권7, 91쪽), "臣聞 人主之職 論一相而止耳 庶官萬事 莫不各得其宜焉 此人君之所以勤於求賢 逸於得人 而坐享長治久安之利也 雖然 此可行於古 不可行於今者 何也 三代之民 直道而行者也 周公之相成王 忠聖之臣也 尙不免有流言之變 天下洶洶 王室幾搖 降及後世 其可行乎 臣竊謂權者 天下之所畏也 利者天下之所求也 權利之柄 不可一日而移於下矣 人主至寡也 群臣至衆也 以至衆而服役乎至寡者 盖以權利之在乎上也 而移之可乎".
37) 文喆永, 「朝鮮初期 新儒學 수용과 그 특징」, 『韓國學報』 36, 1984, 50~53쪽

정치운영을 둘러싼 논의는 군주를 정점으로 하는 왕조질서를 어떻게 하면 원활하게 운영할 수 있을 가하는 문제이지만, 여기에는 어느 한쪽에 의한 권력 독주를 막고 권력기관 상호간의 견제를 유도하려는 의미가 담겨 있다. 곧 국왕권, 재상권 등 국가권력을 소수에게서 해방시켜, 사대부층 전체의 이해·주체성을 확보하려는 것이라고 할 수 있다.

성리학의 정치체제론과 정치운영론에는 사대부의 입장이 반영되어 있다. 성리학을 지향하는 사대부는 天理를 궁구하고 실천하는 주체이고, 君主秩序를 자연의 질서로 확립하여 名分秩序를 유지하는 주체로 자임한다. 또한 성리학의 理 인식을 통하여 公天下를 구현하려고 하고, 중앙집권적 정치체제를 확립하여 公權力의 强化와 公的 질서를 실현시키려고 하였다. 이는 국가에 의한 인민지배를 직선적으로 실현하는 동시에 사대부의 존립기반을 안정시키고 체제적으로 보장받으려는 것이다.

3. 양반사대부 지배질서의 확립과 유교문화의 확대

1) 향촌사회의 재편과 성리학 이념의 정착

성리학적 질서와 중앙집권적 정치체제를 지향하는 조선건국의 주체자들은 고려의 지배질서, 향촌사회를 새로운 국가체제에 맞게 변용, 재조정할 필요가 있었다. 이는 조선건국에 참어한 지배세력을 중심으로 지배질서를 재편하는 가운데 군현제에 입각하여 향촌사회를 확립하려는 것이었다.[38] 조선왕조에서 국가는 조세·공납·요역 등의 부세를

; 金駿錫, 「朝鮮後期의 黨爭과 王權論의 추이」, 『朝鮮後期 黨爭의 綜合的 檢討』, 한국정신문화연구원, 1991, 100~106쪽.
38) 오종록·박진우, 「고려말 조선초 향촌사회질서의 재편」, 『역사와 현실』 3,

징수하여 유지되고, 양반지배층은 지주의 입장에서 전호농민들로부터 나오는 지대수입으로 생활기반을 삼았기 때문에, 국가의 공권력과 양 반의 사적 지배력을 지방과 농민을 지배하는 체제로 실현하는 것이 무 엇보다도 중요한 일이 될 수 있었다. 양반지배층의 농민지배가 국왕에 서 수령으로 이어지는 군현지배를 매개로 구현되는 것을 의미한다고 할 수 있다.[39] 이때 성리학은 집권적 정치체제를 확립하기 위한 개혁 과정에서, 군주권의 강화, 관료제도의 정비와 함께 수령권의 강화, 군 현제 개혁의 이념근거로 활용되었다.

중앙집권체제를 강화하고 종래의 향촌질서를 재편하는 문제는 군현 제와 수취제도 전반에 대한 정비작업에서 두드러진다. 조선왕조는 우 선 군현제를 포함한 지방제도를 개편하였다. 8도 체제를 확립하고 속 현을 영현화하며 면리제를 실시하고 수령권을 강화하는, 이른바 국가 의 공적 지배력을 강화하고 지방사회를 직접 지배하는 정치체제를 확 립해 갔다.[40] 특히 五家作統法이나 隣保法을 통하여 촌락사회의 儒者 층을 군현제 지배 속에 포섭함으로써 국가의 농민지배를 관철하려고 하였다. 종래 지방의 토호적 기반을 토대로 자율적인 향촌사회를 운영 해갔던 재지품관층을 약화시키는 가운데 수령을 중심으로 관권 우위 의 지방사회 운영을 모색해갔던 것이다. 그리하여 군현단위의 자치조 직으로 설치된 유향소를 수령권을 침해하고 민을 침탈한다는 이유로 태종6년(1406) 혁파하였고, 세종2년(1420) 부민고소금지법을 만들어 수령권을 보호하였다. 부민고소금지법은 종사안위, 非法殺人에 관련된

1990 ; 한국역사연구회 조선시기 사회사 연구반, 『조선은 지방을 어떻게 지배
했는가』, 아카넷, 2000.
39) 조선시기 국가와 양반 그리고 농민의 제 문제에 대해서는 金駿錫의 다음의
글이 참고된다(金駿錫, 「서평 『조선은 지방을 어떻게 지배했는가』」, 『歷史學
報』 168, 2000).
40) 李樹健, 『韓國中世社會史硏究』 일조각, 1984 ; 朴鎭愚, 「朝鮮初期 面里制와
村落支配의 강화」, 『韓國史論』 20, 1988.

경우를 제외하고는 품관, 이민의 수령과 감사에 대한 고소행위를 일체
금지하는 것이었다. 이러한 조치는 수령의 임기를 30개월에서 60개월
로 연장한 守令久任制의 실시와 더불어 향리, 품관 등 재지 토호세력
의 사회적 지위를 크게 위축시키고 수령권을 최대한 보장하려는 의도
아래 이루어진 것이었다. 더욱 향리층에 대해서는 수취체계 운영상의
비리, 민에 대한 수탈, 사적 지배기반의 확대 등을 규제하기 위한 원악
향리처벌법을 만들었다. 또한 세종5년(1423)에는 奸吏推覈法도 마련
하면서 이들의 토호적 성향에 대한 통제를 구체화하였다.[41]

　수령을 중심으로 하는 관권 우위의 지방통치는 성리학의 향촌사회
운영론을 크게 반영한 것이다. 주자가 마련한 여러 법규 가운데 수령
의 비리에 대한 지방민의 고소행위를 금지한 규정이 채택된다. 사회적
명분론을 일반 백성과 서리는 물론 유향소의 품관들의 지방관에 대한
비판을 봉쇄하는 수단으로 활용하였던 것이다.[42] 성리학은 上下 · 尊
卑의 명분론을 통하여 관 중심의 사회질서를 강화하는 논리를 갖고 있
었고, 건국 주체들은 이러한 명분론을 적극 활용하였다. 성리학의 명분
론은 五倫을 기초로 한 名分을 인간관계에서는 반드시 지켜야 할 합
당한 도리 즉, '當然之則'으로 파악하는데, 이들은 이를 받아들이고 현
실을 합리화하는 도덕규범으로 활용하였다.[43] 명분론 가운데 君臣之
分은 官民之分이나 奴主之分에서 적용되고, 결국 조선건국 주체들은
상하, 尊卑의 재편된 질서를 성리학을 통하여 확립, 강화시키려고 하
였다.[44]

41) 오종록 · 박진우, 앞의 글, 88~93쪽.
42) 李泰鎭, 「15 · 6세기 新儒學 정착의 社會經濟的 배경」, 『朝鮮儒敎社會史論』,
　　지식산업사, 1989, 81~86쪽.
43) 金勳埴, 「麗末鮮初 儒佛交替와 朱子學의 定着」, 『韓國 古代 · 中世의 支配
　　體制와 農民』(金容燮敎授停年紀念韓國史學論叢 2), 1997.
44) 金駿錫, 「朝鮮前期의 社會思想」, 『東方學志』 29, 1981 ; 김훈식, 「여말선초의
　　민본사상과 명분론」, 『애산학보』 4, 1986.

하지만, 중앙 중심의 집권화 정책은 향촌사회를 기초로 성장한 사림 파의 반발을 사게된다. 중앙정부와 연결된 수령의 비행, 수취제도의 문란, 면리제의 민에 대한 수탈기구로의 전환 등으로 인하여 在地士族이 피해를 당하고 향촌사회가 크게 동요하게 되었다는 것이다. 이에 지방의 재지세력인 사림파는 유향소 복립운동을 통하여 성리학의 자율적 향촌지배책을 제시하였다.『周禮』의 鄕射禮, 鄕飮酒禮를 시행할 기구인 留鄕所나 周官의 旅師 유인제도에서 유래한 국가단위의 義倉, 자치적인 향촌 진휼제도인 社倉法을 시행하였다. 이것들은 모두 도덕적인 교화에 의해 향풍을 규제함으로써 사림파 중심의 향촌의 자치적인 질서를 정착시키려는 것이다.45)

여기에는 당시의 지배신분관계를 정당화하는 논리가 깔려 있다. 지방의 재지사족은 신분적으로는 지배신분이며 경제적으로는 중소지주적 기반을 가졌다. 중소지주로서의 재지사족은 지주전호간의 생산관계 속에서 지주의 위치로서 전호농민과는 계급대립의 관계를 갖는다. 16세기에는 대지주층인 훈척세력이 전국 각지에서 농장을 설치하고 있었다. 중소지주적 기반을 가진 재지사족은 전호농민을 비롯한 일반농민과의 대립관계를 완화하고 다른 한편에서는 경제력과 국가권력의 비호를 배경으로 촌락사회에 대한 침탈을 자행하는 훈척세력과의 갈등관계를 해소하려고 하였다.

이와 같은 상황에서 재지사족은 자신들의 경제기반을 유지하기 위하여 재지사족 상호간의 결속을 중심으로 한 촌락자치를 통해서 촌락사회의 안정책을 강구하고, 중앙정계에서는 훈척세력과의 대결을 통하여 국가권력의 장악을 기도하였다. 16세기 객관적인 사회구조, 계급대립의 관계 그리고 그 속에서 새로운 지배계급으로 부상하는 재지사족의 사회적, 정치적 실천을 도모한다.

사림파들은 향촌사회의 안정 곧 소농경리의 성장과 지배층에 대한

---

45) 李泰鎭,「士林派 留鄕所 復立運動」,『韓國社會史硏究』, 지식산업사, 1986.

농민들의 저항의 심화에 대하여 이데올로기적 지배, 교화에 힘을 쏟는
다. 중종대 김안국에 의하여 편찬 간행된 『二倫行實圖』(중종14년
(1517)와 『警民編』(중종16년(1519)에서 그 내용을 파악할 수 있다. 『二
倫行實圖』는 유교적인 가족윤리와 국가윤리를 강조한 『三綱行實圖』
와 달리 촌락사회의 인간관계를 장유유서와 붕우유신의 도덕규범으로
서 규정하고 재지사족 내부의 인간관계와 재지사족과 농민과의 관계
를 정당화시킨다. 이러한 향당윤리(장유유서와 붕우유신)는 인간관계
를 도덕적 윤리적 관계로 설명함으로써 그 인간관계의 본질적 성격을
왜곡·은폐하게 되고 그 은폐와 왜곡을 통하여 신분계급제 사회질서
를 유지·강화한다는 점에서 신분계급제 이데올기적 성격을 갖는다.46)
　『警民編』은 15세기까지 유교윤리의 보급대상이 사대부층과 재지유
력층에 한정된 것을 넘어 농민들까지 적극적인 교화의 대상으로 파악
하는 16세기 사림파의 교화정책을 잘 보여주는 것이다. 『警民編』은 사
림파가 인간의 도덕적 본성과 능력의 차별성과 함께 그 보편성을 적극
적으로 인정하였고, 이러한 생각이 반영되어 농민을 대상으로 만든 교
화서이다. 『警民編』에는 '睦族' '相資'와 같은 규범 속에 소농경리의 성
장과 향촌사회의 안정을 위한 농민들의 공동체적 유대를 중시한다.
『警民編』은 농민들의 성장과 이해가 반영된 것이지만, 그것은 어디까
지나 신분계급적 사회질서를 안정화 유지를 전제하는 것이다.47)
　조선왕조는 신분제 사회였고, 성리학의 三綱五倫은 신문제사회의
지배복종의 논리를 정당화시키는 데 기여한다. 주자가례나 소학은 家
를 중심으로 하는 신분계급적 성격을 갖는다. 유교의 민본사상은 이
시기 보편적인 정치사회 사상으로 자리잡고 있었는데, 이는 지배층의
온정적 배려와 백성의 원억에 대한 관심을 표방하면서 신분계급적 성

---

46) 金勳埴, 「16세기 『二倫行實圖』 보급의 社會史的 考察」, 『歷史學報』 107,
　　1985, 38~51쪽.
47) 金勳埴, 「中宗代 『警民編』 보급의 考察」, 『李載龒博士還曆紀念韓國史學論
　　叢』, 1990.

격을 은폐 왜곡시키는 지배 이데올로기적 기능을 한다.[48]

건국주체들은 성리학적 질서를 지향하였으므로 성리학의 향촌사회론을 적극 원용하였다. 고려후기 지방의 지배자인 향리층에 뿌리를 둔 이들은 科擧나 軍功 등을 통하여 관인 혹은 이에 준하는 품관으로 그 정치 사회적 지위를 상승시켰는데, 여기에는 귀족이나 사원 등의 사적 지배 혹은 사권력 중심의 기존체제에 대한 대항과 그에 따른 정치사회적 성장이 반영되어 있다. 즉 이들의 성장에는 사원을 포함한 대귀족의 농장확대와 수취체계 중첩화 등으로 인해 야기된 민의 유망과 항쟁으로 자신의 재지적 기반이 크게 위협받는다는 점이 크게 작용하였다. 중앙의 집권세력이나 향촌의 자치세력은 지주의 농민 지배라는 중세 봉건국가의 성격을 같이하고 있었다.

2) 도통의 제시와 유교문화의 확산

성리학을 국시로 하는 조선왕조의 사상정책에는 유교 이외의 異端과 邪說에 대한 비판작업이 전제된다. 더욱 유교 사상 자체에는 이단에 대한 비판적 논리가 내재되어 있었다. 유교를 正統, 正學으로 확립하고 유교 이외의 불교, 도교를 異端 邪說로 규정하여 비판하는 문제는 정도전과 권근에게서 확인된다. 권근은『入學圖說』·『五經淺見錄』을 통하여 四書五經의 경학을 한쪽에 치우치지 않는 성리학의 독자적인 체계를 세웠다.[49] 정도전의『心問天答』이나『佛氏雜辯』은 유교의 본령을 염두에 두면서 주자의 불교비판을 원용하여 불교를 비판한 것이다. 여기에서는 불교의 철학적, 윤리적, 역사적 사실의 문제뿐만 아니라 신앙의 문제까지 연결시켜 불교를 근본적으로 비판하고 있다.

또한 조선은 聖賢의 道의 계승관계를 밝힘으로써 유교의 국정교학

---

48) 金駿錫,「朝鮮前期의 社會思想」,『東方學志』29, 1981.
49) 琴章泰,「陽村 權近의 經學思想」;「三峰 鄭道傳의 佛敎批判論과 社會思想」,『朝鮮前期의 儒學思想』, 서울대학교 출판부, 1997.

화를 뒷받침하였다. 성리학의 다른 표현인 聖學이나 道學은 모두 유교의 도의 계승관계를 전제하는 것이다. 고려후기 성리학의 수용을 통하여 道統의 문제를 이해하고 그 계승관계를 밝히고자 하였다.[50]

주지하듯이 주자는 正統·正學으로서의 道學[51]을 확고히 하는 일을 필생의 과제로 삼았고, 도학의 학문적 위상을 정립하는 과정에서 道統論을 확립하였다. "人心惟危 道心惟微 惟精惟一 允執厥中"의 16字 心法이 전수해간 내력을 말하는 도통은 요·순·우·탕·문·무의 帝王과 周公으로 이어진 후 공자가 이것을 계승하였고, 다시 顔子·曾子를 거쳐 子思·孟子에게 전해졌다는 것이다. 道統에 관한 논의는 맹자, 한유 등을 거쳐, 주자가 이를 經籍과 先儒의 말을 정리하여 하나의 조직된 이론으로 체계화했다.[52]

주자의 도통론은 上古의 聖神으로부터 공자, 증자, 자사, 맹자에 이르는 道統과 周程과 자신을 직결하는 도통의 2개가 연결되어 있다. 이때 제1의 도통과 周程이 연결되는 것은 유학의 正統이 朱程의 학(道學)이라는 것을 의미하며, 周程과 자신이 직결되었다는 것은 자신이 도학의 정통이라는 것을 의미하는 것이 된다. 그의 도통론은 유학 내에서 道學의 정통뿐만 아니라 道學 내에서 자신이 정통의 지위에 놓여있다는 사실도 포함된다.[53]

---

50) 道學, 道統에 관한 이하의 글은 다음의 논문을 정리한 것이다(都賢喆, 「남송·원 성리학자의 왕안석 인식과 고려말 사대부」, 『東方學志』 116, 2002, 46~48쪽).

51) 大島晃, 「宋學における道統論について」, 『中哲文學會報』 6, 1975 ; James T. C. Liu, How did a Neo-Confucian school become the stste orthodoxy philosophy east and west, 1973 ; 近藤一成, 「道學派の形成と福建-楊時の經濟政策めぐつて」, 『中國前近代史研究』, 1979 ; 土田健次郎, 「道統論再考」, 『鎌田茂雄博士還曆記念論叢·中國の佛教と文化』, 大藏出版, 1988.

52) 張立文, 『朱熹思想硏究』, 谷風出版社, 1986, 713~723쪽 ; 金駿錫, 「17세기 畿湖朱子學의 動向 - 宋時烈의 道統繼承運動 - 」, 『孫寶基博士停年紀念韓國史學論叢』, 지식산업사, 1988, 352~354쪽.

53) 土田健次郎, 앞의 글, 1988.

성리학을 받아들인 이색은 유교의 도가 요·순을 거쳐 주나라의 공
자, 맹자에게 전해졌고[54] 송대에 이르러 周濂溪와 程伊川이 공맹학을
강명하고, 불교와 노자를 배척하였으며 元으로 이어졌다고 하였다.[55]
박초는 요·순·우·탕·동중서·한유·정이천·주자로 이어온 도통
의 계보를 전제하고 정도전이야말로 異端과 邪說을 배척하고 天理를
밝히고 人心을 바로잡은 참된 道學의 계승자라고 하였다.[56] 원 유학의
영향을 받은 이색은 원 허형에게 도통이 계승되었다고 본 반면, 정도
전 계열로 파악되는 박초는 원의 유학을 언급하지 않고 송의 주자를
거쳐 정도전에게 도통이 이어졌다고 하였는데, 이는 각 학문의 성격을
잘 보여주는 것이다.

성리학을 국시로 하는 체제 정비 작업은 道學을 강조하고 이단을
배격하며, 道統論을 통하여 시비선악의 기준점을 제시하는 것으로 확
대 발전한다. 성현의 도를 통한 시시비비의 가치관 확립은 유교의 도
가 조선에 계승되는 내력을 말함으로써 정통성을 확립할 수 있는 중요
한 논거가 된다. 조선초기의 도통론은 우선 국왕의 덕을 통해서 제시

---

54) 『牧隱集』 文藁 권5, 淸香亭記.
55) 『牧隱集』 文藁 권9, 選粹集序, "孔氏祖述堯舜 憲章文武 刪詩書 定禮樂 出
政治 正性情 以一風俗 以立萬世大平之本 所謂生民以來 未有盛於夫子者
詎不信然 中灰於秦 僅出孔壁 詩書道缺 泯泯梦梦 至于唐韓愈氏 獨知尊孔
氏 文章遂變 然於原道一篇 足以見其得失矣 宋之世 宗韓氏學古文者 歐公
數人而已 至於講明鄒魯之學 黜二氏詔萬世 周程之功也 宋社旣屋 其說北流
魯齋許先生用其學 相世祖 中統至元之治 胥此焉出 嗚呼盛哉".
56) 『高麗史』 권120, 列傳 33 金子粹(하책, 640쪽), "成均生員朴礎等亦上疏曰…
…嗚呼 正學不明 人心不正 不修德而惟福之 是求不知道而惟怪之欲聞 豈不
痛哉 豈不惜哉 自孟子闢楊墨尊孔氏以來 漢之董子 唐之韓子 宋朝之程朱子
皆扶斯道 闢異端爲天下萬世之君子也 王安石張天覺等 興佛敎易風俗 而爲
天下萬世之小人也 若董韓程朱之輩 安石天覺之徒 並生於今日 則殿下用董
韓 程朱爲天下萬世之法歟 用安石天覺倡夷狄禽獸之敎歟……兼大司成鄭道
傳發揮天人性命之淵源 倡鳴孔孟程朱之道學 闢浮屠百代之誑誘 開三韓千
古之迷惑 斥異端息邪說 明天理而正人心 吾東方眞儒一人而已".

된다. 세종에 대한 인물평57)이나 세조가 죽고 인품을 말할 때 세조는 성현의 도통과 성리의 깊은 뜻을 講明하였다고 하고,58) 예조에서 대성전의 位次를 정할 때, 주렴계와 程朱의 道統을 당연한 전제로 말하고 있다.59) 또한 의정부에서 김종직의 시호를 바꾸는 상소 역시 程朱와 같이 도통의 계승여부가 중시되고,60) 김굉필의 문묘종사를 도학과 도통의 계승관계를 통하여 말하였다.61) 변계량은 祭天儀禮를 주장하면서 주자의 도통을 통하여 설명하였고62) 세종대 집현전 부제학 설순 등이 불법을 억제할 것을 말할 때 二帝三王의 도통을 말하였으며,63) 과거로 인재를 선발하는 근거를 孔孟 이후 道統을 전한 정명도·주문공이 모두 과거출신자라고 하였다.64)

이러한 도통론은 문묘종사 논의로 발전하고 결국 김굉필(1454~1504), 정여창(1450~1504), 조광조(1482~1519), 이언적(1491~1553), 이황(1501~1570)으로 이어지는 東方五賢의 文廟從祀로 마무리된다. 道統의 확립을 통하여 道學을 밝히고 유교국가 조선의 정통성을 공인받는 길을 열 수 있었던 것이다.65)

그런데 조선초기 도통문제와 관련하여 특징적인 점은 許衡(1209~1281)66)에 대한 인식이다. 원 유학자 허형은 吳澄(1249~1333)에 대비

---

57) 『世宗實錄』 권95, 24년6월신해(4책, 416쪽).
58) 『世祖實錄』 권47, 14년9월임신(8책, 210쪽).
59) 『成宗實錄』 권181, 16년7월무오(11책, 40쪽).
60) 『成宗實錄』 권272, 23년12월경술(12책, 260쪽).
61) 『中宗實錄』 권29, 12년8월경술(15책, 308쪽).
62) 『太宗實錄』 권31, 16년6월신유(2책, 119쪽).
63) 『世宗實錄』 권55, 14년3월갑자(3책, 374쪽).
64) 『中宗實錄』 권32, 13년4월계사(15책, 425쪽).
65) 李義權, 「東方五賢의 文廟從祀 小考」, 『全北史學』 7, 1983.
66) 魯齋 許衡(1209~1281, 字 : 仲平)은 懷慶府(河南省)사람이다. 허형에 대한 설명은 福田殖, 「許衡について」, 『文學論輯』 31, 九州大學 敎養部, 1985 ; 金洪徹, 「元代 許衡의 朱子學 受容과 官學 主導에 관한 一考察」, 한양대학교 석사학위논문, 1991 ; 도현철, 앞의 책, 1999, 108쪽, 각주 183 참조.

되면서 이민족 왕조 원나라 조정에 참여하여 원 관학을 주도하고 송의
성리학을 계승하였다. 허형은 원이 정복왕조로서의 정통성을 합리화시
키고 중국사의 발전과정에서 하나의 왕조로서 참여할 수 있도록 협력
하였다. 고려말 이색은 요·순을 거쳐 송에 이르는 유교의 도가 허형
에 이르렀다고 하였고, 정도전의 허형에 대한 인식은 명확히 제시되지
않았지만, 권근 역시 허형을 높이 평가하였다.[67] 허형은 태종 년간에
문묘에 배향된다. 태종정권이 권근, 변계량, 하륜 등 원의 영향을 받은
이색 계열 사대부들과 결합된 것과 같은 맥락에서 허형의 유학의 공이
인정될 수 있는 조건이 마련되고 있었다. 唐開元禮를 중시한 許稠
(1369~1439)는 중국의 예에 따라 釋奠從祀에 王莽의 신하가 되었던
楊雄을 추출하고[68] 漢 武帝 때 董仲舒와 원나라때 春秋大義를 지킨
허형의 문묘종사를 주장하였다.[69] 그리고 이는 반영되어 문묘종사에
배향되었다.[70] 공자나 유학의 진흥에 공이 많은 인물을 배향하는 문묘
에 종사함으로써 이민족 왕조에 출사한 정당성을 조선에서 공인 받게
되었던 것이다. 이는 정통 성리학과 함께 원 성리학의 영향을 인정한
것이 되고, 그 이면에는 원 성리학을 우선적으로 수용한 정치세력이
중앙정계의 핵심으로 자리잡음을 보여주는 것이기도 하다.

　허형에 대한 인식은 조선중기 성리학 이해가 심화되면서 변화가 생
긴다. 이황과 이이의 인식차이가 그것이다. 이황은 허형이 출사한 동기
가 자신의 사적인 욕구에서 비롯된 것이 아니라 이민족의 지배로 무너
져 내리는 天理, 즉 성리학 이념을 되살리기 위한 것이라고 해석하였

---

67) 都賢喆,「權近의 佛敎批判과 權道 重視의 出處觀」,『韓國思想史學』19,
　　2002. 12.
68) 고려시대에는 양웅의 문장과 행동을 본 받았다(金龍善 編著,『高麗墓誌銘集
　　成』, 178 崔甫淳 墓誌銘).
69)『太宗實錄』권23, 12년6월기미(1책, 638쪽).
70)『太宗實錄』권25, 13년2월정사(1책, 662쪽) ;『東文選』권110, 董仲舒許衡從
　　祀文廟告先聖祝文(尹淮) ; 池斗煥,『朝鮮前期儀禮硏究』, 서울대학교 출판
　　부, 1995.

다. 이황은 허형에게서 인류의 역사 속에서 빛을 보지 못하고 사라질 뻔한 性理學 이념들을 세상사람들에게 주지시켰다는, 이를테면 '立言 垂後'의 측면을 중시하였다. 반면에 이이는 허형의 출처에 대해 두 군 주를 섬기는 失節에 해당하지 않지만, 그래도 오랑캐의 조정에 출사한 '失身'의 잘못에 해당한다고 규정하였다. 그리고 이를 근거로『聖學輯 要』에서 허형이 출처가 문제되기 때문에 도통의 반열에 놓을 수 없다 고 하였다.[71]

　조선초기의 도통론의 확립과정에는 성리학서의 도입과 유교문화의 저변확대가 전제되고 있었다. 고려후기 성리학의 수용이래 성리학의 번성한 중국 江南에서 1만 권의 서적을 구입하거나[72] 宋 秘閣 소장의 書籍을 얻어오기도 하였다.[73] 그리하여 고려후기에는 성리학의 입문 서인『小學』과『近思錄』,『四書集註』그리고『資治通鑑綱目』·『朱子 家禮』·『大學衍義』가 들어오고 조선초기에는 『四書大全』,『五經大 全』,『性理大全』『西山讀書記』등이 받아들여졌다.[74] 여말선초의 성 리학 수용과 관련해서 주목되는 점은 성리학 관련 전문서적의 도입과 함께 백과전서식 類書學의 도입을 통하여 성리학을 이해한 것도 한 특 징이었다. 고려후기에 들여온『玉海』나『通志』그리고『文獻通考』· 『通典』그리고 조선초기에는『산당고색』등의 類書를 통해 성리학을

---

71)　李俸珪,「宋時烈의 性理學說 研究」, 서울대학교 박사학위논문, 1996, 43~46쪽.

71)　『高麗史』권34, 世家34 忠肅王1(원년6월경인)(상책, 699쪽), "贊成事權溥 商 議會議都監事李積 三司使權韓功 評理趙簡 知密直安于器等 會成均館考閱 新 購書籍 且試經學 初成均提擧事 遣博士柳衍 學諭兪迪于江南 購書籍 未 達而船敗 衍等赤身登岸 判典校寺事洪瀹 以太子府參軍在南京 遣衍寶鈔一 百五十錠 使購得經籍一萬八百卷而還".

73)　『高麗史』권34, 世家34, 忠肅王1(원년가을7월갑인)(상책, 699쪽), "元皇太后 遣使賜公主酒果 帝賜王 書籍四千三百七十一冊 計一萬七千卷 皆宋秘閣所 藏 因洪瀹之奏也".

74)　鄭亨愚,「『五經·四書大全』의 輸入 및 그 刊板 廣布」,『東方學志』63, 1989 ; 都賢喆, 앞의 책, 1999, 11~31쪽.

포함한 중국 사상계의 전반적인 흐름 속에서 성리학을 수용하였던 것이다.75) 또한 조선초기에는 『四書五經』의 口訣 작업이 행해지는 등 점차 성리학에 대한 연구가 심화되어76) 유교적 정치운영, 유교적 통치질서를 확립하는 지배이념으로 정착되어 갔다.

  이렇게 조선은 유교를 지배체제를 운영하고 합리화하는 정치사상으로 활용하였다. 성리학의 세계관과 인간관을 통하여 차등적 인간관을 전제한 사회신분제와 양반 중심의 정치체제를 정당화시키는 논리를 활용하였던 것이다. 조선은 건국 당초에 집권적 관료기구와 지방행정조직의 정비, 신분질서의 정비 그리고 전국 규모의 권농정책과 사상교화정책 등을 추진해 갔는데, 이는 유교를 통해 조선의 국가체제를 보수 안정시키는 체제긍정의 사유양식이 요청된 결과였다.

  조선의 유교정치의 추구는 불교와 같은 비유교 사상에 대한 비판과 함께 유교에 의한 정치사회운영과 유교의 이상적 사회를 실현하려는 뜻이 담겨 있고, 생산력 발전을 동반한 농민의 성장 속에서 농민을 교화의 주체, 보다 적극적으로는 유교 윤리의 보급대상으로 파악하게 된다. 전자와 관련해서는 세계관, 인간관, 수양론을 일관하는 논리를 통하여 현실변화를 설명하는 이론근거로서 명실상부하게 불교를 대신하는 것이 가능해지고, 정치체제나 정치사상이 유교에 의하여 일원적으로 설명될 수 있음을 말하며, 후자와 관련해서는 생산력 발전과, 사회의 제 관계의 변화 특히 농민의 성장을 사대부의 입장에서 제어할 수 있는 논리 근거가 필요해지고 그것은 유학의 보다 발전된 형태로 표현된 성리학의 정치사회사상으로 해소됨을 말할 수 있다. 말하자면, 조선초기 유교는 생산력 발전과 이에 수반한 농민의식의 성장을 사대부 중심의 사회체제로 흡수 재편성하는 정치사회사상의 기능을 수행한다고

---

75) 都賢喆, 앞의 글, 2000, 88~89쪽.
76) 金恒洙, 「16세기 士林의 性理學 理解」, 『韓國史論』 7, 1981 ; 「16세기 經書諺解의 思想史的 考察」, 『奎章閣』 10, 1987.

할 수 있다. 그리하여 조선초기의 유교문화의 확대는 성리학적 정치이념과 그에 의한 사회질서를 지향함을 의미하고 이는 지주전호제의 기초 위에 지주의 농민지배를 옹호하는 것이라고 할 수 있다. 말하자면 조선왕조는 유교의 확산을 통하여 양반사대부를 중심으로 한 봉건국가의 재편성을 모색하였다고 할 수 있다.

4. 맺음말

여말사대부들이 조선을 건국하고 성리학적 지배질서를 확립하려는 과정을 살펴보고 그 성격을 이해해보려는 것이 본고의 목표였다.

조선의 건국주체들은 성리학을 개혁사상으로 삼아 체제를 개편하고 새로운 사회질서를 확립하고자 하였다. 하지만, 구래의 질서를 개편하고 성리학이라는 새로운 이념을 국정교학으로 확립하는 데에는 해결해야 할 많은 문제가 있었다. 새로운 국가상 예컨대 권력구조와 향촌사회의 재편, 그리고 불교비판에는 기왕의 지배세력의 반발과 저항이 있었기 때문이다. 이에 따라 이들은 구래의 지배세력과 현실의 여러 조건을 적절히 제어하는 가운데 현실개혁을 추진해야만 하였다.

조선의 건국 주체들은 불교를 배격하고 유교정치를 표방하였다. 이들은 유교의 仁義정치를 내세우면서 조선의 성립이 天命과 人心에 순응하는 것임을 강조하고, 유교 정치이념에 입각하여 정치체제를 정비하고자 하였던 것이다. 성리학을 국정교학으로 정함으로써 유학을 正統, 正學으로 파악하고 불교와 도교와 같은 사상을 유학에 대한 異端, 邪說로 규정한 결과였다. 정도전과 권근의 저작인 『佛氏雜辯』과 『五經淺見錄』은 성리학을 국정교학으로 파악하는 정치철학적 관점이 제시되어 있다.

하지만, 조선은 뿌리깊게 내려온 불교의 종교성마저 부정하기 어려

였고 현실에 남아있는 불교적 요소를 제거할 수 없었으며, 재편된 지
배질서를 유지하는 데 필요한 불교적 요소는 용인하였고 오히려 활용
하였다. 불교 역시 고려의 질서를 유지하는 데 기여하였고, 승려나 사
원 역시 그러하였다. 고려와 조선은 같은 중세였고 그런 점에서 불교
나 유교는 중세사회를 보수 유지하는 역할을 수행할 수 있었기 때문이
다.

　유교정치를 추구한 조선은 중앙집권적 관료체제를 모색했다. 조선은
단계적인 개혁과정을 거쳐 중앙정치제도, 정치운영의 원칙이 마련되는
가운데 경국대전체제로 집약되는 왕조의 정치체제를 마무리하였는데,
그것은 국왕을 중심으로 정치·경제·군사·사회의 모든 권력을 중앙
에 집중시키는 중앙집권적 정치체제를 지향하는 것이라고 할 수 있다.

　정치체제상의 집권성을 확립하는 가운데 議政府署事制와 六曹直啓
制가 서로 병존하는 것과 마찬가지로 정치운영상의 문제도 제기된다.
재상정치론과 왕권강화론이 그것이다. 정도전은 주자의 정치사상을 원
용하여 재상정치론을 주장하였고, 태종은 왕권을 강화하는 데 주력하
였으며, 신권에 대한 왕권의 우월성과 초월성을 내세웠다. 정치운영을
둘러싼 논의는 군주를 정점으로 하는 왕조질서를 어떻게 하면 원활하
게 운영할 수 있을 가하는 문제이지만, 여기에는 어느 한쪽에 의한 권
력 독주를 막고 권력기관 상호간의 견제를 유도하려는 것이 담겨 있
다. 곧 국왕권, 재상권 등 국가권력을 소수에게서 해방시켜, 사대부층
전체의 이해를 확보하려는 것이라고 할 수 있다.

　성리학과 질서와 중앙집권적 정치체제를 지향하는 조선건국의 주체
자들은 고려의 지배질서, 향촌사회를 개혁하고 새로운 국가체제에 맞
게 변용, 재조정할 필요가 있었다. 이들은 군현제와 수취제도 전반을
집권체제를 강화하는 방향에서 개혁하고 사대부 중심으로 향촌질서를
재편하려고 하였다. 이때 성리학의 이념은 집권적 정치체제를 확립하
기 위한 개혁과정에서, 군주권의 강화와 관료제도의 정비, 수령권의 강

화, 군현제 개혁의 이념근거로 활용되었다.

성리학은 上下・尊卑의 명분론을 통하여 관 중심의 사회질서를 강화하는 논리를 갖고 있었고, 건국 주체들은 이러한 명분론을 적극 활용하였다. 성리학의 명분론은 오륜을 기초로 한 名分을 인간관계에서는 반드시 지켜야 할 합당한 도리 즉, '當然之則'으로 파악하는데, 이들은 이를 받아들이고 현실을 긍정하는 도덕규범으로 활용하였다. 이때 君臣之分은 官民之分이나 奴主之分에서 적용되고, 결국 조선건국 주체들은 상하, 존비의 재편된 질서를 성리학을 통하여 확립, 강화시키려고 하였다.

지방 사회의 새로운 정치세력으로 등장한 사림파는 유향소 복립운동을 통하여 성리학의 자율적 향촌지배책을 제시하였다. 이들은 이를 통해서 지배신분인 지주로서의 특권을 유지하고, 또 대농장주와의 대항관계를 해소하려고 하였다.

조선의 건국 주체들은 성리학의 다른 표현인 성인의 학문인 聖學이나 道學, 유교의 도(성현의 도)의 계승관계를 밝힘으로써 유교의 국정 교학화를 뒷받침하였다. "人心惟危 道心惟微 惟精惟一 允執厥中"의 16字 心法이 전수해 간 내력을 말하는 도통은 요・순・우・탕・문・무의 帝王과 周公으로 이어진 후 공자가 이것을 계승하였고, 다시 顔子・曾子를 거쳐 子思・孟子에게 전해지고 송을 거쳐 조선에 전해졌다는 것이다.

조선은 유교를 지배질서를 재편성하고 지배체제를 운영・합리화하는 정치사상으로 활용하였다. 유교에는 세계관과 인간관을 통하여 인간 내부의 차별을 합리화하는 논리가 있었는데, 조선 건국의 주체들은 이를 사회신분제나 정치체제의 이론근거로 활용하였던 것이다. 조선이 건국 당초에 집권적 관료기구와 지방행정조직의 정비, 신분질서의 정비 그리고 전국 규모의 권농정책과 사상 교화정책 등을 추진해 갔는데, 이는 유교를 통해 국가체제를 보수, 안정시키는 체제긍정의 사유양식이 요청된 결과였다.

조선초기 유교는 생산력 발전과 이에 수반한 농민의식의 성장을 사대부 중심의 사회체제로 흡수 재편성하는 정치사회사상의 기능을 수행한다고 할 수 있다. 그리하여 조선초기의 유교문화의 확대는 성리학적 정치이념과 그에 의한 사회질서를 지향함을 의미하고 이는 지주전호제의 기초 위에 지주의 농민지배를 옹호하는 것이었다. 말하자면 조선왕조는 유교의 확산을 통하여 양반사대부를 중심으로 한 봉건국가의 재편성을 모색하였다고 할 수 있다.

조선전기 法典의 정비와 『經國大典』의 성립

정 호 훈*

1. 머리말

조선의 건국은 정치적인 측면에서 살핀다면 고려사회가 지니고 있던 分權的 性格을 탈피하여 集權性을 강화하는 방향성을 지니고 있었다. 그것은 收租權 分給制의 범위를 축소하여 귀족 지배층의 사적인 권한을 약화시킴과 동시에 중앙의 재정구조를 강화하는 문제이기도 했으며, 지방 사회에 대한 중앙의 지배－포섭력을 확대하는 일이기도 했다. 公權力의 對民支配의 측면에서도 집권성의 강화는 일반 民人에 대한 권력의 자의적·사적인 수탈을 제한적이나마 배제한다는 의미도 지니고 있었다. 그것은 사적인 형태의 지배력을 공적인 체계 속으로 수렴해 들임으로써 일어날 수 있는 변회였다.

조선 건국에 앞장섰던 개혁파 사대부들은 이러한 구상을 정치, 사회, 경제의 모든 영역 속에서 관철해가고자 하였다. 여기에는 물론, 지주로서 그리고 양반관료로서의 지위를 유지하고자 하는 의지가 전제되어 있었으므로, 이들은 地主佃戶制를 확대하려는 의식을 가지고 있었고 신료 중심으로 이루어지는 정치운영을 중시하였다. 조선 건국 후, 집권 사대부 세력은 이러한 구상을 제도상으로 관철해 나감과 동시에, 法典

* 연세대학교 국학연구원 연구교수, 국사학

을 통하여 구체화 - 영속화하고자 하였다. 정도전의 『朝鮮經國典(太祖 3, 1394)』, 『經濟文鑑(太祖 4, 1395)』에서 제시되고 조선 정부의 『經濟六典』, 『經國大典』 편찬을 통하여 체계화되는 六典 體制는 그러한 정치적 구상의 법적인 표현이었다.

오랜 논의와 수정 과정을 거쳐 완성된 『경국대전』은 다양한 내용을 담고 있지만, 궁극적으로는 이상의 정치적 지향을 구현하였다. 그런 점에서 『경국대전』의 이념, 『경국대전』의 구조적 성격을 정리하는 것은 조선 건국과 그 역사적 의미를 법제 - 법전의 측면에서 구체적으로 살피는 일이 될 것이다.

조선전기 법전의 형성과정과 그 결과로서의 『經濟六典』, 『經國大典』에 대한 그간의 연구는 의외로 소략한 편이다. 이들 법전의 법조문에 대한 분석, 연구와 관련해서는 상당한 성과를 보이고 있으나,[1] 거기에 반영되어 있는 法 理念, 政治思想에 대한 분석, 또는 그 법전이 안고 있는 정치적 지향에 대한 종합적인 연구는 충분하지 않은 것으로 판단된다.[2] 여말선초 다양한 성향을 보이는 사대부들의 정치이념과 지향, 국가 경영의 목표 등을 보다 포괄적으로 정리하는 가운데 법전이

---

1) 윤국일, 『경국대전연구』, 과학백과사전출판사, 1986 ; 전봉덕, 『經濟六典拾遺』, 아세아문화사, 1989 ; 연세대국학연구원, 『經濟六典輯錄』, 다은출판사, 1993.

2) 『經國大典』 혹은 조선초기의 법 사상, 법 이념에 대해서는 內藤吉之助, 「經國大典의 難産」, 『朝鮮社會法制史研究』, 岩派書店, 1932 ; 朝鮮總督府中樞院, 『李朝法典考』, 朝鮮總督府, 1936 ; 朴秉濠, 「朝鮮初期의 法源」, 『韓國法制史攷』, 法文社, 1974 등에서 살필 수 있다. 최근에 와서는 도현철, 임용한, 김인호, 윤훈표와 같은 여러 연구자들에 의해 麗末鮮初의 법이념, 특히 정도전의 법 이념에 대한 연구가 깊이 있게 시도되었다. 都賢喆, 「鄭道傳 『經濟文鑑』의 朱子 글 援用과 그 意圖」, 『實學思想研究』 10·11합집, 1999 ; 都賢喆, 「『經濟文鑑』의 引用典據로 본 鄭道傳의 政治思想」, 『歷史學報』 165, 2000 ; 林容漢, 「朝鮮初期 法典 편찬과 편찬원리」, 『한국사상과 문화』 6, 1999 ; 김인호, 「麗末鮮初 六典體制의 성립과 전개」, 『東方學志』 118, 2002 ; 尹薰杓, 「經濟六典의 編纂과 主導層의 變化」, 『東方學志』 121, 2003.

형성되는 과정을 연구한다면,『경국대전』편찬에 응축된 조선초기 국
가경영의 근본 이념을 보다 폭넓게 이해할 수 있을 것이다. 이를 위해
서 본 연구에서는 『朝鮮經國典』에서 『경국대전』에 이르기까지 여러
법전에 내재하고 있는 법이념의 성격을 살피고, 六典의 법전 체제에서
나타나는 조선국가의 성격을 정리하고자 한다.

『경국대전』은 六典 體制의 형식을 갖추고 있으며, 조선 통치의 기본
규범으로 기능했다.『경국대전』은 태조 이성계가 표방한 바, 법치주의
에 기초한 국가경영의 상징적 징표였으며, 중앙집권체제의 재정비 문
제와 연관하여 출현한 新國家 朝鮮의 국가적 성격을 법제적으로 압축
하고 있었다.

이러한 『經國大典』은 『經濟六典』의 편찬기를 거쳐, 세조대에 그 틀
이 갖추어지며, 성종대에 들어와서 완성, 간행된다. 말하자면 『경국대
전』의 편찬은, 조선의 국가체제의 정비 과정을 반영하며 이루어지는
것인데, 국가체제의 정비가 단순한 행정 절차상의 차원에서 이루어지
는 것이 아니라, 여러 정치세력의 충돌과 대립, 여러 정치 이념의 갈등
과 항쟁, 그리고 그 타협과 절충의 과정을 거치며 진행되고 있었으므
로, 법전의 편찬에도 그 같은 요소가 내재 혹은 전제되어 있음을 추측
할 수 있다.[3]

여기서 우리는 『경국대전』이 이루어지는 과정을, 『經濟六典』의 단
계, 세조대의 『經國大典』 편찬 단계, 그리고 예종 성종대의 수정·반
포 단계로 나누고, 그 변화 과정의 문제를 파악해볼 수 있다. 본고에서
는 이러한 변화가 갖는 의미를, 이 시기 정치세력, 정치이념의 변화과
정과 연계하여 정리해보고자 한다. 조선 건국 후부터, 六典 體制에 기

---

3) 尹薰杓, 위의 글, 2003에서는 太祖 이래 『經濟六典』의 續典이 이루어지는 과
   정을 이 같은 측면과 연관하여 살피기도 했다. 법전 편찬은 단순한 法條文의
   정리가 아니라, 정치적으로 이루어진 법제의 新設과 改定을 事後的으로 마
   무리하는 의미가 강하므로, 법전의 편찬을 실제 정치사회적 변화와 긴밀히
   연관하여 살피는 것이 중요하다 하겠다.

초한 법전을 편찬하고 이를 기축으로 국가를 경영하겠다는 국정방향, 곧 법치주의적 성격을 지니는 국가 경영의 근본 방향은 제시되었지만, 그러한 방침이 문자 그대로 한결같이 한 내용으로, 태조부터 성종대에 이르기까지 관철되었던 것은 아니었다.

분석과정에서 법조문의 推移 양상은 제대로 살피지 못했다. 그것은 여기서 다루기에는 그 내용이 무척 복잡할 뿐만 아니라, 다른 방향 다른 차원의 작업이기 때문이다.

2. 朝鮮의 建國과 法典 編纂

1) 儒敎的 法治論과 『朝鮮經國典』

조선 건국은 13, 4세기 고려 사회 내부에서 일어나던 격렬한 사회변동의 정치적 귀결이었다. 고려의 국가체제로는 사회 내부의 변화를 수습할 수 없으므로 새로운 틀을 창안해야 하며, 이를 위해서는 새로운 국가를 세워야 한다는 것이었다. 물론 이 같은 지향은 고려말, 왕실을 비롯하여 官人·儒者들이 사회변화, 정치개혁을 위해 벌인 숱한 노력 위에서의 方向 設定이기도 했다.

조선국가를 만들기 위한 노력은 대체로 두 방향에서 이루어진 것으로 이해된다. 고려의 법질서, 문화 전통을 충분히 활용하여 이를 새로운 체제로 변화시키자는 온건 개량파(고려체제 준수파)적 입장이 그 하나라면, 고려의 질서와는 절연하여, 새로운 국가체제를 혁신적으로 수립하자는 급진개혁파(신국가 건설파·혁명파)적 입장이 그 하나였다.[4] 고려사회의 개혁과 개조와 관련해서는 사대부들이 이를 대체로

---

4) 여말선초 사대부들의 정치적 성격과 그 지향에 대해서는 다음의 연구를 참고할 수 있다. 한영우, 『(改正判)鄭道傳 思想의 硏究』, 서울대학교 출판부, 1999 ; 都賢喆, 『高麗末 士大夫의 政治思想硏究』, 一潮閣, 1999.

동의했지만, 고려를 인정할 것인가 아니면 부정하여 새로운 국가를 세울 것인가 하는 점에서 양자는 결정적인 차이를 보이었다. 조선의 건국은 온건 개량파와 급진 개혁파와의 갈등을 내재하는 가운데, 급진파의 정치적 動力과 指向을 근거로 이루어졌다.

급진개혁파를 중심으로 하는 조선 건국의 주체들은, 오랜 역사와 문화 전통을 갖는 고려사회를 해체, 새로운 국가를 모색하는 과정에서 朱子學을 비롯, 중국의 다양한 사상을 탐색하였으며, 그러한 사상 자료를 활용, 조선의 제반 문제를 푸는 실마리를 찾으려고 했다. 그 작업을 집약적으로 보이는 이가 鄭道傳이었다. 鄭道傳은 『朝鮮經國典』, 『經濟文鑑』을 저술하고 이를 통하여 자신이 이상적으로 여기는 改革政體의 大綱을 제시했다.

『朝鮮經國典』은 法典 形式으로 정도전이 구상하는 바 국가체제의 핵심을 정리했다. 여기에서는 법제를 治典·賦典·禮典·政典·憲典·工典의 六典 體制로 나누고 주요 직능의 要素와 分掌의 의의를 구체적으로 밝혔다. 『周禮』의 六官에 典據한 조직방식을 활용한 구상이었다.5)

『經濟文鑑』은 국가 체제와 정치 운영에 필요한 참고 자료를 집성하고 있었다. 『周禮』를 비롯, 중국 왕조와 고려의 古史를 참작해서 재상 대간 수령을 비롯한 여러 官·職制의 유래와 기능에 대하여 정리하였다. 특히 이 책의 「別集」에서는 二代로부터 漢·唐·宋과 高麗에 이르는 역대 군주들의 치적을 '君道'라는 이름으로 정리 평가하였다.6)

---

5) 『朝鮮經國典』에 대해서는 다음 연구 참조. 한영우, 앞의 책, 1999 ; 金駿錫, 「儒教思想論」, 『金容燮教授停年紀念 韓國史學論叢1 韓國史認識과 歷史理論』, 지식산업사, 1997.

6) 『經濟文鑑』에 대해서는 다음의 연구를 참조할 수 있다. 金駿錫, 「儒教思想論」, 『金容燮教授停年紀念 韓國史學論叢1 韓國史認識과 歷史理論』, 지식산업사, 1997 ; 都賢喆, 鄭道傳 『『經濟文鑑』의 朱子 글 援用과 그 意圖」, 『實學思想研究』 10·11합집, 1999 ; 都賢喆, 『『經濟文鑑』의 引用典據로 본 鄭道傳의 政治思想」, 『歷史學報』 165, 2000.

『朝鮮經國典』, 『經濟文鑑』으로 집약되는 정도전의 건국 구상은, 새로운 국가 조선이 나아 갈 방향을 정치이념과 제도, 양 측면에서 선명히 제시하는 것이었다. 그의 구상이 일단은 개인의 차원에서 입안되는 형식을 띠고 있었고, 또 현실에서의 정치적 움직임이 반드시 그의 구상대로 이루어지는 것은 아니었지만, 그가 제시한 이념과 법제는 시대적 경향성을 담보하고 있었다.

정도전은 주자학의 정치이념에 기초하여 經國의 표준과 經濟의 대강을 확립하고자 하였다. 그는 자신이 구상한 법제『朝鮮經國典』이 기본적으로 유교적 정치이념을 구현한다고 정리하고 있었다. 그 핵심이 되는 것은 仁政說이었다. 군주정치는 仁政의 정치를 펼쳐야 하며, 그렇게 해야만 人君으로서의 지위를 보존하고 그 주어진 직무를 제대로 할 수 있다는 것이었다.

　　人君은 천지가 만물을 생육시키는 그 마음을 자기의 마음으로 삼아서 不忍人之政을 행하여, 천하 사방 사람으로 하여금 모두 기뻐해서 인군을 마치 자기 부모처럼 우러러볼 수 있게 한다면, 오래도록 安富, 尊榮의 즐거움을 누릴 수 있게 될 것이요, 危亡, 覆墜의 근심을 끝내 갖지 않게 될 것이다.……仁은 心德의 온전한 것이 되고 사랑은 바로 인이 發한 것임을 알았다. 그래서 자신의 마음을 바루어서 인을 체득하고, 사랑을 미루어서 인민에게 미쳤으니, 仁의 體가 서고, 仁의 用이 행해진 것이다.[7]

군주가 군주의 지위를 지킬 수 있는 것은 仁 밖에 없으며, 이를 위해서는 正心하여 仁을 세우고, 이를 인민에게 펼쳐야 한다는 논리였다.

---

7) 『三峯集』 권7, 朝鮮經國典, "人君以天地生物之心爲心 行不忍人之政 使天下四境之人 皆悅而仰之若父母 則長享安富尊榮之樂 而無危亡覆墜之患矣 ……知仁爲心德之全 愛乃仁之所發 於是正其心以體乎仁 推其愛以及於人 仁之體立而仁之用行矣".

仁政의 정치가 유교에서 강조하는 이상적인 정치임은 주지하는 바이
지만, 정도전은 그러한 정치가 통일적인 국가법제의 시행을 통하여 가
능하다고 보고 있는 것이었다. 정도전에게서 『朝鮮經國典』은 仁政의
원리에 기초하여 작성된 法典 構想이었다. 그것은 달리는 儒教의 仁
政 이념이 실현되는 것은 법제를 통하여 이루어짐을 보이는 일이었다.
『朝鮮經國典』은 儒教的 法治論에 기초한 저술이었다.

　이와 비슷한 맥락에서 정도전은, 자신이 구상한 법제가 실상은 天理
를 실현하는 매개가 된다고 보기도 하였다.[8] 賦稅法의 경우를 두고 한
말이었지만, 天理를 보존하고 人欲을 막는 것이 이 법제를 제대로 시
행함에 있다는 것이었다. 법을 제대로 만들어 집행하게 되면, 天理가
정치적으로 실현된다는 것이었다. 이 같은 생각은 성리학에서 강조하
는 바 天理의 社會的 實踐을 중시하되, 이를 법제를 통해서 실현한다
는 것이었다. 法制를 통한 天理 實現論이었다.[9] 정도전이 자신의 『朝
鮮經國典』 구상이 천리를 실현할 수 있는 내용을 가지고 있다고 하여
그 정당성을 극단적으로 강조하고 정당화한 모습이었다. 천리를 구체
적으로 어떻게 실현할 것인가 하는 학문적 합의가 충분히 이루어지지
않은 상황에서, 이와 같이 법제를 통하여 천리를 실현한다는 그의 생
각은 독특한 개성을 가지고 있었다.

　이와 같이, 정도전이 천리를 강조하고 중시하면서도 강제적이고도
일률적인 법제의 시행을 중시하는 모습은, 육전 기운데서도 憲典 곧

8) 『三峯集』 권7, 朝鮮經國典, 賦典, 賦稅, 16나-17가, "古之聖人 立賦稅之法
非徒取民以自奉……蓋先王所以立其法者 天理也 後世所以作其弊者 人欲也
才臣計吏之治賦稅者 當思遏人欲而存天理可也".
9) 이러한 天理의 法制 實現論은 17세기 柳馨遠의 『磻溪隨錄』을 지탱하는 핵
심 논리였다. 그 천리의 내용을 두고는 『朝鮮經國典』과 『磻溪隨錄』이 크게
차이가 있었지만, 새로운 국가질서를 만들어감에 이러한 논리가 나타나는 것
을 주목할 수 있겠다. 『磻溪隨錄』의 법제 인식에 대해서는 정호훈, 「磻溪隨
錄의 理念과 法制 認識」, 『韓國 實學의 새로운 摸索』, 景仁文化社, 2001 참
조.

刑典을 두고 다른 5典을 시행할 수 있는 근거라고 이해하는 데서도 나
타난다.

> 憲典은 六典 가운데 하나지만, 나머지 五典은 모두 이 헌전에 힘입
> 어 이룩되지 않는 것이 없다. 이를테면, 이전에서의 黜陟도 이 헌전이
> 아니고서는 그 선택을 공정하게 할 수 없고, 호전에서의 徵斂도 이
> 헌전이 아니고서는 그 법을 고르게 할 수 없고, 예전에서의 節度도
> 이 헌전이 아니고서는 그 의례를 엄숙하게 할 수 없고, 정전에서의
> 號令도 이 헌전이 아니고서는 그 군중들에게 위험을 보일 수 없고,
> 공전에서의 토목 공사도 이 헌전이 아니고서는 그 노력을 줄여 정도
> 에 알맞게 할 수가 없다.10)

戶典을 비롯, 5典 각각은 독자적으로 존재하는 것이지만 그러나 실
제로는 憲典이 있어야 제대로 그 기능할 수 있다는 것이다. "이 憲典
만은 그 어느 것에도 들어 있지 않은 데가 없으니, 정치를 보좌하는 법
이 헌전만큼 구비된 것이 없다"라고 함이었다.11) 이와 같이, 정도전이
'天理'를 강조하고 중시하면서도 강제적이고도 일률적인, 그리고 成文
法적인 법제의 실행을 중시하는 것을 두고 정도전은, 德禮는 本이며
政刑은 末12)이라 하여 德禮와 政刑의 관계를 本末論으로 정리하여,
자신의 생각이 덕을 主, 根本으로 하는 것임을 강조하기도 하였다.
  어쨌든, 조선경국전은 유교에서 제시하는 바의 仁政論을 근간으로

---

10) 『三峯集』 권8, 朝鮮經國典, 憲典, "憲者 六典之一 而五者莫不資是以有成
    故吏典之黜陟 非憲則無以公其選 戶典之徵斂 非憲則無以均其法 禮典之節
    度 非憲則無以肅其儀 政典之號令 非憲則無以威其衆 工典之興作 非憲則無
    以省其力而合其度矣".

11) 『三峯集』 권8, 朝鮮經國典, 憲典, "若夫刑律 又卽憲中之憲也 蓋五者各一其
    事 有錯見於六典之中者 則各於其典隨其義而論之 而憲典無乎不在 輔治之
    法 莫備於此也".

12) 『三峯集』 권8, 朝鮮經國典, 憲典後序, "孔子曰 道之以政 齊之以刑 民免而
    無恥 道之以德 齊之以禮 有恥且格 觀此可以知本末輕重之倫矣".

하여 만들어졌는 바, 이 법전은 天理의 仁政을 실현할 수 있는 매개, 수단으로서 이해되고 있었다. 여기서 우리는 『조선경국전』의 역사적 의미를 새삼 재음미하게 된다. 『朝鮮經國典』이 統一法典의 형식으로 출현한 것, 그 자체도 대단한 의미를 가지지만, 유교 혹은 성리학의 仁政의 이념을 실현하기 위해서는 통일법전이 필요하다는 논리 그 자체가 중요했다. 조선이 유교를 經國, 經濟의 理念으로 채택하고 이를 전 사회영역에서 구체화하고자 함에, 그 핵심에 놓이는 것이 통일법전이었던 것이다. 조선사회가 개척하는 政治工學의 수준이 이전보다 한 단계 훨씬 높아짐도 여기서 확인할 수 있다.

정도전이 구상한 법전 체제의 특성, 내용은 다음 몇 가지 점으로 나누어 살필 수 있다. 우선 형식과 관련하여서 이다. 정도전은 『조선경국전』을 크게 군주에 관한 사항과 국가 체제와 업무에 관한 내용으로 나누어 정리하고 있었다. 군주와 관련한 항목으로는, 正寶位 國號 定國本 世系 敎書 등이 포함되며, 국가의 체제와 업무에 관해서는 吏・戸・禮・兵・刑・工의 六典 體制로 구성된다는 것이었다. 이러한 구성은 新國家의 법전이 군주에 관한 일과 국가체제에 관한 일을 아우르며 만들어져야 한다는 생각과 관련이 있었던 것으로 보인다.

이와 같이 두 가지 차원의 일을 아우르는 구성은 元의 『經世大全』과 유사한 면모를 보인다.13) 원의 『經世大全』은 고려 말의 지식인들에게 강한 영향을 미치고 있었는네,14) 君事와 臣事 크게 두 내용, 두 형식으로 이루어져 있었다. 정도전 또한 이를 많이 참고했음을 확인할 수 있다. 이 같은 체제는 조선의 법전이 天子國인 元을 그대로 따르려

---

13) 최근에 와서는 『經世大全』과 『朝鮮經國典』의 항목을 상호 비교한 연구가 이루어졌다(도현철, 「정도전의 사공학 수용과 정치사상」, 『韓國思想史學』 21, 2003).

14) 이성무, 「經國大典의 편찬과 大明律」, 『歷史學報』 125, 1990 ; 김인호, 「고려의 元律 수용과 高麗律의 變化」, 『高麗時代의 刑法과 刑政』, 국사편찬위원회, 2002.

하는 점을 보여주는 한편으로, 君事 곧 군주의 일이 法典 속에서 규정되는 측면을 보여준다. 군주를 초월적이며 절대적인 天과 연결지워 그 지위를 판단하는 것이 이 시기 사유의 일반적인 성격이었는데, 그의 지위와 역할을 법전과 연관지운다는 것은, 法 體制 속에서 君主의 地位와 權威를 제한한다는 것으로 파악할 수도 있다. 역으로, 군주의 絶對的 地位와 權能을 구체적인 法典의 형식을 빌려 보증한다는 의미를 갖는 것으로도 볼 수 있다. 나중에 볼 터이지만, 재상제를 강조하는 정도전의 정치적 사고와 연관하여 본다면, 군주에 관한 일을 따로 설정했던 것은 아마도 법 체제 속에서 군주의 지위와 권위를 제한하려는 구상이었을 것으로 여겨진다.

한편, 정도전이 생각한 법전 체제에서 주목할 수 있는 것이, 국가의 업무를 六典 體制 형식으로 규정하는 점이다. 육전은, 『周禮』나 『唐六典』에서 볼 수 있듯, 이미 중국의 역사 경험 속에서 그 구성과 기능이 틀지워진 주요한 행정체제를 반영한 法 형식이었으며, 고려의 경우에도 육전 형식으로 관제 행정체제가 구조화되어 있었다. 그런 점에서 정도전이 구상한 六典 體制는 앞선 시기의 경험을 계승하고 있다고 할 수 있을 것이다.[15]

이러한 형식, 체제의 『朝鮮經國典』을 통하여 제시되는 정도전의 구상은 다음 몇 가지로 압축된다. 우선, 정도전은 조선사회가 집권적 성격을 보다 강화해야 한다고 보았다. 군주를 중심으로 一元的인 公權體制를 확립하고 이를 통하여 중앙으로부터 지방에 이르는 효율적인 통치가 이루어져야 한다는 것이었다.[16] 이 같은 생각은, 고려사회가 안고 있었던 私權·私門의 존재로부터 발생하는 폐해를 억제하고 지방적 분권적 요소를 약화시키고자 하는 지향을 강하게 가진 것이었다.

---

15) 李景植, 「韓國 中世社會의 變化와 朝鮮建國」, 연세대학교 국학연구원 발표문, 2003.
16) 여기에 대해서는 도현철, 앞의 책, 1999 참조.

收租權 分給制의 해체에 관한 정도전의 생각은 이같이 공권을 강화하자고 하는 생각과 맞물려 있었다. 私田을 혁파하여 이를 모두 公家에 귀속시킴으로써 '古者田制之正'[17]을 복구할 수 있다함이었다. 田柴科로 대표되는 수조권 분급제는, 국가가 가진 收租·收稅의 공적 권한과 권력을 귀족·관료의 私人들에게 分給하여 운영하는 제도였다. 그것은 君主·國家가 귀족 관료들의 생활을 보장하고 귀족 관료들이 그 대가로서 忠誠과 奉公을 다하게 하는, 그리하여 쌍방간의 관계를 매개하는 물질적인 전제로서 기능했으나, 한편으로는 국가의 권력, 권한을 분산 약화시키는 측면, 귀족 관료의 사적인 권력을 보장하는 의미도 강하게 가지고 있었다. 고려사회가 확립한 집권적이면서도 분권적인 체제를 실질적으로 보장하는 요소는 이 같은 제도에 있었다.

수조권 분급제가 多大한 문제를 야기하는 상황에서, 정도전은 이를 전면적으로 개혁해야 한다고 생각하였다. 수조권 분급제의 해체는 결국, 公權의 一元化와 中央權力 強化 政策과 상호 맞물려 있었던 셈이다.

한편, 정도전은 수조권 분급제를 혁파하자는 이러한 생각과 아울러 民의 社會經濟的 再生産을 담보할 수 있는 방안에도 관심을 기울였다. 그것은 地主制 並作制에 대한 비판적 사고와 '耕者有田' '計民授田'의 실현에 대한 관심으로 나타났다.[18] 정도전은 지주제 병작제를 개혁할 방안을 구체석으로 제시하시는 않았지만, 수조권이 행사되는 상황에서 並作制가 확산되어 耕者有田의 원칙이 훼손되는 것을 심각히 우려하였다. 말하자면, 수조권의 행사와 그에 의한 민의 토지소유권 침해, 병작제의 확대 현상이 동시에 나타나고 있었던 것이 고려 말의 상황이었는데, 정도전은 이러한 문제를 '計民授田'의 원칙, '耕者有田'의 원칙을 염두에 두며 풀어야한다고 생각했던 것이다. 아마도 自營農

---

17) 『三峯集』 권7, 朝鮮經國典 上, 經理 4ㄱ.
18) 『三峯集』 권7, 朝鮮經國典 上, 經理, 14ㄴ-15ㄱ.

의 擴大와 維持를 기조로 농민, 농업 대책을 펼치려고 했던 것으로 여
겨진다.19)

정도전은 정치의 주체와 운영 방식과 관련해서는 宰相의 지위와 역
할을 강조하였다. 宰相中心政治論이었다. 앞서 살핀 바 정도전의 정치
적 지향은 중앙의 권력, 국가의 공권을 강화하는 가운데, 고려 사회가
안고 있던 제반의 정치적 사회적 문제를 풀어가고자 하는 것이었다.
이러한 생각은, 자연스럽게 군주의 지위와 역할을 절대적인 것으로 상
정하는 것이었다. 정도전은, 군주의 위상을 국가 그 자체로 대체하고
있었다. 그것은 통일권력의 표상으로서 군주권을 설정한 데서 나오는
것이었다.20) 그러나, 정도전은 실질적인 권력을 장악하는 정치운영의
구심체는 宰相＝冢宰여야 한다고 생각하였다. 재상은 위로는 陰陽을
조화하고 아래로는 黎民을 撫安하며 안으로는 백성을 平章하고 밖으
로는 四夷를 鎭撫할 뿐 아니라 賞罰과 政化 敎令의 일체 권한을 가진
자였다.21)

정도전은 君主와 宰相의 관계를 두고, 論相과 相業의 논리로 설정
하고자 하였다. 정도전에게서 군주는 "天工을 대리하여 天民을 다스리
되, 이를 임금 혼자의 힘으로 하는 것이 아니라 設官分職하고 널리 중
외의 賢能한 선비를 구하여 함께 함"22)에 그 주요한 역할이 있는 것으
로 파악되었다. 곧 군주의 職分은 '한 사람 재상을 논하는 데 있으니
바로 冢宰를 말하는 것'23)임을 강조하였다. 군주의 주된 직책은 '論相'
에 있음이었다. "相得其人 則治 不得其人 則亂"이라는 극단적 언급도

---

19) 李景植, 「朝鮮前期 土地改革 論議」, 『韓國史硏究』 61・62, 1988. 정도전은
　　限田制, 均田制와 같은 토지제도는 토지겸병을 막는 데는 고식적인 대책에
　　불과할 뿐이라고 파악하고 있었다.
20) 김준석, 앞의 글, 1997, 475쪽.
21) 『三峯集』 권5, 經濟文鑑 上, 257.
22) 『三峯集』 권7, 朝鮮經國典 上, 官制, 6ㄱ.
23) 『三峯集』 권7, 朝鮮經國典 上, 治典 摠序, 5ㄱ.

여기서 나오고 있었다. 반면, 재상에 대해 정도전은 人君을 바르게 하는 일, 곧 正君에 그 주된 임무가 주어진다고 보았다. 正君·格君·引君當道라 함이었다. 이것이 바로, 재상의 역할, 곧 '相業'이었다.

요컨대, 정도전은 재상의 역할을 강조하고 중시함으로써, 국가 공권의 강화와 더불어 필연적으로 나타나게 마련인 君主權의 專制化를 방지·견제하고자 하였다. 정도전은 이와 더불어 臺諫 經筵 등 君權을 견제할 수 있는 제도적 장치를 별도로 마련하자고도 하였다.

『조선경국전』은 이와 같이, 조선의 국가체제의 골격을 제시한 법전 구상이었다. 이 구상은, 정도전 개인의 구상에 지나지 않았으며 또 구체적인 국가 법전으로 시행된 것은 아니었다. 그런 점에서 그 가진 역사적 의미는 제한적일 수밖에 없었다. 그러나 실상 조선의 국가 경영이 이 구상에서 제시한 바의 골격을 대체로 수용하고 이루어지고 있었음에서, 『朝鮮經國典』은 신국가 조선의 비밀을 지니고 있는 셈이었다.

『朝鮮經國典』이 가진 역사적 의의를 대체로 두 가지 점에서 정리할 수 있겠다. 우선, 이 법전 구상은 강력한 집권국가를 지향하는 조선의 정책의지를 담고 있었다. 治典의 관료제로부터 시작하여 국가체제의 전 법제를 일원화된 법 규범 속에 규정하는 것은 다양한 형태로 존재하는 사적인 권력과 그 권력의 행사 메커니즘을 일원적인 차원에서 통합하고 제어하고자 하는 성격을 지니고 있었다. 지역별, 영역별로 있을 수 있는 차등적인 세 규범을 하나의 원칙으로 통일적으로 제시하고자 한 것이 이 구상이 가진 큰 의도였던 바, 그것은 구체적으로는 집권체제를 건설하고자 하는 전망에 대응하는 일이었다. 고려는 근본적으로 집권적인 사회였지만, 그럼에도 분권성을 강하게 지니고 있었다. 그랬기에, 그 적용하는 법제도 일률적인 성격을 벗어났다고 할 수는 없었지만, 각 지역별 개성 있는 관습과 관례 역시 중요하게 작용하였다.[24]

---

24) 고려사회의 이러한 정치적 특성과 관련해서는 다음 글을 참고할 수 있다. 邊太燮, 『高麗政治制度史研究』, 일조각, 1971 ; 河炫綱, 「지방의 통치조직과 그

조선의 건국은 이러한 분권적인 요소를 여하히 극복할 것인가 하는 점과 긴밀히 연관되어 있었다. 『朝鮮經國典』과 같은 통일 법제의 존재는, 권력을 하나의 체제 속에서 규율하는 근거를 마련한다는 점에서 집권국가 건설의 핵심이 될 수밖에 없었다.

조선 건국 후, 조선의 官人 儒者들이 법을 두고 "법은 왕이 천하 국가를 다스리는 公器",25) "천하의 모든 사람이 함께 지니며 관여하는 것",26) "萬歲 公共之器"27)라고 흔히 규정하였는데, 이도 또한 국가 경영에서 법의 필요성을 구체적으로 드러내는 표현이라 할 것이다.

둘째, 이러한 통일법전의 형성은 儒敎的 文治理念의 전면화를 지향하는 정치적 태도의 필연적 산물이었다. 조선이 국가 경영의 근본 방침을 佛敎를 배제하고 儒敎를 國是로 삼고자 하는 데서 구했음은 일반적인 상식이다. 고려에서도 유교의 역할이 적지 아니했지만, 조선에 이르러서는 불교를 배척하여 그 정치적 사회적 기능을 약화시키는 한편으로 유교주의의 이념을 전면화하고자 하였다. 정도전이 제시한 바, 『佛氏雜辨』, 『心理氣說』과 같은 논설은 유교주의의 이념에 근거하여 조선을 경영하겠다는 의지의 구체적인 산물이었다.28) 여기서 유교주의란 성리학 – 주자학의 그것을 가리키는 것은 물론이다.

유교주의 이념을 정치이념의 근본으로 설정한다는 것은, 武力 軍事力을 근거로 이루어지는 정치를 배제하고, 文治를 실현하겠다는 것이었다. 仁政論 德治論이 논의되고 '敎化'가 정치의 핵심으로 거론 제시되는 것은 그 구체적인 증거였다.

구조」, 『한국사』13, 국사편찬위원회, 1976.

25) 『太宗實錄』 권29, 太宗 15年 5月 戊申(2-64), 成石磷 등의 상소.

26) 『太宗實錄』 권30, 太宗 15年 12月 丁亥(2-97).

27) 『太宗實錄』 권21, 太宗 11年 正月 甲戌(1-573).

28) 여기에 관해서는 다음 연구 논저를 참조. 韓永愚, 앞의 책, 1999 ; 김해영, 「정도전의 排佛思想」, 『淸溪史學』1, 1984 ; 柳仁熙, 「退 · 栗 이전 朝鮮性理學의 問題發展」, 『東方學志』42, 1984.

문제는, 이러한 文治의 정치가 가능해지기 위해서는 國家의 公權과 강제력이 절대적으로 강하게 뒷받침되지 않으면 안 된다는 것이었다. 국가의 강한 힘을 바탕으로 국가질서 사회질서를 逸脫하고 저항하는 여러 힘들을 압도해야만 정치질서가 안정되고, 그러한 안정이 전제되어야 다시 자율적인 도덕에 의존하는 德治, 仁政이 가능해질 수 있었던 것이다. 統一法典을 마련하고, 이를 통하여 국가통치의 제 규범을 일률적으로 마련하고 시행하는 것은 곧 국가의 공권을 강화하는 일이며, 국가가 가진 강제력을 法典의 구체적인 형태로 보증하는 일이었다. 말하자면 法典의 편찬은 朝鮮의 文治主義 儒敎主義 실현을 가능하게 하는 전제였던 것이다. 조선은 한편에서는 교화의 논리를 정책적으로 펼쳐나가면서도 한편으로는 이 법제를 통하여 국가적인 규모의 統一的 强制力을 세워나가고 있었다.

이와 같이 『朝鮮經國典』과 같은 통일법전 구상이 출현하게 된 것은 집권체제를 구축하고 유교주의 정치이념＝문치주의를 실현한다는 정치적 구상이 있었기 때문이었는데, 여기서 이 시기 집권체제의 구축과 유교주의＝문치주의의 실현은 실상은 서로 분리된 사안은 아니었음을 주목하게 된다. 유교주의 문치주의의 강화가 곧 국가 공권의 강화를 전제로 하는 점에서, 이는 또 집권체제의 강화와 연관되어 있던 것이다. 유교주의 문치주의의 핵심적인 내용이 性理學 혹은 朱子學에서 마련되는 것은 또한 이와 깊은 연관을 갖는 것이었다. 송대의 性理學은 집권국가의 정치이념을 반영한 사상이었으므로, 본질적으로 집권성을 특성으로 하였으며, 조선의 건국주체들은 이점을 주목, 자신들의 정치적 과업을 달성하는 데 최대한 활용하고자 하였다.

정도전의 『朝鮮經國典』은 결국, 왕도정치론, 仁政說을 근간으로 하는 유교 이념에 기초하여 그 체계를 잡고 있었는데, 公權의 강화에 기초한 통일권력의 마련, 收租權 分給制의 조정과 耕者有田 計民授田의 실현, 재상중심 정치론 등을 주된 내용으로 하였다. 이러한 점은, 그

의 생각이 불교적 사유를 떠나 온전히 유교·주자학의 사유를 근거로
했다는 점에서도 확인되는 바지만 고려체제와 성격을 크게 달리하는
대단히 혁신적인 성격이었음을 보여주는 것이라 하겠다. 그것은, 그의
생각이 당대 현실을 지배하고 있던 질서와 생각을 선도하는 측면을 가
지면서도 또 당대 현실과 鮮然히 거리를 두는 양상이기도 했다. 그의
구상은 麗·鮮 交替의 정치변동 사회변동 속에서 형성된 政治改革과
改造의 열망을 최고도로 반영한 것이었다. 정도전은 1394년(태조 3)[29]
과 그 이듬해에,[30] 각기 『朝鮮經國典』과 『經濟文鑑』을 태조에게 撰進
하여, 그것이 현실화되기를 열망했다.

정도전의 구상은 신국가 경영의 추상적인 理想일 뿐, 그것이 구체화
되는 것은 또 다른 문제였다. 조선의 다양한 현실을 구체적으로 담으
면서 사대부들의 이상을 실현하고자 했던 법전은 太宗·趙浚을 비롯
한 조선 건국의 주체들이 만들고 운용한 『經濟六典』이었다.

2) 『經濟六典』 편찬과 그 運用

조선 건국 후, 창업파 혁명파 사대부들의 정치적 계획은 『經濟六典』
체제 속에서 현실화하였다. 『經濟六典』은 처음 만들어진 후, 여러 차
례 增補, 續刊되는 변화가 있었지만, 세조대 『經國大典』이 만들어질
때까지 국가 경영의 표준적인 법전으로 기능하였다.

『經濟六典』이 만들어진 것은 태조 6년(1397) 12월이었다. 趙浚의 주
도로,[31] 檢詳條例司에서 國朝憲章條例를 모아 교정한 뒤 간행하였다.
여기에는 위화도회군 이후 이성계와 혁명파 사대부들이 정권을 잡은
고려 禑王 14년(1388) 이후 태조 6년(1397)까지 10년에 이르는 기간의
受判 및 政令·條例가 실려 있다.[32] 이 법전은 방언(俚言)과 吏讀를

---

29) 『太祖實錄』 권5, 太祖 3年 5月 戊辰(1-63).
30) 『太祖實錄』 권7, 太祖 4年 6月 戊辰(1-79).
31) 『太宗實錄』 권9, 太宗 5年 6月 辛卯(1-329).

섞어 썼기 때문에 『方言六典』 혹은 『吏讀元六典』이라고 하였다.

『經濟六典』은 『經國大典』과 같이 모든 條文의 중복과 모순을 조종하여 만든 종합법전이 아니라 各司에서 수시로 받아낸 受判 및 政令 條例를 모아 놓은 것이었다. 따라서 시간이 흘러가면 또 새로운 수판 조례 등이 생겨나므로 불가불 그 속전의 편찬이 계속되어야 하는 한계를 그 자체 지니고 있었다.

『經濟六典』은 이후, 법제의 변화가 크게 일어나고 또 政令·條例·受敎가 많이 쌓이게 되면서 수정 증보 작업이 계속해서 이루어졌다. 속전 편찬의 필요성은 태종 4년부터 제기되었으나,[33] 첫 續典의 편찬 작업은 태종 7년(1407) 8월에 河崙의 주도로 이루어졌다.[34] 하륜 등은 5년에 걸쳐, 『吏讀元六典』을 漢文으로 바꾼 『經濟六典元集詳節』(元 六典·元典)과 태조 7년부터 태종 7년까지 10년간의 條令 判旨를 모은 『經濟六典續集詳節』(屬六典·續典)을 만들었다.[35] 원칙은 모든 수교를 모으는 것으로 하였지만, 실제로는 원전의 내용을 개수한 조항도 상당히 있었다. 1412년(태종 12) 2월에 완성하여 頒行하였다.[36]

속전 편찬 작업은 이후 세종 대에도 계속되었다. 1422년(세종 4)에 六典修撰色을 설치하고 李稷, 李原, 孟思誠, 許稠 등으로 하여금 수정 작업에 착수하도록 하였다.[37] 여기에서는 국왕의 수교 가운데 삭제 개정 증보할 사항들을 典別로 정리한다는 편찬 방향을 정하고[38] 거의 4년의 시간을 들여 수정작업을 하였다. 세종 8년 12월에 산행된 『續六典』 6권은 그 같은 작업의 결과물이었다.[39] 세종 10년 11월에는 보다

---

32) 『太祖實錄』 권12, 太祖 6年 12月 甲辰(1-113).
33) 『太宗實錄』 권8, 太宗 4年 9月 丁巳(1-306).
34) 『太宗實錄』 권14, 太宗 7年 8月 己亥(1-410).
35) 『世宗實錄』 권34, 世宗 8年 12月 壬戌(3-51).
36) 『太宗實錄』 권25, 太宗 13年 2月 己卯(1-663).
37) 『世宗實錄』 권17, 世宗 4年 8月 乙未(2-489).
38) 『世宗實錄』 권21, 世宗 5年 7月 辛卯(2-550).
39) 『世宗實錄』 권31, 世祖 8年 2月 壬申(3-7).

체계적인 작업을 펼쳐 李稷 등이 태종 8년(1408) 이후의 敎旨를 모아
『續六典』 5권과 『六典謄錄』 1권을 만들고[40] 이듬해 간행 반포하였
다.[41] 문종대 들어서는, 그 재위 기간이 짧았기도 했지만, 새로운 법을
만들기보다는 기존의 '원육전' '속육전'을 지키는 것이 더 필요하다는
의견들이 자주 제시되며,[42] 법전 정비 작업이 이루어지지는 않았다.
"『元六典』·『續六典』은 祖宗이 創業 垂統한 大經·大法이고, 천만세
聖子 神孫 마땅히 준수"하여야 할 것이므로, 함부로 개변해서는 안 된
다는 이유에서였다.

　조선국가의 법전 정비 과정에서 획을 그은 시기는 세조 대였다. 세
조는 집권하며 『經國大典』의 편찬을 추진했고, 이후 『經濟六典』의 속
편 편찬 작업은 마무리되었다.

　이와 같이, 태조 조부터 단종 조까지의 약 60년간은 각종 敎旨나 條
例 등을 모아 이를 증보해 나가는 『經濟六典』의 시대였다. 그러나 이
때 편찬된 법전은 다 사라져, 實錄 등에서 그 일부의 편린만을 확인할
수 있을 뿐이다.

　이 기간 동안, 조선은 정치·경제 등 국가 제반 질서를 정비하고 틀
잡아 나아갔다. 대체로 고려적인 질서, 고려적인 성격을 탈피하여 조선
에 적합한 질서를 수립해가고자 하는 지향 위에서였다. 都評議使司의
議政府 制度로의 변화, 科田의 운영, 貢法의 정비와 시행, 郡縣制 擴
大와 屬郡縣 정비 등등과 같은 조선의 핵심 법제들이 이 시기에 마련
되었다.[43] 이 과정에서 『經濟六典』과 그 續典들은 이러한 현실의 변
화를 적절히 반영하며 정책 집행의 주요한 準據로서 기능했다. 여러
제도, 법제의 변화가 『經濟六典』의 수정과 보수를 요구했고, 정비된

40) 『世宗實錄』 권42, 世宗 10年 11月 丁丑(3-156).
41) 『世宗實錄』 권43, 世宗 11年 3月 甲子(3-171).
42) 『文宗實錄』 권2, 文宗 卽位年 7月 己未(6-257) ; 『文宗實錄』 권3, 文宗 卽位
　　年 8月 丁酉(6-276).
43) 여기에 대해서는 국사편찬위원회, 『한국사』 9, 10 참조.

『經濟六典』은 국가경영의 주된 힘으로 작용하면서 동시에 현실의 변화를 법적 차원에서 견인해 나갔다.

『經濟六典』은 吏・戶・禮・兵・刑・工의 6典 체제로 이루어져 있다.44) 元의 『經世大全』이나 고려 金祉의 『周官六翼』, 정도전의 『朝鮮經國典』과 같이 6전 체제를 그대로 따르고 있다. 형식상, 이 시기 주요한 법전, 법제서들과 큰 차이를 보이지 않는 셈이다. 그러나, 그 전체 내용을 확인하기에는, 현재는 온전한 내용을 갖춘 원본이 남아 있지 않아 상당한 어려움이 따른다.45)

『經濟六典』은 조선 건국 후, 체제가 정비되어 가는 과정에서 만들어졌기 때문에, 끊임없이 그 내용을 정리하고 보완해야 하는 문제를 근본적으로 안고 있었다. 각 典의 해당 항목마다 受敎文 전문을 수록하는 식이어서, 시간이 지나며 수교문이 쌓이면 쌓일수록 번잡해져, 여러 법조항을 정리할 필요성은 정기적으로 요구되는 것이었지만, 체제 전반의 재정비 작업이 아직 마무리되지 않았기 때문에 오랜 시간동안 안정성을 지닐 法典을 만드는 것이 불가능했던 것이다. 크게 보면, 『經濟六典』은 일시적이며 임시적인 성격을 그 자체로 內包하고 있었다고 볼 수 있다. 그러나, 『經濟六典』은 『經國大典』이 만들어져 그것으로 교체되기까지, 法典 자체가 가지고 있는 기본 성격에서는 큰 변화가 없었던 것으로 보인다. 『경제육전』을 편찬하고, 다시 정비하는 과정에서 조선정부에서는 이 법전이 '永世에 전하여 사라지지 않을 法典',46) '子孫萬代로 지켜야 할 법'47)이라 하여, 임시적인 성격의 법이 아니라

---

44) 윤국일, 앞의 책, 1986, 14쪽, "『經濟六典』의 典 名과 典 構成은 1392년(태조 1)에 공포 실시한 6曹의 체계를 따라 세워졌을 것으로 보인다. 『經國大典』과 비교할 때 차이가 없었을 것이다. 그러나 전의 순서는 변동이 있었을 것으로 보인다. 태조 원년의 관제 순서는 吏・兵・戶・刑・禮・工이었다가, 1418년 (세종 즉위)에 吏・戶・禮・兵・刑・工으로 바뀌기 때문이다."

45) 여기에 대해서는 각주 1의 『經濟六典』 복원 성과를 참조할 수 있다.

46) 『世宗實錄』 권42, 世宗 10年 11月 丁丑(3-156).

47) 『世宗實錄』 권59, 世宗 15年 正月 戊午(3-436).

그 자체 절대성 영구성을 갖는 법전임을 강조하고 있었다.

현재 남아 있는 조항을 통해서 파악되는『經濟六典』의 특성은, 형식과 내용의 양 측면에서 다음과 같이 정리할 수 있다.48) 우선,『經濟六典』에는 五禮 관계의 의식 절차가 본문의 기본 조문으로 수록되어 있었다. 말하자면, 이것은『經濟六典』이 法典으로서의 성격과 禮法書로서의 성격을 동시에 지니고 있었었을 보여주는 셈이었는데, 이를테면 吉禮에 속하는 時享儀49)라든가, 임금이 군사를 사열하는 大閱儀50) 등이 수록되어 있었다. 세종 말년에 가서야『五禮儀』가 완성되므로, 五禮에 관련된 내용들이『經濟六典』에 혼용되어 있었던 것이다.

다음은,『經濟六典』에서 고려시기의 제도와 법률들이 많이 실려 있는 점을 들 수 있다.51) 吏典의「考課」항목에서 考公司의 관리가 公座簿를 놓고 관리들의 출퇴근을 장악하게 한 규정,52) 戶典「科田」항목의 규정,53) 禮典의「陞齋」항목의 九齋에 관한 규정54) 등은 모두 고려시기의 제도가『經濟六典』에 그대로 정착된 경우이다.『經濟六典』이 애초 만들어질 때, 1388년(고려 우왕 14)때부터 1397년(태조 6)까지 시행되었던 여러 법령을 담았기 때문에 고려의 법제가『經濟六典』에 실려 있는 것은 자연스런 일이었다. 그러나 이러한 모습은, 이 시기의 조선의 제도, 법제가 고려의 그것과는 많은 차이를 보이지만, 한편으로는 고려의 제도 법제를 계승하는 측면을 보여주는 일이기도 하다. 이와

---

48) 이하의 서술은 윤국일, 앞의 책, 1986, 66~70쪽 참조.

49)『世宗實錄』권14, 世宗 3年 12月 庚子(2-467).

50)『世宗實錄』권25, 世宗 6年 9月 丙申(2-624).

51) 윤국일, 앞의 책, 1986 참조.

52)『太宗實錄』권30, 太宗 15年 8月 戊寅.

53)『太宗實錄』권6, 太宗 3年 11月 甲午(1-284) ;『太宗實錄』권12, 太宗 6年 11月 丁巳(1-378). 이 규정은『高麗史』「食貨志」의 科田 조항과 비교해 보면 거의 일치한다.

54)『世宗實錄』권48, 世宗 12年 4月 乙亥(37-228) ;『世宗實錄』권49, 世宗 12年 8月 庚寅(3-255).

같이 고려의 제도 법제를 그대로 준용하자는 의식은, 『經濟六典』의 續
典을 편찬할 때에도 그대로 반영되었던 것으로 보인다.

　이 같은 사실은, 『經濟六典』의 성격을 이해함에, 무엇보다 주목해야
할 점이다. 고려의 법제, 고려의 제도를 중시하고자 하는 의식은, 비록
새로운 국가로서의 朝鮮을 건설하면서도 高麗를 전면적으로 부정하지
않겠다는 생각에 다름 아니었다. 아마도 이 생각은 15세기 조선사회를
이해할 때, 반드시 고려해야 할 요소일 것이다. 이를테면, 세조대의 梁
誠之같은 경우, 제도를 정비하고 정치를 행함에 반드시 고려를 法받아
야 할 것을 강조하였다.[55] 뒤에서 살피겠지만, 세조대 들어 『經國大
典』을 편찬하는 것은, 『經濟六典』의 불완전한 체제를 보완하여 영구
불변의 법제를 만들겠다는 의미도 있었지만, 보다 본질적으로는 여전
히 강한 영향을 미치는 고려적인 체제와 단절하겠다는 세조의 의도가
가로놓여 있었기 때문이었다. 실제, 『經濟六典』에 수록된 고려의 법제
는 『經國大典』에는 거의 빠지고 실리지 않게 되었다.[56]

　요컨대, 『경제육전』은 조선국가가 체제를 정비하는 과정을 충실히
반영하여 만들어진 가운데 제 기능을 다하였다. 법제의 변화가 지속적
으로 이루어지고 있었으므로, 법전 항목의 변화가 끊임없이 일어날 수
밖에 없었다. 그랬기에 애초 『經濟六典』이 나온 이후, 太宗 世宗代에
續典 편찬이 계속 이루어졌다. 『經濟六典』은 아직 통일적인 체제를 갖
추지 못했던 것이다. 이 점이 아마도, 『經濟六典』이 가시는 기본적인
성격일 것이다. 그러나 『경제육전』은 형태상으로 드러나는 이러한 요
소와 달리, 고려적인 요소를 아직 많이 담고 있는 것에서 그 내용적인
특성을 살필 수 있다. 그것은, 법제 정비의 미숙함을 넘어, 여전히 고려
와 연관을 갖는 정치적 요소가 강하게 잔존하였으며 그것이 다시 법전
으로 반영되었음을 보이는 일이었다.

55) 『訥齋集』 권1, 論君道十二事, 26ㄴ-27ㄴ, "法前代".
56) 윤국일, 앞의 책, 1986, 67쪽.

『경제육전』시기, 법제의 정비와 그것의 법전 체제 속으로의 귀착은 이 시기의 격렬한 정치적 변동을 반영하며 이루어졌다. 태조로부터 세종에 이르기까지, 조선사회는 고려의 법제, 고려의 정치사회 운영 원리를 벗어나, 조선에 걸맞은 새로운 체제를 만들고자 진력을 다하였다. 그러나 그 과정은 쉽게, 빠른 속도로 이루어지지 않았다. 새로운 법제, 제도를 만든다는 것은, 여러 정치 사회세력들의 사회경제적 정치적 역관계 속에서, 상호간의 이해를 절충하며 이루어간다는 의미였다. 대체로 보수적인 성향을 갖는 것이 이 시기 법제 정비의 실상이었다. 이 시기, 여러 법제가 만들어지고 또 정비되는 과정에서, 관인 유자들은 독특한 법 이론을 펼치고 있었다. 일반적으로, 法制의 개혁을 논의하는 과정에서, 이를 반대하는 논리로 드는 것이 祖宗朝의 成憲은 고치지 말고 준수해야 한다는 祖宗成憲論이었다. 법은 人情에 맞아야 하니, 人情과 어긋나는 법은 있을 수 없다고 하는 논리도 그 반대론의 하나였다.57) 태조이래, 새로운 법제의 改變과 制定이 많이 이루어지면서도 빠른 변화를 이루지 못하는 상황을 이들은 이러한 논리로 무장하여 변호하고 있었다.

3. 『經國大典』의 成立과 集權體制

1) 世祖 · 成宗代 『經國大典』의 편찬과 그 推移

조선 건국이 내포한 정치적 이상은, 14, 5세기 조선 사회에 內在한 發展의 방향을 반영한 것이었다. 집권적 체제를 공고히 함으로써 私的인 權力의 자의적인 행사를 차단하고 公的인 權力과 權威를 확립하고자 함은 그 주된 지향이었다. 그것은 곧, 고려적인 질서와 고려적인 사

---

57) 祖宗成憲論에 대해서는 朴秉濠, 「朝鮮前期 立法者의 法律觀」, 『近世의 法과 法思想』, 진원, 1996 참조.

회운영의 방식을 빨리 벗어나 새로운 질서를 세워 나갈 때 가능한 일이었다. 『經濟六典』의 체제는 그러한 방향에서 움직이는 조선사회의 현실을 반영하면서도, 실제로는 고려적인 체제에 사로잡혀 있었다. 太宗, 世宗을 거쳐 구왕조의 질서를 벗어나 조선적인 제도를 확립하려는 노력이 부단히 경주되었지만, 아직까지 충분한 성과를 내지 못하고 있었다. 새로운 질적인 성장, 새로운 단계의 개척이 이루어진 것은 世祖代 들어서면서였다.

세조는 치세 초기에 六典詳定所를 설치, 『經濟六典』과는 성격을 달리하는 법전, 곧 『經國大典』의 편찬 계획을 세웠으며, 그의 말년에 전 체계를 완성할 수 있었다. 이 법전이 세조대에는 비록 완성되어 간행되지 못했으나, 睿宗 成宗代의 『經國大典』의 편찬과 간행은 세조의 노력에 밑받침된 것이었다.

『經國大典』을 편찬하고자 하는 세조의 노력은 즉위 후부터 있었다.[58] 세조는 자신이 직접 六典을 정하겠다는 생각을 가지고 있었다.[59] 세조 4년에는 어느 정도 작업이 진척되어 六典詳定官들이 각자 纂한 법전을 가지고 세조가 직접 검토하고 필삭하는 작업을 벌이기도 하였다.[60] 세조 5년에는 능력 있는 실무자들이 服喪 때문에 빠져나가자, 특별히 이 작업에 가담할 것을 명령하기도 하였다. 세조는 喪中이던 韓繼禧로 하여금 起復하여 六典詳定所에 참여하도록 하였으며,[61]

---

58) 『世祖實錄』 권5, 世祖 2年 10月 丙寅(7-155), "予自卽位以來 務崇儉約 設詳定所" ; 『睿宗實錄』 권7, 睿宗 元年 9月 丁未(8-419), "詳定所提調寧城君 崔恒 右議政金國光等 撰進經國大典 賜恒國光鷹子各一連……大典 世祖最留意事也 雖未遍告宗廟 請告永昌殿……世祖以我國法制煩密 乃改定六典 參究古今憲章 去細節存綱領 以約之 開局五六年 僅成刑戶二典 至是六典畢就 其刑戶典 率皆世祖御製".

59) 『世祖實錄』 권7, 世祖 3年 3月 戊寅(7-185).

60) 『世祖實錄』 권11, 世祖 4年 2月 庚辰(7-185) ; 『世祖實錄』 권11, 世祖 4年 2月 壬午(7-260).

61) 『世祖實錄』 권16, 世祖 5年 3月 壬辰(7-315).

세조 5년 5월에는 역시 崔恒으로 하여금 기복하여『경국대전』편찬 사
업에 참여하도록 하였다.62) 이 작업이 하루아침에 이루어질 것은 아니
었지만, 세조가 이 일을 세종이 자신에게 내린 유업을 완수하는 사업
이라고까지 의식했던, 그리고 치세 기간 중 가장 유의했으며 직접 그
조문을 다듬었던,63) 중요한 사안이었다.

 『經國大典』의 편찬은 세조의 의향도 강했지만, 많은 신료들도 그 편
찬에 공감하고 있었다. 집현전 직제학 梁誠之의 건의는 이 시기 새로
운 법전 편찬의 의미를 잘 보여준다.64) 양성지는 "한 朝代의 제도를
정하여 子孫 萬代의 法"으로 삼자고 하여, 세조 즉위 후에 법제를 새
로이 정비하는 것이 무엇보다 중요한 政事가 된다고 강조했다.65)『元
典』『續典』『謄錄』등의 여러 법전이 있지만, 아직 田制, 兵制, 貢法
등이 확정되지 않았으므로 자손만대의 법으로 삼을 만한 것을 빨리 만
들자는 것이었다. 양성지의 정치적 지향이 세조와 반드시 일치한 것도
아니었지만,66) 오래도록 변함 없이 행할 법제와 법전을 만들자는 생각
은 세조와 마찬가지로 강하게 지니고 있었던 것이다.

 세조대『경국대전』의 편찬은 많은 시간과 노력을 필요로 했다. 일시
에, 한꺼번에 그 일이 이루어지지는 않았다. 세조 4년에 이미 六典詳定
官들이 纂한 법전을 가지고 세조가 직접 검토하고 筆削하는 일이 있

62)『世祖實錄』권16, 世祖 5年 5月 壬辰(7-326).
63)『睿宗實錄』권7, 睿宗 元年 9月 丁未(8-419), "大典 世祖最留意事也 雖未遍
    告宗廟 請告永昌殿……世祖以我國法制煩密 乃改定六典 參究古今憲章 去
    細節存綱領 以約之 開局五六年 僅成刑戶二典 至是六典畢就 其刑戶典 率
    皆世祖御製".
64)『世祖實錄』권1, 世祖 元年 7月 戊寅(7-68).
65)『世祖實錄』권1, 元年 7月 戊寅(7-68).
66) 이를테면, 科田法을 職田法으로 改變한 세조의 대책을 부정하는 梁誠之의
    태도에서, 우리는 두 사람의 정치적 사고가 반드시 그 처지에 따라 매우 다르
    게 형성되어 있었음을 확인할 수 있다. 양성지의 학문과 정치론에 대해서는
    韓永愚, 「訥齋 梁誠之의 社會·政治思想」,『歷史敎育』17, 1975.

었지만,[67] 모든 법전을 완성하지는 못하였다. 우선, 戶典과 刑典이 간행되었다. 호전은 1460년 7월(세조 6)에,[68] 형전은 1461년(세조 7)에 일차적으로 완성되었다.[69] 6典 가운데 戶典 刑典을 먼저 간행한 것은, 이들 두 법전이 백성들에게 직접적으로 관계되었기 때문이다.

『경국대전』의 체제가 마무리되는 것은 세조 말년이었다. 1465년(世祖 11)에는 그간 해오던 작업이 어느 정도 마무리되었다. 세조는『경국대전』전체 편찬을 지휘할 都廳을 두고 그 아래로 6전을 분담, 校讎를 책임질 인력을 조직, 방대하고도 복잡한 법전 편찬의 체제를 정비하였다.[70] 左參贊 崔恒, 同知中樞院事 金國光, 吏曹判書 韓繼禧, 戶曹判書 盧思愼, 成均 注簿 柳洵 등으로 都廳을 구성하였으며, 吏曹參判 姜希孟과 戶曹佐郎 金紐가 吏典, 左副承旨 李永垠과 司憲掌令 李克基가 戶典, 藝文提學 李承召 司醞注簿 李枰이 禮典, 兵曹判書 金礩과 成均 直講 朴叔蓁이 兵典, 知中樞院事 梁誠之 工曹佐郎 魚世恭이 刑典, 仁順府尹 成任 兵曹正郎 鄭顯哲이 工典을 각기 담당하여 讎校하도록 하였다. 이같이 새로이 조직을 재편성한 것은, 이제 이 작업이 최종 단계에 이르렀음을 보이는 일이었다. 이듬해(1468, 세조 12)에는 戶・刑典 외 나머지 吏・禮・兵・工典도 그 편찬을 완료하였다.[71] 세조 13년에는 詳定所에서 새로 지은 '大典'의 초안을 가지고, 宗親 宰相들과 더불어 논박하며 조목을 획정하는 작업을 지속했다.[72] 세조의

---

67) 『世祖實錄』 권11, 世祖 4年 2月 庚辰(7-185) ; 『世祖實錄』 권11, 世祖 4年 2月 壬午(7-260).

68) 『世祖實錄』 권21, 世祖 6年 7月 辛卯(7-407).

69) 『世祖實錄』 권25, 世祖 7年 7月 癸丑(7-474).

70) 『世祖實錄』 권36, 世祖 11年 5月 丁卯(7-686).

71) 『世祖實錄』 권47, 世祖 14年 11月 甲申(8-213), "丙戌 王以累朝立法 科條寔繁 商確損害 定爲經國大典".

72) 世祖 13年 6月 丁巳日(『世祖實錄』 권42, 8-90) 이후로, 계속하여 축조 논의하며 조목을 획정하였으며, 이해 12월에 다음해부터 戶典과 刑典을 먼저 인쇄하여 반포하기로 하였다(『世祖實錄』 권44, 世祖 13年 12月 丙辰, 8-153).

『經國大典』편찬 노력은 이때쯤 그 대체가 드러난다고 볼 수 있는데, 이때 편찬된 것을 '丙戌年大全'이라 한다.[73] 그러나 이 大典도 완전히 정비되어 간행, 반포되지는 못했다. 세조는 여러 번의 검토를 거쳐, 1468년(세조 14)에 일단 戶典과 刑典만이라도 시행하려고 했다. 그러나 그 시행은 세조의 죽음으로 중지되었다.[74]

    세조 사후『경국대전』의 편찬은 곧바로 이루어지지 못했다. 법전 편찬에 관여하는 사람들은 그 편찬이 속히 이루어져야 함에 동감하면서도,[75] 세조 대에 정해진 내용을 전면적으로 인정하지는 않았다. 몇 가지 항목을 두고 수정 작업이 전개되었다. 睿宗 元年 2월에 韓明澮는 三館의 法이 폐지된 폐단을 들어 예전 법을 세우도록 촉구했고,[76] 예종 원년 6월에는 한명회가『經國大典』안에서 고칠 곳을 초록하여, 이를 院相들이 의논하였다. 대체로, 사찰의 건립, 승려에 관련한 항목들이었다.[77] 이 시기『經國大典』에 대한 수정은, 예종이 "先王이 이룬 법을 폐하는 것이 옳은가?" 하고 염려할 정도로 많은 변화가 있었다. 이때 院相 金國光은 폐단이 생기면 고치는 것은 萬歲에 통행하는 전례라는 말로서, 그 변화를 긍정하였다. 世祖 사후,『경국대전』의 개정 작업을 주도한 것은 한명회였다. 실록에서는 한명회가 수상이 되어 祖宗 이래의 故事 중 복구할 일을 잘 채택하여 대부분 採納되니, 中外에서 翕然히 칭찬하였다[78]고 할 정도였음을 기록하고 있다.

---

73) 윤국일, 앞의 책, 1986.

74)『世祖實錄』권44, 世祖 13年 12月 丙辰(8-153).

75)『睿宗實錄』권4, 睿宗 元年 2月 戊寅(8-343).

76)『睿宗實錄』권4, 睿宗 元年 2月 戊寅(8-343).

77)『睿宗實錄』권6, 睿宗 元年 6月 丙子(8-391), "領議政韓明澮 抄經國大典內 可改事以啓 — 京中及諸道 已造寺刹外新創者 具不得已新創之由告兩宗 兩宗報禮曹 啓聞造成 — 大小人員 托以造家 引僧人於家 嫁婢役使者頗多 自今事發 則家長收告身 婢子屬公 — 婦女上寺者 無度牒潛隱剃髮者 依大典令有司拿來檢擧 — 僧人犯罪 官吏檢擧時 違法侵暴者 許僧人陳告反坐".

78)『睿宗實錄』권5, 睿宗 元年 4月 乙丑(8-359).

　예종대의 『經國大典』 편찬 작업은 元年 9월에 마무리되었다. 일을 주관한 사람들은 崔恒 金國光 등 세조대 『경국대전』 편찬을 주도했던 신료들이었다.[79] 서거정이 「經國大典序」를 썼으며, 崔恒 등이 「進經國大典箋」을 썼다. 이 대전은 1470년 正月 初一日부터 시행할 계획이었으나,[80] 예종은 그 본격적인 시행을 보지 못하고 세상을 떠났다. 이 때 만들어졌던 『대전』을 '己丑年大全'이라 한다.[81] '기축년대전'은 형식상 『경국대전』의 최종적인 완성본이었다. 이후로 『경국대전』의 교정과 감교 작업이 여러 차례 계속되고, 그리하여 내용상 많은 변화가 있었지만, '기축년대전'에 실린 서거정의 서문과 최항의 전문은 교체되지 않고 계속 실렸다.

　『經國大典』은 성종대 들어 세 차례의 교정 작업을 거치는 과정에서 약간의 내용 변화가 나타났다. 이미 『대전』의 체계가 잡혀 있었으므로 성종 대의 작업은 그다지 힘들지 않았던 것으로 여겨지지만, 많은 시간을 소요하며 마무리 작업이 지체되고 있었다. 그것은 세조가 가진 개성 넘치는 정치이념과 국정 운영노선이 신료 일반들의 그것과는 많이 달랐던 상황에서 세조 사후 이를 조정하는 작업이 오랫동안 일어났던 상황과 무관하지 않을 것이다. 『경국대전』은 여러 차례의 수정을 거치며 성종 즉위 후 15년 만에 완성될 수 있었던 것이다.

　성종은 즉위 직후에는 敎正廳을, 그리고 그 다음에는 勘校廳을 설치, 이전에 만들어졌던 『경국대전』을 여러 번 校讐하고 보완하여 완성하였다. 1470년(成宗 1) 4월에 교정을 보완하는 조치가 있었고[82] 10월에는 崔恒 등이 『경국대전』을 교정하여 올렸다.[83] '기축년대전' 이후의 1차 교정본이었다. 이어 다음달 11월에는 新定 『經國大典』 가운데 아

79) 『睿宗實錄』 권8, 睿宗 元年 10月 丁丑(8-419).
80) 『睿宗實錄』 권8, 睿宗 元年 11月 丙申(8-430).
81) 『睿宗實錄』 권8, 睿宗 元年 11月 丙申(8-430).
82) 『成宗實錄』 권4, 成宗 元年 4月 甲寅(8-485).
83) 『成宗實錄』 권8, 成宗 元年 10月 辛未(8-537).

직 반포되지 못한 條件은 이듬해 辛卯年부터 시행하기로 방침을 정하였다. 아마도 예종대 만들어진『경국대전』의 일부 조항은 좀더 보완하여 시행하기로 하고, 반포 당시에는 그 시행을 보류하고 있었던 모양이다.[84] 1474년(성종 5) 정월에『경국대전』을 改撰하여 頒行하고 여기에 실리지 못한 72개의 조목은『續錄』으로 묶어 간행하였다.[85] 이때 처음으로『經國大典』과 함께『續錄』이 나타난 것을 주목할 수 있겠다. 이후로 조선정부에서는 변화하는 현실에 맞추어 법 조항을 改定하거나 新定할 경우에는『經國大典』의 원문을 고치지 않고, 계속『續錄』형식으로 보완해 나갔다.

성종 15년 12월에는『經國大典』의 勘校 작업이 마무리되었다.[86] 감교 작업은 勘校廳을 설치하여 본격적으로 이루어졌다.[87] 성종의 언급대로, 이때의 작업은 새로이 법을 만든 것이 아니라, 그동안 내렸던 受教와『續錄』을 追錄하여 정리한[88] 의미를 지니고 있었다. 이로써『經國大典』은 최종 마무리되었는데, 성종은 다시 법조문의 개정을 요구하는 사람이 있으면 大明律의 예에 따라 논죄한다고 하여『경국대전』이 법전으로서의 기능을 충실히 하도록 하였다.[89] 이때 개정된 경국대전을 '乙巳年大全'이라 한다.『經國大典』의 최종 완성본이었다.『경제육전』이 만들어진지 80여 년 뒤,『경국대전』이 처음 만들어진지 30여 년

---

84)『成宗實錄』권8, 成宗 元年 11月 壬午(8-537), “傳于禮曹曰 新定經國大典未頒條件 來辛卯正月初一日 始遵用”.

85)『成宗實錄』권38, 成宗 5年 正月 戊子(9-80), “改撰經國大典 頒于中外 其不錄大典者 名爲續錄 共七十二條並頒之”.

86)『成宗實錄』권173, 成宗 15年 12月 甲戌(10-658).

87)『成宗實錄』권148, 成宗 13年 11月 庚戌(10-408), “傳于承政院曰 今日下雪得時 故賜酒其與勘校廳堂上. 筵官共飮 各賦新雪四韻詩以進”.

88)『成宗實錄』권168, 成宗 15年 7月 丁亥(10-604), “傳曰 大典非創新法 只以受教及續錄之語 移載耳 其間雖有改正處, 亦不多 古云 作舍道傍 三年不成 予意母令看審 而速畢何如”.

89)『成宗實錄』권165, 成宗 15年 4月 甲子(10-583), “傳于承政院曰 大典勘校後 依大明律例 母令輕易紛更 如有請改者 立法論罪 何如”.

이 지난 뒤의 일이었다.

이러한『경국대전』의 성립은『經濟六典』의 체제를 계승하면서도, 그 구체적인 형식과 내용에서는 커다란 변화를 보이고 있었다. 우선 편찬 방식과 관련하여,『經濟六典』은 국왕의 受敎와 朝令 條例를 일정한 체계 속에 원문 그대로 수록하는 방법으로 법전을 편찬하였기 때문에 새로운 내용이 제시될 때마다 이를 續典, 謄錄의 형식으로 보완하였다. 그러나『經國大典』은 종래 續典, 謄錄의 형식으로 증보하던 고식적인 편찬방법 대신 元典 續典 謄錄을 참작하여 항구적으로 통용할 수 있는 통일적인 하나의 법전으로 편찬하는 방법을 취하였다.[90)]

무엇보다 중요한 것은 내용에서의 차이였다.『經濟六典』이 조선왕조의 통치 규범이 아직 확립되기 전 고려적인 질서가 상당히 유지되고 있어 건국 초창기의 제도를 반영하고 있었다면『경국대전』은 통치기구와 신분적 질서 등 여러 부면에서 조선왕조의 통치규범과 틀이 정비된 시기의 제도를 반영하였다.『경국대전』은 말하자면, 조선적인 질서의 골격을 제시하는 규범인 셈이었던 것이다.

이와 같이,『經國大典』의 편찬의 편찬은 세조의 즉위를 계기로 틀이 잡혔다.『경국대전』의 편찬 작업이 마무리 된 것은, 태조이래 계속된 조선국가의 체제 정비가 법제적으로 일단락 되었다는 의미였다. 그것은 달리 오랜 시간 지속되었던 숱한 정치적 갈등과 대립이 조정 절충되는 과정을 거쳐, 어느 정도는 항상적인 제도를 구축하게 되었다는 의미이기도 했다.『경국대전』은 이후『大典續錄』,『大典後續錄』,『受敎輯錄』등『經國大典』을 보완하는 법전이 여러 차례 나타났지만, 영조대『續大典』이 편찬될 때까지, 조선국가의 기본적인 체제와 틀을 그대로 지켜가고 있었다. 그러니까,『경국대전』의 편찬은 조선적 제도의 완성과 정착을 대내외적으로 천명하는 일이기도 했었다. 여기서, 우리가 주목하게 되는 것은,『경국대전』의 편찬을 가능하게 했던 政治的

---

90) 윤국일, 앞의 책, 1986, 69쪽.

動力과 그리고 그『경국대전』에 내포된 체제의 성격이 어떠한가 하는
점이다.『경국대전』은 그 성격과 형태상『경제육전』과는 여러 모로 양
상을 달리하였으며, 조선국가의 특질을 법전 내부에 풍부하게 함유하
고 있었다.

2)『經國大典』성립의 動力과 集權體制

　『經國大典』은 세조 때에 그 틀이 갖추어지게 됨으로써 현실화의 가
능성을 열어놓았지만, 최종 완성이 이루어진 것은 거의 30년 뒤였다.
그만큼,『경국대전』의 편찬이 쉽지 않았음을 보여 주는 것인데, 그 과
정에는 君權과 臣權의 항쟁과 대립, 勳舊와 士林의 대립과 갈등 등이
영향을 미치고 있었던 것으로 보인다.『경국대전』이 가진 정치적 성격
을 살피기 위해서는 이러한 점들을 유의해야 할 것이다. 그러나 무엇
보다,『經國大典』의 전체적 틀을 완성했던 세조 개인의 정치적 역할에
주목할 수 있겠다. 세조의 政治運營, 세조의 政治的 志向이『경국대
전』을 완성하게 한 절대적인 힘이었던 것이다.
　『경국대전』의 편찬이 세조대 본격적으로 준비되고, 그 틀이 완성된
것은 주목할만한 일이다. 세조는, 자신이 해야할 임무의 하나로『大典』
의 편찬·간행을 자임했을 만큼,[91] 이 책의 완성에 온 힘을 쏟아 부었
다.『經國大典』의 편찬은, 앞선 시기 조선왕조의 제반 법제를 정비하
려는 노력을 전제로 한 것이었지만, 실제로는 세조대의 특별한 정치적
조건과 결합하며 이루어졌다. 君權을 강화하려는 세조의 부단한 노력
과, 그에 바탕 하여 강력하게 君權을 행사할 수 있었던 사정이 그것이
다. 세조는 專制 君權의 확립을 자신의 정치적 목표로 설정하였으며
이 과정에서 통일적인 법전체제를 수립하려 하였다. 그것은 君權을 확
립하여 法典을 정비하고 역으로 法典의 체계화를 통하여 君權을 유지

---

91)『世祖實錄』권1, 世祖 元年 7月 戊寅(7-68).

해나가고자 함이었다.[92]

세조는, 그 비상한 즉위 과정에서도 확인되는 바지만, 조선의 정치적 안정과 왕권의 확립을 가장 중요한 문제로 생각하였다. 端宗에 대한 政變은 약해질 대로 약해진 왕권을 안정시키고자 하는 의도를 지니고 있었다.[93] 태종과 세종을 거치며, 조선에 필요한 문물제도가 정비되고 왕권의 안정화가 이루어져 왔지만, 정리된 법제와 항상적인 정국운영을 가능하게 할 수 있는 체제를 마련하기에는 아직도 많은 과제가 남아 있었다. 세조의 即位와 14년 동안의 길지 않은 治世는 이 같은 과제를 여하히 풀 것인가 하는 점을 중심에 두고 이루어지고 있었다.

세조의 정국 운영은 독특한 이념과 방식에 기초하여 이루어졌다. 우선, 세조 스스로 개성 있는 정치론으로 무장하고, 정국을 주도하였다. 왕자 시절 世宗이 인정하였다시피, 세조는 그 스스로 학문적인 역량을 깊이 축적하고 있었다.[94] 그것은 재능 있는 신료들과 겨루어도 부족하지 않을 정도였으며, 어떤 경우는 신료들 일반의 수준을 넘어서고 있었다. 세조 13년, 세조가 직접 지은 「印地儀頌」을 두고 대부분의 신하들이 이해하지 못하였던 사실[95]은, 세조가 가진 재능과 학식이 만만하지 않았음을 보여주는 대목일 것이다.

세조는 정국을 强權的으로 운영하고자 하였다. 공신들의 힘을 빌리고, 공신들을 활용한 것이 세조 만한 경우가 없다할 정도로 세조는 공신들을 중시하고 있었시만, 세조는 그러나 국가경영에서 신료들의 힘

---

92) 다음과 같은 언급은 이 시기 법이 가지고 있는 의미가 무엇인지를 잘 보여준다 하겠다.
"御書諭八道觀察使曰 國之著令 期在奉行 任職治官 恒省或違 縱乏補衰 宜勤奉章 此朝廷之大綱 臣子之大義也"(『世祖實錄』卷33, 世祖 10年 5月 丙寅, 7-625).
93) 세조의 즉위와 정국 운영에 대해서는 崔承熙, 『朝鮮初期 政治史研究』, 지식산업사, 2002의 제Ⅵ장과 Ⅶ장 참조.
94) 『世祖實錄』권1, 總序, 世宗 27年(7-57), "首陽甚精學者也".
95) 『世祖實錄』권41, 世祖 13年 3月 庚辰(8-65).

을 제어하고자 할 필요가 있을 때에는 專制力을 발휘, 이들을 과감히
통제하였으며, 나아가 이들의 정치적 경제적 기득권을 축소하기도 하
였다. 그가 견지했던 것은 功利的 覇權的 정치이념96)이었다. 세조는
정치활동 학문활동은 철저히 공리적 실용적으로 이루어져야 하며, 군
권을 옹호하고 강화할 수 있는 그러한 성격을 지녀야 한다고 보았다.
이를테면 학문의 종류를 天文門·風水門·律呂門·醫學門·陰陽
門·史學門·詩學門 등 7가지로 나누고 그에 따른 학문활동을 장려하
는 것이나,97) 『貞觀政要註解』를 편집하고98) 『兵將說』을 지으며99)
『蠶書』를 간행하도록100) 한 것도 모두 그러한 성향을 보이는 것이었
다. 그런 까닭으로 그는 주자학적인 도덕정치론에 대해서는 그다지 긍
정적이지 않았으며, 公論政治에 대해서도 높게 평가하지 않았다. 학문
을 7가지 분야로 나누는 것을 부정하여 詩學門과 史學門만 남겨두고
나머지는 雜學이니 혁파할 것을 주장한101) 金宗直을 두고 경박하다고
평가하고 그를 史學門의 담당자에서 제외하도록 한 것은 주자학을 중
시하는 학문경향에 대한 세조의 이해를 잘 보여준다. 세조가 따로 세
자를 위한 교육지침을 마련한 것도 이 같은 점과 관련이 있을 것이다.
세조는 恒德, 敬神을 주된 내용으로 하는, 帝王이 닦고 지켜 나가야
할 規範을 따로이 편찬하여 세자를 교육하고자 하기도 했다. 『訓辭』가
그것이다.102) 주자학에서의 君主聖學論과는 거리가 있는 내용이었다.

　세조가 불교에 대해 많은 관심을 기울인 것도 이런 점들과 무관하지
않았다. 세조는 불교에 대해 깊은 소양을 쌓고 있었으며, 또 불교와 관

---

96) 金泰永, 「朝鮮初期 世祖王權의 專制性에 대한 一考察」, 『韓國史硏究』 87,
　　 1987.
97) 『世祖實錄』 권33, 世祖 10年 7月 戊寅(7-638).
98) 『世祖實錄』 권1, 世祖 元年 閏6月 丙辰(7-60).
99) 『世祖實錄』 권27, 世祖 8年 2月 癸未(7-515).
100) 『世祖實錄』 권17, 世祖 5年 8月 己巳(7-342).
101) 『世祖實錄』 권34, 世祖 10年 8月 丁亥(7-644).
102) 윤정, 「朝鮮 世祖代 『訓辭』 편찬의 정치사상적 의미」, 『韓國學報』 108, 2000.

런한 행사를 궁궐 내에서 행하기도 하였다.103) 刊經都監을 설치하여 많은 불교 관련 서적을 편찬하였던 것도 불교를 중시하는 '好佛之主'로서의 모습이었다.104) 儒敎를 강화하고 불교를 배척하고자 했던 조선 사대부들의 의향과는 정반대 되는 태도였다. 그런 점에서 세조의 정국운영과 불교에 대해 비판적인 사대부 사이에는 크게 충돌할 수 있는 개연성이 내재하고 있었다.105)

세조의 공리적 패권적 정치이념은 결국 신료들을 압도할 수 있는 정치력을 군주 스스로 키우고 또 이러한 이념을 근거로 한 국가경영이 이루어지기를 바라는 마음 위에서 였는데, 세조가 전망했던 정치적 지향은 궁극적으로, 군권의 강화를 바탕으로 集權力을 강화하며 이를 통하여 조선의 국가체제를 정립하려는 것이었다.

세조대에 이루어지는 제반 정치개혁, 제도정비는 이 같은 지향을 잘 보여준다. 우선 꼽을 수 있는 것이 六曹直啓制의 시행과 議政府 권한의 약화이다. 세조는 즉위하자마자 世宗 18년에 부활되었던 議政府 署事制를 다시 六曹直啓制로 전환하였다.106) 의정부의 힘을 약화시키려는 세조의 지향은 세조 7년, 『대전』에 정해진 사형을 행할 때 이를 의정부에 보고하는 법을 없애도록 하는 조치로도 나타났다. 이때 의정부의 반대에 대해, 세조는 御書를 내어 '古今 天下에 신하에게 먼저 稟하는 일은 없으며, 이것은 한 사람의 命을 듣는 의리에 크게 어긋난다. 의정부의 주장대로 한다면 권력이 옮겨가는 것을 알지 못하나'107)고 하여 이를 물리쳤다.

이후 세조는 정치체제와 정치운영방식을 적극적으로 정비하는 작업

---

103) 『世祖實錄』 권16, 世祖 5年 4月 己未(7-319).
104) 『世祖實錄』 권24, 世祖 7年 6月 乙酉(7-469).
105) 다음 절에서 살피겠지만, 睿宗 成宗代의 『經國大典』 修正을 좌우하는 가장 중요한 문제가 여기에 있었다.
106) 『世祖實錄』 권24, 世祖 元年 8月 庚戌(7-76).
107) 『世祖實錄』 권24, 世祖 7年 6月 壬辰(7-470).

을 의욕적으로 펼쳤다. 세조 12년에는 이를 '新官制'라는 이름으로 반포하여, 집권국가에 걸맞은 제도의 정비를 마무리했다.108) 이때 '新官制' 논의에 참여했던 주된 인물은 六典詳定所의 堂上들이었다.109)

다음으로 들 수 있는 것이 職田法의 시행이다. 정부에서는 세조 12년, 科田을 폐지, 職田法으로 전환하고 곧 이어 이를 官收官給의 형식으로 운영하였다.110) 과전법 폐지에 관한 사정은 실록에 "革科田 置職田"이라 하여 단 한 줄만 나온다. 호조에서 修身田, 恤養田 관리가 법에 규정된 대로 이루어지지 않는 사실을 두고 문제 제기를 여러 번 했었지만,111) 과전법을 직전법을 대체한다는 논의는 구체적으로 드러나지는 않고 있었다. 직전법 시행이 가진 의미를 생각하면, 그 논의과정이 만만치 않았을 것으로 짐작되는데, 공식적인 기록에서는 아주 단순하게 나오고 있는 것이다. 실록 편찬 당시에 이 법 시행의 의미를 축소하여 기록했거나, 아니면 법 시행 자체가 짧은 시간 안에 급속하게 이루어졌는지도 모를 일이다.

과전법의 직전법으로의 전환은 적은 의미를 가진 것이 아니었다. 職田法이 현직 관료에게 수조권을 분급하는 점에서 과전법이 가진 특성을 근본적으로 벗어난 것은 아니었지만, 과전법에서의 修身田 恤養田을 폐기하고 또 관료 개인이 행사하도록 하던 '收租'를 官에서 실행한다는 측면에서 과전법의 특성을 크게 벗어나고 있었다. 이제 직전법이 시행됨으로써 과전이 갖던 世祿의 의미가 사라지게 된 것이다.112) 그

---

108) '新官制'의 내용과 성격에 대해서는 南智大, 「朝鮮初期 中央政治制度研究」, 서울대학교 국사학과 박사학위논문, 1993에 자세히 분석되어 있어 큰 참고가 된다.

109) 『世祖實錄』 권37, 世祖 11年 12月 乙亥(7-715) ; 『世祖實錄』 권37, 世祖 11年 12月 己丑(7-716) ; 『世祖實錄』 권38, 世祖 12年 正月 丁未(8-2).

110) 『世祖實錄』 권39, 世祖 12年 8月 甲子(8-37), "革科田 置職田".

111) 『世祖實錄』 권28, 世祖 8年 5月 辛酉(7-538) ; 『世祖實錄』 권28, 世祖 8年 7月 壬寅(7-541) ; 『世祖實錄』 권34, 世祖 10年 10月 乙巳(7-658) ; 『世祖實錄』 권37, 世祖 11年 12月 己丑(7-716).

러한 변화는 오랫동안 중세사회를 지탱해오던 收租權 分給制가 조만
간 사라지고, 그에 기초하여 이루어지던 제반 관계가 크게 바뀌게 될
것임을 예고하는 일이었다. 특히, 군신관계에서 큰 변화가 일어나리라
는 것을 상정할 수 있다. 경제적인 측면에서 集權體制의 강화를 견인
하는 조치가 職田法의 시행이었다. 그 의미가 그러했으므로, 양반 대
부분은 職田의 시행을 반대했다. 세조의 주요 정책참모였던 梁誠之의
경우, 직전법이 世祿에 기초한 士의 대우를 부정하게 하는 제도라는
점에서 이 법의 시행을 적극 반대하였다.113) 예종대 들어 세조가 일찍
죽은 이유가 이러한 과전을 폐지한 데 있다는 兇言이 나오기도 했
고,114) 일반 양반들도 성종대 들어서까지도 과전법의 시행을 촉구하였
다.115) 성종은 이같이 과전법을 복구하라는 진언이 많이 올라오자 院
相들에게 과전의 부활을 논의하라는 명령을 내리기도 하였다.116) 말하
자면, 성종 즉위 후 일부 신료들은 직전법의 시행을 두고 강한 저항을
드러내었던 바, 이러한 저항은 科田 폐지의 의미가 어디에 있는지 잘
보여준다 하겠다.

세조의 새로운 法制 變改는, 수구적인 논리 곧 조종조의 법은 고치
지 말고 지켜야 한다는 일반론과 정면으로 배치되는 일이었다. 일반적
으로, 법조, 법제의 개혁을 논의할 때, 그 반대론은 대체로 祖宗朝의

---

112) 李景植, 앞의 책, 1986 ; 金容燮, 「朝鮮初期의 勸農政策」, 『東方學志』 42,
　　　1984(『韓國中世農業史研究』, 지식산업사, 2000 재수록) 참조.
113) 『世祖實錄』 권40, 世祖 12年 11月 庚午(8-46).
114) 『睿宗實錄』 권8, 睿宗 元年 10月 癸亥(8-424), "甲士金繼童啓甲士李末中等
　　　亂言……末中曰 前王単累代相傳科田 且不分貴賤 籍正兵 民之怨讟至深 享
　　　年五十一薨".
115) 『成宗實錄』 권32, 成宗 4年 7月 己未(9-43) ; 『成宗實錄』 권261, 成宗 23年
　　　正月 癸巳(12-137).
116) 『成宗實錄』 권4, 成宗 元年 4月 辛未(8-490), "傳曰 予欲革職田 復科田 其
　　　問院相 院相具致寬等啓曰 復科田 甚有益朝官 然若考前日守信 恤養田見奪
　　　者而復給 則必奪任事者之田 而與無職之人 恐難行也 傳曰 非予强欲如是
　　　但陳言者多言職田有弊耳".

成憲은 고치지 말고 준수해야 한다는 것이었다. 법은 人情에 맞아야 하니, 인정과 어긋나는 법은 있을 수 없다고 하는 논리도 그 반대론의 하나였다. 어쨌든, 수구적인 법 이론이 祖宗成憲論이었던 것인데, 세조는 이러한 논리를 과감히 깨트리고 있었다.[117] 직접, 자신의 힘으로 6전 편찬을 주도하며, 이 과정에서 세조는 새로운 개혁법을 과감히 추진했던 것으로 보인다.[118]

세조의 새로운 법제 개혁과 그것의 법전화는 결국, 군주의 엄청난 힘의 행사를 바탕으로 한 것이었는데, 이를테면 세조는 '자신의 말이 곧 법'이라는 논리로 신료들의 반대를 물리치기도 했다. 이 시기 국왕의 명령 곧 受敎가 곧 법으로 집행되는 것이 조선의 관행이었지만, 그러한 수교는 어디까지나 신료들의 논의를 거친 후에 이루어지는 일이었다. 세조 2년 淫事 금지 문제를 두고 신료들과 논쟁이 벌어졌을 때, "나의 말이 곧 법"[119]이라 하여 신료들을 제압하려던 세조의 언명은 법을 초월하는 전제군주의 모습을 여실히 보여주는 것이라 할 것이다.

요컨대, 세조의 왕권강화책과 그에 기초한 새로운 법제의 시행은, 조선 건국 후의 제도 변화를 새로운 차원에서 추동하는 동력이었는데, 『經國大典』의 편찬은 이 같은 상황을 반영하며 이루어졌던 것이다. 『경국대전』에 포괄되는 주요한 법제, 요컨대 '經國大典體制'라 이름 붙일 수 있는 제반의 제도 정비가 세조의 강력한 군권 행사와 연관하

---

117) 祖宗成憲論에 대해서는 朴秉濠, 「朝鮮前期 立法者의 法律觀」, 『近世의 法과 法思想』, 진원, 1996 참조.

118) 이러한 세조의 새로운 法制 變改의 노력은, 후일 법제를 새로이 정비하고자 할 때도 중요한 근거가 되었다. 이를테면 成宗 14년, 전교서 박사 高言謙 등이 전교서를 정3품 아문으로 만들어 달라고 요청하며, 그를 반대하는 논리에 대해 세조의 예를 들었다. "만약 전교서는 선왕이 정한 관제이므로 가볍게 고칠 수 없다면, 교서감 교서관 역시 선왕의 관제인데 세조께서 고쳤다.……교서관만 홀로 칭호를 회복할 수 없겠는가?"(『成宗實錄』 권161, 成宗 14年 12月 壬午,10-554).

119) 『世祖實錄』 권4, 世祖 2年 5月 乙亥(7-130).

여 정착되게 되었던 것이다.

　세조대 『경국대전』의 편찬은, 이와 같이 조선의 국가체제를 세워 나가는 데 핵심이 되는 법제를 시행할 수 있는 강력한 국왕의 힘을 전제로 한 것이었는데, 이러한 강력한 君權의 성립은 여러 법제를 정치적으로 풀어갈 수 있는 근거로만 작용하는 것은 아니었다. 세조의 강력한 군권은 실제 『經國大典』의 法 條項과 法 條文을 확정하는 중요한 동력이었다.

　세조는 六典詳定所를 설치하고 詳定官들로 하여금 법전의 초안을 잡게 하였지만, 틀이 잡힌 뒤에는 이들 신료들과 함께 직접 조문을 검토하고 논의하여 확정하였다. 실록의 편찬자가 '御製'[120]라고 표현할 정도로, 국왕 세조는 법조항의 확정에 깊이 개입하고 있었던 것이다. 세조가 이와 같이 법조항의 확정에 깊이 개입한다는 것은, 여러 다양한 형태로 존재하는 이해의 對立과 相衝을 효율적으로 절충하여 마무리한다는 의미였다. 실제, 성종대 『경국대전』이 편찬되기 직전에 이루어지는 여러 논의들은, 법전 편찬, 곧 법조항의 확정이 얼마나 어려운지를 잘 보여준다. 이를테면, 성종 15년 9월에 있었던 도망노비 容納과 使役, 그리고 그에 대한 陳告 문제를 두고, 조정에서는 의논이 크게 셋으로 갈리고 있었다. 하나의 의견은, 도망한 公・私賤을 숨기고 사역하는 경우, 사형하는 대신에 決杖 1백대를 때리고 兩界로 徙居하게 하자는 것이었다. 다음 의견은, 公・私賤을 용납하여 사역하는 사람의 경우에는 『大典』 규정에 따라 全家徙邊하게 하되, 陳告하는 사람에게는 1대에만 한정하지 말고 영구히 상으로 지급하게 하자는 것이었다. 다음 의견은 공・사천을 용납하여 숨기를 자를 전가사변하는 것은 법을 너무 무겁게 적용하는 것인데, 이 일이 국가의 大體에 해당하는 것

---

120) 『睿宗實錄』 권7, 世祖 元年 9月 丁未(8-419), "世祖 以我國法制煩密 乃改定 六典 參究古今憲章 去細節存綱領 以約之 開局五六年 僅成刑 戶二典 至是 六典畢就 其刑戶典 率皆 世祖 御製".

이 아니기 때문이다라는 것이었다.[121] 이 조항은 결국 전가사변에 관한 사항은 사라지고 陳告資의 경우 奴婢口數의 1/4를 상으로 지급한다[122]는 내용으로 결정되었다. 하나의 사안을 두고 이렇게 많은 의견이 개진된다는 것은 법 제정이 얼마나 어려운지를 잘 보여준다고 하겠다. 법전 편찬의 중심이 확립되고, 이러한 주체가 강한 추진력을 가지고 여러 異見들을 절충할 때, 그 일이 쉽게 마무리될 수 있는 것인데, 세조는 호전과 형전은 직접 제작했다고 할 정도로, 복잡하기 그지없는 일에 직접 개입하여, 그를 성사시켰던 것이다.

　세조의 『경국대전』 편찬은, 결국 집권체제 강화를 위한 법적 제도적 조치를 법전의 이름으로 수렴하고 정착시키는 과정으로서의 의미를 지니었다. 이는 세조의 다음과 같은 언급에서도 확인된다. 세조 14년 內資寺의 관리들이 불법한 일을 저지르자, 세조는 "大典을 정하지 못한 까닭으로 관리가 폐단을 잇고 간악함을 인습하고도 風敎에 부끄러움이 없으니, 慢藏하는 틈에 누가 節義를 알겠느냐?"[123]라 하였다. 梁誠之의 다음 언급에서 어느 정도 확인할 수 있다. 양성지는 "법을 세우는 것이 어려운 것이 아니라, 법이 선 뒤에 간사한 것을 발각하고 隱伏한 것을 적발하여 이익이 국가로 돌아오게 하는 것이 어렵다."라고 하여, 법이란 요컨대 이익을 국가로 돌아오게 하는 근거임을 강조했다. 이를테면, 良人이 軍丁을 누락시킬 경우, 이를 법으로 엄히 다스리면, 良民이 제대로 파악되고 公私賤이 제대로 파악될 것인데, 그럴 경우 軍額이 족하게 되고 官府가 족하게 되며, 士大夫가 족하게 된다는 것이었다.[124] 이 시기, 법이 어떤 기능을 하는지, 법이 지향하는 바가 무엇인지가 명쾌하게 드러나는 것인데, 앞서 정도전의 『朝鮮經國典』에서 보았듯, 집권국가에서 법을 엄격히 세우고 유지해나가는 의미가 무

121) 『成宗實錄』 권170, 成宗 15年 9月 壬寅(10-625).
122) 『經國大典』 刑典, 公賤, "陳告逃漏奴婢者 每四口賞給一口".
123) 『世祖實錄』 권45, 世祖 14年 正月 壬申(8-155).
124) 『世祖實錄』 권37, 世祖 11年 11月 己未(7-712).

엇인지, 여기서도 명백히 확인할 수 있다하겠다.

이상과 같이 정리하고 보면, 世祖代의 『經國大典』 편찬은 조선 건국 후의 법전 편찬이 지니고 있었던 지향을 집약적으로 구현하고 있었다. 집권체제를 정비하고 구축함에 『경국대전』은 더할 나위 없이 중요한 법적 제도적 근거였던 것이다. 그것은 요컨대, 世祖의 정치는 집권화를 진전시켰고, 『經國大典』은 그러한 집권체제를 유지 운영함에 주요한 근거가 된다고 정리할 수 있을 것이다. 그러나 세조대의 『경국대전』은 사대부 일반의 이익과 의견을 수렴하며 만들어졌지만, 상충되는 부분도 대단히 많았다.

세조 이후, 예종 성종대 있었던 여러 차례의 개정 작업은 『經國大典』에 반영된 바 세조의 정치이념, 국가경영 방향에 대한 비판과 문제 제기가 여러 차례 있었기 때문이었다. 세조 사후, 여러 차례 修正 · 改刊을 거쳐 『經國大典』이 완성되었던 것은 아마도 세조대의 정치이념, 정국 운영을 현실적으로 조정하고자 했던 사정과 연관이 있을 것이다. 睿宗 成宗代의 정국은 세조대와는 다른 양상으로 전개되었는데, 전반적으로 세조의 국정 운영방식을 인정하지 않는 분위기가 강하게 형성되어 있었다. 성종 즉위 후 『경국대전』이 만들어지기까지 15, 6년 동안, 훈구세력의 정국 주도와 성종의 親政, 그리고 士林派의 성장과 그들의 훈구와의 대립이 펼쳐졌다.[125] 이때 일어났던 정치적인 변화의 전체적인 흐름은, 초기에는 院相을 중심으로 하는 고위관료의 정국 주도가 있었고, 성종 7년의 親政 후에는 사림들의 성장이 더불어 일어나고 있었던 것으로 정리할 수 있다. 특히 사림들이 정치적으로 성장했던 사정은 이를테면 弘文館의 言官化가 뚜렷이 드러나고, 留鄕所 復立運動이 활발하게 일어나는 데서 볼 수 있다.[126] 사림들은 三司를 거

---

125) 여기에 대해서는 崔承熙, 앞의 책, 2002 ; 金燉, 『朝鮮前期 君臣權力關係 硏究』, 서울대학교 출판부, 1997 참조.

126) 여기에 대해서는 이태진, 「士林派의 留鄕所 復立運動」, 『韓國社會史硏究』, 지식산업사, 1986 ; 최이돈, 『朝鮮中期 士林政治構造硏究』, 일조각, 1994 ; 金

점으로 자신들의 이념을 표출, 정치력을 강화하였으며 그 과정에서 왕
권을 제한하고 훈구 대신들의 권한도 견제해 나갔다.

'병술년대전'에서 '을사년대전'까지 여러 차례에 걸쳐 법전이 수정되
면서 일어났던 구체적인 변화는 자료가 거의 사라졌기 때문에 그 전모
를 완전히 파악하기가 쉽지 않다. 지금까지 이루어진 연구는, 대체로
실록의 자료와 '을사년대전'을 비교하며 변화상을 추적하고 있다.[127)
그러나 이들 법전은 그 대체에서는 세조대 이루어진 '병술년대전'의 큰
흐름을 반영하고 있는 것으로 보인다. 우선, 세조대 改革法制의 핵심
을 이루었던 議政府 署事制의 약화와 六曹直啓制, 職田法과 같은 제
도는 '을사년대전'에 그대로 반영되어 있기 때문이다. 의정부 재상의
지위를 높이고 의정부의 역할을 강화하자는 논의는 성종대 들어 계속
나타났다. 성종 2년 대사헌 韓致亨은 三公의 例授를 피함으로써 삼
공의 지위를 높일 것을 촉구하였고,[128) 성종 7년에는 대사헌 尹繼謙이
의정부 署事制를 재실시함으로써 조선초기의 의정부의 역할을 다시
복원하는 것이 필요하다는 의견을 제시하기도 했다.[129) 능력 있는 재
상을 얻어 그로 하여금 일을 대신하게 해야, 道를 논하고 陰陽의 造化
를 순조롭게 하는 古代 三公의 제도를 복원할 수 있다는 것이었다. 하
지만, 그것이 법전 속으로 수렴된 것은 아니었다.

職田法도 그대로 유지되었다.[130) 世祖代 梁誠之의 반대도 있었지

燉, 앞의 책, 1997 참조.

127) 윤국일, 앞의 책, 1986이 가장 자세하다.

128) 『成宗實錄』 권10, 成宗 2年 6月 己酉(8-576).

129) 『成宗實錄』 권70, 成宗 7年 8月 丙申(9-377), "司憲府大司憲 尹繼謙 等上疏
……書曰 三公論道經邦, 燮理陰陽 今之政府 卽古論道燮理之地也 三公以下
徒爲充位 無所事事 而六曹諸司 各執其事, 直達承稟 雖斗升零碎之事 皆煩
聖聽 此皆王者位分之體乎 古人有言曰 勞於求賢 逸於任賢 殿下誠能得賢宰
相 復署事之法 以任調元之責 則體統以正 綱紀以立 百工允釐 庶績咸熙 而
水旱可變爲豊穰 災異可變爲休祥矣".

130) 『經國大典』, 戶典 諸田.

만, 예종 성종대 들며 직전반대 과전 부활의 정치적인 주장이 자주 제
시되었다. 예종대 들어 세조가 일찍 죽은 이유가 이러한 과전을 폐지
한대 있다는 兇言이 나오기도 했고,[131] 일반 양반들도 성종대 들어서
까지도 과전법의 시행을 촉구하였다.[132] 성종은 이같이 과전법을 복구
하라는 진언이 많이 올라오자 院相들에게 科田의 부활을 논의하라는
명령을 내리기도 하였다.[133] 말하자면, 성종 즉위 후 일부 신료들은 직
전법의 시행을 두고 강한 저항을 드러내었던 바, 이러한 저항은 科田
폐지의 의미가 어디에 있는지 잘 보여준다 하겠다.

반면, 세조대 만들어진 몇몇 법은 많은 검토를 받았다. 그 과정에서
이들 법제들은 대부분 법전에서 제외되었던 것으로 보인다. 무엇보다
먼저, 예종 즉위 후, 국왕과 신료들간의 전체 만남에서 세조대 법에 대
한 문제 제기가 있었다. 이때는, 영의정 이준, 우의정 金礩을 비롯, 六
曹參判 이상이 모두 모였다.[134] 이 자리에서 논의된 문제는 크게 네
가지였다. 관리의 濫刑을 금지하는 법, 部民의 守令告訴를 허락하는
법, 號牌法, 正兵法 등이었다. 남형을 금하는 법 때문에 도적을 제대로
다스릴 수 없으며, 부민 고소를 허락하는 법 때문에 수령의 威令이 행
해지지 못하고 악한 짓을 하는 자가 이익을, 양민은 앉아서 폐단을 받
는다는 점이 지적되었다. 호패법은 良・賤民에 대한 엄격한 감독 때문
에 오히려 양민과 천인 중에서 勢家에 붙어 노비로 된 자가 그 숫자를

---

131) 『睿宗實錄』 권8, 睿宗 元年 10月 癸亥(8-424), "甲士金繼童啓甲士李末中等
　　 亂言……末中曰 前王革累代相傳科田 且不分貴賤 籍正兵 民之怨讟至深 享
　　 年五十一薨".
132) 『成宗實錄』 권32, 成宗 4年 7月 己未(9-43) ; 『成宗實錄』 권261, 成宗 23年
　　 正月 癸巳(12-137).
133) 『成宗實錄』 권4, 成宗 元年 4月 辛未(8-490), "傳曰 予欲革職田 復科田 其
　　 間院相 院相具致寬等啓曰 復科田 甚有益朝官 然若考前日守信 恤養田見奪
　　 者而復給 則必奪任事者之田 而與無職之人 恐難行也 傳曰 非予强欲如是
　　 但陳言者多言職田有弊耳".
134) 『睿宗實錄』 권2, 睿宗 卽位年 12月 丙申(8-313).

헤아릴 수 없을 정도로 많아지게 되는 폐단을 낳는 점이 지적되었다. 또, 正兵의 法은 사대부들이 괴로워하는 법으로 지목되었다. 正兵法은 時行의 朝士와 堂上官 이외에는 신분의 고하를 막론하고 正兵에 속하게 함으로써, 淸要를 지낸 자나 大夫를 지낸 자들이 軍門에서 胥徒에게 욕보이게 하는, 士林들을 곤욕스럽게 하는 법제라는 점이었다.

이들 네 법은 요컨대 兩班士大夫 그리고 일반 官僚들의 정치적 이익과 첨예하게 대립하는 요소를 지니고 있었다. 신료들이 반발하여 이를 수정하기를 요구한 것은 당연한 일이었다. 실제, '을사년대전'에서 이들 조항은 삭제되어 수록되지 않았다. 세조의 법제는 말하자면 사대부 일반의 이익을 公權의 힘으로 제어 압도하는 측면에서 제정된 것이 많이 있었던 것이다. 법 전반에 걸쳐서 살핀다면 비록 양반 사대부들의 이해를 반영하고 있었지만, 중요한 法에서는 이들의 정치적 경제적 이해를 압도하여 제한하는 측면이 있었던 것이다.

성종대 이루어지는 『경국대전』에 대한 비판과 법의 수정 요구도 이 점을 많이 겨냥하고 있었다. 성종 2년 6월 大司憲 韓致亨은 各司의 관리가 녹을 받음에 重記에 올려 考上하는 것은 廉恥를 중시하는 士를 대접하는 도리가 아니라고 비판하였다.[135] '職事를 勉强하게 하고 斗斛의 곡식으로 사대부를 操縱하고 勸懲하는 방법'을 쓴다 함이었다. 성종 14년 典校署 博士 高彦謙이 典校署를 校書館으로 변경해 주기를 요청한 사실 역시, 이 같은 측면에서 제기된 것이었다. 校書館은 본래 正3品衙門으로, 藝文館 成均館과 함께 三館을 이루어 士習을 바르게 하고 士風을 가다듬게 하여 斯文을 숭장하고 권장하는 기구로서의 역할을 했던 것인데,[136] 세조대 典校署로 이름을 바꾸고 從5品 아문으

---

135) 『成宗實錄』 권10, 成宗 2年 6月 己酉(8-576). '을사년대전'의 호전 해유조에는 '解由가 나가지 아니한 자는 비록 特恩으로 祿을 급여받는 다해도 다음 번 給錄 때는 반드시 解由를 살피고서 지급한다'(『經國大典』「戶典」解由)고 규정하고 있다.

136) 三館法은 과거를 거친 사람들을 모두 여기에 소속하게 하여 出身하는 곳으

로 만들었다는 것이었다.[137) '乙巳年大典'에서 전교서는 정3품아문인 교서관으로 바뀌었다.[138)

士大夫家의 經濟的 利害와 상충되는 法條項으로서 많은 논란을 낳은 것도 있었다. 刑典 私賤條의 "文記를 받은 자 자신이 죽어도 개정하지 말라"라는 규정을 두고, 신료들은 "부모의 文記는 이 제한에 구애받지 않는다"는 조항을 보완해 넣을 것을 요청하였다. 부모가 자녀에게 노비를 나누어주었는데 그 자녀가 부모보다 먼저 죽으면, 부모가 다시 그 노비를 빼앗아 다른 자식에게 줄 수 있도록 하자는 의도였다. 鄭昌孫, 韓明澮, 沈澮, 尹弼商 등 중신들은 이 의견을 극구 찬성했는데, 노비를 자식에게 나누어주는 것이 國家의 大體에 손해를 끼치지 않으며, 오히려 한 집안의 살림살이는 부모가 하는 것이므로 부모의 처분을 따르는 것이 大體에 합당하다는 논리였다.[139) 결국 이 내용은 법전의 본문 아래에 註로 처리되었다.[140)

한편, '을사년대전'은 세조가 견지하려고 했던, 지나치게 강한 嚴刑 爲主의 법제에 대해서도 비판적이었던 것으로 보인다. 이를테면, '병술 년대전' 戶典에서는 京外의 大小 人家에서 닭·돼지를 기르게 하고 그 등급에 따라 賞罰을 가하도록 규정하거나,[141) 또 '무릇 諸鎭과 諸 浦의 고기를 잡을 만한 곳은 結箭하고, 땔나무[柴薪]가 있는 곳에는

로 삼았던 제도였는데, 세조가 이 법을 혁파했다(『成宗實錄』 권161, 成宗 14 年 12月 壬午, 10-554).

137) 『成宗實錄』 권159, 成宗 14年 10月 甲申(10-534) ; 『成宗實錄』 권161, 成宗 14年 12月 壬午(10-554).

138) 『經國大典』 「吏典」 內官職.

139) 『成宗實錄』 권163, 成宗 15年 2月 丁亥(10-574).

140) 『經國大典』 刑典 私賤, "欲改者 具由告官 改給 受者身死 勿改(父母祖父母 祖父母之於子孫 夫之於妻妾 許改)".

141) 『世祖實錄』 권33, 世祖 10년 7월 丙辰(7-634). 당시 호조에서는 이 규정을 잘 지킨 河城尉 鄭顯祖 咸吉道 咸興甲士 劉益明 등의 아들·사위·아우·조카 중에서 대신 資級을 加資하게 하고, 전지를 잘 받들지 않은 中樞院副使 閔 發은 推鞫하게 하는 조치를 내리고 있었다.

鹽盆을 두되 그 魚鹽의 數를 本曹에 移文하고, 그 多少의 차례로써 賞罰을 행한다.'142)고 규정하고 있었는데, 이것이 '을사년대전'에서는 모두 사라졌다. 관에서 돼지를 길러 이를 民戶에 분배하게 하되, 그 口數의 다과를 가지고 수령을 褒貶하게 하자는 규정143)도, '을사년대전'에서는 사라지고 있었다.

이 같은 사례만을 들어 세조대 '병술년대전'의 전체적인 성격을 판단하기에는 무리지만, 어쨌든 세조가 『經國大典』을 통해서 나라를 어떤 식으로 다스리려 했는지, 그 일단은 추측할 수 있겠다. 세조는 통치의 방편으로 국가의 公權을 적극 강화하려고 하였으며 이것이 새로운 법제의 제정으로 귀결되고 있었다. 法典은 그러한 법제를 영속화, 일정화하는 器具였는데, 그러한 법제는 일부 사대부들의 이해조차도 제한하고 인정하지 않는 점이 있었다. 전반적으로 보아, 신분제를 엄격히 유지하며 형벌의 시행에 기초하여 국가질서 사회질서를 유지할 것을 의도했던 것이 『경국대전』이었지만, 세조대 그것이 틀 잡히는 과정에서는 士大夫 일반의 政治的 經濟的 利益을 제한하는 가운데 국가질서를 세워 나가고자 하는 요소도 있었다. 그것은 말하자면 '利益이 국가에 돌아오는 것'144)을 강조하는 면모였는데, 세조가 가진 정치이념적 지향이 法制·法典 속으로 구체화된 것이라 하겠다. 세조 사후, 수 차례의 개정 작업에서 두드러지게 문제가 되는 것은, 양반 사대부의 정치 경제적 이해와 상충되는 법 조항이었으며, 그러한 조항들은 대체로 개정 작업에서 삭제되었다. 士大夫·官僚들은 번거롭게 법을 수정하

---

142) 『世祖實錄』 권35, 世祖 11년 3월 庚申(7-676). 호조에서는 이러한 규정의 실행을 두고, 諸邑의 守令들이 받들어 잘 행하지 않는데 定平府使 金彌壽가 벼와 기장[稷] 아울러 7백 석을, 瓮津縣令 李允若이 벼와 기장 아울러 8백 16석을 아울러 魚鹽과 무역하여 軍資를 보충하였으므로 『大典』에 따라 賞職하고, 나머지 수령은 국문하게 할 것을 세조에게 요청하여 허락받았다.
143) 『世祖實錄』 권35, 世祖 11年 3月 乙亥(7-680).
144) 『世祖實錄』 권37, 世祖 11年 11月 己未(7-712).

고 새로이 만드는 것보다는 기존에 이루어진 『大典』의 법을 지키는 것
이 더 중요함을 강조하고 있었지만,145) 그러면서도 그들의 이해와 크
게 부닥치는 법 조항에 대해서는 과감하게 수정했던 것이다.

4. 맺음말

　이상 조선 초기 『경국대전』의 성립이 갖는 의미를 살펴보았다. 논의
한 내용을 정리하면 다음과 같다. 조선의 국가체제를 법전상으로 보증
했던 『經國大典』은 형태상, 그리고 그 내포하고 있는 정치이념과 관련
하여 여러 법전의 구상과 편찬을 토대로 성립했다. 여기에서는 그 형
성과정을 鄭道傳의 『朝鮮經國典』, 태조 이래의 『經濟六典』, 세조의
『經國大典』, 성종대의 『經國大典』으로 나누어 살펴보았다. 『조선경국
전』이 조선국가의 틀을 체계적으로 드러낸 구상서였다면, 『경제육전』
과 『경국대전』은 조선의 법전이었다.

　정도전의 『朝鮮經國典』이 신법과 창업과 사대부들의 정치적 이상을
집약하고 있었다면, 『經濟六典』은 그러한 이상을 공유하면서도 보다
현실적인 면모를 지니고 있었다. 양자는 집권체제의 강화, 재상중심제
도의 시행 등과 같은 점에서는 상호 유사했으나, 고려와의 관계를 어
떻게 설정할 것인가에 하는 점을 두고는 차이를 보였던 것으로 보인
다. 『朝鮮經國典』이 고려적인 질서를 가능한 한 벗어나려고 하였다면,
『經濟六典』은 고려적인 질서, 이를테면 私權적인 질서를 용인하는 鮮
初의 정치현실을 반영하고 있었다.

　『朝鮮經國典』은 유교의 仁政論을 근간으로 하여 출현한 統一法典
형식의 법제서였다. 『朝鮮經國典』이 가진 역사적 의의를 대체로 두 가
지 점에서 정리할 수 있다. 강력한 집권국가를 지향하는 조선의 정책

---

145) 『成宗實錄』 권70, 成宗 7年 8月 丙申(9-377).

의지를 담고 있었던 점과 통일법전이 儒敎的 文治理念의 전면화를 가
능하게 하는 물리적 근거임을 제시한 점이 그것이었다. 조선은 한편에
서는 敎化의 이념을 정책적으로 펼쳐 나가면서도 한편으로는 이 법제
를 통하여 전국적인 규모의 統一的 强制力을 세워 나가고 있었다.

이와 같이 『朝鮮經國典』과 같은 통일법전이 출현하게 된 것은 집권
체제를 구축하고 유교주의 정치이념=문치주의를 실현한다는 정치적
구상이 있었기 때문이었는데, 이 시기 집권체제의 구축과 유교주의=
문치주의의 실현은 실상은 서로 분리된 사안은 아니었다. 유교주의 문
치주의의 강화가 곧 국가 공권의 강화를 전제로 하는 점에서, 이는 또
집권체제의 강화와 연관되어 있었던 것이다.

『경제육전』은 조선국가가 체제를 정비하는 과정을 충실히 반영하여
만들어진 가운데 제 기능을 다하였다. 법제의 변화가 지속적으로 이루
어지고 있었으므로, 법전 항목의 변화가 끊임없이 일어날 수밖에 없었
다. 그랬기에 애초 『經濟六典』이 나온 이후, 太宗 世宗代에 續典 편찬
이 계속 이루어졌다. 『經濟六典』은 아직 통일적인 체제를 갖추지 못했
다. 그것은 형태상 『經濟六典』이 가지는 기본적인 성격이었다. 그러나
『경제육전』은 형태상으로 드러나는 이러한 요소와 달리, 고려적인 요
소를 아직 많이 담고 있는 것에서 그 내용적인 특성을 살필 수 있다.
그것은, 법제 정비의 미숙함을 넘어, 여전히 고려와 연관을 갖는 정치
적 요소가 강하게 잔존하였으며 그것이 다시 법전으로 반영되었음을
보이는 일이었다.

『경제육전』 시기, 법제의 정비와 그것의 法典 조항으로의 구체화는
시기의 격렬한 정치적 변동을 반영하며 이루어졌다. 태조로부터 세종
에 이르기까지, 조선사회는 고려의 법제, 고려의 정치사회 운영 원리를
벗어나, 조선에 걸맞은 새로운 체제를 만들고자 진력을 다하였다. 그러
나 그 과정은 쉽게, 빠른 속도로 이루어지지 않았다. 새로운 법제, 제도
를 만든다는 것은, 여러 정치 사회세력들의 사회경제적 정치적 역관계

속에서, 상호간의 이해를 절충하며 이루어간다는 의미였다. 대체로 보수적인 성향을 갖는 것이 이 시기 법제 정비의 실상이었다. 祖宗朝의 成憲은 고치지 말고 준수해야 한다는 내용의 祖宗成憲論, 법은 人情에 맞아야 하니, 人情과 어긋나는 법은 있을 수 없다고 하는 주장도 그러한 보수성을 대변하는 논리였다. 태조이래, 새로운 법제의 개변과 제정이 많이 이루어지면서도 빠른 변화를 이루지 못하는 상황을 이들은 이러한 논리로 무장하여 변호하고 있었다.

세조의 『경국대전』 편찬 작업은 앞선 시기 법제서 구상과 법전 운용의 경험을 총결하면서도 그 차원을 한 단계 뛰어넘는 방향으로 진행되었다. 세조는 치세 초기에 六典詳定所를 설치, 『經濟六典』과는 성격을 달리하는 법전, 곧 『經國大典』의 편찬 계획을 세웠으며, 그의 말년에 전 체계를 완성할 수 있었다. 이 법전이 세조대에는 비록 완성되어 간행되지 못했으나, 睿宗 成宗代의 『經國大典』의 편찬과 간행은 세조의 노력에 밑받침된 것이었다.

세조 사후 『경국대전』의 편찬은 곧바로 이루어지지 못했다. 『經國大典』은 예종대, 성종대 들어 여러 차례의 교정 작업을 거치는 가운데 다소간 변화하였다. 세조가 가진 개성 넘치는 정치이념과 국정 운영노선이 신료 일반들의 그것과는 많이 달랐던 상황에서 세조 사후 이를 조정하는 작업이 전개되었던 것이다. 『경국대전』은 여러 차례의 수정을 거치며 성종 즉위 후 15년 만에 완성될 수 있었던 것이다.

『경국대전』은 『經濟六典』의 체제를 계승하면서도, 그 구체적인 형식과 내용에서는 커다란 변화를 보이고 있었다. 우선 편찬 방식과 관련하여, 『經濟六典』은 국왕의 受敎와 朝令 條例를 일정한 체계 속에 원문 그대로 수록하는 방법으로 법전을 편찬하였기 때문에 새로운 내용이 제시될 때마다 이를 續典, 謄錄의 형식으로 보완하였다. 그러나 『經國大典』은 종래 續典, 謄錄의 형식으로 증보하던 고식적인 편찬방법 대신 元典 續典 謄錄을 참작하여 항구적으로 통용할 수 있는 통일적인 하나의 법전으로 편찬하는 방법을 취하였다.

무엇보다 중요한 것은 내용에서의 차이였다. 『經濟六典』이 조선왕조의 통치 규범이 아직 확립되기 전 고려적인 질서가 상당히 유지되고 있어 건국 초창기의 제도를 반영하고 있었다면 『경국대전』은 통치기구와 신분적 질서 등 여러 부면에서 조선왕조의 통치규범과 틀이 정비된 시기의 제도를 반영하였다. 『경국대전』은 말하자면, 조선적인 질서의 골격을 제시하는 규범인 셈이었던 것이다.

세조의 『經國大典』 편찬 간행은, 형태상 『經濟六典』이 가진 受教集 성격을 벗어나, 통일적이고 영속적인 법전을 만들기 위한 노력이었다. 그러나 내용상, 『經國大典』은 세조가 추구한 바, 강력한 전제군주제를 만들고자 하는 함의를 담고 있었다. 세조는 전제 군권의 확립을 자신의 정치적 목표로 설정하였으며 이 과정에서 통일적인 법전체제를 수립하려 하였다. 그것은 君權을 확립하여 法典을 정비하고 역으로 法典의 체계화를 통하여 君權을 유지해 나가고자 함이었다. 세조의 『經國大典』 편찬 노력은, 당대 兩班士大夫들의 특권을 제어하여 고려적인 질서를 최대한 해소하려는 체제를 세우려는 노력과 맞물려 있었다.

성종대, 우여곡절을 거치며 완성된 『經國大典』은, 세조의 지향을 계승하면서도 士林 일반의 정치적 이상을 부단히 반영하려고 했던 것으로 보인다. 특히, 몇 조문에서 확인하는 바지만, 국가 공권의 강화를 추구하는 과정에서 양반 사대부의 정치적·경제적 이해와 크게 상충되었던 세조대 '大典'의 규정은 거의 폐기하거나 수정하고 있었다.

요컨대, 조선 초기 7, 80여 년의 시간을 소요하며 만들어진 『經國大典』은 건국 후 새로운 국가 건설기에 전개되었던 정치적 변화를 충실히 반영하고 있었다. 그것은, 고려적인 질서로부터 벗어나 조선적인 질서를 확립하려던 이 시기 모든 정치적 지향을 집약적으로 수렴하는 일이었다. 정도전의 구상과 『經濟六典』의 이념, 세조의 전제 군권 중심의 정치이념은 상호 성격을 달리하면서도 또 한편으로는 새로운 국가

朝鮮의 건설에 응축되어 『經國大典』으로 나타났던 것이다. 그것은, 集權體制가 강화되고 君權이 확장되는 조선국가의 역사적 성격을 명확히 반영한 결과였다.

『經國大典』「禮典」과『國朝五禮儀』「凶禮」에 반영된 宗法 이해의 특징에 관한 고찰

張 東 宇*

1. 머리말

전근대 동양 사회는 宗法을 근간으로 하는 사회였다. 종법은 '혈연 관계를 기초로 공동의 조상을 숭배하고 族親間의 유대를 돈독히 하며, 종족 내부의 尊卑와 長幼를 구별하고 승계질서 및 종족 성원 각자의 지위에 따른 서로 다른 권리와 의무를 규정한 법칙'이다. 가족질서와 국가질서를 동심원적인 것으로 파악하는 전근대적 관점에 따르면, 종법은 한 마디로 '사회의 구성과 조직의 원리'라고도 할 수 있다. '승계 질서 및 권리와 의무'에 대한 규정이라는 점에서 종법에 대한 이해는 각 시대마다 서로 다른 양상을 보여 왔고, 상이한 이해는 곧바로 그 시대의 '사회 구성과 조직'의 특수성을 보여주는 중요한 지표였다.

유교를 국가 시책의 기본 이념으로 받아들인 조선 초기의 국가 정책에서 유교 의례의 정비와 보급은 학자들의 사상적 논의보다 시급한 정책과제였다. 이는 유교의 의례적 기능을 강화하고 정비함으로써 국가의 행사에서부터 민간의 일상생활에 이르기까지 유교적 실천을 가능하게 하기 위해서였다. 민간 의례의 경우는 『朱子家禮』의 시행을 촉구

---

* 연세대학교 국학연구원 연구교수, 한국철학

하는 초기적 단계였지만 국가전례의 경우는 이와 사뭇 달랐다. 건국 초 정도전의『朝鮮經國典』「禮典」을 시작으로 禮曹와 儀禮詳定所 그리고 集賢殿을 중심으로 국가전례인 吉·嘉·賓·軍·凶의 五禮의 실행을 위한 의례제도가 마련되기 시작하였다. 그 결과 세종대에는 河崙, 許稠, 卞季良, 鄭陟 등을 중심으로『五禮儀』의 초본이 완성되었고, 세조대에『오례의』를 고증·보완하는 과정을 거쳐 성종대에는『國朝五禮儀』가 완성되었다. 아울러『經國大典』의「禮典」도 그 모습을 드러내게 되었다.

조선 왕조는 宋代 朱子學을 이념으로 건국되었다. 주자학의 사회 구성과 조직의 원리는 주자학자들에 의해 새롭게 해석된 周의 종법제도였는데, 그것은『주자가례』를 통해 구체화되고 있었다.『주자가례』에 반영된 종법은 古代의 그것과는 차이가 있다. 따라서 고대의 종법과는 달라진 송대의 그것을 '宗子法'이라 구분하여 부르기도 한다. 종법제를 전면적으로 시행하기 위해서는 몇 가지 조건이 필요하다. 첫번째는 혈연을 매개로 구성된 가부장적 종족집단의 존재이다. 두 번째는 그러한 종족집단을 齊一的으로 통합할 수 있는 宗子의 존재와 宗子를 정점으로 종의 구성원을 통합할 수 있는 象徵的 儀禮 체계의 존재이다. 세 번째는 儀禮를 집행할 수 있는 聖所의 존재이다. 네 번째는 종자의 지위를 어떠한 방식으로 계승할 것인가 하는 종통계승의 명시적 원칙이 필요하다. 송대의 종법은 4대를 종족구성의 한계로 하는 동족집단과 宗子, 冠婚喪祭의 의식, 祠堂이라는 성소 그리고 적장자계승이라는 종통계승의 명시적 원칙을 전제로 성립된 것이다.『주자가례』의 도입은 상징적 의례의 체계와 聖所의 존재에 관한 문제를 해소하는 것이지만, 가부장적 종족 집단의 존재와 종통계승의 명시적 원칙이라는 문제를 근본적으로 해소시킬 수는 없었다. 이는 당시의 친족조직의 성격이 중국과 조선과는 상이한 양상을 보였기 때문이다.

본 논문은『경국대전』「예전」과『국조오례의』의 다양한 典禮들의 토대가 되는 종법에 대한 이해의 특징을 탐구하는 것을 목표로 한다. 『경국대전』의 「예전」과 『국조오례의』에는 송대 주자학자들의 종법 이해가 반영되었으리라고 예측할 수 있지만, '조선이라는 특수한 상황'이 주자학의 종법 이해와는 다른 '조선적 특성'을 보여줄 가능성도 배제할 수 없기 때문이다. 喪服制度는 親等服制라고도 하는데, 친족간의 상호 관계를 服制를 통해 구체화해 놓은 것이다. 상복제도는 "종법제도를 기초로 하여 건립된 것이며, 천자로부터 서민에 이르기까지 가장 광범위하게 그리고 가장 깊이 있게 종법관념을 체현한 일종의 제도"[1]이다. 따라서 종법에 대한 이해를 파악할 수 있는 일차적 자료로는 '成服', '立後'와 '奉祀' 등이 된다.[2]

본 논문에서는 먼저 『경국대전』「예전」 '成服' 조목에 규정된 士庶人의 상복제도와 『국조오례의』「흉례」의 군주 복제와 관련된 조항들을 『주자가례』「상례」 '성복' 조항과 『大明律』의 복제 규정과의 비교를 통해 그 특성을 드러내고, 그러한 특성들이 '종통계승의 명시적 원칙'이라는 측면에서 『주자가례』와 갈등을 일으키고 있음을 보이고자 한다. 물론 이러한 갈등이 '친족 구성과 연대의 차이'라는 '조선적 특성'을 반영하는 것임은 두말할 필요도 없다.

2. 『經國大典』「禮典」 '成服'의 분석

1) 『經國大典』「禮典」 '成服'의 구성

成服은 喪禮의 절차인데, 돌아가신 지 사흘째 되는 날 大斂을 마치

---

1) 錢玄, 『三禮通論』, 南京師範大學出版社, 1996년, 451쪽.
2) 아울러 구체적 禮制, 예를 들면 宗廟制度 또한 종법에 대한 이해를 기초로 성립된 것이기 때문에 이에 대한 분석을 통해서도 종법제도에 대한 인식을 확인 할 수 있지만, 이에 대한 분석은 본 논문에서는 다루지 않았다.

고 그 다음날 즉 나흘째 되는 날에 준비된 상복으로 갈아입는 것을 가리킨다. 이때 돌아가신 이와 상복을 하는 사람 사이의 혈연적 친소관계와 사회적 신분관계에 따라 五服의 喪裝과 삼 년에서 삼 개월까지의 喪期가 정해진다.

(1) **斬衰三年服**

참최삼년복의 施服對象으로는 모두 6조목이 실려 있다.

1) 아버지를 위해 한다(父) [家禮] [大明律]3)
2) 아버지가 돌아가신 상황에서 (할아버지가 돌아가시면) 嫡孫이 할아버지·할머니를 위해 한다(父卒則適孫爲祖父母) [家禮] [大明律]
3) 아버지가 돌아가신 상황에서 (할아버지는 이미 돌아가셨고, 증조부모가 돌아가시면) 증조할아버지·할머니를 위해 한다(父卒則適孫爲曾祖父母) [家禮] [大明律]
4) 아버지가 돌아가신 상황에서 (할아버지와 증조할아버지는 이미 돌아가셨고, 고조할아버지가 돌아가시면) 고조할아버지·할머니를 위해 한다(父卒則適孫爲高祖父母) [家禮] [大明律]
5) 며느리가 시아버지를 위해 한다(婦爲舅) [家禮] [大明律]
6) 아내가 남편을 위해 한다(妻爲夫) [家禮] [大明律]

이 여섯 가지 조항은 모두 『주자가례』 '성복' 참최장과 『대명률』에 연원하는 것이다. 『주자가례』에는 참최복과 관련된 7조목이 실려 있고, 그 가운데 '아버지가 적자로서 후사가 될 아들을 위해 한다(父爲適子當爲後者)'는 조항과 '2. 남의 후사가 된 사람이 후사로 삼아준 아버지

---

3) [ ] 속의 '家禮, 大明律'라는 표시는 이 조항이 『가례』와 『대명률』에 기록되어 있음을 나타낸다. [ ] 속의 '(家禮), (大明律)'이라는 표시는 『가례』나 『대명률』에 명시적 규정은 없으나 『가례』나 『대명률』에 근거하여 연역적으로 도출될 수 있는 복제를 의미한다.

를 위해 하거나, 후사로 삼아준 할아버지의 중을 계승한 경우에 할아
버지를 위해 한다(爲人後者爲所後父, 爲所後祖承重)'는 조목은 제외
되었다. 두 조항 모두 『대명률』에는 명문 규정이 있다. 이는 『대명률』
이 『주자가례』의 규정을 충실하게 반영하고 있음을 보여주는 것이다.

⑵ 齊衰三年服

자최삼년복의 시복대상으로는 모두 6조목이 있다.

  1) 어머니를 위해 하는데, 아버지가 생존 중이면 11개월째에 練祭를
     지내고 13개월에 소상제를 지내며 15개월에 담제를 지내고 관직에
     서 물러나 心喪으로 삼년을 마친다(母, 父在則十一月而練, 十三月
     而祥, 十五月而禫, 解官, 心喪三年) [(家禮)]
  2) 며느리가 시어머니를 위해 한다(婦爲姑) [家禮]
  3) 庶子가 嫡母를 위해 한다(庶子爲嫡母) [(家禮)]
  4) 계모를 위해 하는데, 아버지가 돌아가시고 시집을 가게 되어 자신
     이 계모를 따라갔다면 자최장기를 하고, 계모는 갚아주는 복으로
     부장기를 한다(繼母, 父死嫁而己從者齊衰杖期, 繼母報服不杖期)
     [家禮]
  5) 양부모를 위해 하는데, 세 살 이전에 거두어서 양육한 경우이다.
     자기의 친부모가 생존중이면 기년복으로 낮추어 하고 관직에서 물
     러나 心喪으로 삼 년을 마친다. 만일 아버지가 돌아가신 맏아들이
     라면 기년을 지내고 복을 벗는다(養父母, 三歲前收而養育者. 己之
     父母在則降服期, 解官, 心喪三年. 若父沒長子則期而除)
  6) 자모를 위해 한다. 庶子의 친어머니가 돌아가신 상황에서 아버지
     가 다른 첩에게 기르도록 한 경우이다(慈母, 庶子所生之母死, 父
     命別妾撫育者) [家禮]

자최삼년복의 시복대상 가운데 『주자가례』에 규정되어 있지 않은
조항은 3) '庶子가 嫡母를 위해 한다'는 것과 5) '양부모를 위해 한다'

는 조항뿐이다. 전자는 妾子가 嫡母의 친정식구들에게 하는 복을 친아
들이 모계친족에게 하는 경우와 동일하게 규정한『주자가례』의 입장4)
에 의하면 자연스럽게 도출되는 조항이다. 鄭玄도『儀禮』「喪服」'小
功章'에 대한 주석에서 "庶子가 君母를 위해서 하는 복은 적자가 하는
경우와 동일하다"라고 언급하였다. 5) 조항은『儀禮』나『開元禮』,『朱
子家禮』에는 실려 있지 않고 송 태조 때에 만들어진『開寶禮』에 처음
실린 조항이다. 자기를 양육해준 양부모의 은혜에 감사하는 마음에서
하는 복이다.

　『주자가례』는 어머니에 대한 복을 아버지의 생존 여부와 상관없이
자최삼년으로,『대명률』은 참최삼년으로 규정하고 있다. 고례에 따르
면 어머니에 대한 복은 아버지가 생존중이라면 '자최기년'이고, 아버지
가 어머니보다 먼저 사망한 경우라면 '자최삼년'이다. 이 규정은 당대
『개원례』에서 아버지의 생존 여부와 상관없이 자최삼년으로 개정되고,
이후『書儀』와『주자가례』에서도 변함이 없다. 明代에 이르면 다시 자
최삼년에서 참최삼년으로 높아지는데 이는『대명률』에도 그대로 반영
된다.『대명률』은 대부분이 어머니에 대한 복제규정인 '자최삼년'조항
을 '참최삼년'조에 통합하여 싣고 있다. 이 점은『주자가례』와『대명
률』이 달라지는 부분이다. 복제의 측면에 한정시켜 보면, 어머니는 아
버지와 동등한 대우를 받게 되었음을 의미한다.

⑶ 齊衰杖期服

　자최장기복의 시복대상으로는 모두 4조목이 실려 있다.

　1) 嫡孫이 아버지가 돌아가시고 할아버지는 생존 중인데 (할머니가
　　돌아가시면) 할머니를 위해 한다(適孫父卒祖在爲祖母) [家禮]

---

　4) 拙稿,「『朱子家禮』成服章의 淵源에 대한 고찰 -『開元禮』・『書儀』와의 비
　　교를 중심으로 -」,『東方學志』116집, 연세대학교 국학연구원, 2002 참조.

2) 시집간 어머니를 위해 하는데, 심상으로 삼 년을 마친다. 친어머니
가 아버지가 돌아가신 뒤에 재가한 경우이다(嫁母, 心喪三年. 親母
父死再嫁他人者) [家禮] [大明律]

3) 출모를 위해 한다. 친어머니가 아버지에게 쫓겨난 경우로서 心喪
으로 三年을 마친다(出母, 親母被父出者) [家禮] [大明律]

4) 서모를 위해 하는데, 자식이 있는 아버지의 첩이다(庶母, 父有子
妾) [大明律]

『주자가례』의 규정과 다른 것은 4) '서모를 위해 한다'는 조항뿐이
다. 이 규정이 『주자가례』에는 '緦麻三月' 조항에 실려 있다. 『대명률』
은 『경국대전』과 동일하게 규정되어 있다. 아울러 1) '嫡孫이 아버지가
돌아가시고 할아버지는 생존 중인데 (할머니가 돌아가시면) 할머니를
위해 한다'는 조항이 『대명률』에는 '참최삼년'조항에 할아버지와 함께
통합되어 있다.

(4) 齊衰不杖期服

자최부장기복의 시복대상으로는 모두 14조목이 실려 있다.

1) 할아버지와 할머니를 위해 하는데, 계조모의 경우도 동일하다(祖
父母, 繼祖母同) [家禮] [大明律]

2) 아들을 위해 하는데, 딸의 경우도 같다(子, 女同) [(家禮)] [大明
律]

3) 시부모가 맏며느리를 위해 한다(舅姑爲長子妻) [家禮] [大明律]

4) 할아버지가 적손을 위해 한다(祖爲適孫) [家禮] [大明律]

5) 형제와 자매를 위해 한다(兄弟・姊妹) [家禮] [大明律]

6) 백숙부모를 위해 한다(伯叔父母) [家禮] [大明律]

7) 고모를 위해 한다(姑) [家禮] [大明律]

8) 조카와 조카딸을 위해 한다(姪及姪女) [家禮] [大明律]

9) 동거하는 계부를 위해 한다. 계부에게 아들이 없고 자기에게 백숙

부나 형제가 없으면 기년을 하고, 계부에게 자손이 있고 자기에게
백숙부나 형제가 있는 경우에는 자최삼월을 한다(同居繼父, 無子
而己無伯叔兄弟則期年, 有子孫而己有伯叔兄弟則齊衰三月) [家
禮] [大明律]

10) 아내를 위해 한다(妻)

11) 첩이 남편의 부모를 위해 한다(妾爲君之父母)

12) 시집간 딸이 친정부모를 위해 한다(出嫁女爲父母) [家禮] [大明
律]

13) 첩이 남편의 자식을 위해 하는데, 친아들에 대해서도 같다(妾爲
君之子, 所生子同) [家禮] [大明律]

14) 시집간 손녀가 친할아버지·할머니를 위해 한다(出嫁女爲祖父
母) [家禮] [大明律]

『주자가례』에 실려 있지 않거나 달라진 규정으로는 10) ‘아내를 위
해 한다’, 11) ‘첩이 남편의 부모를 위해 한다’는 두 조항이다. 10)은
『주자가례』는 물론 『대명률』에도 ‘자최장기복’으로 규정되어 있다. 11)
은 『주자가례』에는 명문규정이 없는 조항이다.

1) ‘할아버지와 할머니를 위해 하는데, 계조모의 경우도 동일하다’는
조항의 뒤 부분 즉 ‘계조모의 경우도 동일하다’는 규정은 세종 때에 새
롭게 마련된 조항이다. 세종은 당초 古禮는 비록 성인이 제작한 것이
지만 부친이 만년에 계모를 얻은 후 곧 사망하였다면 정리 상 삼년복
을 하는 것은 합당하지 않으므로 계모를 위한 삼년복은 옳지 않다는
입장을 피력했으나,5) 儀禮詳定所를 위시한 조론의 반대에 부딪혀 계
모복과 친모복을 자최삼년으로 규정하는 데 동의했다.6) 한걸음 더 나
아가 예조에서는 계모복과 친모복이 같다면 논리적으로 친조모복과
계조모복도 같아야 한다고 주장하여 문종 원년 3월 24일 동일한 복으

---

5) 『世宗實錄』 세종 16년 4월 己未.
6) 『世宗實錄』 세종 16년 5월 癸卯.

로 확정한다.

『주자가례』에는 '아버지가 嫡子로서 자기의 후계자가 될 아들을 위해 한다'는 조항이 참최삼년장에, 그리고 '맏아들을 제외한 아들과 딸을 위해 한다'는 조항이 '자최부장기'장에 규정되어 있다. 『주자가례』에 따르면 2) '아들을 위해 하는데, 딸의 경우도 같다'는 조항은 적장자를 제외한 아들 즉 衆子를 위해 하는 복이어야 한다. 그런데 『경국대전』에는 長子를 위한 별도의 규정이 없으므로 이 조항은 장자를 포함한 모든 아들을 위해서 부모가 하는 것이다. 즉 장자와 중자를 구분하지 않고 모두 '자최부장기복'을 하도록 규정한 것이다. 이는 『대명률』 '자최부장기' 조목에 '부모가 적장자와 중자를 위해 한다'고 규정한 것과 동일하지만, 동일한 규정이 『고려사』 「예지」 '齊衰周' 조목에도 실려 있다.

⑸ 齊衰五月과 齊衰三月

자최오월복과 자최삼월복의 시복대상으로 각각 2조목과 3조목이 실려 있다.

1) 증조부모를 위해 하는데, 계증조모의 경우도 동일하다(曾祖父母, 繼曾祖母同) [家禮] [大明律]
2) 시집간 증손녀가 증조부모를 위해 한다(出嫁女爲曾祖父母) [家禮] [(大明律)]

1) 고조부모를 위해 하는데, 계고조모의 경우도 같다(高祖父母, 繼高祖母同) [家禮] [大明律]
2) (이전에는 동거했지만) 현재는 동거하지 않는 계부를 위해 한다(今不同居繼父) [家禮] [大明律]
3) 시집간 고손녀가 고조부모를 위해 한다(出嫁女爲高祖父母) [家禮] [(大明律)]

다섯 조목은 모두 『주자가례』 및 『대명률』의 규정과 동일하다.

⑹ 大功九月

대공구월복의 시복대상으로는 모두 11조목이 실려 있다.

1) 남편의 조부모를 위해 한다(夫之祖父母) [家禮] [大明律]
2) 시부모가 맏며느리 이외의 며느리를 위해 한다(舅姑爲衆子妻) [家禮] [大明律]
3) 할머니가 맏손자를 위해 한다(祖母爲適孫)
4) 조부모가 맏손자 이외의 손자를 위해 한다(祖父母爲衆孫) [家禮] [大明律]
5) 남편의 백숙부모를 위해 한다(夫之伯叔父母) [家禮] [大明律]
6) 조카며느리를 위해 한다(姪妻) [家禮] [大明律]
7) 사촌형제 자매를 위해 한다(堂兄弟·姊妹) [家禮] [大明律]
8) 시집간 사람이 친정의 형제자매를 위해 하는데, 남편이 죽고 자식이 없으면 부장기복을 한다(出嫁女爲兄弟姊妹, 若夫亡無子則不杖期) [(家禮)] [大明律]
9) 시집간 사람이 친정의 백숙부모를 위해 한다(出嫁女爲伯叔父母) [(家禮)] [大明律]
10) 시집간 사람이 친정의 고모를 위해 한다(出嫁女爲姑) [(家禮)] [大明律]
11) 시집간 사람이 조카와 조카딸을 위해 하는데, 남편이 죽고 아들이 없으면 조카를 위해 부장기복을 한다(出嫁女爲姪及姪女, 若夫亡無子, 則爲姪不杖期) [(家禮)] [大明律]

『주자가례』에 명문화되지 않았던 규정을 새롭게 첨가한 것으로는, 8) '시집간 사람이 친정의 형제자매를 위해 하는데, 남편이 죽고 자식이 없으면 부장기복을 한다', 9) '시집간 사람이 친정의 백숙부모를 위해 한다', 10) '시집간 사람이 친정의 고모를 위해 한다', 11) '시집간 사람이 조카와 조카딸을 위해 하는데, 남편이 죽고 아들이 없으면 조카를 위해 부장기복을 한다'는 4조목이다. 시집을 가지 않은 경우 각각의 대상들을 위해 하는 복은 자최부장기장에 규정되어 있다. 즉 이 복들은 出嫁를 통해 소속되는 宗이 친정에서 媤家로 변화함에 따라 친정 식구들에 대해 복을 낮추어 입은 것으로 出降이라는 복제 제정의 원리를 충실히 따르고 있는 것들이다.

『주자가례』의 규정을 개정한 것으로는 3) '할머니가 맏손자를 위해 한다'는 조항이 있다.『주자가례』에는 할아버지와 할머니가 적손을 위해서는 자최부장기복을 하는 것으로 동일하게 규정되어 있다. 4) '조부모가 맏손자이외의 손자를 위해 한다'는 조항은 맏손자와 맏손자이외의 손자 간에 자최부장기복과 대공구월복이라는 한 등급의 차이를 설정하여 구분하고 있음을 보여준다.

⑺ 小功五月
소공오월복의 시복대상으로는 모두 18조목이 실려 있다.

1) 할아버지가 맏손자며느리를 위해 한다(祖爲適孫妻) [家禮] [大明律]
2) 외조부모를 위해 한다(外祖父母) [家禮] [大明律]
3) 어머니는 같고 아버지가 다른 형제자매를 위해 한다(外同母異父兄弟·姊妹) [家禮] [大明律]
4) 외삼촌을 위해 한다(外伯叔父) [家禮] [大明律]
5) 이모를 위해 한다(姨母) [家禮] [大明律]
6) 외조카와 외조카딸을 위해 한다(外姪及姪女) [家禮] [大明律]
7) 남편의 형제자매를 위해 한다(夫之兄弟·姊妹) [家禮] [大明律]
8) 형제의 아내를 위해 한다(兄弟妻) [家禮] [大明律]
9) 형제의 손자와 손녀딸을 위해 한다(姪孫·姪孫女) [家禮] [大明律]

10) 백숙조부모를 위해 한다(伯叔祖父母) [家禮] [大明律]

11) 종조조고를 위해 한다(從祖祖姑) [家禮] [大明律]

12) 당백숙부모를 위해 한다(堂伯叔父母) [家禮] [大明律]

13) 당고모를 위해 한다(堂姑) [家禮] [大明律]

14) 당조카를 위해 한다(堂姪) [家禮] [大明律]

15) 당조카딸을 위해 한다(堂姪女) [家禮] [大明律]

16) 육촌형제자매를 위해 한다(再從兄弟·姉妹) [家禮] [大明律]

17) 시집간 사람이 친정의 당형제를 위해 한다(出嫁女爲堂兄弟) [(家禮)] [(大明律)]

18) 시집간 사람이 친정의 당자매를 위해 한다(出嫁女爲堂姉妹) [(家禮)] [(大明律)]

17) '시집간 사람이 친정의 당형제를 위해 한다', 18) '시집간 사람이 친정의 당자매를 위해 한다'는 조항은 『주자가례』에는 명문 규정이 실려 있지 않지만 시집가지 않은 상태에서 그들을 위해 하는 복이 소공 오월복으로 규정되어 있으므로, 出降에 해당하는 복이다. 즉 『주자가례』의 유관 규정으로부터 연역적으로 도출되는 복제인 것이다. 그 점에서 『대명률』과도 차이가 없다.

⑻ 緦麻三月

시마삼월복의 시복대상으로는 모두 37조목이 실려 있다.

1) 남편의 증조부모를 위해 한다(夫之曾祖父母) [家禮] [大明律]

2) 남편의 고조부모를 위해 한다(夫之高祖父母) [家禮] [大明律]

3) 할머니가 맏손자며느리를 위해 한다(祖母爲適孫妻)

4) 맏손자 며느리를 제외한 손자며느리를 위해 한다(衆孫妻) [家禮]

5) 증손을 위해 한다(曾孫) [家禮] [大明律]

6) 현손을 위해 한다(玄孫) [家禮] [大明律]

7) 외숙모를 위해 한다(外伯叔母) [家禮]

8) 외조카며느리를 위해 한다(外姪妻) [(家禮)]

9) 외사촌형제자매를 위해 한다(外四寸兄弟姉妹) [家禮] [大明律]

10) 남편의 당형제자매를 위해 한다(夫之堂兄弟姉妹) [(家禮)] [大明律]

11) 당형제의 아내를 위해 한다(堂兄弟妻) [大明律]

12) 남편의 백숙조부모를 위해 한다(夫之伯叔祖父母) [家禮] [大明律]]

13) 남편의 종조조고를 위해 한다(夫之從祖祖姑) [(家禮)]

14) 형제의 손자며느리를 위해 한다(姪孫妻) [家禮] [大明律]

15) 남편의 당백숙부모를 위해 한다(夫之堂伯叔父母) [家禮] [大明律]

16) 남편의 당고모를 위해 한다(夫之堂姑) [家禮] [大明律]

17) 족증조부모를 위해 한다(族曾祖父母) [家禮] [大明律]

18) 족증조고모를 위해 한다(族曾祖姑) [家禮] [大明律]

19) 당질의 아내를 위해 한다(堂姪妻) [(家禮)] [大明律]

20) 오촌손자와 손녀를 위해 한다(曾姪孫) [家禮] [大明律]

21) 아내의 부모를 위해 한다(妻之父母) [家禮] [大明律]

22) 족백숙조부모를 위해 한다(族伯叔祖父母) [大明律]

23) 족조고를 위해 한다(族祖姑) [家禮] [大明律]

24) 족백숙부모를 위해 한다(族伯叔父母) [家禮] [大明律]

25) 족고를 위해 한다(族姑) [家禮] [大明律]

26) 재종조카 및 재종조카딸을 위해 한다(再從姪及姪女) [家禮] [大明律]

27) 당질손 및 손녀를 위해 한다(堂姪孫及孫女) [家禮]

28) 족형제자매를 위해 한다(族兄弟姉妹) [家禮] [大明律]

290 사위를 위해 한다(女壻) [家禮] [大明律]

30) 외손자와 손녀를 위해 한다(外孫及女) [家禮] [大明律]

31) 외손자며느리를 위해 한다(外孫妻) [家禮] [大明律]

32) 유모를 위해 한다(乳母) [家禮] [大明律]

33) 시집간 사람이 백숙조부를 위해 한다(出嫁女爲伯叔祖父) [(家

禮)] [大明律]

34) 시집간 사람이 종조조고를 위해 한다(出嫁女爲從祖祖姑) [(家
   禮)] [大明律]

35) 시집간 사람이 당백숙부를 위해 한다(出嫁女爲堂伯叔父) [(家
   禮)] [大明律]

36) 시집간 사람이 당고모를 위해 하는데, 당고모가 시집을 갔으면 복
   이 없다(出嫁女爲堂姑, 出嫁則無服) [(家禮)] [大明律]

37) 시집간 사람이 당질과 당질녀를 위해 한다(出嫁女爲堂姪堂姪女)
   [(家禮)] [大明律]

시마삼월복은 전체가 『주자가례』의 명문규정이거나 『주자가례』의
복제로부터 연역적으로 추론할 수 있는 복제들이다. 21) '아내의 부모
를 위해 한다' 즉 장인과 장모에 대한 규정은 『의례』「상복」의 규정과
동일한 것이다. 고려 成宗 때에 완성된 『고려사』「禮志」에는 처부모복
이 시마삼월에서 소공오월로 높여지고, 명종 때에 다시 자최기년으로
높여지는 변화를 겪는다. 이와 함께 외조부모복이 소공오월에서 자최
기년으로 높여짐으로써 두 가지 복이 친조부모복과 동일하게 되었다.
그러나 세종은 『가례』의 규정에 따라 소공오월복과 시마삼월복으로
복원하였다.7)

2) 『經國大典』「禮典」'成服'의 특징

『주자가례』'성복'장, 『경국대전』'성복'장 그리고 『대명률』의 복제
규정과의 비교를 통해 다음과 같은 몇 가지 특징을 확인할 수 있다.
첫째, 『경국대전』'성복'장의 총 101조목 가운데 『주자가례』의 복제
규정을 고쳤거나, 없던 규정을 새롭게 만든 복제는 齊衰三年服의 5)
'양부모를 위해 한다', 齊衰杖期服의 4) '서모를 위해 한다', 齊衰不杖

---

7) 『世宗實錄』 세종 12년 6월 戊子.

期服의 10) '아내를 위해 한다', 11) '첩이 남편의 부모를 위해 한다', 大功九月服의 10) '할머니가 적손을 위해 한다', 緦麻三月服의 3) '할머니가 맏손자며느리를 위해 한다'는 것 등 모두 6조목뿐이라는 사실이다. 『대명률』의 복제 규정을 『주자가례』와 비교하면 첫째, 어머니에 대한 복을 참최삼년으로 규정한 것 둘째, 庶母의 복을 자최장기로 규정한 것 셋째, 적장자에 대한 복을 자최부장기로 낮춘 것만 다를 뿐 나머지 조항들은 거의 완벽하게 일치한다. 『경국대전』은 『대명률』의 둘째와 셋째 특징을 반영하고 있지만, 첫째 부분은 반영하지 않고 있다. 오히려 이 부분은 『주자가례』를 따르고 있다. 이는 형식적으로도 『경국대전』의 五服 규정이 『대명률』이 아니라 『주자가례』의 '成服'장을 거의 완벽하게 반영하고 있음을 의미하는 것일 뿐 아니라, 내용적으로도 '母系에 관련된 복제가 새롭게 규정되거나 강화된 것'으로 분석된[8] 『주자가례』에 반영된 時王之制의 특성을 고스란히 繼受하고 있음을 보여준다. 달리 말하면 '여말선초에서 조선전기에 이르는 시기의 친족조직이 그 속에서도 변화는 있으나 대체로 일관되는 구조이며, 그것은 동일성관을 중심으로 한 조선후기의 친족조직과는 다른 兩側的親屬으로서의 구조'[9]를 가지고 있었다는 사실을 고스란히 반영하고 있다는 것이다.

둘째, 복제의 출입이라는 사소한 문제를 제외하고 특히 주의를 끄는 것은, 할머니가 맏손자와 맏손자며느리를 위해 하는 복을 할아비지의

---

8) 『주자가례』에 반영된 時王之制는 첫째, 어머니에 대한 복이 아버지의 생존 여부에 관계없이 齊衰三年으로 강화되는 당송시대의 변화를 반영하고 있다. 둘째, 시부모에 대한 며느리의 복과 반대로 며느리에 대한 시부모의 복이 강화되었다. 셋째, 嫂叔間의 복이 無服에서 緦麻로 규정되었다. 넷째, 외가쪽 친족에 대한 복이 새롭게 규정되거나 강화하고 있다고 분석된다. 이에 관해서는 拙稿, 「『朱子家禮』成服章의 淵源에 대한 고찰-『開元禮』·『書儀』와의 비교를 중심으로 -」, 『東方學志』 116집, 연세대학교 국학연구원, 2002 참조.
9) 盧明鎬, 「山陰帳籍을 통해 본 17세기초 村落의 血緣樣相」, 『韓國史論』 5, 1979.

맏손자와 맏손자며느리에 대한 복과 분리하여 싣고 있다는 점이다. 『주자가례』에는 할아버지와 할머니가 맏손자와 맏손자며느리를 위해서 자최부장기복을 하는 것으로 통합되어 있다. 이는 嫡統에 대한 강력한 구분의식을 나타내는 징표로 읽혀진다. 즉 적통의 계열은 그렇지 않은 계열과 구분하여 강조하려는 의식이 작용한 결과라는 것이다. 그러나 『경국대전』은 이러한 구분의식을 일관되게 관철시키지 못하고 있다.

『주자가례』의 규정 가운데 『경국대전』에 반영되지 않은 조항에 대한 분석 결과는 이와는 상반되는 특징을 보여준다. 『경국대전』에서는 『주자가례』의 규정 가운데 '아버지와 어머니가 맏아들을 위해 하는 복제'를 싣지 않고 있다. 즉 맏아들에 대해 참최삼년을 하도록 했던 『주자가례』의 규정이 『경국대전』에는 맏아들과 맏아들을 제외한 다른 아들과 구분되지 않고 자최부장기복으로 규정되어 있고, 立後의 결과 형성된 義理的 친족관계를 규정하는 복제들이 본 조항에 빠져있는 대신, "다른 집에 繼後한 자로서 소후가의 부모와 내외친에게는 모두 친자와 같이 하고 그에 대한 報服도 이와 같으며, 생가부모에게는 기년복을 입고 관직에서 물러나서 3년 동안 心喪한다. 本宗 諸親에게는 모두 한 등급씩 강등하며 그에 대한 報服도 같다."고 註로 규정하고 있다.[10]

입후와 관련해서는, 세종 23년(1441) 議政府는 후사가 없는 자는 同姓으로 하여금 대를 잇게 한다는 것이 이미 법으로 정해졌으나, 후사가 되는 것만 있고 후사로 들어간 집안의 여러 친족이나 자기의 本宗에 대한 상복 규정은 아직도 정해진 제도가 없다고 지적하고, 이를 『儀禮經傳通解』 「喪服」에 근거하여 '남의 후사가 된 사람은 그의 자식이 된다'는 원칙에 따라 후사로 들어간 집안의 친족들에 대해 친아들의

---

10) 입후에 관한 복제와 관련하여 필자는 『한국사상사학』 제 20집, 2003년 6월에 실린 같은 제목의 논문에서 '입후의 결과 형성된 의리적 친족관계를 규정하는 복제들이 하나같이 빠져있다'고 하였으나, 이는 필자의 부주의로 인한 잘못이었음을 밝힙니다.

경우와 동일하게 상복을 하며, 자신의 친부모를 포함한 本宗에 대한 복제는 한 등급을 낮추어 해야 한다고 요청하였다.[11] 이와 함께 세종 26년 좌찬성 이맹균(李孟畇)이 죽고 그의 조카인 보기(保基)가 후사가 되었다. 보기가 義理的 아버지인 맹균의 과전(科田)을 상속받고자 하였으나, 당시 호조에서는 '다른 사람에게 입후(入後)한 자가 과전을 물려받는 일은 전례가 없다'고 하여 보기의 요청을 거절하였다. 이에 보기는 신문고(申聞鼓)를 쳐서 자신의 입장을 호소하였고, 의정부는 '무릇 입후한 자는 일체의 집안 일을 친아들과 동일하게 처리하고, 그의 친부모에게 상복(喪服)을 강등(降等)하여 입는 법이니, 맹균의 과전을 친아들의 예에 의하여 보기에게 물려주는 것이 당연하다'는 의견을 피력하였다. 세종도 그대로 따랐다. 이 때의 논의 결과가 『경국대전』의 註로 반영되었다.

嫡長子를 衆子와 구분하여 대우하는 적장자계승제는 종통계승의 명시적 원칙으로서 종법의 핵심을 이루는 부분이다.[12] 아울러 적장자계승은 종통의 계승, 재산 상속, 정치적 지위의 승계라는 세 측면으로 구성되는 것이다. 이러한 원칙은 "종자의 지위에 대한 형제간의 쟁탈 야욕을 사전에 차단할 수 있고, 가족의 영속을 도모한다는 측면에서는 효과적인 방법"[13]이라는 역사적 경험과 교훈을 바탕으로 제시된 것이다. 그러나 世襲祿位制가 무너지는 秦漢 이후에는 적장자의 지위에 큰 변화가 생긴다. 아늘이 없을 경우 누구나 입후를 할 수 있있고, 諸子平分의 상속이 이루어 졌으며, 정치적 지위의 승계는 상속이 아닌 관리선발제를 통하여 이루어지고 있는 상황에서 적장자의 특권은 유지될 수 없었다. 晋 惠帝 永康 원년(300) 愍懷太子가 죽자 혜제는 古禮에 따라 장자를 위해 삼년복을 실천하였다. 이 일에 대하여 北魏 때

11)『世宗實錄』세종 23년 5월 壬戌.
12) 丁凌華,『中國喪服制度史』, 上海人民出版社, 2000, 185쪽.
13) 徐揚杰, 윤재석 옮김,『중국가족제도사』, 아카넷, 2002, 202쪽.

의 大儒였던 劉芳이 "魏晉이후 이 예를 행한 경우가 없었다.……지금 세상에 적자를 위해 참최복을 하지 않는다"[14]고 평가하고 있다. 이는 秦漢 이후 長子를 위해 삼년복은 법제상의 명문 규정으로만 남아 있었을 뿐 시행되지 않았음을 보여주는 것이다.

중국의 경우 장자와 중자의 복제상의 구분이 법제상으로 사라지는 것은 明 洪武 7년(1374) 『孝慈錄』이 처음이다. 이는 『大明律』에도 반영되어 있다. 당대의 『開元禮』는 물론 송대의 『政和禮』에도 장자에 대해서 아버지는 참최삼년, 어머니는 자최삼년, 중자에 대해서는 아버지와 어머니가 모두 자최부장기를 하는 것으로 구분되어 실려 있다. 『경국대전』에서 장자와 중자를 구분하지 않고 자최부장기 조항에 실은 것이 표면적으로는 『대명률』의 복제 규정을 원용한 것으로 보인다. 그런데 『고려사』 「예지」 '齋衰周' 조항에는 '장자와 그의 아내를 위해 한다', '중자 및 딸을 위해 한다'는 동일한 조항이 실려 있다.

『고려사』 「예지」에 실려 있는 오복제는 成宗 4년(985)에 初定된 것이다.[15] 고려의 법제는 주로 唐·宋의 법제를 母法으로 하여 그 체계를 거의 그대로 따르고 있으나, 친족관계 법제에 있어서는 唐·宋의 법제와 크게 다른 형태를 가졌으며, 선초의 친족조직은 고려 말의 친족조직과 일관된 구조를 가지고 있었다는 분석[16]은 『경국대전』이 『대명률』의 영향을 받아 아무런 의식 없이 장자와 중자를 구분하지 않고 동일하게 복제를 규정한 것이라기보다는, 친족 조직의 현실을 능동적으로 반영한 고려의 복제 규정을 채용한 것이라고 적극적으로 해석할 필요가 있다고 판단된다. 세종 12년 집현전에서 『대명률』에 실려 있는 '三父八母圖'가 잘못되었음을 지적하고 이를 의례상정소에 회부하여 바로잡으려 한 것[17]은 당시 예학의 수준이 어느 정도였는가를 확인시

---

14) 『魏書』 권108, 「禮志」 4, "魏晉以來, 不復行此禮矣.……今世旣不復爲嫡子服斬".
15) 盧明鎬, 「高麗의 五服親과 親族關係 法制」, 『韓國史硏究』 33, 1981, 7쪽.
16) 노명호, 앞의 글, 2쪽.

켜주는 좋은 증거라고 생각된다. 그렇지만 종통계승의 명시적 원칙을 복제 상으로 분명하게 천명하지 못한 『경국대전』의 입장은 뒷날 禮訟의 중요한 원인으로 작용하게 된다.

3. 『國朝五禮儀』「凶禮」'喪服'의 분석

王朝禮의 정비는 태종대에 이르러 왕실을 비롯한 功臣, 官人學者에 의해 주도[18]로 시작된다. 太祖·定宗대에는 다만 국권의 정통성을 강조하기 위한 圓丘·宗廟·社稷祭 등에 의미를 부여하는 정도였을 뿐, 여전히 고려의 국가의례체제를 답습하고 있었다.[19] 태종은 왕조례의 정비를 추진할 기관으로 儀禮詳定司를 설치하였다가[20] 이를 儀禮詳定所로 격상시킨다.[21] 뿐만 아니라 權近의 『禮記淺見錄』 편찬 작업을 적극적으로 지원하고 이를 經筵에서 進講하도록 하는 등[22] 왕조례 정비를 위한 예학적 기초 작업을 차곡차곡 진행시킨다. 그 결과 태종 2년 祭儀 몇 조목을 올리는 데서 시작하여 태종 13년 4월에 이르면 전 祀典에서 吉禮의 체계정비가 일단락되어 조선왕조 祀典의 등급이 정비되는 것[23]으로 나타났다.

태종대의 잇단 개혁으로 왕권이 안정된 시기였던 세종대에는 嘉禮와 凶禮 등에 대한 정비가 진행된다. 凶禮 중 國恤 부분은 태종 15년에 시작되어 定宗, 太宗妃, 太宗, 世宗妃에 대한 네 번의 국상과정을

---

17) 『世宗實錄』 세종 12년 10월 辛未.
18) 李範稷, 『韓國中世禮思想硏究』, 一潮閣, 1991, 242~270쪽.
19) 李完宰·金松姬, 「조선초기의 儒敎的 國家儀禮에 대한 연구」, 『한국사상사학』 10, 1998, 34쪽.
20) 『太宗實錄』 태종 원년 4월 壬申.
21) 『太宗實錄』 태종 2년 4월 辛酉.
22) 權近, 『禮記淺見錄』 序.
23) 『太宗實錄』 태종 13년 4월 辛酉.

거치면서 자리를 잡게 된다.[24] 세종 17년 儀禮詳定所 폐지하고 그 기
능을 集賢殿으로 옮겨 卞孝文·鄭陟 등 젊은 학사들에게 실무를 담당
토록 하였다. 집현전을 중심으로 한 세종대의 고제연구와 함께 정비된
국가전례는 일부이기는 하지만 단종초에 수찬된 『세종실록』 말미에
부록으로 수록됨으로써 일차 정리되었다.[25]

   조선왕조가 마련한 최초의 국가전례인 『세종실록』「五禮儀」는 唐
『開元禮』의 체제를 골간으로 하여[26] 연대기적 서술 없이 순수 의식만
을 정리하고 있다.[27] 『세종실록』「五禮儀」는 세조대의 보완 작업을 거
쳐[28] 성종 5년(1474) 『국조오례의』로 완성을 보게 된다. 『국조오례의』
의 서문에 따르면, 세조는 許稠, 姜希孟, 鄭陟, 李承召, 申叔舟[29] 등에
게 "모든 祭祀의 序例와 吉禮에 관한 의식을 상세히 정하도록 하고,
또 집현전 문신들에게 명하여 五禮儀를 상세히 정하도록" 하였고, 許
稠 등은 당나라 杜佑의 『通典』과 중국의 『中朝諸司職掌』, 『洪武禮
制』, 동국의 『古今詳定禮』 등의 서적을 참고한 것으로 되어 있다. 이
는 '세종조에 정리된 오례의가 저본이 되었으며, 그것은 집현전의 儒臣
들에 의하여 일차적 편찬작업이 추진된 바를 확인하는 것이고, 오례의
기본체제는 杜佑의 『通典』에 두고, 각 시대의 변용된 내용은 중국사서
와 당 이후 편찬된 禮書를 모두 참고하고 있음을 의미한다.'[30] 이와 함
께 세조 즉위와 더불어 시작된 법전 정비 작업도 세조 12년의 『병술대
전』으로 일단 마무리된 뒤, 수 차례에 걸친 보완 끝에 성종 16년에 『경
국대전』으로 간행되었다.

---

24) 『世宗實錄』 세종 4년 5월 丙寅.
25) 『端宗實錄』 단종 즉위년 9월 壬寅.
26) 李完宰·金松姬, 앞의 글, 38쪽.
27) 이범직, 앞의 책, 389쪽.
28) 『世祖實錄』 세조 2년 5월 甲午.
29) 이범직, 앞의 책, 379~389쪽 참조.
30) 이범직, 앞의 책, 389쪽.

『국조오례의』「흉례」에는 상복과 관련하여 1) 황제를 위한 擧哀儀(爲皇帝擧哀儀) 2) 왕의 外祖父母에 대한 擧哀儀(爲外祖父母擧哀儀) 3) 王妃의 父母에 대한 擧哀儀(爲王妃父母擧哀儀) 4) 왕자와 왕자비 및 공주와 옹주에 대한 擧哀儀(爲王世子及夫人公主翁主擧哀儀) 5) 內命婦 및 宗戚들에 대한 擧哀儀(爲內命婦及宗戚擧哀儀) 6) 貴臣을 위한 擧哀儀(爲貴臣擧哀儀) 7) 王妃가 자신의 親父母와 親祖父母를 위한 擧哀儀(王妃爲父母祖父母擧哀儀) 8) 王世子가 외조부모를 위해 하는 擧哀儀(王世子爲外祖父母擧哀儀) 9) 왕세자빈이 자신의 친부모와 친조부모를 위한 擧哀儀(王世子嬪爲父母祖父母擧哀儀) 등 9조목만이 기록되어 있다. 복제에 대한 기록은 1) 황제를 위한 擧哀儀(爲皇帝擧哀儀)에만 王世子, 王妃, 王世子嬪, 親子, 親女, 親孫, 親孫女 등이 참최복을 하고 內喪의 경우는 齊衰三年服을 한다고 규정되어 있다. 아울러 宗親과 文武百官은 참최삼년복을, 그들의 妻는 從服으로 자최기년복을 하는 것으로 되어 있다.[31]

군주가 그의 친족들을 위해 하는 복제는 사대부의 복제와 원칙적으로 다르지 않지만, '絶旁周'의 특별원칙에 따라 시행되었다. 『儀禮』「喪服」은 士와 大夫의 身分에 속하는 사람들이 자신들의 친족에 대해 하는 복과 군주에 대해 하는 복을 중심으로 기술되어 있다. 아울러 천자와 제후의 경우에는 '방계 친족에 대한 기년복 이하의 복을 하지 않고 끊는다는 원칙[絶旁周]'[32]을 제시하고 있다. 이는 이념적으로 천자·제후가 자신의 친족의 한계를 벗어나 모든 사람을 아울러 사랑해야 한

---

31) 『國朝五禮儀』 권8, 「凶禮」.
32) 『周禮』「春官·司服」, "모든 凶事에 喪冠을 착용하는 服을 한다(凡凶事服弁服)"의 注 '그 服은 斬衰와 齊衰가 있다(其服斬衰齊衰)'에 대한 疏에서 "천자와 제후는 방계에 대한 기년복은 입지 않지만, 정통(正統)의 기년복은 낮추지 않는다. 그러므로 자최복도 함께 말한 것이다. 正服으로서의 大功服도 또한 낮추지 않는 것 같다(天子諸侯絶旁期, 正統之期猶不降. 故兼云'齊衰.' 其正服大功, 亦似不降也)"고 하였다.

다는 당위의 차원에서 제시된 것으로 설명되지만, 천자·제후가 정치적으로 자신의 지존한 신분을 이유로 친족에 대해 복을 낮추거나 복을 하지 않는 尊降의 일종이다.

존강제란 천자와 제후가 旁親의 期年 以下의 복은 끊고 복하지 않으며, 대부는 제후가 끊은 대상에 대해서 한 등급을 낮추어 복한다는 것이다.『백호통』은 "천자·제후가 방친에 대한 기년복을 끊고 하지 않는 것은 왜인가? 백성들을 모두 동일하게 사랑한다는 것을 보이고 자신의 친족만을 친애하지 않는다는 것을 분명히 하기 위해서이다. 그러므로「중용」에서는 '기년상은 대부에게까지 미치고 삼년상은 천자에게까지 미친다'고 하였다"[33]고 하여 그 정당성을 주장한다. 이때도 물론 正統之親에 대한 복은 낮추지 않는다. 정통지친이란 直系의 適長系統의 男女 즉 高祖父母·曾祖父母·祖父母·父母·夫妻·長子와 長子婦·適孫과 適孫婦를 가리킨다. 따라서 國恤의 경우 喪服制는 사대부의 상복제와 크게 다르지 않다.

국휼은 喪期의 月數를 日數로 바꾸어 치루는 '易月制'를 시행하는 것이 관례였다. 태종 8년(1408)에 있었던 太祖의 국상에서 京外官은 13일에 練祭, 25일에 祥祭, 27일에 禫祭를 하도록 한 것은 군주에 대한 신하의 참최복을 역월제로 시행한 것이다. 세종 원년 발생한 恭靖大王상(1418)의 경우도 태종은 부자의 의리로 백관과 함께 참최삼년복을 역월제로 시행하여 27일 후 복을 벗었고, 세종은 손자의 의리로 13일 후 복을 벗었다.[34] 왕이 왕비의 부모에 대해 '외조부모에 대해 거애하는 의식과 동일하지만 상복을 하고 삼일만에 除服을 한다는 점에서 차이가 있다'[35]고 설명하고 있다. 즉 왕은 장인·장모에 대해 시마삼월복을 역월제로 시행한다는 것이다. 왕비의 경우도 조부모에 대해서는

---

33)『白虎通疏證』권11,「喪服」, 505쪽, "天子諸侯絶期者何? 示同愛百姓, 明不獨親其親. 故禮中庸曰, 期之喪達乎大夫, 三年之喪達乎天子".

34)『世宗實錄』세종 원년 9월 甲戌.

35)『國朝五禮儀』권8,「흉례」, 56張.

30일에 除服을 하고 외조부모에 대해서는 15일에 除服을 하며, 부모에 대해서는 13개월에 除服을 하되 公除의 예를 행하는 경우에는 13일에 제복을 하는 것으로 규정되어 있다.[36] 세종 26년 세종비의 모친상을 당하자, 『의례』에 출가한 딸이 부모에 대해서는 자최부장기를 하고 천자제후는 방친에 대한 기년복 이하의 복은 끊는다는 원칙에 따라, 세종은 無服, 중궁은 기년복을 하되 易月制를 적용하여 13일에 除服하여 淡服으로 기년을 마쳤다.[37] 이는 『통전』에 황후(皇后)가 부모·조무모를 위해 복(服)을 입되, 모두 13개월만에 제복(除服)하는데, 稟旨로 공제(公除)의 예(禮)를 행하면 13일에 제복한다'고 한 규정을 준용한 것이다.[38]

국휼의 진행과정에서 특이한 점은 아버지 생존 중에 어머니에 대한 복이 자최삼년에서 '父在爲母期'로 변화되고 있다는 사실이다. 이는 당·송·고려의 경우는 자최삼년이 보편적인 상황에서 매우 생소한 현상이라고 할 수 있다. 태조 6년 3월에 발생한 神德王后의 국상에서 백관들은 前朝의 관례대로 백일만에 상복을 벗었지만,[39] 世子인 芳碩은 『가례』에 따라 자최삼년복을 하였고,[40] 태종 12년 6월에 있었던 定宗妃 定安王后의 喪制에서도 '父在爲母期'와 易月制를 시행하여,[41] 자최를 하고 역월제로 25일에 복을 벗으며 100일로 吉服을 입도록 결정하였다.[42] 이는 禮曹參議였던 허조가 '爲人後者爲之子'의 논리에 입각하여 주장한 내용이 받아들여진 것이었다. 세종 2년 元敬王后 喪制에서 세종은 母后인 元敬王后의 상을 父在爲母期로 치르고 심상삼

---

36) 『國朝五禮儀』「凶禮」, 「王妃爲父母擧哀」.
37) 『世宗實錄』 세종 26년 11월 辛卯, 辛丑.
38) 『成宗實錄』 성종 4년 9월 甲午.
39) 『太祖實錄』 태조 5년 11월 丁丑.
40) 『太祖實錄』 태조 7년 8월 丙辰.
41) 『太宗實錄』 태종 12년 6월 壬午.
42) 『太宗實錄』 태종 12년 6월 戊寅.

년을 지켰다.[43] 세종은 심상삼년 내에는 임금의 特旨가 아니면 관직을 제수하지 않는 것을 원칙으로 천명하면서,[44] 심상삼년이 만료되는 시점을 사망일로부터 27개월째 되는 달의 초하루로 정하여 그 다음날부터 출사가 가능한 것으로 규정하였다.[45]

아울러 역월제가 철폐되는 쪽으로 방향 잡아가고 있었다는 점도 특기할 만하다. 태조 5년(1396) 太祖妃(神德王后)의 國喪의 경우도 古禮에 따르면 남편은 아내에 대하여 자최기년복을, 자식은 어머니에 대해 부친이 생존중이면 자최기년복, 부친이 사망하였으면 자최삼년복, 신하는 군왕의 아내 즉 小君을 위해 자최기년복을 하도록 되어 있다. 그런데 세자는 자최복으로 성복하여 三年喪期를 채웠고, 백관들은 소군을 위한 자최기년복 조항에 따라 12일째 되던 날에 視事服으로 갈아입었다.[46] 세종 2년(1420) 太宗妃(元敬王后)의 국상에서, 태종은 아내를 위한 자최기년복을, 당제에 따른 7일복이거나 송제나 명제에 따른 13일복을 해야 했다. 그러나 태종은 최복은 하지 않고 상대를 13일간 차고, 백의백립흑대를 30일간 하는 방식을 선택하였다.[47] 이는 역월제의 방식에 『가례』의 '未在官者의 期年喪 때 부여되는 30일의 喪暇 규정'을 절충한 것[48]이었다. 세종 28년 世宗妃(昭憲王后)喪의 경우, 예조에서 세자의 복으로 부재위모기에 역월제를 적용하여 13일복으로 정해 올리자[49] 세종은 이를 폐지하고 삼년상제로 돌아가고자 했지만,[50] 집현전 직제학 김문등은 『가례』의 부재위모기·심상삼년을 근거로 반대하였고,[51] 이것이 받아들여졌다.

---

43) 『世宗實錄』 세종 2년 7월 丙子.
44) 『世宗實錄』 세종 14년 4월 丙午.
45) 『世宗實錄』 세종 19년 4월 癸酉.
46) 『太祖實錄』 태조 5년 8월 24일.
47) 『世宗實錄』 태조 2년 7월 戊子.
48) 鄭景姬, 「朝鮮前期 禮制·禮學硏究」, 서울대학교 박사학위논문, 2000, 64쪽.
49) 『世宗實錄』 세종 28년 3월 辛卯.
50) 『世宗實錄』 세종 28년 3월 癸巳.

세조 3년 懿敬世子의 喪制는 『경국대전』의 長子에 대한 조목이 빠진 것이 결코 우연이 아니었음을 보여주는 사례라는 점에서 주목을 끈다. 『의례』에는 아버지는 맏아들을 위해 참최삼년을 하고, 신하들은 군주의 장자를 위해 자최기년을 하도록 규정되어 있다. 그런데 宋朝에서 황제는 태자를 위해 자최기년복에 역월제를 적용한 13일복을 하였고, 明朝에서도 이러한 관행은 변함이 없어 기년복에 역월제를 적용한 12일복을 하였다.[52] 예조에서는 南齊 이래 제왕가의 太子喪制 前例와 『가례』의 喪暇 규정을 절충하여 세조의 기년복은 30일복으로, 백관들의 시마복은 7일복으로 각각 정하였다.[53] 즉 세자에 대한 복을 맏아들과 중자를 구분하지 않고 자최부장기로 규정한 國制에 따라 기년복으로 시행하였다는 것이다.

이밖에도 세종 원년 9월에 있었던 定宗喪制에서는 卞季良과 許稠가 송나라의 예와 주문공의 주장에 따라 참최복을 입어야 한다고 주장하여, 역월제에 의한 25일 釋服과 27일 禪祭卽吉을 제안하였으나, 왕의 세차 논리에 따라 태종은 참최 27일, 세종은 자최 13일로 결정되었다.[54] 이는 三議政과 趙末生이 왕의 世次를 家의 代差로 이해하여 孫行의 자최 13일로 할 것을 주장한 것이 받아들여진 것이다. 이에 따라 禮曹와 儀禮詳定所의 논의를 거쳐 되어 마련된 服制에 의하여 예조는 成服儀를 제정하고,[55] 27일 후 吉服을 착용하였다.[56]

---

51) 『世宗實錄』 세종 28년 3월 癸巳.
52) 정경희, 앞의 책, 121쪽.
53) 『世祖實錄』 세조 3년 9월 癸亥.
54) 『世宗實錄』 세종 원년 9월 戊辰.
55) 『世宗實錄』 세종 원년 9월 己巳.
56) 『世宗實錄』 세종 원년 10월 丙子.

4. 『經國大典』과 『國朝五禮儀』에 반영된 宗法의 특징

문자학상으로 宗은 會意字이다. 『說文』에 "宗은 조상의 사당을 받드는 것"[57]이라 하였고, 갑골문에는 건물과 조상의 神主를 형상화하는 것으로 나타난다. 이에 따르면 宗의 본래 의미는 조상을 제사지내는 장소, 곧 祖廟 또는 宗廟를 의미하게 된다. 조묘 또는 종묘는 선조에 대한 제사를 집행하는 곳이다. 이는 공동의 선조를 중심으로 구성된 종족 집단의 존재를 전제로 한다.

周代의 立適·立長 制度는 商의 제도를 엄밀화한 것이다. 商代에 適長子는 王位를 계승하였고, 庶子는 제후로 봉해졌다. 周代의 '封建子弟', '君天子臣諸侯'[58] 역시 상대의 제도를 발전적으로 확대시킨 것이다. 서주 종법 제도의 특징은 우선적으로 宗統과 君統의 합일로 정리된다. 종통이란 종족 내의 통수권을 의미하고, 군통이란 정치적 조직 내의 통수권을 의미한다. 종통과 군통을 합일시켰다는 것은 정치 조직과 종족 조직을 하나로 통합했다는 것을 의미한다. 이는 천자·제후·경·대부·사·서인을 합하여 하나의 친족 조직화하려던 것이었다. 즉 가족적 질서를 성립시키는 혈연적 유대감을 매개로 국가 조직을 구성하려 했다는 것이다. 이를 떠받치는 조직이 大宗과 小宗이다.

제후의 적장자는 아버지의 지위를 계승하여 제후가 된다. 장자를 제외한 제후의 자식들, 즉 별자는 제후의 적장자로 계승되는 계열과 분리되어 하나의 독립된 宗을 구성하고 始祖가 된다. 이 계열도 長子에 의해 계승되고, 별자를 계승한 장자는 종족의 구성원들에게 宗이 된다.[59] 별자의 장자에 의해 계승되는 宗은 백세가 되어도 先祖의 神主를 祠堂에서 옮기지 않는다. 다시 별자의 庶子는 이 계열과 분리되어

---

57) 『說文解字』, "宗, 尊祖廟."
58) 王國維, 『觀堂集林』 권10, 「殷周制度論」 참조.
59) 『禮記』, 「喪服小記」, "別子爲祖, 繼別爲宗. 繼禰者爲小宗. 有五世而遷之宗, 其繼高祖者也. 是故祖遷於上, 宗易於下. 尊祖故敬宗, 所以尊禰也".

새로운 종을 구성하게 된다. 이것이 小宗이다. 소종은 오세가 지난 선조의 神主를 사당에서 제거한다. 즉 제사를 지내는 대상에서 제외한다는 것이다. 소종은 한 세대 두 세대를 지나면서 繼禰小宗에서 繼祖小宗으로 다시 繼曾祖小宗, 繼高祖小宗으로 확대되지만, 여기서 멈추고 더 이상 확대되지 않는다. 즉 소종은 사대를 종족 구성의 한계로 한다. 이는 한 사람의 宗子가 결속하는 族人의 범위가 사대를 넘지 않는다는 것을 의미한다.[60]

『朱子家禮』는 전편을 통하여 宗法을 강조한다. 『주자가례』에서 종법에 대한 존중을 특히 강조하고 있는 곳은 처음 부분에 있는 祠堂이다. 祠堂은 고대의 家廟를 간소화한 것으로 '『주자가례』 전체를 관통하는 중심축과 같은 역할'을 하고 있다. 예를 들어 冠禮에서 주인역을 맡은 祖父가 의식을 거행하기 3일전에 사당에 보고하고,[61] 의식을 거행한 직후에 관례를 치른 당사자와 함께 보고하도록 한 것,[62] 혼례에서 納采日과 親迎日에 주인이 사당에 보고하도록 한 것[63]과 친영 3일 뒤에 新婦가 사당에 참배하는 廟見의 예를 행하도록 규정한 것,[64] 상례에서 卒哭 다음날 祔祭를 지내 죽은 이의 神主를 사당에 合祠하지만 大祥까지는 正寢에 모셔두었다가 대상일에 신주를 사당에 옮겨 놓도록 한 것[65] 등이 그것이다.

사당에는 4代까지 선조의 위패를 모시게 되어 있다.[66] 종법 제도 또

---

60) 『禮記』 「喪服小記」에 대한 鄭玄注, "別子諸侯之庶子, 別與後世爲始祖也. 別子之長子,爲其族人所宗, 所謂百世不遷之宗. 小宗有四, 或繼高祖, 或繼曾祖, 或繼祖, 或繼禰, 皆至五世則遷".

61) 『朱子家禮』 권2, 「冠禮」, "前期三日, 主人告于祠堂".

62) 『朱子家禮』 권2, 「冠禮」, 110쪽, "主人以冠者, 見于祠堂".

63) 『朱子家禮』 권3, 「昏禮」, "夙興, 奉以告祠堂"·"主人告于祠堂".

64) 『朱子家禮』 권3, 「昏禮」, "三日, 主人以婦, 見于祠堂".

65) 『朱子家禮』 권6, 「喪禮」, "告遷于祠堂".

66) 『儀禮經傳通解』에서는 "무릇 의례에서 廟자만을 말하는 경우는 모두 禰廟이다. 禰廟가 아닌 경우에는 廟의 이름으로 구별하였다. 예를 들어 聘禮에서

는 종족 제도의 관점에서 보면, 이것은 小宗主義의 입장을 전제로 한
것이다.[67) 소종은 오세가 지난 선조의 神主를 사당에서 제거한다. 즉
제사를 지내는 대상에서 제외한다. 이는 소종의 경우는 오세를 종족
구성의 한계로 한다는 것에 다름 아니다.[68) 그 점에서 別子의 長子에
의해 계승되는 大宗이 백세가 되어도 선조의 신주를 사당에서 옮기지
않는 것과 구별된다. 소종은 사당을 중심으로 4대 이하 同堂間을 총괄
한다. 『주자가례』에 반영된 종법은 古代의 그것과는 차이가 있다. 따
라서 고대의 종법과는 달라진 송대의 그것을 '宗子法'이라 구분하여
부르기도 한다. 이처럼 4대를 종족구성의 한계로 하는 가부장적 종족
조직의 존재와 祠堂이라는 聖所와 宗子의 존재 그리고 『주자가례』라
는 성스러운 의식과 적장자계승이라는 종통계승의 명시적 규정은 송
대의 종법을 구성하는 핵심 요소이다.

恭讓王 2년 大夫이상은 3대, 六品이상은 2대 七品이하 庶人까지는
부모로 奉祀代數를 결정하고[69) 동년 8월에 「士大夫家祭儀」를 반행한
다. 이러한 규정은 『경국대전』에도 반영된다.[70) 이 보다 앞서 세종은

'先君의 祧'라고 한 것과 '祖廟'라고 한 것이 그것이다. 천자제후의 경우는 모
두 始祖廟에서 관례를 행한다(凡儀禮之內, 單言廟者, 皆是禰廟. 若非禰廟則
以廟名別之. 如聘禮言'先君之祧', 又言'祖廟'是也. 若天子諸侯皆冠於始祖之
廟). 이 점과 관련하여 '主人'에 대한 해석도 『서의』와 『주자가례』 그리고 『의
례경전통해』가 서로 다르다. 『서의』는 '冠者의 祖父, 父, 諸父, 諸兄' 가운데
家長인 사람이라면 문제가 없다고 본다. 『주자가례』에서는 '冠者의 祖父(主
人, 謂冠者之祖父, 自爲繼高祖之宗子者. 若非宗子, 則必繼高祖之宗子主之,
有故則命其次宗子若其父自主之)'로 한정하고 있다. 이와는 다르게 『의례경
전통해』는 '冠者의 父兄'이라고 하여 정현과 동일한 입장을 취하고 있다.

67) 이 점은 다음과 같은 주희의 언급을 통해서도 확인할 수 있다. "大宗法既立
不得, 亦當立小宗法, 祭自高祖以下, 親盡則請出高祖就伯叔位, 服未盡者
祭之"(『朱子語類』 권90, 禮九). 아울러 종법에 대한 기초적 연구로는 拙稿,
「『儀禮』「喪服」편에 대한 다산의 해석」, 『다산학』 창간호, 2000년 참조.

68) 『禮記』, 「喪服小記」, "別子爲祖, 繼別者爲宗. 繼禰者爲小宗. 有五世而遷之宗,
其繼高祖者也. 是故祖遷於上, 宗易於下. 尊祖故敬宗, 所以尊祖禰也".

69) 『高麗史』 『禮志』 5, 大夫士庶人祭禮.

'曾祖의 長子孫이 종자로서 사당을 짓고 신주를 만들어 제사를 주관하고 나머지 宗人들은 종가의 제사에 참여하도록 하였다.'71) 이는 관질에 따라 봉사대수를 제한하여 최대 삼대까지 봉사하기로 되어 있는 규정과 맞추기 위하여 同高祖가 아닌 同曾祖의 小宗집단으로 통합한 것72)이다. 그 점에서 4대를 종족구성의 한계로 설정하는 『주자가례』와는 차이가 있다.73)

종자는 다음의 여섯 가지 특권을 갖는 것으로 규정된다. ① 종자만이 제사를 지낼 수 있고 지자는 親祭하지 못한다. 지자가 제사드릴 일이 있으면 반드시 宗子에게 알려야 한다.74) ② 지자는 벼슬이나 지위가 높더라도 제사를 드릴 때는 종자의 이름을 빌려야 한다.75) ③ 종자는 나이 70이 되더라도 반드시 主婦를 둘 수 있으며, 지자는 그렇게 하지 않는다.76) ④ 중자와 서자들은 종자와 종부를 공경하여 하며, 宗家에 대해서는 富貴로써 행세할 수 없다.77) ⑤ 좋은 물건이 있으면 종자에게 먼저 바친다.78) ⑥ 종자는 동종의 족인들을 거두고 통제한다.79)

---

70) 『經國大典』, 「禮典」, 奉祀條, "文武官六品以上祭三代, 七品以下祭二代, 庶人則只祭考妣".

71) 『世宗實錄』 세종 10월 9월 癸亥.

72) 박연호, 「조선전기 士大夫禮의 변화양상」, 『청계사학』 7, 1990, 185쪽.

73) 이 점도 논란의 여지가 있는 것으로 보인다. 만일 同曾祖의 三代를 종족 구성의 한계로 보았다면 高祖父母에 대한 喪服도 할 필요 없게 된다. 그러나 이미 앞에서 살펴보았듯이 고조부모에 대한 복은 齊衰三月服으로 규정되어 있다. 이는 祭祀와 喪服이 하나의 원칙에 의해 맞물려 돌아가지 않고 있었음을 의미하는 것이다. 이러한 상황은 고려의 경우에도 마찬가지였다.

74) 『禮記』, 「曲禮 下」, "支子不祭, 必告於宗子".

75) 『禮記』, 「曾子問」, "曾子問曰, 宗子爲士, 庶子爲大夫, 其祭也如之何? 孔子曰, 以上牲祭於宗子之家, 祝曰, '孝子某, 爲介子某, 薦其常事', 若宗子有罪, 居于他國, 庶子爲大夫, 其祭也, 祝曰, '孝子某, 使介子某, 執其常事', 攝主不厭祭, 不旅, 不假, 不綏祭, 不配".

76) 『禮記』, 「內則」, "孔子曰, 宗子雖七十, 無無主婦, 非宗子, 雖無主婦可也".

77) 『禮記』, 「內則」, "適子・庶子, 祇事宗子・宗婦. 雖貴富, 不敢以貴富入宗子之家, 雖衆車徒, 舍于外, 以寡約入".

종법제를 수용할 경우 宗統의 승계에 있어서 宗子의 지위를 누가 계승할 것인가 하는 것이 문제가 된다. 특히 아들이 없거나 嫡長子가 없을 경우 '후계자를 세우는[立後]' 문제가 초미의 관심사가 된다. 宗子의 지위를 계승한다는 것은 身分과 祭祀權 및 그에 따른 財産의 상속을 의미하기 때문이다. 立後라는 말은 '자식 없는 사람이 그 형제나 從兄弟 또는 族兄弟의 아들을 후계자로 삼는 것'[80])을 뜻한다. 비록 친생자가 없더라도 양자를 들임으로써 家系를 이어가겠다는 강렬한 의지가 표출된 것이다. 이는 조상의 제사가 끊기는 것을 가장 큰 불효[81]로 간주했던 맹자 이후 儒者의 보편적 인식 때문이다. 따라서 입후는 보편적으로 시행될 여지가 있었다. 그러나 입후의 자격과 범위는 '族人들의 支子'[82])로 엄격하게 제한되었다.

『경국대전』에는 "嫡子에게 後嗣가 없으면 衆子가, 중자에게 후사가 없으면 妾子가 승계한다"[83])고 규정되어 있다. 이는 후사가 없는 경우 同宗의 支子를 입후하는 방식을 통해 家系를 계승하려 하기보다는 형제에게 승계시키려는 방식으로 전개될 가능성을 열어두는 것이다. 결국 입후란 적첩 모두에 아들이 없는 당사자를 위해 후사를 세워주는 일일 뿐이라는 관념 때문에 '위인후자'가 祖이상의 제사를 받들 수 있으려면 반드시 아우의 아들이어야 한다는 해석이 『경국대전』 입후조

78) 『禮記』, 「內則」, "子弟猶歸器, 衣服·裘衾·車馬, 則必獻其上而后敢服用其次也, 若非所獻, 則不敢以入於宗子之門, 不敢以貴富加於父兄宗族, 若富則具二牲, 獻其賢者於宗子, 夫婦皆齊而宗敬焉, 終事而后敢私祭".

79) 『禮記』, 「大傳」, "親親故尊祖, 尊祖故敬宗, 敬宗故收族, 收族故宗廟嚴".

80) 『與猶堂全書』 1-11, 「立後論」1, 14張後.

81) 『孟子』, 「離婁上」, "不孝有三. 無後爲大".

82) 「喪服」, 齊衰不杖期章, '爲人後者爲其父母報' 條, 傳, "爲人後者孰後? 後大宗也. 曷爲後大宗? 大宗者尊之統也. 禽獸知母而不知父, 野人曰, 父母何筭焉? 都邑之士則知尊禰矣. 大夫及學士則知尊祖矣. 諸侯及其大祖, 天子及其始祖之所自出. 尊者尊統上, 卑者尊統下. 大宗者尊之統也, 大宗者收族者也, 不可以絶. 故族人以支子後大宗也. 適子不得後大宗".

83) 『經國大典』, 「禮典」, 奉祀條, "若嫡子無後, 則衆子, 衆子無後則妾子奉祀".

에 부가되는 결과를 낳았다. 그런데 '당사자의 후사를 세워주는 일'이라는 관념은 강력한 부계집단의 존재를 전제로 하는 것이었다. "지금 시속에서는 제사를 받들 아들이 없고 여자 자손이 있더라도 다른 사람의 아들을 빌어다 후사로 삼는 사람이 한 사람도 없다. 이는 정리 상 그럴 수밖에 없는 것"[84]이라는 언급은 부계친족집단에 대한 의식이 당시에는 희박하였음을 보여준다.

조선초·중기까지는 그 이후와는 달리 이름 없는 가는 물론이고 派祖나 大官(좌의정)의 家도 입양을 하지 않아 家系가 중단되었다. 이러한 경향은 「국조방목」을 통해 본 양자의 비율과 일치하여 조선 건국 초부터 15세기중기까지는 입양사례가 눈에 띄지 않더니 15세기말부터 입양기록이 나타나고 그 후 시간의 경과와 더불어 점차로 그 비율이 증가하여 18세기중엽부터는 더욱 그 비율이 증가하여 대체로 그 상태를 유지하면서 19세기에 이르는데 이때 과거합격자가 양자인 경우는 12%에 이른다[85]고 분석된다. 이는 ① 壻留婦家의 전통이 잔존했다. ② 조선중기까지는 親子와 外子를 차별하지 않고 족보에 모두 수록하였고 부계친과 모계친을 구별하지 않는 용어가 존재했다. ③ 조선중기까지 아들 딸 차별 없이 균분상속제와 자녀의 祭祀輪回制를 실시하였으니 아들이 없더라도 후기처럼 구태여 양자를 해야 할 사회기반이 없었다[86]는 것에서 기인한다. 조선전기는 고려의 유제를 답습하여 무자유녀일 때 입양하지 않고 사위 또는 外孫으로 봉사케 하는 깃이 일반적이었다는 지적[87]은 바로 이러한 현실을 적시해주는 것이다.

이러한 상황은 명종대에도 여전하였던 것으로 보인다.

---

84) 『世宗實錄』 세종 24년 8월 辛丑.
85) 최재석, 「고려시대의 친족조직」, 『역사학보』 94-95합집, 1982, 208쪽.
86) 최재석, 「조선시대의 족보와 동족조직」, 『역사학보』 81, 1979 ; 「조선시대의 양자제와 친족조직」(상, 하), 『역사학보』 86, 87, 1981.
87) 최재석, 앞의 글, 40쪽.

　　헌부가 아뢰기를, 우리나라는 멀리 처해 있고 땅도 달라 풍기(風氣)가 같지 않기 때문에, 삼강오상은 비록 중국과 다름이 없지만 그 사이의 제도와 문물은 중국과 다르지 않을 수 없는 것이 있습니다. 이러므로 사족 제도는 중국에는 없는데 우리나라에는 있고, 노비에 관한 법도 중국에는 없지만 우리나라에는 있습니다. 그렇다면 사족을 폐할 수 있고 노비를 없앨 수 있겠습니까? 지어미가 지아비의 집으로 가는 것이 순례(順禮)인데 우리나라에서는 지아비가 지어미의 집으로 갑니다. 무덤을 지키며 여묘(廬墓)사는 것은 옛적부터 하던 것이 아닌데 우리나라에서는 3년을 여묘삽니다. 그렇다면 친영(親迎)을 복구할 수 있고 여묘를 폐할 수 있겠습니까? 이 같은 일들이 한 가지 뿐만이 아닌데 어떻게 한결같이 중국의 제도를 따를 수 있겠습니까?……중국의 집 짓는 제도는 각각 일조(一照)로 하기 때문에 단지 형제간뿐 아니라 8~9대까지도 함께 사는 사람이 있지만 우리나라는 비록 큰 집이라 하더라도 모두 일조로 하기 때문에 비록 형제간이라 하더라도 함께 살 수 없는 형편입니다.……"[88]

　　이는 同姓不婚과 異姓不養, 부계위주의 친족제도와 적장자 단독봉사와 같은 종법적 가족제도는 비유교적인 고려의 遺制로 인해 쉽게 정착하지 못하고 있었음을 보여준다. 주자학의 보급과 士林의 성장에 따라 조선왕조가 지향하려는 유교적인 예제는 『경국대전』의 반포와 함께 15세기보다는 16세기, 16세기보다는 17세기로 넘어오면서 점차 정착되어 갔고, 종법적 가족제도는 17세기 후반에 가서야 겨우 수용되는 단계에 이르게 되는 것[89]으로 보인다.

5. 맺음말

『주자가례』'성복'장,『경국대전』'성복'장 그리고『대명률』의 복제 규정과의 비교를 통해 다음과 같은 몇 가지 특징을 확인할 수 있다.

첫째,『경국대전』'성복'장의 총 101조목 가운데『주자가례』의 복제 규정을 고쳤거나, 없던 규정을 새롭게 만든 복제는 모두 6조목이 뿐이라는 사실이다.『대명률』의 복제 규정을『주자가례』와 비교하면 첫째 어머니에 대한 복을 참최삼년으로 규정한 것, 둘째 庶母의 복을 자최장기로 규정한 것, 셋째 적장자에 대한 복을 자최부장기로 낮춘 것만 다를 뿐 나머지 조항들은 거의 완벽하게 일치한다.『경국대전』은『대명률』의 둘째와 셋째 특징을 반영하고 있지만, 첫째 부분은 반영하지 않고 있다. 오히려 이 부분은『주자가례』를 따르고 있다. 이는 형식적으로도『경국대전』의 五服 규정이『대명률』이 아니라『주자가례』의 '成服'장을 거의 완벽하게 반영하고 있음을 의미하는 것일 뿐 아니라, 내용적으로도 '母系에 관련된 복제가 새롭게 규정되거나 강화된 것'으로 분석된『주자가례』에 반영된 時王之制의 특성을 고스란히 繼受하고 있음을 보여준다.

둘째,『經國大典』'成服'장에는 '맏아들[長子]'과 '맏아들을 제외한 아들들[衆子]'을 구분하지 않고 '齊衰不杖期'로 동일한 복으로 규정하면서, '맏며느리[嫡婦]'와 '맏며느리를 세외한 며느리들[衆婦]'긴에는 '齊衰不杖期'와 '大功'이라는 한 등급의 차이를 두고 있다는 점이다. 즉 이 규정은 古禮와 비교할 때, 맏며느리와 서며느리들 간에는 두 등급의 차이를 두면서도 맏아들과 맏아들을 제외한 아들들과는 차이를 두지 않는 특징적인 모습을 보여준다. 국휼의 경우, 세조 3년 懿敬世子의 喪制는 南齊 이래 제왕가의 太子喪制 前例와『가례』의 喪暇 규정을 절충하여 세조의 기년복은 30일복으로, 백관들의 시마복은 7일복으로 각각 정하였다. 즉 세자에 대한 복을 맏아들과 중자를 구분하지 않

고 자최부장기로 규정한 國典에 따라 기년복으로 시행하였다는 것이
다.

嫡長子를 衆子와 구분하여 대우하는 적장자계승제는 종통계승의 명
시적 원칙으로서 종법의 핵심을 이루는 부분이다. 아울러 적장자계승
은 종통의 계승, 재산 상속, 정치적 지위의 승계라는 세 측면으로 구성
되는 것이다. 그러나 世襲祿位制가 무너지는 秦漢 이후에는 적장자의
지위에 큰 변화가 생긴다. 아들이 없을 경우 누구나 입후를 할 수 있었
고, 諸子平分의 상속이 이루어 졌으며, 정치적 지위의 승계는 상속이
아닌 관리 선발제를 통하여 이루어지고 있는 상황에서 적장자의 특권
은 유지될 수 없었다.

중국의 경우 장자와 중자의 복제상의 구분이 법제상으로 사라지는
것은 明 洪武 7년(1374) 『孝慈錄』이 처음이다. 이는 『大明律』에도 반
영되어 있다. 당대의 『開元禮』는 물론 송대의 『政和禮』에도 장자에 대
해서 아버지는 참최삼년, 어머니는 자최삼년, 중자에 대해서는 아버지
와 어머니가 모두 자최부장기를 하는 것으로 구분되어 실려 있다. 『경
국대전』에서 장자와 중자를 구분하지 않고 자최부장기 조항에 실은 것
이 표면적으로는 『대명률』의 복제 규정을 원용한 것으로 보인다. 그런
데 고려 성종 4년(985)에 초정된 『고려사』 「예지」에도 명문 규정화 되
었다. 따라서 『경국대전』은 『대명률』이 아니라 고려의 예제를 반영한
것이라고 판단된다.

이와 함께 恭讓王 2년 大夫이상은 3대, 六品이상은 2대 七品이하
庶人까지는 부모로 奉祀代數를 결정하고 동년 8월에 「士大夫家祭儀」
를 반행한다. 이러한 규정은 『경국대전』에도 반영된다. 이 보다 앞서
세종은 '曾祖의 長子孫이 종자로서 사당을 짓고 신주를 만들어 제사를
주관하고 나머지 宗人들은 종가의 제사에 참여하도록 하였다.' 이는
관질에 따라 봉사대수를 제한하여 최대 삼대까지 봉사하기로 되어 있
는 규정과 맞추기 위하여 同高祖가 아닌 同曾祖의 小宗집단으로 통합

한 것이다. 그 점에서 4대를 종족구성의 한계로 설정하는 『주자가례』
와는 차이를 보이지만, 상복의 경우에까지 그대로 관철되지는 않고 있
다. 이 또한 고려의 예제를 반영한 것이라고 생각된다.

'여말선초에서 조선전기에 이르는 시기의 친족조직이 그 속에서도
변화는 있으나 대체로 일관되는 구조이며, 그것은 동일성관을 중심으
로 한 조선후기의 친족조직과는 다른 兩側的親屬으로서의 구조'를 가
지고 있었다고 분석된다. 이러한 친족조직의 성격은 중국과는 다른 것
이다. 그 점에서 『주자가례』의 토대를 이루고 있는 종법제도의 완벽한
시행은 동족집단이 자리를 잡는 17세기를 기다리지 않으면 안 되었다.

제 2 부
집권체제의 사회경제 운영구조

조선전기 국가체제의 수립과 농업정책의 방향

오 영 교*

1. 머리말

15세기 조선초기에는 새로운 국가건설과 관련하여 농업생산력을 발전시키는 문제가 중요한 과제였다. 조선왕조는 국가건설에 필요한 재정의 확보를 위해 토지제도, 전세제도에 대한 조정과 개혁을 거듭 모색하는 한편, 보다 근본적으로는 농업의 생산성을 향상시키고 조세원을 확대시키는 일에 매진하였다. 농업생산의 증대는 농업기술의 개량 및 개발, 그리고 농지의 개간과 확장을 통해 이루어지는 것이었다.

조선왕조는 이 같은 국가의 목적을 달성하기 위해 초기부터 다양한 농업정책, 권농정책을 추진하였다. 앞선 시기에도 농업정책은 시행되었지만 이 시기에는 국가체제 수립이라는 절급한 과제의 일환이었으므로 그 성격과 규모가 달랐다. 무엇보다 국가차원에서 대대적으로 그리고 의욕적으로 전개되었다.

조선왕조의 농업정책은 여말선초 官人·政論家 들의 논의를 거쳐 채택된 것으로 수조권자층을 견제하면서 소유권자층을 보호하고 국가경제 기반을 자영농에 두려는 입장을 표방하였다. 이에 따라 조선왕조는 대토지 소유를 억제하고 소농민 보호정책을 위해 農書를 간행하고

* 연세대학교 교수, 국사학

농업기술을 보급하는 한편, 陳荒地 開墾 및 徙民政策 등을 통해 끊임없이 사회 전반의 생산력 수준을 제고시키려는 집권적인 권농정책을 추진하였다.[1]

이 시기 농업정책에 해당하는 사업은 다양하다. 新田 및 陳田개간, 徙民, 屯田경영, 種子·農具·農牛 보급, 農法 연구와 農書간행 등 농업기술의 개발정책, 신품종 개발과 보급, 수리시설 축조와 관리, 山林川澤 관리, 果樹·蠶業 보급, 播種·김매기·추수 등 경작 과정의 감독과 지원 등이 있다. 농지의 起耕에서 수확에 이르는 農作業의 전 과정을 대상으로 한 것이다. 아울러 농업이나 토지를 둘러싼 분쟁의 처리, 농번기 농민의 使役금지, 救荒策 등도 포함된다.[2]

이처럼 국가체제의 수립에 긴밀히 관련된 조선 초기의 농업정책·권농정책 가운데 농업기술의 개발문제를 통해 농업생산의 기술수준을, 농지 및 新田개간을 통해서 그 신분 계급적 성격을 이해할 수 있다. 또한 이를 통해 조선왕조의 생산기반이나 체제적 성격을 가늠해 볼 수 있을 것이다.

조선시기 15세기와 16세기의 농업사정은 달라지고 있다. 대체로 15세기에는 조선전기적 농업체제가 수립·형성되는 과정으로 평가되고 16세기에는 구조의 변동이 야기되는 과정, 혹은 조선후기적 농업체제

---

1) 김용섭, 「조선초기 勸農政策」, 『동방학지』 42, 1986/『한국중세농업사연구』, 지식산업사, 2000 ; 이경식, 「조선초기의 農地開墾과 大農經營」, 『한국사연구』 61·62/『조선전기 토지제도사연구Ⅱ』, 지식산업사, 1998.

2) 이민수, 「조선초기 救恤정책 및 救荒정책에 관한 연구」, 『국사관논총』 76, 65~66쪽. 조선초기 진휼과정에서 보이는 구황작물은 야생식물 가운데 식용이 가능한 잎·열매·뿌리·껍질을 골라 사용하는 것이었다. 이는 종래의 지역적·개별적인 기근 극복의 방법이 국가적·정책적 차원으로 확대된 것을 의미하는 것이었다. 국왕 세종은 이러한 착상의 실현을 위해 야생 초목에서 식용 가능한 식물을 찾은 결과 상당한 성과를 얻을 수 있었다. 대용식물로 활용된 종류는 콩잎·팥잎·竹實·海草·松皮를 위시하여 草實·橡實·黃角·菁根·葛根 등이 있었다. 심지어 白土·白赤土까지 인간이 취식할 수 있는 모든 것을 식용화하였다.

가 준비되는 시기로 구분된다. 본 연구에서는 집권적 체제가 수립되는 15세기 조선왕조의 농업정책·권농정책을 중심으로 그 내용과 수행기구의 기능을 서술하고 역사적 의의를 살펴보고자 한다.

2. 고려 말의 향촌현실과 농업사정

고려왕조는 말년에 이르면서 정치, 경제, 사회, 사상 등 모든 면에서 구조적 모순이 심화되고 그 신분적 또는 지배층내 구성원 상호간의 갈등 대립이 격렬하게 전개되는 가운데, 국가체제의 유지가 점차 어려워지고 있었다. 왜구·홍건적을 비롯한 수많은 외침과 權門勢家에 의한 농장제의 발달, 당 시기 일련의 사회경제적 요인으로 말미암아 새로운 생산관계, 새로운 향촌사회질서의 수립이 요구되고 있었다.

조선왕조의 건국은 고려 말 대내외적인 혼란을 극복하고 사회가 발전하게되는 과정에서 한 획을 그을 수 있는 기회였다. 새 왕조의 등장에 따라 상기한 제반모순은 새로 마련될 토지제도나 수취체계, 지방통치체계의 틀 속에 어느 정도 반영될 수 있었으리라는 짐작이 가능한 것이다.

고려 말기인 14세기에는 대내외적으로 어려운 환경 속에서도 농민들의 노력에 의해 농업생산력의 증대가 이루어지고 있던 시기였다. 그러나 왜구의 침략을 받은 고려사회는 거대한 혼란을 경험하였다. 왜구의 침입과 焚蕩은 14세기 중엽부터 말기까지 계속되었는데 조선전기 定宗때에 '倭寇 爲我國患 幾五十年矣'[3]라고 술회되듯이 50년간에 걸친 큰 환난이었다. 조선건국의 정치 군사상 기점이 된 위화도회군의 명분 하나가 왜구침입이었음은 그 상징이다.[4] 왜구의 침입으로 인한

---

3) 『定宗實錄』 권1, 定宗 원년 5월 乙酉 1-149.
4) 『高麗史節要』 권33, 辛禑 14년 4월 乙巳(821쪽, 아세아문화사 영인본), "舉國

농민과 향촌사회의 피해는 대단했다. 이 과정에서 야기된 각종 폐해는 일차적으로 생산자 농민에게 전가되었다. 가시적인 사안으로 경작농지가 황폐해지는 것은 물론 농민들의 流離·死亡으로 인해 인구가 급속히 감소되었다. 沿海 州郡의 부세징수는 상당 기간 중단되어 국가의 세입이 감축되고 있었다. 국가재정도 큰 타격을 받았다. 이와 같이 사회의 재생산 기반이 되는 농업생산력 및 경작지의 감소, 농가경제의 파탄은 고려왕조는 물론 체제를 붕괴의 위기로 내몰았다.

농지의 황폐는 전국 沿岸 일원에 걸쳤다. 그 가운데 피해가 극심한 곳은 京畿와 下三道였다.[5] 특히 전라도와 경상도는 다른 도에 비해 토질이 비옥하고 농업생산이 뛰어난 지역이었다. 그리고 이러한 비옥지는 대개 해변에 분포되어 있었다.[6] 이러한 곳이 왜구의 침략으로 千里가 蕭然한 지경에 놓인 것이다. 이 시기 경작지 감소, 생산력체계의 붕괴 실태는 고려 말 양전 결과에 의하여 볼 때에도 荒遠田이 墾耕田의 거의 1/3에 육박한다는 지적이 있다.[7]

고려 말 趙浚은 그 상태에 대해 "沃野 수천 리에 펼쳐진 稻田이 倭奴의 침략으로 갈대 숲으로 변하고 국가는 魚鹽·畜牧의 이익을 잃고 또 沃野에서 들어오는 良田의 수입도 상실하였다"[8]고 통탄하였다. 이에 趙浚은 "陳荒된 연해지역의 농지를 개간하고 이에 참여하는 농민

遠征 倭乘其虛".

5)『高麗史』권78, 食貨 辛禑 14년 趙仁沃 上疏(中冊 721쪽), "全羅·慶尚·楊廣三道 國家之腹心 倭奴深入 擄掠我人民 焚蕩我府庫 千里蕭然".

6) 경상·전라 沿海의 畓은 벼 1, 2斗를 파종하면 소출이 10여 石에 달하여 1結의 소출이 많으면 50·60石, 적어도 20·30石을 내려가지 않았고 旱田 역시 비옥하여 소득이 많았다(『世宗實錄』권49, 世宗 12년 8월 戊寅 3-252 ; 이경식 , 앞의 책, 15쪽).

7)『高麗史』권78, 食貨1 祿科田, 恭讓王 3년 5월 給科田法 中冊 725쪽.

8)『高麗史節要』권33, 辛禑 14년 8월 (837쪽), "自鴨綠以南 大抵皆山 肥膏之田 在於濱海 沃野數千里稻田 陷于倭奴 兼葭際天 國家既失魚鹽畜牧之利 又失沃野良田之入".

에게 20년 동안 면세, 면역하고 水軍에 전속시키자"는 안을 제시하였
다.9) 鄭道傳 역시 개간의 절박함을 강조하였다. 그는 태조 3년(1394)
에 간행한『朝鮮經國典』에서 "우리나라는 山海 사이에 있어 丘陵·藪
澤 등 경작할 수 없는 토지가 10에 8, 9가 되고 또 遊手者가 심히 많
다. 軍資의 확보와 量食의 자족을 위해서, 그 대책으로 濱海 陳荒地의
개간을 통한 遊手人 流亡人의 安集이 절실하다"고 강조하였다.10)

이와 같이 濱海 일대 陳荒處의 開墾은 民人의 安集과 더불어 시급
한 문제였고, 조선왕조는 이 과제를 이어 받고 있었다. 따라서 건국 직
후부터 조선왕조는 국가 전 체제의 복원을 위하여 적극적인 노력을 강
구해야 했다. 특히 농업노동력이자 부세 담당층인 농민의 복귀를 위한
대책이 시급하였다. 인적·물적 토대인 戶口와 田結의 확보는 곧 민의
생존조건 회복과 국가재정의 확보라는 民利·國計의 목표를 동시에
이룰 수 있는 전제조건이었기 때문이었다.

한편 고려말 田制·賦稅制度 개혁을 둘러싼 갈등이 대두되었다. 고
려전기의 수취체제에서는 토지에서의 租와 戶로부터의 布·役의 수취
를 기본으로 하였으나, 고려후기에는 제반 부세가 토지소유규모를 기
준으로 변화되어 나가고 있었다. 또한 租·庸·調 三稅 이외에 새로이
常徭·雜貢이라는 현물세가 부가되었다. 그러나 고려후기의 수취체제
의 문란은 성장하고 있는 소농민경영에 심대한 타격을 주어 여전히 경
영의 불안정성이 상존하고 있있던 실정이었다.11)

고려 후기 원종대 이후 여말에 걸쳐 지속적으로 추진되었던 田民辨
正事業은 수취 및 분배체계를 정상화하기 위한 국가의 대응이었던 셈

---

9)『高麗史節要』권33, 辛禑 14년 8월 (837쪽), "自鴨綠以南 大抵皆山 肥膏之
田 在於濱海 沃野數千里稻田 陷于倭奴 兼葭際天 國家旣失魚鹽畜牧之利
又失沃野良田之入".

10)『三峰集』권7,「朝鮮經國典」上 賦典 軍資, "爲今之計 莫若闢閒荒之地 汰
遊手之民 盡歸之南畝".

11) 위은숙,『고려후기 농업경제연구』, 혜안, 1998, 234~235쪽.

이다. 그러나 지주전호제 농장의 확대를 비롯한 고려 후기의 제 변화
특히 잦은 외압으로 인한 사회적 모순이 증가함에 따라 사태의 원만한
수습을 어렵게 하고 있었다. 여말 전제개혁운동은 이와 같은 배경하에
서 개혁의 방향을 둘러싸고 크게 두 세력으로 나뉘어 대립하고 있었
다. 田制釐正論과 私田革罷論이 그것이다. 전제이정론의 입장에 서
있던 인물은 李穡과 權近이었고 후자의 경우는 鄭道傳·趙浚을 들 수
있다.

　전제이정론의 입장에 서 있던 이색은 이 시기 전제모순의 최대 피해
자인 농민을 보호하기 위해서라도 甲寅柱案(1314)을 위주로 하여 이
를 엄격히 시행함으로써 전제를 바로 잡을 수 있다고 하였다. 이어서
개간지에는 세를 부과하고 濫賜之田(冒受賜牌田)을 감축시켜야 한다
고 하였다. 즉 정당한 절차에 의한 토지의 획득에 대해서는 그 소유권
을 인정하여 주되 다만 이를 국가수조지에 편입시킨다면 국가재정적
측면에서도 또한 耕種之民의 입장에서도 해를 입지 않을 것으로 생각
하였던 것이다. 이는 토지제도의 모순에 대한 부세적 측면에서의 대응
이면서 또한 지주전호제적 생산관계에 대한 긍정적 관점으로 이어지
는 것이다. 이 점에서 엄격한 행정적 조처에 의해 '一田一主'의 원칙을
회복하고자 했던 권근의 개혁방향과도 통하는 것이었다. 급진적 개혁
을 주장하고 있던 鄭道傳의 경우 토지의 사적 소유를 부정하는 것은
아니지만 토지의 공유를 전제로 計民受田의 원칙에 입각하면서 借耕
에 의한 地主佃戶制를 배격함으로써, 지나친 사적 소유의 발달을 억제
하여 부익부 빈익빈에 의한 부의 사적인 편중을 막아 토지와 민에 대
한 국가의 齊一的 支配를 통해 國富를 실현하고자 한 것이라고 하겠
다. 趙浚은 祖宗田制의 근간을 收租權分給制로 보고 井田制는 아니
지만 均田制적 이념을 이어 받은 바람직한 토지제도로 평가하였다. 따
라서 그는 收租權分給制로서의 授田受田之法과 직역에 따른 토지 분
급이라는 祖宗之田制를 현실 속에서 재현해야 할 것으로 생각하였다.

물론 이 祖宗의 田制는 여초의 田柴科體制 바로 그것은 아니었다. 그 것은 토지와 役制와의 결합으로서의 田丁制 그리고 그 운영원리로서의 田丁聯立을 부정함으로써 收租權의 사적 수수에서 유래되는 私田의 폐해를 막는다는 것이었다.[12]

田制改革의 방향을 둘러싸고 전개된 논쟁은 趙浚 등 私田革罷論者들의 주도하에 일단 결론을 맺게 되었다. 이로서 과전법의 성립을 통해 고려 후기 이래의 私田문제는 일단락 되었다고 할 수 있다. 私田改革의 요체라 할 수 있는 役制의 전환은 收租權의 사적 수수를 방지함으로써 私田의 폐해를 막는 데 주목적이 있었으나 한편으로 지나친 사적소유를 억제하여 토지와 민에 대한 국가적 지배를 강화시키려는 측면이 있었음을 알 수 있다.

고려후기 이래 수조권을 둘러싼 수조권자(科田主)와 수조권자, 또한 수조권자와 소유권자(佃客) 사이에 타협할 수 없는 이해관계의 충돌이 있었다. 이는 고려사회가 안고있는 보다 본질적인 모순관계의 하나였다. 그러므로 이 시기에는 이러한 문제들이 총괄적으로 해결되지 않으면 안 되었다. 그것은 체제의 재편성을 불가피하게 하는 문제였다. 여말에서 선초에 걸치는 일련의 집권적 관료체제의 재정비와 토지제도 및 조세제도의 개혁을 중심으로 하는 중세제도의 재편성, 즉 조선사회의 성립은 그 소산이었다.[13]

---

12) 박경안, 『고려후기 토지제도 연구』, 혜안, 1996, 290~293쪽. 고려말기 사대부의 현실타개방향에 관해 이색 계열과 정도전 계열의 입장에서 개혁론을 정리한 논고로 도현철, 『고려말 사대부의 정치사상연구』, 일조각, 1999. 조준과 정도전 개혁안의 상이점에 대해서는 유창규, 「고려말 조준과 정도전의 개혁방안」, 『국사관논총』 46, 1993이 참조된다.

13) 김용섭, 앞의 책, 2000, 30~31쪽 ; 도현철, 앞의 책, 260~261쪽.

3. 조선전기 농업정책의 수립과 전개

1) 조선국가의 농업정책 인식

고려국가가 그 체제를 유지하기 위해서는 그것을 어렵게 하는 모순구조·농업문제를 타개하지 않을 수 없었다. 이 같은 개혁의 문제는 정치적 입장에 따라 이해관계를 달리했고 정치세력간의 격돌로 나타났다. 차후 정치세력간의 대립은 개혁의 완수를 보지 못한 채 새로운 조선왕조의 개창으로 나타났다. 그러므로 조선왕조는 고려말기 사회가 안고 있었던 여러 가지 모순들을 개혁하는 가운데 신왕조의 제도를 정착시키지 않으면 안 되었다. 경제 조세제도와 관련하여 수조권 분급제도를 과전법으로 개정한 것 이외에는 기본적인 문제들이 麗末의 상태로 그대로 남아 있었다. 그러한 문제들은 국가체제의 기본골격의 확립과 긴밀히 연결되면서 점진적으로 마련될 문제였다.

농업의 측면에서 고려국가는 말년에 발생한 농업상의 위기를 극복하지 못함으로써 멸망하고 말았다. 조선왕조는 향촌사회를 피폐케하고 농업생산자 농민층을 몰락시키며 국가재정을 위축케 하는 요인을 제거하고 제도를 개혁함으로써 안정된 수취기반으로서의 향촌사회를 건설하는 과제를 안고 있었다. 우선 農政의 수탈성, 조세제도의 불합리를 제거하여 국가와 생산자 사이에 게재된 부당한 중간수탈을 차단하는 것이다. 다음으로 농업기술을 개량하고 농업생산을 증진함으로써 농업생산자 농민층의 담세능력을 키우고 조세수입을 안정적으로 확보하는 문제였다. 국가재정과 농민경제의 안정을 동시에 추구하는 과제였다.

조선왕조의 국왕이나 官人·儒者들의 농업에 대한 인식은 다음과 같다. 農業·農桑은 본업으로 衣食之源으로서 民命에 所關되는 산업이라는 것이다.[14] 국가의 근본인 민인은 '以食爲天'하는 존재였고,[15] 王者는 이 법을 잘 알고 있어야 民事의 성취가 가능하였다.[16] 따라서

농업은 王政에서 무엇보다 우선해야 할 일이었다.[17] 農桑을 '國之大
政'이니 '天下之大本'[18]으로 인식하고 古今을 막론하고 이를 衣食의
資源으로서 중요하게 여긴 것은 바로 이 때문이었다.[19] 農桑은 治道,
곧 王政·仁政이 실천되고 구현되는 場이었던 것이다.[20]

　조선사회에서 농업은 백성과 나라의 존립을 근저에서부터 보장해
주는 토대로서 모든 구성원이 최우선적으로 염두에 두어야 할 중요한
주제였다. 조선사회에 살고 있는 지배층과 피지배층을 비롯한 모든 구
성원은 기본적으로 농업을 통해 사회관계 속에서 활동하기 위한 경제
적 바탕을 마련하고 있었다. 왕실과 국가는 자신의 존재를 꾸려나갈
수 있는 재원을 농업생산에서 확보하였고 농업생산의 직접 담당자인
일반 농민들은 기본적인 생활의 재생산과 사회경제적인 활동, 국가의
부세수취 등에 대응하기 위하여 농업생산을 수행하였다. 농업을 중시
하는 것은 지방 수령의 필수적인 자질에 해당되는 것이었고, 관료들도
農本을 무시할 수 없었다. 조선왕조가 생산의 근원을 농업에서 찾아
이를 본업으로 간주하여 극력 장려하고, 반면 재정운용에서 節用에 힘
씀은 유교 경전에 근거하여 국가가 펼치는 경제·운영의 기본방침이
었다. 그리하여 조선전기 국왕이나 官人·儒者들이 王道政治 실현의
전제로서 安民의 방도를 논의하고 이를 구체적인 정책으로 모색할 때,
『大學』에서 표명된 生財觀·財用觀은 항상 그 근거 또는 典範으로서
인용 강조되었다.[21] 한편 민인들은 본업인 農桑에 힘을 나하여 태만하

---

　14)『太祖實錄』권15, 太祖 7년 9월 甲申, 1-137.
　15)『世宗實錄』권105, 世宗 26년 閏7/월 壬寅 4-579.
　16)『中宗實錄』권27, 中宗 12년 正月 戊子 15-251.
　17)「朝鮮經國典」上 賦典, 農桑 215쪽 ;『世宗實錄』권105, 世宗 26년 윤7월 壬
　　　寅 4-579.
　18)『燕山君日記』권52, 燕山君 10년 3월 戊子 13-600.
　19)『成宗實錄』권100, 成宗 10년 3월 乙丑 9-687 ;『世祖實錄』권24, 世祖 7년
　　　6월 戊子 7-469.
　20) 이경식, 앞의 책, 52~53쪽.

지 않고, 검약을 숭상하여 사치하지 않으며, 절약하고 낭비하지 않아야
만 했다.[22)]

고려 말기 소유지의 겸병과 지주제의 보급, 그리고 농민의 몰락·파
산 등 소유권상의 토지문제는 조선에 그대로 넘겨져 지속 확대되었다.
초기의 조선왕조는 竝作半收制를 금지하는 조처를 취하였다. 토지소
유 규모에 제한을 가할 수 없는 형편에서 그 경영관계에 제약을 두어
겸병을 억제하여 보자는 의도에서였다. 그러나 성과가 전혀 없었다.[23)]
병작반수제는 이전부터 내려오는 농업관행인 데다가 관리들조차 이
금령을 지키지 않았으며, 또 금령 자체가 노비노동에 의한 대토지경영
을 대상에서 제외하고 있었던 까닭이었다. 결국 세종 3년 領議政 柳廷
顯에 의해 限田論이 제안될 정도로 많은 문제가 표출되고 있었다.[24)]

조선왕조는 세종 년간 貢法의 이름 아래 부세제도만을 개편하는 길
을 걸었다.[25)] 이어 限田論은 성종 3년 9월 檢討官 成俔에 의해 다시
거론되었다. 그는 토지의 겸병과 豪强들의 私債貸與 및 濫徵으로 인
해 민인들의 토지가 소멸되어 가는 현상을 목도하고 그 해결책을 재차
限田論에서 찾았던 것이다.[26)] 限田에 입각한 토지개혁론이 대대적으
로 논의되는 때는 16세기 초 중종 중엽이었다. 토지겸병이 성행하고
지주전호제가 급속히 전개되었던 시대적 상황과 궤를 같이 한다. 이

---

21) 『世宗實錄』 권87, 世宗 21년 11월 庚戌 4-250 ; 『成宗實錄』 권55, 成宗 6년
   5월 辛酉 9-224.
   "生財有大道 生之者衆 食之者寡 爲之者疾 用之者舒 則財恒足矣 [呂氏曰
   國無遊民 則生者衆矣 朝無幸位 則食者寡矣 不奪農時 則爲之疾矣 量入爲
   出 則用之舒矣]"(『大學』 第十章 釋治國平天下 [ ]는 細註내용 ; 박평식, 『조
   선전기 상업사연구』, 지식산업사, 1999, 47~52쪽에서 재인용).
22) 『成宗實錄』 권21, 成宗 3년 8월 丁亥 8-682, "爲民者 亦各自謀 盡力農桑 勿
   爲惰慢 崇尙儉約 勿爲奢靡 量財節用 勿爲橫耗".
23) 이경식, 「조선전기의 토지개혁론」, 『한국사연구』, 61·62, 1988, 5~8쪽.
24) 『世宗實錄』 권12, 世宗 3년 5월 壬申 2-432.
25) 본고 2)절 (3)항 結負 量田制의 시행조 참조.
26) 『成宗實錄』 권22, 成宗 3년 9월 壬寅 8-685.

결과 限田을 50결로 정하고 陳荒田 개간에 대한 면세를 주요 내용으로 하는 방침이 수립되었던 것이다.

한편 농업기술의 개량이나 농업생산력 향상, 농지개간은 지주·대농, 자영소농, 전호농민, 빈농 등 당시 농촌사회 여러 계층의 존재를 전제로 하고 또 이들의 생산활동에 의거하여 진행되고 있었다. 따라서 그 과정은 사회분화를 수반하고 있었다. 이 가운데 소경영 농민의 불안·몰락은 생산을 위축시키고 사회갈등을 유발하며 부세수취를 곤란하게 하여 국가의 안위를 좌우하는 데로 이어졌다. 그러므로 이들의 안정은 생산기반의 조성에서 농업개발과 함께 항시 유의해야 할 점이었다. 이러한 생산기반의 조성을 위해 조선왕조에서는 소농민을 대상으로 力農을 강조하고 독려하였다.[27]

2) 농업정책의 전개

조선왕조는 고려왕조의 모순을 해결하고 재정기반을 안정시키기 위해 군현에서 새로운 부세 운영원리를 확립하고, 수세원을 색출·확보하는 작업에 매진했다. 또한 이 문제는 14세기이래 혼란을 거듭해 온 향촌사회의 안정과 소농보호를 위해서도 의미가 있는 것이었다. 鄭道傳은 『朝鮮經國典』版籍條에서 "부역은 균등해야 한다. 만약 그렇게 되면 위로는 일이 모여지고, 아래로는 소요함이 없으니 나라는 부해지고 백성은 안정될 것이다"라고 하여 부역을 균등하게 하는 것이 國富 및 민의 안정과 긴밀한 관계가 있음을 강조하였다.[28]

원만한 생산력 증진은 부세운영에서 수령의 군현 장악력을 높이는 것으로 권농의 업무와 긴밀한 것이다. 국가의 안정적 수취를 위해서는 소농민의 경영안정이 무엇보다 필요하였고 국가에서는 소농민의 재생

---

27) 이경식, 앞의 책, 1998, 540쪽.
28) 『三峰集』 권6, 「朝鮮經國典」 上 賦典 版籍, "賦役可均 夫如是 事集於上 而下不擾 國富而民安也".

산을 보장해주기 위해 일찍부터 권농정책을 시행하였다.

조선초기 국가차원에서 농업정책이라고 불리는 사업은 여러 가지 측면에서 시행되었다. 농사를 권장하는 勸農, 농사형편을 주의 깊게 살피고 감독하는 監農, 흉년이 닥쳤을 때를 대비하고 대처하는 荒政 등은 그러한 정책의 주된 구성요소이다. 그런데 이는 기본적으로 농사의 안정적인 수행을 도모하는 것일 뿐 보다 더 근원적인 것은 농업기술의 발달을 도모하여 농업생산력을 증진시키는 것이라고 할 수 있겠다.29)

이와 더불어 조선왕조는 생산물의 분배 등 자신들이 지원하는 농업생산 과정에서 파생하는 제반 문제점을 완화시키고자 노력했다. 이 시기 생산관계를 통해 벌어지는 사회의 주된 모순과 갈등 역시 농업문제를 둘러싸고 나타나는 상황이었기 때문이다. 이 결과 농업정책에는 생산양식을 지원하는 과정에서 특정계층을 우대하는 편향적이고 계급적인 측면도 있고 반대로 생산과 분배과정에 대한 국가의 개입과 역할을 강화하여, 이 과정에서 발생하는 갈등과 문제를 해결함으로써 기존의 생산방식과 사회질서를 유지하려는 내용이 공존하게 되었다. 대부분의 국가재정을 농업생산에 의존하는 사회에서 농업생산력이 증대되었다고 해도 그 증가분이 국가의 수취로 연결되지 않는다면 국가의 재정과 운영에는 커다란 어려움이 야기될 것이고, 이것은 고려후기에서와 같이 국가와 지배층 전체의 위기로 발전할 것이다.30)

따라서 국가의 수취분을 확보하고 관리한다는 의미가 있는 권농정책은 국가기능의 핵심부위에 위치하게 되고 해당 중앙기구와 지방 수령에게도 가장 중요한 임무가 되었다.

---

29) 염정섭, 『조선시대 농법발달연구』, 태학사, 2002, 35쪽.
30) 임용한, 『조선전기 수령제와 지방통치』, 혜안, 2002, 244~245쪽.

(1) 권농기구와 그 운영

조선초기 권농을 담당하는 중앙기구는 典農寺였다. 이는 고려의 제도를 계승한 것이었다. 고려시기 충선왕은 즉위년(1308) 10월에 개성부 5부의 호구를 점검하고 이어서 각 도의 務農使를 불러 다음과 같이 유시하였다.

내가 典農司를 둔 것은 한의 상평창 제도를 본받아 백성과 더불어 糶糴을 실시하여 백성들의 급한 것을 구하려는 것이지 사사로운 이익을 얻으려는 것은 아니다. 또 나라에 3년을 대비할 만한 저축이 없다면 나라가 나라답게 될 수 없다. 만약 급한 일이 있게 되어 갑자기 백성에게서 색출한다면 백성의 원망 없이 될 수 있겠는가? 무릇 백성으로서 호세 유력한 집에 붙어 있는 자는 날로 부유하고 안일해지며 외롭고 잔약한 백성은 세와 부렴에 곤란을 겪고 있다. 이것은 오로지 명을 받들어 행하는 자가 사를 따르고 공을 버린 까닭이니 내가 매우 민망히 여긴다. 너희들은 나의 뜻을 받아 그 폐단을 통절히 개혁하되 쫓지 않은 자가 있으면 그의 범행한 바에 따라 처단한 뒤에 僉議府에 자세히 보고하라고 하였다.31)

典農司는 나라의 大祭에 쓰이는 黍稷의 공급을 관장하는 것이었지만 여기서는 그보다 이 기구를 통해 지방에 파견되는 務農使가 수행한 역할이 주목된다.32) 당시의 務農使는 務農鹽鐵使라고도 불렸던 것으로 그 이전의 勸農使와는 다른 것이었다.33) 務農使는 豪强之家의 부

31) 『高麗史節要』 권23, 忠烈王 34년 10월조.
32) 典農司는 원래 黍稷 공급을 관장하는 기관이지만 충선왕이 典農司를 두고 출사하는 자는 모두 務農鹽鐵使라 칭하였다(『高麗史』 권76, 百官志 典農司條 ; 박경안, 앞의 책, 180쪽).
33) 원래 양계에는 勸農使가 있었다. 명종3년에는 7도 按察使와 5도 鹽倉使가 모두 권농사를 겸하게 하였는데, 뒤에 따로 권농사를 두었다. 그런데 충열왕 13년에 각도의 권농사가 취렴하여 백성을 해치므로 이를 파하고 按廉使로서 그 임무를 겸하게 하였다(『高麗史』 권77, 百官2 勸農使條). 따라서 충선왕

정을 척결하라는 엄명을 받고 있음과 동시에 그에 따르지 않는 자는 범죄의 내용에 따라 처결한 연후에 첨의부에 보고케 하는 강력한 특권이 있었음을 알 수 있다. 이들은 당 시기 量田을 담당하고 있었다.[34]

조선왕조의 권농기구인 典農寺는 본래 司農寺로서, 고려의 제도를 그대로 계승한 것이었다. 태조 원년에 文武百官의 관제가 새로 제정되고 있었는데, 그 일환으로 본 관사가 마련되고 있었다.[35] 司農寺는 태종대 典農寺로 개편되고 세조 년간에 司贍寺로 개칭되었다. 태조 때에는 籍田의 경영과 제수를 마련하는 것이 司農寺의 소관사항이었으나, 태종대에는 기구 개편과 함께 제사기능이 典祀寺로 분화되는 가운데, 典農寺의 기능은 籍田을 경영해서 제수마련을 위한 비용이나 물자를 조달하는 일과 권농을 위한 屯田을 맡는 업무를 지니고 있었다.[36]

典農寺의 籍田 경영이 권농의 뜻을 지니는 것은 두 가지였다. 하나는 국왕이 親耕籍田함으로써 重農·勸農의 뜻을 보인다는 이념적 의미에서였다.[37] 다른 하나는 籍田에서 농사시험을 함으로써 품종을 개량해 나가려고 한 점이었다. 가령 秬黍, 唐白黍 一歲再熟黍의 재배,[38] 陳麥의 결실 여부, 一莖多穗粟의 시험재배 등이 있었다.[39]

권농정책의 구체적인 수행기구는 지방관이었다. 鄭道傳이 『朝鮮經

직후에는 권농사가 없었고 이때에는 전농사를 두고 이의 관원으로서 무농사의 임무를 띠게 한 것으로 생각된다.

34) 『高麗史』권34, 世家 忠肅王 元年 춘정월조, "上王 命宰樞及耆老 議禮計田民等事". 이 시기의 논의는 計點사업 때와 마찬가지로 典農司가 주관하고 있었던 것으로 보인다.

35) 『太祖實錄』권1, 太祖 원년 7월 丁未 1-24.

36) 박정자, 「李朝初期의 籍田考」, 『淑大史論』5, 1970, 77~82쪽.

37) 이와 관련하여 다음의 기사가 주목된다. 『太宗實錄』권3, 太宗 원년 12월 乙亥 1-221, "耕籍之禮 所以敬神明 而重農業也" ; 『成宗實錄』권15, 成宗 3년 2월 戊辰 8-629, "天子躬耕籍田 后妃親蠶公桑 所以示下民勸農桑也".

38) 『世宗實錄』권21, 世宗 5년 7월 壬寅 2-550.

39) 『世宗實錄』권86, 世宗 21년 7월 壬午 4-226 ; 『世宗實錄』권78, 世宗 19년 7월 辛亥 4-93.

國典』에서 "국가에는 안에는 司農이 있고 밖에는 勸農이 있다"라고 한 것은 지방에서 권농을 담당하는 기관이 외관이라는 의미가 되겠다.[40)]

조선왕조가 통치질서를 확립하고 수취기반을 확보하기 위해 중앙집권체제를 강화하고, 군현제에 의한 일원적인 향촌사회통치에 주력하였다. 이 과정에서 농업기술이 발달하고 자연촌이 성장하는 등 향촌사회 질서가 크게 변모하게 되자, 고려시기와는 다른 새로운 향촌지배가 필요하게 되었다. 그 결과 조선왕조는 수령권을 강화하여 군현 단위의 일원적인 파악체제를 공고히 해 가는 한편, 면리제 운영체계를 정비하여 그 운영 담당층을 통해 향촌민 교화·통제, 수취체제 운영 등 제반 측면에서 군현 하부 향촌에까지 조직적인 지배력을 관철해 갈 수 있었던 것이다.[41)]

조선왕조는 330여 군현에 대해 "地를 지키고 百姓을 양성하며 王命을 받들어 행하는" 관료로서 府尹(종2품)이하 縣監(종6품)에 이르는 牧民官(守令)을 파견하였다. 조선 전 시기를 통해 수령은 집권체제의 강화, 지방통치조직의 확립을 운위할 때 가장 중요한 직임으로 간주되었고, 중앙집권적 정치구조와 향촌의 권력구조라는 두 측면에서 동시에 주목되는 대상이었다. 대체로 수령제의 임무는 '農桑盛·賦役均·戶口增·學敎興·軍政修·詞訟簡·奸猾息'으로 표현되는 七事를 중심으로 설명할 수 있나. 나시 말해 수령의 통지는 농업재생산 지원, 재생산의 기초이자 세원으로서의 인구확보, 수취체계의 운영, 체제유지를 위한 지배이데올로기의 확산, 군정 및 행정의 수행, 재지세력에 대한 견제를 중심 내용으로 한다.

---

40) 『三峰集』卷7,「朝鮮經國典」上, 賦典, 農桑, "國家 內而司農 外而勸農……殿下 屢降德音 必以勸農桑爲首".

41) 이태진, 「고려말·조선초의 사회변화」,『진단학보』55, 1983/『한국사회사연구』, 지식산업사, 1986 ; 박진우, 「조선초기 면리제와 촌락지배의 강화」,『한국사론』20, 1988.

守令七事는 수령의 승진·전임·파면 등 인사행정의 기준이 되었으므로 조선왕조는 일차적으로 수령에게 권면을 강조했던 것이다.[42] 趙浚은 昌王 즉위년 7월에 守令考課의 기준인 守令五事를 제청했는데, '田野闢'과 '戶口增'을 우선적으로 내세웠다.[43] 이 건의는 수용되어 태조 원년 8월에 반포한 守令殿最法에 그대로 반영되었으며, 『元典』에도 수록되었다.[44]

그 중 '農桑盛'의 문제는 민생의 안정을 위해서 가장 중시되는 사안이었다. 태조 원년(1392) 9월에 농상진흥 방안의 일환으로 수령의 勸農 能否로 그 殿最黜陟을 삼도록 하되, 구체 기준을 '田野荒墾 戶口增減'[45]에 두는 방침을 마련하기도 했다. 이 방침은 그 이후에도 계속되어 태조 3년(1394) 墾田의 다소를 3등급으로 하고 이로써 수령에 대한 殿最기준으로 삼았고,[46] 세종 22년(1440)에는 호구증가책으로서 水利를 일으키고 陳地를 개간하고 인민을 召募하여 경작함으로써 호구를 증가시킨 수령들을 褒典하는 시책도 세웠다.[47]

수령의 권농업무에서는 생산력 확대정책과 함께 수령의 적극적인 활동을 통해 토지와 민을 관리하고 소농을 보호·지원한 정책을 강조했으며, 이러한 취지의 규정들을 『經濟六典』에 수록했다.

먼저 陳田은 수령의 허가를 받아 개간하도록 하고, 수령은 이 권한을 이용하여 無田民이나 貧民을 差定하게 했다. 竝作도 농민이 일시적으로 경작불능 상태가 될 때에는 순수한 의미에서 이웃, 친척간의 상호보완적인 경작이 되도록 수령이 감독하여 이들이 失農하거나 부

---

42) 이존희, 『조선시대 지방행정제도 연구』, 일지사, 1990, 164~166쪽.
43) 『高麗史節要』 권33, 辛禑 14년 7월 831~832쪽.
44) 『太祖實錄』 권1, 太祖 1년 8월 辛亥 ; 『世宗實錄』 권54, 世宗 13년 10월 戊申 등의 기사 참조(임용한, 앞의 책, 128쪽 재인용).
45) 『太祖實錄』 권2, 太祖 원년 7월 壬寅 1-31.
46) 『太祖實錄』 권5, 태조 3년 4월 庚辰 1-61.
47) 『世宗實錄』 권88, 世宗 22년 2월 丙辰 4-270.

호의 지배 속으로 편입되는 것을 방지하게 했다. 또한 義倉制를 활성
화시키고 이를 수령이 직접 운영하게 함으로써 농민의 종자곡을 지원
하는 동시에, 소농에 대한 경제적 지배권을 확보하여 농사철에 이들이
부호층의 잡역이나 그들의 경작지에 우선적으로 사역되는 것을 방지
하고자 했다. 세조 3년 諸道 觀察使에 대한 諭示에서 다음과 같은 事
目이 언급되었다.

1. 곡식 종자는 早種과 晩種의 다름이 있는데도 守令이 한꺼번에
   나누어주어서 어리석은 백성들로 하여금 早穀을 파종할 때에 晩
   穀의 종자는 다 먹어치우고, 만곡을 파종할 때를 당해서는 관리
   가 이를 독려하면 어리석은 백성들은 속여서 파종했다고 하면서
   罪責만 구차스럽게 면하고는, 이로 인하여 농업에 실패하게 되
   니, 금후에는 早穀과 晩穀을 시기에 맞추어 파종하고 그전의 잘
   못을 되풀이하지 말아야 한다.
1. 비록 雨水가 適中하더라도 守令이 다만 존절히 하는 것만 소중
   히 여겨, 한 말, 한 되의 소량으로 나누어주어 이미 그 시기를 잃
   게 하고, 雨水가 이미 乾燥하고 절후도 또한 늦게 된 뒤에야
   마지못해서 乾田에 파종하여 그들로 하여금 失農하게 하니, 금
   후에는 비내림이 이미 흡족하면 그 田畝의 많고 적음을 계산하
   여 수효에 의하여 종자를 주어 시기를 잃지 말도록 하라.
1. 종자를 나누어 줄 때에 口食을 주지 않은 까닭으로 무지한 백성
   이 뒷날의 계획은 생각하지 않고서 그 종자를 다 먹어치우니, 금
   후에는 종자를 나누어 줄 때에 모름지기 人丁을 계산하여 口食
   까지 모두 주어서 그들로 하여금 농사에 힘쓰게 하라.
1. 農牛의 사육을 소홀히 할 수가 없다. 守令이 시기에 맞추어 飼料
   를 주지 않아서 농우가 피곤해서 죽으므로 농사에 힘쓸 수 없게
   된다. 금후에는 사료 콩을 미리 먼저 나누어주어서 시기를 잃지
   않도록 하라.
1. 解氷할 때에 會計는 堤堰에 맡겨 자질구레한 저택(澤)까지도 모
   두 견고히 쌓아서 물을 저축하고 새어나가지 못하게 하여 灌漑

에 대비하도록 하라.

1. 木綿은 만약 거름만 주고 김매기만 한다면 땅을 가리지 않아도 무성하게 될 것이니, 모름지기 백성들로 하여금 많이 심도록 하고, 아울러 그들로 하여금 麻도 심도록 해야 할 것이지만, 그러나 이를 강제로 하여 소란을 일으킬 필요는 없다.[48]

이를 통해 파종의 시기, 早穀·晚穀의 종자 배분시기, 農牛의 사료 지급, 해빙기 堤堰관리, 木棉 및 麻의 재배 권장이 강조되고 있다.

당시 조선왕조에서 반포한 교서 및 권농절목의 내용을 볼 때, 농법으로는 多耕多耘, 농작업에서는 早穀과 晚穀의 순차재배와 그에 따른 耕種·耕耔·耕穫 등 각 노동과정의 適時遂行, 농업경영상으로는 衣類작물 재배의 병행 등을 골격으로 하는 것이다. 농사수준상 常耕集約의 농법을 바탕으로 1년2작, 2년3작의 농작단계에 따른 것이었다.[49] 조선왕조는 소경영 농민의 안정도 여기서 기대하고 있었다.

우선 조선왕조는 수령의 병작 감독 규정을 통해 小農의 몰락이나 침탈을 방지하고 가능한 한 무전자나 빈민에게 경작지를 마련해 주는 법 본래의 취지를 유지하려 했다. 태종6년 12월에 새로 제정한 守令七事에서 수령의 임무 중 하나인 '勸課農桑'의 세부사항을 지정한 부분에서도 병작반수는 분명하게 이러한 뜻으로 묘사되어 있다.

守令을 褒貶하는 데 德行과 等第를 汎稱하고 實效의 有無를 논하지 아니하는 까닭에, 수령은 힘써 虛譽를 구하고, 使臣과 過客에게 아첨하며, 品官과 鄕吏에게 잘 보이려 하여, 힘써 행해 實效가 있는 자 없습니다. 금후로는 狀의 뒤에 적은 七事로써 考察하고, 等第와 實效의 事目을 나누어 만들어 각각 이름 아래 기록하여 申聞해서, 黜陟의 憑據로 삼으소서.

48) 『世祖實錄』 권6, 世祖 3년 1월 甲戌 7-165.
49) 이경식, 앞의 책, 539쪽.

　農桑을 勸課하여 경내에 堤堰을 수축한 곳이 몇 곳이며, 도임 후
백성에게 뽕나무 심기를 권고하여 매 1호에 몇 株씩 심었으며, 官에
서 심은 뽕나무를 나누어주어서 심은 것은 매 1호에 몇 주씩인가? 백
성에게 水車를 만들도록 권한 것은 한 마을에 몇 개씩이며, 관에서
만들어 나누어 준 것은 한 마을에 몇 개씩인가? 勸耕한 것은 몇이며,
온 집안이 병을 앓고 있는 자는 이웃으로 하여금 경작해 주게 하고,
그가 회복되기를 기다려 값을 갚아주게 한 것이 몇인가?[50]

　즉 소농경영의 불안정성 때문에 竝作이 늘 발생하고 있었던 만큼
수령이 이를 행정적이라도 점검하는 규정을 마련해 두고, 이 성적을
수령의 고과에 반영한 것이다.
　다음으로 조선시대 수령의 권농업무의 특징 중 하나는 경작과정에
대한 수령의 순시와 감독 활동의 강화이다. 조선시대 수령은 농사철이
면 잡무를 폐지하고 경내를 순시하면서 토지의 기경 여부와 작황을 살
필 뿐 아니라, 파종·김매기·추수 등 중요한 경작단계를 감독하고[51]
農具·農牛·種子 등 필요한 지원을 해야 했다.[52] 수령은 이러한 활
동을 통해서 국가수세지의 起耕·踏驗, 경작자 선정 등과 수리시설 점
검 등 상기한 권농정책이 집행되는 상황을 직접 고찰해야 했다. 수령
의 순시를 통해 경작과정 중에 발생하는 각종 분쟁을 처결하고 향촌사
회 내부의 갈등을 조정한다는 점에서도 의미가 있다. 이는 농업생산력
을 증진시킨다는 측면과 기존의 생산관계를 안정시키고 국가 수세지
와 공민을 확보한다는 것을 주목적으로 하고 있다. 또한 農時에는 관
에서 徭役·雜役 동원을 삼가게 하여 노동력을 보호하게 하였다.[53] 種
子穀 분급 이후 곧바로 파종시키게 하는 경작(播種)과 연계되고 수령

50) 『太宗實錄』권12, 太宗 6년 12월 乙巳 1-380.
51) 『太宗實錄』권27, 太宗 14년 2월 乙巳 2-4.
52) 『世祖實錄』권8, 世祖 3년 6월 丙午 7-204.
53) 『經國大典』戶典 農務, "且助不給 勿差役 勿徵發".

이 특정 토지에 대한 경작 강제를 시행하고 있음도 나타난다.[54)

또한 수령을 통한 경작과정의 감독이 규정화 되어 있었다. 이는 후대로 갈수록 더욱 강화되어 『續典』에 수령이 파종·김매기·추수 등을 감독해야 한다는 규정을 추가하기에 이르렀다.

　續戶典 勸農條에 각 관의 수령은 파종, 제초, 추수 등을 할 때마다 고찰하여 농시를 놓쳐 손상에 이르는 일이 없도록 한다. 능히 고찰하지 못하는 자는 율에 의거하여 논죄한다.[55)

이후 『經國大典』에는 다음과 같이 규정되었다.

　무릇 농사는 갈고 씨뿌리는 것을 일찍 해야 하고 김은 부지런히 매야 한다. 수령은 경내 4면에 권유해서 제때에 갈고 김매게 한다.[56)

『經國大典』에는 대단히 원론적인 대강만을 밝혔으나, 권농정책의 세부사항에 해당하는 農牛·種子 지원, 경작과정의 감독 등은 조선후기까지도 권농의 대표적인 정책으로 계속 강조되고 있었다.[57)

한편 권농을 위해 수령 아래 각 면에서 勸農官이 임명되었다.[58) 勸農官은 해당 지역민으로서 임명하되 廉幹한 閑良品官 중에서 택정하

---

54) 『世祖實錄』 권16, 世祖 5년 4월 戊寅 7-324.

55) 『世宗實錄』 권90, 世宗 22년 8월 乙亥 4-312.

56) 『經國大典』 戶典 務農.

57) 다만 세종에서 세조조에 이르기까지 국가의 정책과 지방세력의 입장이 대립되었는데 점차 상황에 따른 적절한 운영, '민의 편의'가 강조된다. 그 이유는 15세기 후반에 들어서 군현마다 수취액과 운영관행이 정립되었던 것과 군현 운영에 훈구세력과 재지사족의 이해가 많이 개입하게 되면서 초기와 같이 수령의 적극적인 노력보다는 기존 제도의 유지와 적절한 운영이 강조되고, 권농업무의 집행에서도 재지세력의 참여, 수령과 이들과의 타협적인 군현 운영 방식이 발달하였던 사정과 관련이 있다고 생각된다(임용한, 앞의 책, 294쪽).

58) 『經國大典』 戶典, 戶籍, 務農.

였다.[59] 이들은 居鄕 有志·有力者들이었다. 그들 밑에는 監考, 里正, 外方別監 등이 差定되어[60] 권농의 일에 종사하였다. 이러한 권농직 체계는 『經國大典』체제가 정착됨에 따라 행정직 체계와의 혼선을 피하기 위해 점차 정리되었다. 이에 따라 지방행정에서 권농직은 守令-勸農官-里正-統主로 정비되었다.[61] 고려시대에도 勸農使는 道단위의 직임으로 按廉使나 監倉使의 兼務였다.[62] 따라서 그 업무는 처음부터 상밀한 것이 될 수 없었다. 그렇다면 조선초기 농업기술은 고려시기와 달라서 정책상 집중적인 노력이 가해질 필요성이 의식된 결과라 본다.

勸農官은 권농업무와 수리시설 관리업무를 맡았다. 이 중에서 지위와 역할이 높아서 초기에는 閑良品官 중에서 廉幹者를 선발하도록 하였다.[63] 監考는 종류와 역할이 다양하여 성분도 다양하였는데, 賑濟 등의 일에서는 지역의 品官으로 임명하도록 하였다.[64] 里正·長은 주로 호구와 관련된 직책을 맡았다. 조선왕조는 이들에게 豪富家가 호구를 은닉하는 것을 적발하는 책임을 지우기도 하였고[65] 유이민 단속, 捕盜, 賑濟, 주민동향 보고 등의 일에 연대책임을 지우기도 했다.

보통의 경우 監考나 里長, 里正, 頭目 등은 향촌의 실력자가 아니었다. 그러므로 이들의 활동은 고려시대의 향리들처럼 자신들의 향촌사회 내에서의 전통적인 권력이나 관행에 의해 뒷받침되는 것이 아니라 어디까지나 수령의 권위와 지원에 의해 조직 운영되는 것이었다. 이것

---

59) 『太祖實錄』 권8, 太祖 4년 7월 辛酉 1-81 ; 『世祖實錄』 권2, 世祖 원년 9월 丁亥 7-88.
60) 『太宗實錄』 권12, 太宗 6년 윤7월 癸亥 1-366.
61) 『經國大典』 戶典, 戶籍.
62) 『高麗史』 권77, 百官2 勸農使條 ; 이태진, 『조선유교사회사론』, 지식산업사, 1989, 40쪽.
63) 『太祖實錄』 권8, 太祖 4년 7월 辛酉 1-81.
64) 연세대학교 국학연구원 편, 『經濟六典輯錄』, 戶典 勸農, 1993, 101~103쪽.
65) 『世祖實錄』 권5, 世祖 2년 9월 丁丑 7-151.

은 전통적인 향리에 의한 행정체계를 약화시키고 '守令專治'라는 목표
에 맞추어 이전의 행정조직과는 다른 수령 직할의 행정조직을 구성한
다는 의미가 있었다.66) 그러나 실제로는 수령이 각종 사무를 監考 등
에게 위임하는 사례가 늘었다는 것이다. 향리층과 같이 중간 관리층이
되어 버린 監考의 숫자도 날이 갈수록 늘어갔다. 문종 즉위년 충주목
의 경우 各面의 勸農과 方別監과 里正 · 長에 모두 185명에 이르렀
다.67) 이후 성종 4년(1473) 각종 監考가 너무 많다고 하여 監考와 色
掌을 혁파하고 勸農官만 면마다 1인씩 두는 조치를 취하기도 하였
다.68) 그러나 이런 조치는 별다른 실효를 보지 못했다.

조선왕조는 그 대책의 하나로서 권농이나 진제, 답험을 맡기는 監考
의 경우 가능한 品官이나 有識層에서 선발하려고 노력하였으나, 사족
들이 직책에의 임용을 기피하였다. 따라서 성종 때부터는 品官 대신
'勸謹識理者'라는 표현이 등장하였고69)『經國大典』에는 다만 勸謹者
라고 규정되었다.70)

수령제와 권농정책의 운영은 조선후기 原州牧의 사례에서 살펴볼
수 있다.71) 우선 農形보고와 傳令체계에 관한 사항이다. 勸課農桑에

---

66) 그러나 향리가 지방행정에서 소외되거나 감고, 이정 등의 조직이 향리조직과
   대립하는 새로운 행정망으로 정비되어 갔던 것은 아니다. 일부 지역에서는
   15, 6세기에도 향리는 여전히 지방행정에서 중간조직으로서 존재하여 많은
   군현에서는 수령－향리－면임 · 이임으로 연결되는 행정체제가 운영되었다.
   특히 토성사족 세력이 강한 지역에서는 향리들이 권농관, 이정을 감독하는
   경우가 많았다고 한다(이수건, 『조선시대 지방행정사』, 민음사, 1989, 334~
   335쪽).
67) 『文宗實錄』 권5, 文宗 즉위년 12월 己亥 6-338.
68) 『成宗實錄』 권34, 成宗 4년 9월 癸巳 9-58.
69) 『成宗實錄』 권34, 成宗 4년 8월 癸巳 9-58.
70) 『經國大典』 戶典 務農, "勸農官 擇勸謹者差之 用心勸課 勿使陳荒".
71) 본고에서 분석하는 『(原州)隨錄』(農牒 · 戶牒 · 禮牒 · 工牒 · 科牒 · 兵牒 ·
   刑牒 奎古5120-163 · 4)은 正祖 20년(1796)~22년(1798)까지 原州牧과 강원
   監營의 행정 · 재정구조를 전반적으로 파악할 수 있는 자료이다. 대체적으로

대한 정부의 節目이 반포되면 수령은 "農形看審", "舊陳摘奸" 등의 조
항을 各面 실무자에게 실행하도록 지시하였다.[72] 이에 대응하여 面任
은 민들의 起耕, 付種, 除草 상황을 감독·조사하고 陳廢되는 토지가
발생되지 않도록 했을 뿐 아니라[73] 種子穀의 확보를 적극 모색하였
다.[74] 面任에게는 1차적인 農形報告의 임무가 부여되었다.[75] 원주목
의 경우 面報를 통한 보고체계가 크게 활성화되었다. 그 내용은 각곡
성취여부(작황)와 강수량 측정, 상세한 面別 移秧 실태, 代播의 상황과
같은 대단히 구체적인 農形이 포함되었다. 생산력 확보와 권농에 대한
조선왕조의 지대한 관심을 보여주고 있다.

원주목의 各倉은 예하 면의 거리를 감안하여 面報를 수합·정리한
후 일괄 보고하는 체계를 지녔다. 원주에는 읍내의 司倉(40間)·別倉
(35間)외 北倉(48間, 安昌, 工房2) 西倉(32間, 興原, 戶長2, 工房3, 通
引1) 東倉(39間, 酒泉, 戶長1 工房3, 通引1) 覺林倉(30間, 覺林, 工房
1) 등 여섯 군데의 창고가 위치하였다.[76] 농형보고(面報)를 통해 원주
목에 구축된 전령체계를 보면 각창에는 실무자로서 戶長·監官이 존
재하고 倉村의 公員·有事·監色이 있으며 주요한 사안의 발생시 座
首·將校가 파견되어 감독하고 있음이 나타난다. 倉의 都監들은 日課
所報를 작성하여 면보와 함께 보고하고 있음이 나타난다.[77] 農形에 관

중앙정부의 문헌·法典類들은 농민통제와 수취에 관한 추상적인 원칙들이
수록된 경우가 많기 때문에 지방단위로 편찬된 지방자료의 고구가 당시의 실
태파악을 위해 보다 유효하다고 여겨진다(이하『原州』隨錄』생략).

71) 「義興縣公事」 1700年 3月 11日 傳令境內 都尹 副尹.

73) 「治郡要訣」 56條.

74) 「治郡要法」 59條.

75) 面任은 春夏間 災害를 입은 旱畓의 성숙여부에 대해 조사 보고하고 大風을
맞을 때 各里 里任을 초치하여 急水禁火에 대한 주의를 환기시키도록 했다
(「南原縣牒報移文成冊」 7月 19日 報巡營). 이 밖에 桑木種植의 사안을 제대
로 처리하지 못한 里正·主戶 등에 대한 治罪규정이 있었다(『備邊司謄錄』
31冊, 肅宗 元年 8月 29日 3-185).

76)『關東邑誌』江原監營 營誌 倉庫條.

한 面報의 작성자는 面任(風憲)·里任과 訓農官으로 나타나며, 각종 부세징수가 여섯 개창을 중심으로 이루어지고 있는바 외부 네 개창 소속면의 면보를 창에서 수합하여 정리한 후 보고하는 형태를 지녔다.

이상 조선왕조는 지방관청을 통해 권농정책을 펼쳐 보임으로써 소농경제의 생산과 재생산에 깊이 간여하고 향촌사회의 최하 조직을 관장하고 있음이 나타난다.

(2) 농지개간

조선초기 농지개간은 새로운 국가의 대과업이었다. 그것은 고려 말 이래 붕괴된 농업생산 기반을 복구하고 생산력을 증대시키는 일이었고, 국가건설·왜적방어를 위한 경제기반의 구축이었다. 특히 농경지와 租稅源의 확대에 관련된 문제였다. 이를 위해 여러 가지 방법으로 閑曠地의 개간이 추진되었고, 新田개발에 따른 조세감면과 復戶의 특혜가 주어졌다. 누구든지 농지개간의 주체가 될 수 있었으며, 영세민에게는 개간할 수 있는 진황지가 지급되기도 하고 양반지배층에게는 科田의 일부로서 지급되기도 하였다.

더욱이 北道지방의 농지 개간은 邊地防戍와 국토개발의 차원에서 徙民정책과 더불어 추진되었다. 여기에는 주로 下三道의 富實戶가 抄定의 대상이 되었으며, 조선왕조의 기간 지배층인 양반층·宗親에게도 직접 入居하거나 奴僕을 入送시켜 개간에 종사할 것이 요구되었다.

또한 조선왕조에서는 중앙이나 지방의 각급 관청으로 하여금 전국 각 지방의 閑曠地에다 屯田을 설치하고 개간하게 했다. 조선초기 농지개간은 거국적인 사업으로서 수행되었으며, 그러한 위에서 선진지역의 농업기술을 보급하고 농업생산력을 발전시키고자 하는 것이었다.

이 같은 권농정책으로서 시행되는 新田개발에는 어떠한 신분계급도

---

77) 하나의 예로 東倉 都監은 日課所報를 통해 목맥종자를 春還 분급례에 따라 모두 必分했음을 보고하고 있다(「農牒」 丁巳 閏6 10傳令東倉 所屬面).

참여할 수 있어서, 그 정책의 결과는 소농경제의 안정과 자영소농민층의 확대 성장에 크게 기여하였을 것이다. 그리고 그것은 조선왕조가 왕권강화를 기반으로 한 집권적 봉건국가로서 발전하는 데 기반이 되었던 것이라 하겠다.

개간의 중심대상은 濱海州郡의 陳荒地였다. 조선왕조는 墾田多少에 따른 수령의 黜陟과 褒賞, 奉足制 운영의 융통성, 流民의 歸農과 영농에 대한 지원 등 실질적인 권농시책과 더불어 개간자에 대한 소유권 내지 경작권에 대한 우선 승인, 그리고 면세혜택의 부여 등을 통해 개간을 장려하고 독려하였다. 뿐만 아니라 왜적의 침략이 우려되는 지역에 대해서는 군사상의 시설 및 지원도 병행하였다.[78]

沿海 肥沃地의 개간은 신속히 진척되었다. 태종 초에 실시된 量田에서 무려 30여만 결에 달하는 加剩田이 확보되었다. 대부분 濱海개간에서 온 성과였다. 이후에도 濱海개간은 계속되었다. 민인들은 연안도서에서도 그리고 山林藪澤 등 공유지나 講武場・牧場 등 국유지에서도 개간활동을 전개하였고 이 역시 점차 확대되어 갔다. 그 가운데서도 주목되는 개간활동은 海澤 개간 즉 干拓을 통한 新田 개발의 진전이었다. 개간사업에는 노비・양인・양반・土豪, 빈농・부농, 전호・지주 등 사회의 모든 신분 모든 계층이 참가하였다. 이 같은 개간의 진전에는 조선국가의 對倭 군사・외교 활동도 큰 힘이 되었다.

개간은 바다 가운데 島嶼에서도 활발하였다. 이미 태종 17년 10월 '籍海島新墾田'함으로써 섬의 새 개간지를 조사하여 田籍에 올리는 작업이 수행되고 있었다. 가령 세종 2년 巨濟・南海・昌善 세 섬에서 개간된 농지가 무려 1,130여 결에 달하고 있다.[79] 연해 곳곳 도서에서도 농토개간이 성행하여 중앙정부에서 파악하여야 할 정도였음을 전해준다.

---

78) 이경식, 앞의 책, 58쪽.
79) 『世宗實錄』 권7, 세종2년 閏 정월 丙申 2-371.

한편 陳荒地가 농경지로 개발될 수 있게된 데에는 농업기술이 발달하고 그것이 농민들의 경험 속에 축적된 결과이기도 했다.[80] 대표적인 예로 畓만이 아니라 밭 또한 낮은 지대로 이동하던 추세 속에서 下三道 바닷가의 땅이 비옥한 농토로 변하였던 것이다.

해안지역의 개간에 국가적인 관심이 기울여지는 가운데 15세기 중엽에 이르러서는 濱海지역 중 옥토로 될 만한 곳은 대부분 개간되기에 이르렀다. 이어서 염분 때문에 개발이 어려웠던 간석지까지도 개간이 본격화되기 시작했다.[81]

농경지가 낮은 지대로 확산되는 추세는 내륙지역에서도 나타나고 있었다. 그동안 기피되어 오던 강가의 저습지에서도 경작이 이루어지게 된 것이다. 도랑을 깊게 파서 물이 잘 빠지도록 함으로써 저습지가 새로운 농토로 개발되어 내륙지역에서도 水田이 늘어갔다. 15세기 후반부터 川防이라는 새로운 관개기술이 보급됨에 따라 水田의 증가속도도 더욱 빨라졌다.[82] 내륙지역 水田의 개발은 下三道만이 아니라 중부의 산간지대에서도 진행되고 있었다. 水田의 비중이 급증되면서 생산력 역시 발달되었다. 조선초기 濱海 일대에서 진행된 陳田開墾과 干拓사업은 이 시기 농지개간, 新田개발의 중심이었다.

한편 조선 초기 개간활동이 전국 규모에서 전개되는 가운데 함경도·평안도 兩界를 위시하여 北方開墾이 전개되었다. 고려 말이래 북방지역은 元·明교체, 왜구 등의 침략으로 정치·경제상 거의 공백상태에 있었고, 이 가운데 여진세력이 부상하고 있었다. 그 해결방안은 '地廣人稀'한 이들 지역에서 농지를 개간하고 인구를 증가시켜 농업생산을 확대하고 軍丁·役丁을 확보하는 길이 최선이었다. 이에 따라 북방

---

80) 『農事直說』에 가장 상세히 설명된 논 개간기술은 저습지에 대한 것으로 이것이 당시의 보편적 논 개간 유형이었다(이호철, 「수전농법」, 『조선전기농업경제』, 한길사, 1986, 50쪽).

81) 이태진, 『한국사회사연구』, 지식산업사, 1986, 224~234쪽.

82) 이태진, 앞의 책, 1986, 212~217쪽.

개척의 필요성이 제기되었다.

개간은 세종대에서 성종대에 걸쳐 조직성 있게 추진되었다. 徙民의 목표에 따라 단계상 차이가 있었다. 세종대까지의 徙民은 6진・4군 개척에 수반하여 수행되었다. 대상은 주로 해당 도의 南部民이었고 목적은 祖宗 영역의 회복에 있었다. 개간은 이 속에서 부수적으로 전개되었다. 그러나 세조 이후의 徙民은 대상이 下三道 민인이었고 이 지방 閑曠地의 개간이 주요 목표였다. '地狹人多'한 下三道의 토지문제를 완화시킴은 물론 北方을 개척하여 농업생산, 인구증가를 도모하였던 것이다.[83]

북방개간은 세조 이후 본격 착수되어 국가의 대과업으로 진행되었다. 徙民 1호의 인구는 대체로 13~15인 정도로 추산된다. 조선왕조는 1호에 30결 정도씩의 토지 분급을 원칙으로 하였다. 그러나 사정에 따라서는 18결 정도씩 배당되기도 하였다. 개간할 농지가 넓은 無牛者에게 관에서 農牛를 마련 조달해주었다. 또 개간 정착 시까지 생계안정을 위해 3년 혹은 2년간 元居人의 正田 일부를 대여하는 제도를 마련하고 있었다. 復戶 및 免稅의 혜택은 入送하는 고을마다 차이를 두어 각각 최하 12년・9년, 최고 16년・13년이었다. 그리고 군역은 3년 후에 정해졌다. 북방개간은 단순한 개간이 아니었다. 이는 농업개발을 동반하여 진행되었다. 우선 농지의 常耕・熟治를 위해 整地와 施肥를 모색하였다. 농지의 熟田・常耕은 우리 중세의 농업이 완수해야 할 큰 과제로서 일찍부터 추구되어 오고 있었는데, 조선초기에는 북방개척과 더불어 兩界지방이 그 최종대상이 되고 있었다. 이것은 徙民에 의한 인력동원, 閑曠地의 규모 있는 배분, 각종 물자의 지원 등을 통해, 그리고 下三道 특히 慶尙道의 농법이 개발의 지표가 되어 국가권력이 추진하여 갔다는 점에서 볼 때 人丁과 토지에 기반을 둔 조선 집권봉건국가의 마지막 대사업이었다.[84] 이곳에서의 농업개발은 작물의 재배

---

83) 이상협, 『朝鮮前期 北方徙民 研究』, 경인문화사, 2001, 248쪽.

보급과 권장으로 귀결되고 있었다. 이는 麥作을 비롯한 早穀의 재배 보급, 晚種早熟穀의 개량과 보급, 木花재배의 권장, 그리고 水稻作의 개발과 장려 등 여러 방향에서 수행되었고 동시에 雜種法의 보급도 추진되었다.

한편 屯田은 조선국가 자체의 개간활동으로서 성립되는 토지였다. 집권봉건국가에서 중앙정부와 지방의 州·府·郡·縣 및 浦·鎭 등의 각급 행정·군사 기구 즉 국가권력의 구현체인 통치기관의 토지소유와 그 확대는 지배체제의 강화와 직결되는 것이었다.[85] 조선초기의 屯田制는 고려 말의 각종 屯田문제의 정리작업과 戶給屯田의 置廢과정을 거친 후 본격 착수하기 시작하여 세조대에 일단 정비되었다. 조선왕조는 國屯田의 확대에 주력하였고 한편으로 官屯田의 定限制를 시행하여 나갔다. 定限制의 실시는 官屯田의 확장에 따른 농민소유지의 침탈 및 농민층 개간활동의 저해, 그리고 사사로운 점유에 제동을 가하는 데서 나온 것이었지만 동시에 屯田 개발의 책임량을 부과한 것이었고 나아가 지방관의 官屯田에 대한 자율권을 축소시키는 데 있었다. 이는 이 시기의 집권제의 강화과정과도 궤를 같이 하는 것이었다.[86]

이러한 개간정책으로 세종 14년(1432) 당시 양계를 제외한 6도의 전결수가 총 118만 6,070결로 파악될 만큼 대폭 증가하였다.[87] 태종 3년(1405) 乙酉量田 때에 비해 22만여 결이 더 증가하였던 것이다. 開國 후 40년 만에 조선의 전결 수는 최대로 확대되고 최고의 액수를 기록하는 데 이르렀다. 이후 『世宗實錄』地理志의 各道總論에 나타난 총 墾田은 163만 2,006결(各邑통계는 171만여 결)에 이른다.[88] 이 같은 墾

84) 이경식, 앞의 책, 110쪽.
85) 이종영, 「鮮初의 屯田制에 대하여」, 『史學會誌』 7, 1964 ; 이재룡, 「朝鮮初期 屯田考」, 『歷史學報』 29, 1965.
86) 이경식, 앞의 책, 377쪽.
87) 『世宗實錄』 권148~153, 地理志 5- 615~675.
88) 공법시행을 위한 실천과정으로서 세종 사후인 세조 7년(1461)에서 세조 9년

田의 파악은 조선 초기 강력한 중앙집권화 정책의 결과로 보여진다. 각도의 田案이나 墾田을 막론하고 모두 측량하여 田案에 올렸기 때문 이다.

농지의 증가는 개간활동의 소산이지만 이에 병행해서 그리고 그 動 因으로 작용하고 있던 것은 인구증가였다. 인구증가 역시 괄목할만한 國初의 현상이었다. 세종 10년 양전이 계획될 때 그 이유는 '生齒日繁 開墾浸廣'이었다.[89] 개간 증대와 더불어 그 요인으로 인구증가가 거론 되고 있는 것이다. 당시 조선 정부가 國役賦課를 목적으로 수행하고 있던 호구조사의 결과를 사례로 살펴보면 그 추세를 짐작할 수 있 다.[90]

농지개간의 성행과 인구의 왕성한 증가는 곧바로 재정상의 변화로 이어졌다. 우선 두드러진 변화의 하나는 부세제도상의 변화를 가져온 것이었다. 전세제도의 경우 세종 10년부터 본격적으로 계획되고 수정 되어 동왕 26년에 확정 공포되는 소위 貢法의 제정이 그 예이다. 貢法 에서 나타나는 경작강제 조처로서의 陳田수세의 강행방침은 이 같은 농지개간의 진전 속에서 추진될 수 있었다. 또한 貢納의 物種과 그 수 량이 조정되고 있었으며, 군역편성이 새로 모색되어 保法으로 정착되 었다.

까지 경기와 하삼도의 양전이 완성되었고 나머지는 성종19~20년(1488~ 1489)까지 완료되었다. 공법 시행 후 30여 년만이었다(김태영, 『朝鮮前期土 地制度史硏究』, 지식산업사, 1983, 321쪽 ; 최윤오, 「세종조 貢法의 원리와 그 성격」, 『한국사연구』 106, 1999, 20~22쪽).

89) 『世宗實錄』 권41, 世宗 10년 9월 癸丑 3-143.

90) 예컨대 태종 6년(1406)경기와 5도의 호구는 호 135,045, 구 279,362이었는데 (『太宗實錄』 권12, 太宗 6년 10월 丙辰 1-378), 세종 14년(1432)경에는 戶 151,610, 口 530,448이었다(『世宗實錄』 권148~153, 地理志 5, 615~675). 26 년 사이에 호는 1만6천5백여, 구는 25만1천여가 증가한 것이다. 더구나 이 호 구 수는 호적상의 수로서 실제에 비해 '僅十之一二'(『世宗實錄』 권148, 地理 志 5-615)한 수치였다.

(3) 結負 量田制의 시행

농정의 불합리를 제거하는 문제는 농민부담의 조세제도를 개혁하기 위한 작업으로서 몇몇 계통으로 시도되었다. 量田制·結負制·踏驗損失의 제도가 그것이다. 고려말년의 경우와 마찬가지로 조선 초기에도 그 같은 문제를 해결하기 위해 여러 차례의 시행착오를 거치면서 수행하고 있었다. 조선초기의 관인들이 먼저 생각한 것은 양전사업을 하여 농지의 실태를 정확히 파악함으로써 조세원을 확대하고, 조세 부과의 기반을 공정하게 하며, 동시에 흉럼의 해에는 농작물의 손실 작황을 공평하게 踏驗함으로써 조세의 부과에 불균이 없도록 하는 일이었다. 그러한 量田사업과 踏驗의 방침은 태조 조부터 이미 시작되고 있었다.[91] 국가의 입장에서 조세수입의 증가는 전국 차원의 개간의 진행 이후 양전을 통한 結總 확보를 통해 가능한 것이었다. 그 결과로서 세종조에 이르러 마침내 고려왕조의 조세제도 기반을 획기적으로 개혁하는 조선왕조 특유의 結負 量田制를 마련할 수 있었다.

結負制란 당 시기 전국의 토지생산성을 측정할 수 있는 방법으로서 지극히 정밀한 제도로 변화 발전되어 왔다.[92] 田品 登第뿐 아니라 尺數·結負數까지 기록함으로써 해당 토지에 대한 생산성을 한눈에 평가할 수 있도록 정비되어 왔다. 뿐만 아니라 해당 토지에 대한 면적 및 조세액까지 환산할 수 있었기 때문에 국가의 입장에서 結負制란 전국의 토지를 명확히 관리할 수 있음을 의미했다. 結負制는 운영 상의 투명성에 따라 농민을 위한 토지소유권의 보호와 농민의 생산성 장려의 측면에서 활용될 수 있음을 의미했다.

세종조 貢法에 의해 정착된 結負制는 당 시기 가장 현실적인 현상 유지 방안으로 평가되었다.[93] 貢法을 통해 검토된 토지운용 및 조세수

---

91)『太祖實錄』권5, 태조 3년 9월 丙辰 1-70 ; 권14, 태조 7년 7월 己亥 1-129.
92) 김용섭,「結負制의 전개과정」,『한국중세농업사연구』, 지식산업사 2000, 232~272쪽.

취의 방식은 수조권에 입각한 토지분급과 소유권에 입각한 사적토지 지배를 전제로 당시 생산력 수준에 걸맞는 수취방식으로 자리잡게 되었고, 그것이 『遵守冊(內題 : 田制詳定所 遵守條畫)』에 의해 재정리되었다.[94]

　이 같은 양상은 두 가지 측면에서 주목되고 있다. 먼저 結總의 증가로 증세 효과를 볼 수 있다는 점이다. 종래 전국 田地의 절대다수를 점하고 있던 下等의 전지가 제1·2·3등전으로 편입되고 종래 넓었던 結積의 山田이 상대적으로 축소된 結積의 5·6등전으로 편성됨에 따라, 결국 전체적으로 결의 실적을 축소시킴으로써 전국의 결총을 대폭적으로 증대시켰을 것으로 판단된다. 총 결부수가 대거 늘어남으로써 국가의 입장에서는 증세 효과를 볼 수 있었다.[95] 이 같은 대폭적인 結總 증대는 세종대까지의 중앙집권력 확대의 소산이라고 볼 수 있다.

---

93) 量田論은 均稅論으로서 結負制를 매개로 담세자와 소유권자를 파악함으로써 사적토지소유에 대한 방임과 그것을 바탕으로 한 지배정책일 뿐이었으며, 보수적 양반지주층의 입장에서는 최선의 방안으로 생각되던 개혁안이었다. .

94) 『遵守冊』의 완성은 대체로 세조 7년(1461) 京畿量田 때로 보인다(이영훈, 「'田制詳定所遵守條畫'의 制定年度」, 『古文書硏究』 9·10, 1996). 그 이유는 세종 년간 공법에 의한 양전이 제대로 실시되지 못하고 성종년간에 이르기까지 양전에 관한 제반 논의가 이루어지면서 다시 한 번 검토되는 가운데 완성되었을 것이라는 점이다. 세조 원년 7월(1455) 田制儀注 제정을 요청한 이후 조선왕조에서 편찬한 『遵守冊』은 이 요청을 수용하여 실현시킨 것으로 그간에 있던 제사목과 규정을 취사선택하여 종합 정리한 것이다.

95) 隨等異尺制로 표기된 전결수는 20두의 전세를 내는 수세단위일 뿐 그 자체가 토지면적은 아니었다. 오히려 전결수는 수전이 많은 비옥한 지역일수록 점차 실제 면적보다 과대평가 되었는데, 그나마 세조 26년(1444)에 이르면 본래의 전분 3등의 隨等異尺·指尺制가 전분 6등의 수등이척제의 결부제로 전환된 것이었다. 따라서 고려 말인 1389년에서 세종 26년까지의 시기에는 양계지방을 뺀 6도의 총계가 50만 결에 불과하였다. 그러나 세조 14년(1432)경에는 119만 내지 125만 결로 증가하였고, 그 후 양전사업을 통하여 급격히 증가한 그 결수가 바로 『世宗實錄』地理志에 실린 163내지 171만 결에 달하였던 것이다.

나아가 이를 계기로 수세방식의 통일을 기하는 가운데 각 位田 수조지의 혁파와 재조정을 단행하게 되었고 국가재정의 일원적인 운용을 도모하게 되었다. 이러한 조치는 분급 수조지가 퇴화하고 토지지배관계가 소유권에 입각한 것으로 보편화해가고 있던 당시의 실정을 반영하여 취해진 것이다.96)

다음으로 貢法에서 가장 주목되는 내용은 고려 말의 결부제와 비교하여 결 실적이 획기적으로 늘어나지만, 租律과 租額은 1/20로 크게 줄어 들었다는 점이다. 고려말 조선초기의 結所出 米 30斗를 전제로 그 1/10인 糙米 30두를 받던 것이 공법단계에는 結所出 皮穀 800斗(米400斗)를 전제로 1/20인 20斗로 줄어든 것이다.97) 게다가 年分九等法을 통해 작황에 따라 20두에서 4두까지를 징수할 수 있는 데 불과했기 때문이다.

이러한 상황은 과전을 지급받던 수조권자의 입장에서는 수입이 30두에서 20두로 감소하였다는 것을 의미하며, 납세자의 입장에서 볼 때 토지소유권자에게는 유리한 상황으로 바뀌었음을 의미했다. 수조권자의 수입은 줄었으나 소유권자의 수입은 증가하게 되었다. 이는 국가의 입장에서 보면 국가의 수조권을 강화하는 것이고 이는 사적소유지에 대한 수세 부분이 확대됨을 뜻한다. 이러한 상황이야말로 공법 이후 지주제의 강화를 예고하는 것이기도 했다. 貢法制 그 자체는 국가권력·왕권이 집권적 봉건제 하의 수조권자를 일정하게 견제하고 토지소유권자를 보호함으로써 국가경제의 기반을 토지소유권자, 자영소농층에 두고자 하는 조치였다고 할 수 있다.98)

그런데 조선왕조의 量田論은 結負制와 밀접한 관련 아래 마련되었

96) 김태영, 「제2장 과전법체제에서의 수조권적 토지지배관계의 변천」,『조선전기 토지제도사 연구』, 1983.

97) 김태영, 앞의 책, 312쪽.

98) 한영우, 「太宗·世宗朝의 對私田施策」,『조선전기사회경제사연구』 1983 ; 김태영, 앞의 책, 1983.

지만, 동시에 신분계급적 차별이 완전히 철폐되지 않은 상태에서 운영되었기 때문에 그것을 둘러싼 갈등은 또 다른 사회모순과 계급갈등을 심화시켰다. 이러한 양상이야말로 結負 量田制 운영과 조선왕조의 均稅論이 지향하고있는 한계라고 할 것이다. 지주층은 이것을 이용하여 더욱 지주 경영을 확대할 수 있었고 농민은 갈수록 몰락해 갈 것이기 때문이다.[99]

⑷ 권농정책

권농의 내용은 크게 세 계통으로 구성된다. 첫째는 농작물의 재배와 관련되며, 둘째는 水利문제였고, 셋째는 養蠶에 관해서 이다. 첫째의 문제는 농지의 기경에서 수확에 이르는 농작업의 전과정이 대상으로 되는 것이었지만 그 중에서 특히 중심이 되는 것은 耕種 勸治의 문제였다. 農時를 失期해서는 안 되었다.[100] 節候와 穀種의 早晚을 잘 조절해야만 했다. 아울러 農時勿奪의 문제도 있었다. 가령 농번기에 농민들을 요역노동에 동원하지 않는 것과[101] 소송의 연기[102] 등이 있었고 심지어 수령의 遞代조차 분주한 農時를 피하도록 했다.[103]

둘째의 문제는 제언, 해택, 방천에 관한 것이었다. 그 중에서도 중심이 되는 것은 제언과 방천의 관리, 수축, 신축 등에 관한 일이었다. 농업생산에서 수리의 가치는 절대적이어서 '堤堰川防 農事之根本', '川防堤堰 耕作之本'이라고 강조되었다.[104] 특히 辭陛하는 수령에게 川

---

99) 최윤오, 「조선후기 토지소유권의 발달과 지주제」, 연세대학교 박사학위논문, 2001, 54쪽 ; 이숙경, 「조선 세종조 貢法制定에 내한 贊反論 검토」, 『高麗末·朝鮮初 土地制度史의 諸問題』, 서강대학교 출판부, 1987, 170쪽.
100) 『經國大典』 戶典, 戶籍, 務農.
101) 『太宗實錄』 권23, 太宗 12년 3월 辛卯 1-627.
102) 『世宗實錄』 권43, 世宗 11년 2월 辛丑 3-169.
103) 『經國大典』 戶典 務農.
104) 『成宗實錄』 권21, 成宗 3년 8월 壬午 8-681 ;『文宗實錄』 권5, 文宗 즉위년 12월 乙未 6-333.

防, 堤堰의 관리 修補에 관하여 당부하는 것은 관례가 되었으며, 秋冬
交替期에는 勸農官으로 하여금 堤堰의 修築을 지시하였다.105) 수령은
매년 춘추로 관찰사에게 이 문제를 보고하고, 이를 수축해야 한다는
것이 법으로 규정되었다.106) 셋째는 種桑 및 蠶室운영을 중심으로 한
사안이었다.

① 농업기술의 증진과 보급

조선시대 농업생산력을 증진시키기 위한 노력은 농업기술의 발전과
농업을 둘러싼 여러 조건을 개선하는 방법이 동시에 모색되었다. 농업
기술을 발전시키는 방법은 기존의 것을 개선하는 방법과 현재 가장 선
진적인 것을 보급하는 방법이었다.

첫째는 水田을 개발하여 水稻作을 발전 보급시키는 일, 둘째는 농
업기술의 개발을 전제로 歲易田을 不易常耕田으로 전화 확대시키는
일, 셋째는 이와 관련하여 선진지역의 새로운 농작물이나 농업기술을
널리 후진지역으로 보급시켜 나가는 일이었다.

歲易田의 不易常耕化 문제는 중세농업의 최대과제이자 국가 권농
정책의 핵심이었다. 이는 농민들의 소득증대와 국가의 세수확보에 긴
밀히 관련된 사안이었다. 농민들은 농업기술의 향상을 통해 잉여생산
물을 확보하여 재생산뿐 아니라 경제력의 축적을 도모할 수 있는 것이
었다. 상경전으로의 전화는 중세초기, 고려중기에 이르러 광범하게 전
개되었다. 그리고 이러한 전환은 조선초기까지 계속되었다.107) 歲易田
을 常耕化시키려는 조선왕조의 노력은 두 계통으로 전개되었다. 하나
는 농지의 상경화를 전제로 권농정책을 펴고 休耕・息土하는 농지에

---

105) 『太祖實錄』 권8, 太祖 4년 7월 辛酉 1-81 ; 『世祖實錄』 권2, 世祖 원년 9월
     丁亥 7-88.
106) 『經國大典』 戶典, 田宅.
107) 이태진, 「畦田考 - 통일신라・고려시대 水稻昨法의 유추」, 『한국학보』 10, 1978
     ; 김용섭, 「고려시기의 量田制」, 『동방학지』 16, 1975.

매년 세를 부과하는 것이었으며, 다른 하나는 그 농지의 상경화가 가
능하도록 農法을 계몽하는 것이었다. 태조 3년 都評議使司에서 농지
의 常耕化와 관련하여 다음의 사실이 논의되었다.

> 놀고 있는 사람은 농사에 돌아가게 하고, 식량이 없는 사람은 먼저
> 義倉의 곡식을 주고, 병이 나서 耕種하지 못하는 사람은 이웃 사람과
> 族人으로 하여금 서로 도와서 경종하게 하여 시기를 잃지 말게 하며,
> 그 田地를 많이 차지하여 서로 묵히면서 다른 사람이 경작하는 것을
> 금하는 사람은 10負에 笞刑 10대를 집행하고, 매 10負마다 1등을 가
> 하여 죄가 杖刑 80대에 그치게 하되, 전지가 없는 사람과 전지가 적
> 은 사람에게 주어 경작하게 하고, 무릇 백성에게 농사를 권장하는 일
> 은 일체 모두 거행하고, 守令의 殿最는 전지의 개간이 많고 적은 것
> 으로써 3등으로 나누어, 무능한 사람을 물리치고 유능한 사람을 등용
> 시키는 데 憑考하게 하소서[108]

즉 농지를 多占하여 이를 歲易하는 가운데 타인의 경작자체를 불허
하는 田主에 대한 처벌을 강조한 것이다. 태조 3년의 지시는 이 같은
농지를 해마다 連作 常耕化 하기 위해 내린 조치였다. 그러나 歲易농
법의 현상은 지방에 잔존하였고 豪俠之家들의 완강한 반항이 거듭되
었다. 조선왕조는 이 같은 현상을 합리적으로 극복해야만 했으며 농지
는 正田·續田으로 정리되고 貢法 세제는 강행되었다.
　따라서 조선왕조는 농업 상경화에 적합한 농업기술을 보급시키지
않으면 안 되었다. 조선왕조는 중국 화북지역의 旱田농업을 중심으로
체계화한 『農桑輯要』를 주요 농서로 활용하였다. 그러나 수전농업에
서 새로운 농업기술의 보급이 필요했고 그 기술을 『農桑輯要』에만 의
존할 수 없었다. 이에 따라 조선 농법과 '風土不同'의 농업환경에 맞는
새로운 농서의 필요성이 제기되고 곧바로 국가의 권농정책으로 이어

---

108) 『太祖實錄』 권5, 太祖 3년 4월 庚辰, 1-61.

져 1429년 최초의 관찬농서인『農事直說』이 편찬되었다.[109] 그 기초자
료가 된 것은 下三道, 특히 慶尙道지방의 농업관행이었다. 조선왕조는
선진지역의 관행농법을 수집하는 조치로서 下三道의 이른바 '耕種耘
穮의 법'·'五穀의 土性所宜'·'雜穀交種의 방법' 등을 수집하여 鄭招
등으로 하여금 새 농서를 편찬하게 한 뒤, 함경도·평안도 등의 산간
및 한전 농업지대에 이 농서를 확산시켰던 것이다.[110] 말하자면 이 시
기의 농업정책은 중국이나 우리나라 下三道 등 농업선진지역의 농업
기술을, 농업 후진지역으로 보급시킴으로써 전국의 농업생산력을 한
단계 높은 차원으로 끌어올리려는 것이었다고 하겠다.[111]

그러나『農事直說』은 그 내용에 있어 주로 主穀만을 중점적으로 서
술하여 채소류나 과수·특작 또는 식품에 관한 내용을 전혀 포함시키
지 못한 한계를 가지고 있었다. 관찬농서로서『農事直說』이 갖는 한계
점 때문에 경우에 따라서는 중국농서들이 여전히 권농의 지침서로 사
용되고 있었다. 그러한 상황에서 姜希孟은 당시 경기도 지방의 불안정
한 소농민들의 관행농법에 주목하면서 열악한 그들의 경영을 개선하
기 위해, 성종 23년(1492)에 최초의 사찬농서인『衿陽雜錄』을 저술·
간행하였다. 또한 그는 농민들의 농사작업을 월별로 서술하였을 뿐 아
니라 다양한 작물들의 재배법도 함께 다룬 농서인『四時纂要抄』도 편

---

109)『世宗實錄』권44, 世宗 11년 5월 辛酉 3-181. 15세기에 편찬된 관찬농서로
　　태종대의『農書輯要』와 세조대의『農蠶書』가 있었다(염정섭, 「15~16세기
　　水田農法의 전개」,『한국사론』31, 서울대학교 국사학과, 1994, 77쪽).

110) 김용섭, 앞의 책, 458쪽.

111) 농업생산을 위한 기초조사는 세종 6년부터 있었던 지리지 편찬사업과 관련하
　　여 그 일환으로 수행되었다. 전국의 지방관으로 하여금 그 지방의 風氣(氣
　　象), 戶口, 墾田(농지), 土宜(作物), 堤堰 등을 조사하여 이를『慶尙道地理
　　志』(세종 7년) 등 각도 지리지의 한 항목으로 편제하고, 이를 기초로 중앙에
　　서『新撰八道地理志』(세종 14년)를 편찬하였으며 뒤에는『世宗實錄地理志』
　　(단종 14년)로 증보 정리함으로써, 전국 각 지역의 농업생산을 위한 기초사항
　　을 일목요연하게 파악할 수 있도록 하였다.

찬하였다. 특히 『衿陽雜錄』은 당시 경기도 衿陽縣의 실제 관행농법을
수록한 점에서 이 시기 소농민경영을 이해하는 데 무엇보다 소중한 자
료가 된다.

한편 조선전기에는 중앙정부가 중심이 된 농서편찬 사업 외에도 각
지역의 지방관들에 의한 농서간행 사업도 추진되었다. 대표적인 사례
로서 16세기 초의 경상관찰사였던 金安國은 農書와 蠶書를 언해하여
간행하였으며, 그의 산하에 있던 안동부사 李㻶는 중종 12년(1517)에
기존의 농서에다 새로운 관행농법을 추가한 『農書輯要』를 간행하였
다. 한편 『農事直說』을 보완하기 위한 증보작업도 지방관들에 의해 추
진되었는데, 그 단적인 예로서 16세기의 昌平縣과 17세기의 龍州縣에
서는 종래 없었던 木棉의 耕種法, '新增種綿'편을 증보한 새로운 판각
이 만들어 졌다. 이들 농서 외에도 정종 원년(1399) 牛馬에 관한 醫書
인 『新編集成馬醫方』, 15세기 초에 朴興生의 『撮要新書』, 그리고 15
세기 중엽의 화훼서인 姜希顔의 『養花小錄』 등이 있다.[112) 또한 16세
기 농법을 정리한 농서로 柳彭老의 「農家說」, 高尙顔의 『農家月令』,
柳袗의 『渭濱明農記』가 있다. 전자는 1592년 이전의 것이고, 후자는
임진왜란 이후 농업생산력을 회복하기 위해 16세기의 선진 농법을 도
입하기 위해 정리된 것이었다.[113)

이와 같은 조선전기의 농학은 중국농서를 도입하는 데서 출발하여
이를 번역하여 보급하는 과정을 거쳐 마침내 자체 농서의 편찬과 간행
으로 발전해 나갔던 것이다. 특히 이들 농서의 편찬이 官撰과 私撰이
라는 두 보완적인 방식을 통하여 급속히 전개되었는데, 16세기에 들어
서서 더욱 확산되었다. 결국 이와 같은 농학의 발달은 이 시대 농업발
전에 커다란 영향을 주었다.

---

112) 김용섭, 「『衿陽雜錄』과 『四時纂要抄』의 농업론」, 『조선후기농학사연구』,
    1988, 일조각, 81~103쪽 ; 이호철, 「농업과 농업기술」, 『한국사』 24, 국사편찬
    위원회, 1994, 100쪽.
113) 염정섭, 앞의 글, 141쪽.

전국적으로 진행되던 농경지의 개발과 확산은 농법의 발달에 의해 뒷받침되고 있었다. 下三道의 경우 1년 1작이 중심을 이루던 밭에서는 그루갈이(根耕) 또는 2년 3작으로 옮겨가기 시작했다. 논에서는 대체로 1년 1작의 형태로 경작되었던 것이 벼-보리·벼의 이모작이 시도되기도 했다.[114] 下三道를 중심으로 이전의 휴한농법을 극복하고 상경화를 이룬 데 이어, 일부에서는 집약농법을 시도하는 단계에까지 이르고 있었다. 땅의 힘을 강화시키기 위한 노력도 계속되었다. 시비법에서 종자에 거름을 묻혀 파종하는 糞種과 구덩이에 거름을 주는 糞科 등의 방법 외에 농지 전체에 거름을 주는 糞田 역시 이루어졌으며, 객토 방법도 발달되고 있었다.[115] 『世宗實錄』地理志에 수록된 사실들은 농민들의 축적된 경험을 바탕으로 지역마다 그 지질과 기후에 맞는 곡물의 종류와 종자가 선택되어 재배되고 있었던 사실을 확인할 수 있다.

② 수리시설의 정비

농경을 영위하는 데 있어 田地에 물을 대기 위한 수리시설은 필수적으로 요구되었다. 이 시기 농업에 대한 인식에서 '農事以水田爲主'[116]라고 하듯 수전농업을 농업의 중심으로 보며 水利作畓하는 것이 여러 가지로 유리하다고 보는 것이었다. 제언을 축조할 경우 일부 水沒지역이 발생한다고 하더라도 蒙利畓이 많아져 국가수입은 늘게 마련이었다. 더욱이 국가의 財用은 大米가 중심이어서 국가재정상으로도 이는 유리한 것이었다.[117] 심지어 旱田농업에 익숙한 北道 지방에서 대해서도 引水灌漑를 통한 수전농업의 확산을 계획하였다. 함경도 吉州 이북의 수령들에게는 勸農起耕하는 수전의 면적에 따라 시상할 것을 약속하기도 했다.[118] 북도지방에서도 점차 수전을 개간하는

114) 이호철, 「조선전기의 농법」, 『조선농업사연구』, 1986, 한길사.
115) 이호철, 「糞田法」, 앞의 책, 1986, 185~221쪽.
116) 『文宗實錄』 권10, 文宗 원년 11월 乙巳 6-452.
117) 『世宗實錄』 권49, 世宗 12년 9월 乙酉 3-259.

바가 늘어나고 있었으며 下三道 徙民들이 多作水田하여 이익을 보면
서 이를 모방하는 농민들이 늘어가는 추세였다.[119]

　15세기 농업에서 시비법과 같은 기술은 강남농업의 수준에 이르렀
으나 이앙법을 본격적으로 실현시키지 못한 주요한 요인이 관개수리
시설의 미비였다고 지적되기도 했다.[120] 따라서 수전지대에서 수리시
설을 하는 것은 선행되어야 할 일이었다.[121] 국초부터 많은 관인들이
수리시설의 수축이나 신축을 제언했다. 鄭芬은 제언을 수축함으로써
雪水를 저류할 것을 건의했고,[122] 李殷과 禹希烈은 한발을 대비하여
제언 축조가 필요함을 역설하였다. 태종 14년 12월 李殷과 禹希烈, 그

---

118)『世宗實錄』권88, 世宗 22년 3월 丁未 4-273.
119)『世宗實錄』권69, 世宗 17년 9월 庚辰 3-651.
120) 이태진,「14, 15세기 농업기술의 발달과 신흥사족」,『한국사회사연구』, 지식
　　산업사, 1986.『農事直說』의 벼농사조에는 水耕直播와 乾耕直播, 그리고 揷
　　種法(모내기법, 苗種法)을 풀이하면서 "모내기법은 제초하기에는 편리하지
　　만 크게 가물면 모내기의 적기를 잃어 失農하게 되므로 농가로서는 위태로운
　　일"이라고 경고하기도 했다.『農事直說』種稻 苗種法, "萬一大旱則失手 農
　　家之危事也". 이는 인위적 시설과 노력 없이는 수리혜택을 볼 수 없는 乾畓
　　이 많았기 때문으로 여겨진다.
121) 문중양에 따르면, 조선의 경우 이앙법에 불리한 기후조건과 불충분한 수리여
　　건 때문에 여말선초 이래 한반도에서의 수도작의 보급과 확산, 그리고 조선
　　후기 이앙법 정착의 과정이 독특한 형태로 이루어졌다는 것이다. 수도작의
　　전개과정에서 건경직파와 같이 한반도에서 오래된 전봉인 한지농법석 재배
　　방식을 수도작에 응용한 파종법이 한반도에서 수도작이 광범위하게 보급되
　　는데 보다 큰 역할을 했다는 것이다. 즉 중국에서 강남농업이 송원대 인위적
　　배수형 수리기술과 불가분의 관계 하에 성장했던 것과는 다르게 한반도에서
　　의 강남농업의 실현, 즉 수도작의 확산과 이앙법의 보급은 중국과는 다른 전
　　개과정을 밟았다는 것이다. 따라서 한반도에서의 수전농업의 발전과정에서
　　수리가 갖는 위치는 중국의 경우와 다를 수밖에 없었다. 이것은 고려 말 조선
　　초부터 강남농업의 실현의 노력이 농촌지식인층에 의해서 주도되었지만 그
　　들이 편찬한 조선의 농서에 송원대의 수리학을 담지 않았던 농업기술사적 배
　　경으로 지적하고 있다(『조선후기 水利學과 水利담론』, 집문당, 2000, 78쪽).
122)『太祖實錄』권8, 太祖 4년 7월 辛酉 1-81.

리고 韓雍 등이 지방에 파견되어 수리시설을 순찰하고[123] 차후 각도
에 제언 축조령을 내리고 있다. 제언을 축조함으로써 수몰이 되는 농
지에 대해서는 堤下의 陳地 起耕田으로 환급해주기도 하였다.[124] 차
후 조선왕조의 대대적인 관심 속에 수리정책은 궤도에 오르고 守令七
事의 節目에서도 중요한 문제로 거듭 강조되었다.[125]

수리시설로서 수차의 보급이 적극 논의되었으나 우리나라 土性이
滲漏가 심해서, 소요인력에 비해 灌漑효과가 적은 것으로 나타났다.
따라서 그 설치를 自願하거나 自激水車 이외의 人力水車 보급정책은
철회하지 않을 수 없었다.[126]

수리개발은 관개를 위한 것이지만 이 시기에는 특히 농지 개간과 결
부되어 권장되고 있었다. 태종 9년 정월 '여러 도에서 전적으로 제언을
축조하여 농상에 힘쓰고 모든 田野가 개간되도록'[127]하라는 왕명은 이
런 사실을 말해주고 있다. 태종 14년(1414) 이후부터는 더욱 본격 독려
되었다. 이해 6월 각도에 대해 도내에서 수리를 일으켜 良田을 만들
수 있는 곳과 古堤堰을 수축해서 可耕할 수 있는 곳을 세밀히 조사하
여 結負數를 보고하도록 하는 조처가 취해졌다.[128] 아울러 李殷·禹
喜烈·韓雍 등 水利 堤堰에 밝은 인물들이 전국 여러 고을을 往巡하
며 제언수축을 관장하고 권려하였다.[129] 金堤 碧骨堤의 重修,[130] 富平
堤堰의 수축[131]古阜 訥堤의 보수 등도 바로 이 시기에 시행되었다.

123)『太宗實錄』권28, 太宗 14년 12월 乙亥 2-46~47.
124)『太宗實錄』권31, 太宗 16년 5월 辛亥 2-116.
125)『文宗實錄』권4, 文宗 즉위년 9월 癸酉 2-270.
126)『世宗實錄』권60, 世宗 15년 4월 辛卯 3-465.
127)『太宗實錄』권17, 太宗 9년 정월 辛未 1-473.
128)『太宗實錄』권27, 太宗 14년 6월 庚戌, 2-21.
129)『太宗實錄』권28, 太宗 14년 12월 乙亥 2-46 ;『太宗實錄』권35, 太宗 18년
正月 甲子2-200.
130)『太宗實錄』권30, 太宗 15년 8월 乙丑, 2-78. 연인원 11,580명을 동원하여 길
이 3,480척의 제방을 보수하였다.

이 당시 제언 축조는 沿海 陳荒地의 개간과 海澤의 신전개발과 긴밀히 연계되어 이루어졌다. 우리나라에서 수리의 이용이나 개발은 지형·풍토의 특징에 따라 다르다. 경상도 특히 안동과 같은 산간 내륙의 고을들은 수리사업에서 堤堰보다는 川防을 이용하였다.[132] 큰 가뭄을 당하면 산이 대부분인 내륙은 대개 곳곳마다 溪間이 있어 관개를 할 수 있으나, 濱海 일대의 들은 바다와 연결되어 대개 川流가 짠 潮水를 받아 전답에 관개할 수 없어 제언의 축조와 보수는 절대 필요하였다. 그러므로 湖南右道를 비롯한 沿岸 沿邑에는 제언이 많았다.[133] 이와 달리 영남지역을 중심으로 내륙의 소규모 수리시설로서 洑가 15세기 후반부터 활발히 개발되고 있었다. 川防이라고도 불리는 이 관개기술은 14세기 후반부터 시도되기 시작하여 15세기 후반에 이르러 본격적 발전을 보게 되었다. 川防은 지형에 따라 하천을 막아 물을 끌어 올려서 하천보다 높은 지대에 물을 대거나 범람하기 쉬운 지역에 방축을 쌓고 구멍을 뚫어서 저습지를 농토로 이용하는 기술이었다. 이 방법으로 새 농토를 확보해 간 것은 대부분 노비노동력을 보유하고 있던 留鄕品官 등 재지지배층이었다.[134] 하천 중상류지역의 개발은 재지 지배층의 邑治로부터의 이주와 함께 이루어져, 향촌사회가 새롭게 발전하는 한 원인이 되었다.[135]

조선초기 수리행정은 고려조와 같이 工曹 山澤司에서 맡았다가 1444년 戶曹 版籍司로 옮겨졌다. 이후 수도직 면적의 확대와 이앙 재배의 유리한 점이 나타나고 수리행정의 비중이 높아지면서 1459년 호조판서가 堤堰提調를 겸하게 되었다. 지방에는 임시로 堤堰別監 또는

131) 『太宗實錄』 권33, 太宗 17년 4월 庚申, 2-155.
132) 이태진 「16세기 川防(洑)灌漑의 발달」, 『한국사회사연구』, 지식산업사, 1986.
133) 安鼎福, 「臨官政要」 農桑章.
134) 이태진, 앞의 책, 212~217쪽.
135) 이수건, 「고문서를 통해서 본 조선사회사의 일연구」, 『韓國史學』 9, 정신문화원, 1987, 46~57쪽.

敬差官을 파견, 제언의 파괴나 冒耕을 적발하여 치죄하거나 제언의 보수를 담당하였다. 1481년에는 堤堰司를 분리하여 수리행정을 담당하였다.[136]

이러한 과정을 통해 구축된 下三道의 제언은 15세기 후반 경상도 지역에는 714개,[137] 1518년 경상도 800개, 전라도 900여 개, 충청도 500여 개[138]에 이른다.

③ 農桑정책

조선전기 농업정책은 대부분 '勸農桑'이라는 용어로 표현되었다. 이는 농업과 함께 양잠업이 국가의 주요 산업이었음을 의미하는 것이다. 전근대사회에 있어서 직물은 의복의 원료인 동시에 화폐의 대용으로 사용되고 있었기 때문에 국가에서는 재정의 근간이 되는 米와 布의 안정적 수취를 위하여 농업뿐만 아니라 의류작물 재배에도 많은 관심을 가지고 있었다. 조선초기 국가에서는 여러 의류 작물의 재배를 권장하였다. 특히 조선초기에는 목화의 재배 권장정책이 시행되었다. 그 가운데 세종 년간의 勸綿정책은 가장 적극적으로 추진되었다. 특히 북방까지 목화를 보급시키려는 정책이 시행되었고, 그 결과 성종대 이후에는 함경도 북부를 제외한 전지역에 면화가 재배되어 목면은 대중적인 옷감으로서의 위치를 확고히 하게 되었다. 14세기에 수입된 목화는 15세기 중엽에 이르러서는 북부 일부 지역까지 보급되어 우리 농민의 의복생활에 큰 변화를 일으키고 있었다. 생활에 필수적인 두 농작물인 벼와 목화는 성장에 알맞은 토양 및 날씨에 차이가 있어서, 상호 자연스럽게 교역이 이루어졌다. 그러나 목화는 씨를 뿌릴 수 있는 전답이 필요한 작물이었다. 3월 파종에서부터 7월의 수확에 이르기까지 7차례

---

136) 이광린, 『李朝水利史研究』, 한국연구원, 1961.
137) 『慶尙道續撰地理志』(1470년경 발간).
138) 『中宗實錄』권46, 中宗 18년 정월 庚戌.

정도의 김매기를 해주어야 할 정도로 많은 노동력을 필요로 하였
다.[139] 따라서 소유전답이 1결 미만이며 노비를 소유하지 못한 영세
소농들의 경우 목화의 대량 재배는 손쉽지 않았으며 시간이 흐를수록
목화는 대량의 토지와 노동력을 소유한 지주들에게 경작이 유리한 작
물로 인식되고 있었다.

　조선전기 의류직물의 종류로는 무명 · 삼베 · 모시 · 비단이 있었으며
이들의 원료는 각각 木花 · 麻 · 苧 · 桑이었다. 이 중 조선초기 국가가
농민을 대상으로 하여 중점적으로 육성하려 했던 산업은 양잠업이었
다. 양잠업에 중점을 두었던 이유는 의류작물의 환경과 밀접한 관련이
있었다. 무명 · 삼베 · 모시를 생산하기 위해서는 원료작물을 재배할 경
작지가 필요하였다. 반면에 양잠업은 여러 가지 면에서 유리한 경영조
건을 가지고 있었다. 양잠업은 목화농사와는 달리 재배전답이 필요치
않으며, 농사기간도 3월부터 5월까지 약 40일에 불과하였다. 더구나 양
잠의 원료가 되는 뽕나무는 전국 각지에서 자생하고 있었기 때문에 양
잠법만 습득하게 되면 누구나 쉽게 종사할 수 있는 가내 부업이었다.
조선초기에는 주로 野桑을 이용하여 양잠을 했던 것으로 보인다. 그러
나 양잠업이 점차 활성화되면서 家桑을 재배하여 양잠을 하는 경우가
많아지고 있었다.[140] 더구나 양잠업은 摘桑에서부터 누에를 쳐 고치를
수확하기까지 노동의 전과정이 여성들의 손에 의해 이루어졌다.

　앞서 살펴 본 바와 같이 조선시대에 農桑은 衣食과 王政의 근본이
며 백성의 생명에 관계되는 것, 그리고 民事의 소중한 것으로 여겨지
고 있었다.[141] 따라서 군주는 민생의 근본이 되는 농상을 적극 권장하

---

139) 김용섭, 「"農事直說"과 "四時纂要抄"의 木棉耕種法 증보」, 『동방학지』 57,
　　 1988, 99~101쪽 ; 민성기, 「農家月令과 16세기의 農法」, 『조선농업사연구』
　　 일조각, 1988 참조.
140) 남미혜, 「조선전기 양잠업연구」 이화여자대학교 박사학위논문, 2002, 137~
　　 138쪽.
141) 각주 13과 같음.

고 이끌어야 할 의무를 가지고 있었고, 이러한 인식은 시기에 따라 표
현의 차이가 조금 있을 뿐 조선왕조 전 시기를 통틀어 일관된 것이었
다. 건국 직후 조선왕조는 권농정책과 함께 의류작물의 재배 권장 정
책을 지속적으로 추진하였다. 그러나 세조대 까지만 해도 민간에서는
농사에만 주력하고 다른 산업에 종사하는 사람들이 많지 않았던 것 같
다. 세조 3년 1월 각도 관찰사에게 다음과 같은 의류작물의 재배를 권
장하는 기사가 보인다.

> (승지 등이 아뢰기를) 농사일과 種桑은 한쪽만을 버릴 수 가 없습
> 니다. 지금 小民들이 다만 농사에만 힘쓰고, 桑麻와 木棉을 심는 것
> 은 힘쓰지 않고서 대부분이 米穀으로써 布를 무역하여 옷을 만들고
> 있으며, 이로써 날로 빈핍한 지경에 이르게 되었습니다. 속히 여러 도
> 에 諭示하여 勸課에 더욱 힘쓰게 하오소서 하니 전교하기를 좋다하
> 였다.[142]

　향촌 내 여러 구성원 가운데서도 의류작물 재배 권장의 일차적인 대
상이 바로 小民들이었다. 당시 조선왕조는 농민생활의 안정과 국가재
정의 확보라는 과제를 동시에 해결하고자 모색했던 바, 그 방안의 하
나가 바로 의류작물의 재배·권장이었던 것으로 보인다.[143]
　15세기의 勸蠶정책은 蠶室의 설치, 蠶書의 간행, 植桑의 장려, 그리
고 儀式을 통한 시범 등을 들 수 있다.[144] 蠶室은 중앙에 궁궐과 외부
의 몇 곳에 설치되며, 지방에는 各道의 都會蠶室을 비롯하여 각 읍에
설치되었고, 이곳에서 양잠을 시범 보여 농민들에게 기술을 전파하려
했다. 그러나 잠실은 생산품의 상납문제와 생산량에 따른 관리자의 처

---

142)『世祖實錄』권6, 世祖3년 1월 辛未 7-164.
143) 남미혜,「조선초기 농상정책의 수립과 양잠의례의 정비」,『이화사학연구』29,
　　2002, 153~155쪽.
144) 이의명,「15·16세기 양잠정책과 그 성과」,『한국사론』24, 1991, 104~119쪽.

벌 문제 등 제도적 모순으로 인해 많은 폐해를 일으켰으며, 결국 후대에까지 지속되지 못하였다. 蠶書의 발간이란 『農桑輯要』의 일부를 요약하거나 吏讀 또는 한글로 번역하여 농민들에게 배포하는 것이었다. 蠶室의 설치가 시범을 통한 기술의 전파에 있었다면, 蠶書는 이론적인 신기술을 농민에게 보급하는 수단이 되었다. 또한 조선왕조는 先蠶祭를 통해 양잠의 풍요를 기원했으며, 親蠶禮를 통해 백성에게 모범을 보이고, 뽕나무 재배의 확대를 위해 種桑法을 제정하고 蠶種을 배포하는 등 양잠의 확대정책을 추진하였다.

  조선왕조는 개국 초부터 유교를 중시하며 유교적 예제를 정비하였다. 유교식 예제는 태종 13년에 비로소 정비되기 시작했다. 이로서 국가의 기본 통치이념과 밀접하게 관련된 吉禮의 大·中·小祀의 등급이 매겨지게 되었다.[145] 이러한 大·中·小祀의 국가의례 가운데 농업과 관련된 의식이 바로 先農祭와 親耕禮이며, 養蠶과 관련된 의식이 先蠶祭와 親蠶禮였다. 농업과 관련된 의식인 親耕은 왕이 종친 이하 문무대신을 대동하고 籍田으로 나가 先農壇에 제사한 다음에 거행하는 의식으로 先農祭와 동시에 행해졌다. 親耕 의식은 왕이 직접 쟁기를 다섯 차례 밀고 나면 이하 대신들이 품계에 따라 일곱 차례 혹은 아홉 차례 미는 형식으로 진행되었다.[146] 즉 先農祭는 농업신인 神農과 后稷에게 풍년을 기원하는 제사를 드리고 제사 후에 국왕이 직접 籍田에서 五推之禮를 행하는 2단계로 구성되었던 것이다. 先農의 명칭에서 보이듯이 中農·後農의 관념도 있었으나 태종 14년에 폐지됨으로써 농업신의 제사는 先農만을 대상으로 거행되었다. 先農祭는 제사의 과정뿐 아니라 왕이 직접 농사의 시범을 보이는 실제적인 측면을 포괄했음으로 조선에서는 重事로 간주되었다. 조선전기 先蠶祭의 정비와 親蠶禮의 시행은 농업과 아울러 주요 부업으로 양잠업이 부상하

---

145) 한형주, 「조선초기 中祀祭禮의 정비와 그 운영」, 『震檀學報』 89, 2000, 90쪽.
146) 『(국역)親耕·親蠶儀軌』 해제, 민족문화추진회, 1999, 1쪽.

는 것과 밀접히 관련이 있으며, 왕비가 주도하는 의식인 親蠶禮가 국
가의례로써 여러 차례 거행됨으로써 여성노동력의 중요성도 점차 증
대해가고 있음을 확인할 수 있다.147) 결국 신라·고려시대까지 양잠이
貢物의 생산을 위한 것이었다면 15세기 양잠정책은 爲民의 차원에서
소농의 경제안정과 副業化를 위한 전초단계였다고 할 수 있다.148)

　이와 같은 조선왕조의 적극적인 勸蠶정책에 힘입어 16세기에 접어
들면서 기술이 크게 발달하고 지역적으로 북방까지 양잠이 확대된다.
16세기에 형성된 전국적인 유통망에 따라 상업적 분위기가 성숙되고,
私營수공업의 발달, 사치풍조에 따른 禁制의 붕괴 등으로 인하여 견직
물의 수요가 증가되었으며, 또한 상품화됨으로써 양잠이 농민에게 이
익을 주는 산업이 될 수 있었다.

　조선초기 조선왕조는 '男耕女織'을 적극적으로 권장하고 유도함으
로써 여성노동의 적극적인 활용과 함께 취약한 소농경제를 안정시키
려 했다. 이러한 의도 하에 체계적으로 양잠업에 대한 정책을 수립하
고 이를 국가적인 시책으로 계승하려 했다.

4. 맺음말 - 조선전기 농업정책의 역사적 성격

　15세기 조선초기의 중앙집권체제는 앞선 시기와 비교해 볼 때 가장
강력한 것이었다. 그러한 집권체제는 왕권의 절대성이 추구되는 방향
에서 이루어졌다. 즉 왕권이 가장 강화되어 모든 신민 위에 초월적으
로 군림하는 형태를 취하고 있었다. 왕권의 절대성은 신유학 이전
漢·唐儒學이 보장하던 것이다. 즉 天道는 왕만이 알 수 있고 또 人間
世에 구현시킬 수 있는 것으로 인식되었다. 왕도정치란 바로 그러한

---

147) 남미혜, 앞의 글, 『이대사학연구』 29, 169쪽.
148) 이의명, 앞의 글, 142쪽.

天道 구현의 정치였다.[149]

한편 조선왕조의 건설과 초기의 개혁정책은 소유권과 수조권에 입각하여 복잡하게 전개되었던 농민·토지에 대한 경제적 지배를 점진적으로 소유권에 입각한 단일의 경제제도로 전변시키고 있었다. 이 같은 변동을 거치는 가운데 조선왕조는 소유권에 입각한 단일 경제제도·토지제도에 기반하여 중앙집권적 관료제가 한층 강화된 집권적 봉건국가를 재건하여 갔다. 그것은 토지생산력 발달에 따른 소유권적 토지지배 방식의 확대라는 역사적 추세를 반영하면서 새롭게 추진된 과정이기도 했다.

이 시기 사회적 생산력의 기본은 연작농업의 보편적 실현이라는 농업생산력을 바탕으로 하고 있었다. 또한 앞선 시기보다 국가직속 양인층의 소농경영이 확충되었다. 이 단계에서 양인 자영농을 중심으로 하는 중세적 소농민경영이 우리나라 역사상 전형적으로 정립되고, 거기에 상응하는 신분직역제, 計田法적 수취제 등을 바탕으로 한 국가체제와 사회질서를 구현하기에 이르렀다.

이 같은 집권화를 가능케 한 경제적 기반은 농업생산력의 발달이다. 조선전기의 농민들은 1년 1작의 루田경작을 하는 것보다 단위 면적 당 토지생산력을 높이기 위한 집약적 토지이용이 필요하게 됨에 따라 水田 전환이 가능한 곳에서는 洑를 끌어들이고 堤堰을 축조하면서 水田농업을 이루어갔다. 그러나 그렇시 못한 환경에서는 루田으로 그냥 두어 2년 3작 내지 1년 2작의 농경방식을 채택하였다. 水田농업의 발전과정을 고찰해 보더라도 조선초기는 조방적인 농업에서 집약적인 농업으로 변화하는 대전환기였다.[150]

---

149) 이태진, 「세종대의 농업기술정책」,『조선유교사회론』, 지식산업사, 1989, 38쪽.

150) 조선전기의 농업생산력은 지속적으로 성장하였음이 분명하다. 그러나 이러한 성장은 어디까지나 노동생산성 중심의 조선전기의 농업생산력이 토지생산성에 기초한 조선후기 그것으로의 전화라는 성격을 갖는 것이었다(이호철, 「농

이 시기 농업생산력 발달은 직접적으로 農學이 발달하고 농업기술이 고도화되었을 뿐 아니라 노동 수단인 役畜과 농구가 새로 발달된데 기인하고 있다. 또한 인구의 급속한 증가, 농지공급의 확대라는 간접적인 요인에 의해서도 더욱 촉진되었다. 특히 후자의 경우 국가에 의해 주도되어 급속한 농지공급의 확대와 질적 개량을 통해 이 시기 농업생산력 발전에 적지 않은 영향을 끼쳤던 것이다.

조선초기 농업은 '食은 백성의 하늘'이란 인식 아래 天道 구현의 유일자인 왕의 정치의 중요한 과제였다.151) 수령의 農政에 관한 임무도 왕의 그러한 소임을 대행하는 것이었다. 이전 시기와 달리 農政 수행을 위해 관료·수령 외에 재지세력·勸農官 등 여러 계층이 참여하고 있다. 이처럼 다양하고 詳密한 농정 수행의 모습에서 이 시기 농업이 기술상으로 새로운 가능성을 지니고 있었고 활성화되어 있음을 파악할 수 있다.

그런데 이 같은 대대적인 농업정책의 전개과정에서 그것을 보다 효과적으로 이용하고 수행할 수 있었던 것은 부유한 농민층이나 부강한 양반지배층 및 국가자신이었다. 국가가 심혈을 기울인 농지개간의 중심이 되었던 것은 富民과 국가였다. 이 시기 국가의 농지개발 정책은 주로 지주제적인 기반 위에서 추진된 것임을 부정할 수 없다.152) 아울러 농업 기반시설인 수리시설의 확충 또한 그러했다. 수령제와 예하 권농기구를 통한 경작 감독기능도 한계에 봉착하여, 소농을 보호 육성하기 위해 재지세력을 제어하기보다는, 원활한 조세수취를 위해 점차 지주·재지 유력 세력과 합의 하에 현행 지주제의 농민 예속 관행을 그대로 인정하고 말았다. 체계적이고 법제적인 향촌제도의 정비 없이 賢能한 수령제의 운영에 기대하는 데 따른 문제점이었다.

업과 농업기술」, 『한국사』 24, 국사편찬위원회, 1994, 116~117쪽).

151) 申洬, 「農家集成」, 世宗 勸農敎文, "國以民爲本 民以食爲天 農者衣食之源 而王政之所先也"(『農書』 아시아문화사, 139쪽).

152) 김용섭, 앞의 책, 329쪽.

무엇보다 국가적 차원의 量田사업은 결과적으로 사적 소유를 보호하는 차원을 넘어 그것을 방임함으로써 이전보다 훨씬 커다란 규모의 지주적 토지소유가 출현하게 되었고 결과는 계급모순을 심화시키고 있었다. 조세액 확보에만 전념했던 문제점이었다. 근본적으로 과전법 체제 하에서 운영상의 모순만 시정함으로써 토지소유권·토지지배 관계상의 입법을 가질 수 없었다. 결국 모순이 증대되고 집권체제의 정비와 약화 현상이 반복되었다.[153]

조선초 국가적 목표로 대대적인 民利·國計를 내세워 자영농보호, 소농경제 중심의 농업정책을 전개하였다. 그러나 조세원 확충을 위한 개간정책, 조세감면, 농업기술의 개발, 등의 정책이 모두 地主·大農에게 유리한 결과를 야기하였고, 이를 막기 위한 力農論 또한 집약적 농법(精農論)의 강조로 인해 역시 地主·大農에게 유리한 것이었다.

力農論은 이념상으로는 신분계급의 상하질서와 지주와 전호, 대농과 소농의 상하관계 및 그 토지 소유의 소유·경영규모의 대소관계가 일치하는 현실을 전제로 하고 동시에 이를 바탕으로 한 사회안정을 도모하고 있었던 것이며, 이 범위 내에서 소경영 농민의 생산 주체성에 입각하여 多耕多耘과 의류작물 재배의 병행 등 농업근로를 최대로 강조하는 精農을 내용으로 하고 있었던 것이다. 이 力農이 추구하는 소경영 농민의 노동집약과 盡力으로 농업생산이 증대하는 위에서 수립되고 또 이를 촉발하고 있었다. 精農論의 농경법은 현실적으로 일반 소농민들에게는 부담스러웠고 地主·大農層에 적절하였다. 정농론은 실제 농업생산의 담당자인 자영소농이나 전호농민의 사회경제 분화가 커지고 몰락이 심해지면 동요하게 되어 있었다. 그러면서도 토지개혁

---

153) 과전법이라는 신분제적 토지법제가 전형적으로 구비되었으나 그것이 의존하고 운용되는 기초로서의 소유권적 토지지배관계가 더욱 발전함에 따라 이 시기에 사실상 종막을 고하게 되었다는 사실을 볼 수 있다. 그것은 국가법제로써 막을 수 없는 소농경영 분화의 필연적 결과이며, 이후 보다 확대되어 전개되어갈 지주제의 성격과 향방을 제시하는 현상이기도 했다.

은 기대하기 힘든 가운데 역농 자체는 더욱더 강조될 수밖에 없었다. 이 같은 생산증대가 농민분화와 농상분화를 동반하고 이는 점점 심해 짐으로써 도리어 역농은 차질을 빚고 부진해졌으며 그 실질 기능을 상 실하여 갔다.154) 세종 3년 限田法과 五家作統法이 제시된 것은 조선 왕조의 소농·자영농 보호정책의 지향에 많은 문제가 있음이 드러난 것이다.

결국 15세기에 전개된 제반 농업정책은 소농민의 보호 육성을 통한 국가의 집권력 확보, 체제 확립을 위한 정책이었으나 계급적으로 대 농·지주를 위한 결과를 야기했다. 더욱이 16세기 경으로 접어들면서 과전·직전체제가 쇠퇴함으로써 토지매매에 가해졌던 제약이 풀리게 되고, 이로 인해서 토지겸병이 성행하게 되었다. 그들은 이와 같은 토 지를 노비노동에 의한 가작이나, 노비 및 作人노동에 의한 농장제, 또 는 병작반수를 중심으로한 지주전호제로서 운영해 나갔다. 이 시기 토 지겸병의 폐해를 극복하기 위한 限田論·토지개혁론이 재차 그리고 강하게 제기되고 있었다.155)

이제 농업문제 토지문제는 한층 복잡한 국면으로 접어 들어갔고 이 것은 사회문제·정치문제로 심화되어 갔다. 중소지주와 거대지주 사이 의 대립도 점증되어 갔고, 부농과 빈농의 알력, 지주와 전호의 갈등도 증대되어 갔다. 조선의 토지·농업문제는 서서히 새로운 국면 곧 사회 경제상의 체제 문제로 전화하여 가고 있었던 것이다.

---

154) 이경식, 앞의 책, 542쪽.
155) 이 같은 전형적인 질서는 그 지반으로서의 소농민경영 및 그것과 대응관계에 있는 국가체제의 상호 기축적 전개에 따라 점차 전반적인 변천의 길로 들어 섰던 것이다. 그런데 이시기에 전형적인 것을 구성하고 그것의 변화를 초래 하기도 한 주요한 요인으로는 소농경영이라고 하는 이른바 하부구조의 전개 와 함께 전체 국가사회의 기축을 이루고 있던 상부구조로서의 강인한 국가체 제의 규정력 또한 간과해서는 안 될 것이다. 양자는 물론 별개로 작용한 것이 아니라, 전체 사회구성의 모든 측면에서 차원과 분야를 달리하는 갖가지 대 응관계로 역사를 움직여 가는 기축으로 작용했다.

조선전기 中央集權化와 商業政策

白 承 哲*

1. 머리말

　조선왕조는 건국 이후 고려말의 사회경제적 혼란에 따른 위기를 극복하고 새로운 국가체제를 굳건히 하기 위한 제반 정치, 사회, 경제 분야의 개혁을 단행하였다. 당시 무엇보다도 시급한 문제는 고려말 권문세가의 농장확대와 이로 인한 농민층이 사민화 및 국가재정의 궁핍 등 제반 문제가 산적한 경제분야였다. 科田法의 시행, 賦稅制度의 재정비, 제반 勸農政策과 小農民 安定策 등은 이의 산물로서, 새롭게 탄생한 조선왕조의 국가체제의 물적 기반을 안정시키기 위한 구체적인 경제정책이었다. 과전법의 실시로 개인 수조지는 축소되고 국가 수조지가 확대되었다.[1] 아울러 고려의 權門勢家의 사적인 지배하에 있던 농민들을 국가가 직접 파악하고 이들에게 租, 庸, 調 三稅를 부과함으로써 마비 상태에 빠졌던 국가의 통치기능이 회복되었고 집권적 봉건국가를 지탱해 나가는 물적 기반이 확보되었다.

　상업분야에 대한 조선국가의 정책 또한 마찬가지였다.[2] 權門勢家의

＊ 연세대학교 국학연구단 조교수, 국사학

1) 李景植, 『朝鮮前期土地制度史硏究』, 一潮閣, 1986 ; 金泰永, 『朝鮮前期土地制度史硏究』, 知識産業社, 1986.

2) 이 시기 상업정책에 관해서는 朴平植, 『朝鮮前期商業史硏究』, 知識産業社,

농장발달과 그에 따른 소농민의 몰락 및 국가재정의 파탄으로 이어진
경제분야의 혼란상은 상업분야에서도 동일하였다. 왕실, 권문세가로
대표되는 특권세력들은 국내외 交易을 독점하고 高利貸的인 抑賣買
를 통하여 소농민층을 수탈하고 있었다. 이들이 흡수한 상업이익은 자
신들의 권력을 유지하는 또 하나의 물질적 기반이 되었을 뿐만 아니라
농민층의 몰락을 촉진하는 또 다른 원인이 되고 있었다. 조선왕조의
건국주체들에게 있어 고려의 왕실이나 권문세가에 의해 사적으로 장
악된 상품유통경제 또한 그대로 둘 수 없는 것이었다. 즉 고려 왕실,
권문세가 등에게 장악된 상업기구를 재정비하여 새로 탄생하는 국가
의 공적인 지배 하에 두어 상인의 활동과 상품유통을 조정하고 그 이
익을 국가가 흡수할 수 있는 여러 가지 구체적인 정책이 필요하였다.
아울러 이러한 정책은 조선왕조의 국가운영 및 경제정책 전반과 관련
하여 시행되어야만 하는 것이었다. 따라서 정부의 상업정책의 목표를
정확히 이해하는 것은 조선왕조 국가경영의 토대가 되는 경제정책을
해명하기 위한 중요한 과제가 될 수 있다.

　본 연구에서는 조선전기의 商業論인 務本抑末論이 어떤 상업현실
속에서 구체화되었고, 그 志向 무엇이었는가를 살펴보고, 다음으로 이
러한 抑商政策이 구체적으로 어떻게 실현되고 있었으며, 集權的 封建
國家體制의 확립이라는 측면과 어떤 관련을 가지고 전개되고 있는가
를 살펴보고자 한다.

2. 麗末鮮初의 商業現實과 '務本抑末論'의 擡頭

1) 高麗末 權門勢家의 商業獨占과 그 樣相

　건국이후 조선정부는 '農業은 本業이고 工商業은 末業'이라는 務本

　　1999에 綜合的으로 정리되어 있다.

抑末의 경제이념을 표방하고 이에 따른 抑商政策을 전개하고 있었다. 조선초기의 이러한 이념과 정책은 조선왕조 건국과 관련된 정치 경제적 현실과 새로운 지배이데올로기의 확립이라는 두 가지 측면에서 전개된 것이었다. 우선 신왕조 개창의 주체들에게 있어 務本抑末의 이념은 무엇보다도 高麗 王室, 權門勢家 등 舊 執權勢力의 경제적 기반 제거와 농민경제의 안정을 위한 개혁의 근거가 되고 있었다.

고려 말 權門勢家의 농장발달과 그에 따른 소농민의 몰락 및 국가 재정의 파탄은 상업분야에서도 동일한 양상으로 전개되었다. 왕실, 권문세가로 대표되는 특권세력들은 국내외 교역을 독점하고 高利貸的인 抑賣買를 통하여 소농민층을 수탈하고 있었다. 왕실, 권문세가의 대외 무역은 금은의 대외유출과 국가재정의 파탄을 초래하였고, 불법적으로 전개된 抑賣買는 소농민, 수공업자의 생존기반을 박탈하는 가운데 農業 중심의 社會經濟構造를 근저에서부터 위협하고 있었다.[3] 이들의 상업독점 양상은 우선 국가의 재정 운영과 관련하여 발생하는 유통경제를 장악하는 것이었다. 고려후기 부세수취와 관련하여 만연하고 있던 대납이 그것이다. 부세대납은 특정 공납물품을 다른 물품 또는 貨幣의 형태로 折價 대납하는 경우와 납세자를 대신하여 先納하고 후에 대가를 받는 경우 등으로 나누어 볼 수 있다. 이러한 공물의 대납이 널리 확산된 것은 고려말기에 접어들면서부터 이다.[4]

고려말 외적의 침입, 특히 왜구의 침략으로 해운이 곤란하여 부세 운송이 막히는 경우가 많아졌다. 이러한 상황 하에서 고려 정부는 의도적으로 부세에 해당하는 물품을 대납 받고 그 대가를 해당지역에서 받게 하는 정책을 일부 시행하였다. 충렬왕 때 國贐馬의 공납이 제때 이루어지지 않자 事審官들에게 선납시켰으며,[5] 일반적인 공부의 경우

---

3) 高麗後期 支配層의 상업독점에 대해서는 朴平植, 앞의 책, 제1장 1절, 1999 참조.
4) 朴鍾進, 「高麗末의 濟用齋와 그 性格」, 『蔚山史學』 2, 1988 ; 金東哲, 「高麗末의 流通構造와 商人」, 『釜大史學』 9, 1985 참조.

도 수납시기가 늦어지면 대납을 허용하였다. 1296년(충렬왕 22) 洪子藩은 便民十八事에서

"근래 외방에 사고가 많아 공물을 제때에 내지 못하자 여러 관청의 관리와 이익을 꾀하는 사람들이 먼저 공물을 내고, 그 문서를 받아 향촌에 내려가 값을 더하여 취하기 때문에 백성들이 그것을 감당하지 못한다."6)

고 하여 대납이 공물일반에 널리 행해지고 있음을 보여주고 있다. 또 1339년(충숙왕 후 8) 5월의 감찰사의 방에서도 "兩倉의 綠轉과 各司의 공물이 근래에 운반하여 납부하는 시기를 잃어 쓰임새가 부족하게 되자, 貨殖之徒가 틈을 타고 이익을 노려서 그 본래의 액수를 먼저 내고 곧 향촌에 내려가서 이자를 배로 거두고 있다."7) 고하여 대납행위가 조세 일반에까지 확대되어 폐단이 발생하고 있음을 지적하고 있다.

고려말에는 정부가 재정부족 때문에 부세를 정해진 납부시기 보다 미리 받기도 하였기 때문에 대납의 기회는 더욱 많아졌다. 1352년(공민왕 원년) 2월에는 "지방에서 여러 관청에 내는 공부 중 운반되지 않은 것은, 먼저 서울에 거주하는 군의 사람에게 거두는데, 서울에 거주하는 사람은 빚을 내어 충당한 후 이자를 붙여서 민에게서 배로 거두며, 또한 2, 3년 혹은 4, 5년의 공부를 미리 징수하여 폐단이 크다8) 고 하였다. 공물 선납에 따른 대납의 기회가 증가하고 폐단이 커지고 있는 것이다.

---

5) 『高麗史』 권28, 世家 忠烈王 4년 3월 己亥, 上冊, 579쪽.
6) 『高麗史』 권84, 刑法1, 職制 충렬왕 22년 5월, "近來外方多故 納貢失時 諸司官吏及謀利之人 先納其物 受其文憑 下鄕剩取其直 民實不堪 誠宜禁之".
7) 『高麗史』 권78, 食貨1, 貢賦, 忠肅王 後8년 5월, 中冊, 730쪽.
8) 『高麗史』 권78, 食貨1, 田制, 貢賦, 恭民王 元年 2월, "下宥旨 諸官司外郡貢賦未輸者 先徵郡人住京者 住京者稱貸而倍收於民 又先二三年或四五年徵其貢賦 弊莫甚焉".

이러한 대납의 주체는 부세수납과 관계된 官廳의 官吏, 事審官, 郡人住京者(京主人) 外吏上京者와 같은 향촌지배에 관계된 직책에 있는 인물, 유통이익을 추구하는 謀利人, 貨殖之徒 등이었다. 그들은 자신이 직접 부유한 상인, 고리대업자이든지 아니면 그들과 연결되어 있었을 것이다. 공물대납이 불법이고 정부가 이를 규제하는 한, 이를 실행하기 위해서는 권력과 밀착되지 않을 수 없었다. 실제로 이들에 의해 조달되는 물품은 權勢家들의 抑買를 통해 조달된 것이었다.9) 권세가들은 抑買를 통해 상품을 획득한 다음 다시 공물대납으로 국가의 재정운영체제에 편승하여 처리하여 이중으로 유통차익을 남길 수 있었다. 농민들은 권세가의 抑買로 인해 공물납부에 필요한 물건을 확보할 수 없게된 상황에서 공물의 정상적인 납부는 불가능하였고 대납에 의지하지 않을 수 없었다.

賦稅代納에는 다양한 계층이 참여하고 있었지만, 그 유통이익의 대부분은 권세가들에 의해 장악되었던 것이다. 이러한 양상은 국가 재정운영과 관련된 다른 분야에서도 마찬가지였다. 고려후기 兩界지역의 軍需調達과 관련하여 權勢家들은 이 지역의 수령들에게 부탁하여 자신들이 보유한 布帛을 양계 민호에게 분급하고 미곡을 징수하여 군수로 납부하여 이익을 취하고 있다.10) 이처럼 양계지역의 군수조달체제를 이용하여 곡물유통을 하고 이윤을 추구하는 형태는 朝鮮前期에도 回換制라고 하여 지속되었다.11) 이와 같이 고려후기의 권세가들은 국가의 부세수취, 재정운영과 같은 국가적 차원에서 이루어지는 물자유통과정에 참여하여 상업적 이익을 독점하고 농민을 수탈하고 있었다.

權勢家들의 상업독점은 민간의 상품유통경제분야에서도 마찬가지였다. 고려시기 상업발달이 가장 두드러진 지역은 수도인 개경이었다.

---

9) 蔡雄錫, 「高麗後期 流通經濟의 조건과 양상」, 『韓國古代, 中世의 支配體制와 農民』, 1997, 288~289쪽.
10) 『高麗史』 권85, 刑法2, 禁令, 禑王 5년 正月, 中冊, 866~867쪽.
11) 朴平植, 「朝鮮前期 兩界地方의 回換制와 穀物流通」, 『學林』 14, 1992.

개성은 지배층들의 집단 거주지이자 인구 10여만 호에 이르는 거대도시로서, 그들이 방출, 소비하는 물품의 매매와 관련하여 시전 등 각종 상업기구가 개설된 유통경제의 중심지였다.12) 고려후기 이러한 개경의 상품유통경제는 상품의 생산과 유통과정 전체가 지배층에 의해 장악되어 있었다. 왕실을 비롯한 권문세가, 사원 등 특권세력들은 직접 시전에 점포를 개설하거나, 도성내의 수공업장을 설치하는 것은 물론 강제교역을 통해 상업적 이익을 독점하였다. 예컨대 忠惠王은 義成庫, 德泉庫, 寶興庫의 布 4만 8천 필을 내어 직접 市廛에 점포를 개설하였고,13) 三峴에 新宮을 건설한 후 여기에서 비단을 생산하고 곡물을 가공하는 등 직접 수공업을 경영하고 있었다.14) 寺院 또한 시전에 점포를 갖고 있었다. 즉 금강산 장안사는 개경시전에 위치한 京邸 1區를 소유하고 여기에 30間의 점포를 조성하여 사람을 고용하여 경영하고 있었다.15) 국왕, 권세가들의 직접적인 시전경영은 市廛商人의 정상적인 활동을 침해하는 것은 물론 국가의 공적인 상업기구인 시전체제의 혼란을 초래하는 것이었다. 정부의 공적수요와 도성주민의 일용품에 대한 원활한 공급이라는 시전개설의 원래 목적은 점차 사라져 갔고, 왕실, 권세가들의 사적인 이익추구가 우선시 되었다. 이에 따라 開城의 市廛體制는 그 공적인 기능을 상실한 채 왕실과 권세가들의 사적인 경제기반으로서 존재하게 된 것이다.

  지방에서도 이러한 사정은 마찬가지였다. 권세가들의 상업독점이 관철되는 가운데, 농민들에 대한 상업분야의 수탈이 끊임없이 자행되고 있었다. 이 시기 '反同'으로 지칭되던 농민들에 대한 권세가들의 교역

---

12) 이러한 개성의 도시적 양상에 대해서는 채웅석, 앞의 글, 1997, 292~295쪽 참조.

13) 『高麗史』 권36, 世家 忠惠王 後3年 2月 戊午, 上冊, 734쪽.

14) 『高麗史』 권89, 列傳2, 后妃2, 銀川翁主, 下冊, 32쪽.

15) 『稼亭集』 권6(『高麗名賢集 3』), 「金剛山長安寺中興碑」 44~45쪽(成均館大學校 大同文化研究院).

행위는 그 전형적인 것이었다. '反同'은 米豆를 비롯하여 貂皮 松子 人蔘 蜂蜜 黃蠟 등 갖가지 생산물과 細布, 綾羅, 韋席 등 농민들의 수공업 생산물을 교환의 형태로 수탈한 후 다시 상품화하는 거래의 형식을 빌린 高利貸的 抑賣買였다. 반동을 통한 억매매는 당시 田主權에 기반하여 토지와 농민을 광점하고 지배하고 있던 私田 田主로서 권세가와 사원세력이 경제외적 강제를 통해 구조적으로 전개하던 불법의 상업행위였고 그들에게 약탈이윤을 보장하는 거래형태였다.16) 따라서 권세가들의 반동을 통한 상업독점은 농민들에게 유망과 몰락의 주요한 원인이 되고 있었다.

　한편 권세가들의 상업독점은 山林川澤 등의 생산수단에 대한 탈점으로 이어져 이를 생계보조 수단으로 삼거나 貢物을 생산 납부하던 백성들의 처지를 더욱 곤궁하게 하고 있었다. 山林, 漁場, 鹽盆 등을 포괄하는 산림천택은 원래 각종 貢物의 생산지이며, '與民共之'의 원칙에 따라 민들의 자유로운 이용이 가능한 곳이었다. 그런데 고려말 田柴科, 貢賦, 所제도가 무너지고 산림천택에 대한 권세가들의 탈점이 본격화하면서 농민들은 이를 이용한 공물생산이나 생계보조를 위한 생산활동의 場을 상실하게 되었다. 반면에 권세가들은 산림천택에 대한 탈점들 통해 여기서 생산되는 각종 생산물을 독점하고 이를 防納이나 流通領域에서 처분함으로써 큰 이익을 독점할 수 있었다.17)

　이상과 같이 민간상입분아에서 王室, 權勢家 寺院 등 특권세력에 의한 상업독점과 이를 기반으로 한 교환경제의 발전은 '反同' 등과 같은 상행위에서 보듯이, 농민, 수공업자 층으로부터의 광범한 수탈을 바탕으로 전개되는 것이었다. 따라서 고려후기는 상업이 발전하면 할수록 농민들의 생활은 더욱 몰락하게 되었고, 점차 커다란 사회문제화하

---

16) 李景植, 「朝鮮前期 場市의 成立과 그 基盤」, 『朝鮮前期土地制度硏究(2)』, 一潮閣, 1998, 154~159쪽.
17) 朴平植, 앞의 책, 1999, 29~30쪽 참조.

고 있었다. 나아가 이러한 상황은 私田의 家産化, 土地兼併과 農莊의
擴大 등 농업, 토지문제와 서로 맞물리면서 한층 심각해지고 있었다.
당시 권세가들의 농장확대와 상업독점으로 인해 생활이 불가능해 진
농민들은 僧侶, 盜賊이 되거나, 아니면 末業으로의 轉業을 통해 생존
을 모색하고 있었다.18) 농민들의 逐末風潮와 농업인구의 감소 및 賦
稅對象 戶口의 감소19)는 국가 경제기반의 붕괴로 이어져 고려왕조체
제는 전면적인 위기에 봉착하게 된 것이다.

2) '務本抑末論'의 擡頭와 展開

고려말의 改革派 士大夫들에게 있어 경제개혁은 신왕조 개창을 위
한 고려왕실 및 그 추종세력의 경제적 기반 제거와 아울러 신 왕조의
국가재정 및 농민경제의 안정을 추구하는 방향으로 다루어져야 하는
문제였다. 상업분야에 있어 무엇보다도 시급한 문제는 권문세가들에
의해 장악된 상품유통체제를 재편하여 이들의 경제적 기반을 제거하
는 것이었다. 이와 관련하여 개혁파 사대부들이 상업문제에 대한 해결
책으로 제시한 논리가 '務本抑末論'이었다.20)

儒敎 특히 性理學을 자신들의 사상적 기반으로 삼고 있던 개혁파
사대부들의 '務本抑末論'은 우선 상업, 상인층에 대한 부정적인 인식
으로부터 출발하고 있다. 그들에게 있어서 商人은 수고롭게 일하지 않
고서도 사치하고 부유한 지극히 천한 존재로 국가의 통치 상 당연히
단속 통제되어야 할 죄인이었다.21) 商業 또한 생산활동의 근본이 되는

---

18) 『朝鮮經國典』 上, 賦典, 經理, 215쪽.
19) 『朝鮮經國典』 上, 賦典, 經理, 214쪽.
20) 이 시기의 務本抑末의 經濟政策論에 대해서는 朴平植, 앞의 책, 1999, 제1장
   1절 참조.
21) 『高麗史節要』 권35, 恭民王 3年 3月, 中郞將 方士良上時務十一事, 884쪽,
   "四民之中 農最苦 工次之 商則遊手成羣 不蚕而衣帛 至賤而玉食 富傾公實
   僭擬王侯 誠理世之罪人也".

농업생산의 안정을 위해 억제되어야 할 대상이 되는 산업분야로 인식하고 있었다. 이러한 점은 朝鮮王朝 개창의 주역이었던 鄭道傳의 견해에서 잘 드러난다. 정도전은 農桑은 의식의 근본으로서 王政에서 최우선하여야 할 것이라고 주장하면서,[22] 末作인 工商業이 성하면 본업인 농업이 耗損되게 마련이라고 보았다.[23] 따라서 농업을 진흥시키기 위해서는 工商 내지 逐末風潮에 대한 단속과 통제가 꼭 필요하다는 것이다. 아울러 이러한 조치는 귀천에 金, 銀, 牛馬의 대외유출을 막아 민생의 안정과 국가재정을 충실하게 할 수 있는 조치이기도 하였다.[24]

이러한 務本抑末論은 개혁파 사대부들이 정권을 장악한 공양왕대에 들어 상업과 상인에 대한 구체적인 통제정책으로 발현되기 시작하였다.[25] 예컨대 市廛工商의 파악방침[26]이나, 상인들의 對外密貿易에 대한 금단 조치,[27] 상인 상품에 대한 과세건의[28] 등이 그것이다. 한편 이 시기 務本抑末政策은 상인에 대한 단속만이 아니라 특권세력의 상업활동에도 동일하게 적용되는 것이었다. 高麗王室을 비롯한 權勢家들의 상업독점과 지배 또한 당시 본업인 농업을 위축시키고 농민의 몰락을 가져오는 주요인으로 인식되었기 때문이다.[29] 정도전과 조준이 농민몰락의 근본 배경으로 收租權에 근거한 田主層의 佃客침탈을 문제

22) 『三峰集』 권7, 「朝鮮經國典」 上, 農桑, 21쪽, "農桑 衣食之本 王政之所先 國家內而司農 外而勸農 使驗民之勤惰而勸懲之".

23) 『三峰集』 권7, 「朝鮮經國典」 上, 工商稅, 423쪽, "先王制工商之稅 所以抑末作 而歸之本實 國家前此未有定制 民之遊惰者皆趨之 而南畝之民日益減 末作勝而本實耗 不可不慮也 臣故備擧工商課稅之法 著之於此 擧而行之 在朝廷焉".

24) 『高麗史節要』 권35, 恭愍王 3월 3월 中郞將房士良上時務十一事, 884~885쪽.

25) 박평식, 앞의 책, 1999, 36~46쪽.

26) 『高麗史』 권85, 志39, 刑法2, 禁令, 恭讓王 2년 4월, 中冊 867쪽.

27) 『高麗史』 권46, 公讓王 3년 5월 己酉, 上冊 893쪽.

28) 『高麗史節要』 권35, 公讓王 3年 3月, 中郞將方士良上時務十一事, 884쪽.

29) 박평식, 앞의 책, 1999, 45~46쪽.

삼으면서, 反同의 형태로 抑賣買를 강요하고 있던 권세가와 전주층의 상업활동을 강력하게 비판하였던 것도 이 때문이었다.30) 당시 관행으로 계속되고 있던 권세가들의 使行에 편승한 대외무역도 철저하게 금지되어, 使行時 賣買活動은 이제 彈劾요건이 되고 있었다.31) 고려말 왕실을 비롯한 特權勢力이 대상인과 연계하에 국내외 상업을 독점 지배하던 현실에서, 개혁파 사대부들이 주창하던 務本抑末論, 抑末政策은 결국 고려왕실과 특권세력의 경제기반에 심대한 타격을 초래할 수밖에 없었다. 私田革罷와 科田法의 제정을 통해 추구하던 舊執權勢力의 경제기반을 와해 해체하려는 시도는 상업의 영역에서도 抑末論의 기치아래 동일하게 추진되고 있었던 것이다.

조선왕조 성립이후 이상과 같은 조선초기 지배층의 經濟論 즉 務本抑末論은 국가의 지배 이데올로기로서 채택된 儒敎 性理學에 의해서 강력하게 뒷받침되었다. 유교사상에서 지향하는 이상적인 통치는 仁義에 기초한 왕도정치이며, 仁義를 실현하기 위한 기본 전제로써 民의 기초적 물질생활의 충족을 매우 중요시하고 있다. 孔子이래 儒者들은 그들의 경제정책의 목표를 무엇보다도 足食 내지 民富의 실현에 두어 이를 王道政治의 최우선 과제로 채택하였다. 足食, 民富실현을 위한 經濟觀 즉 生財觀 財用觀(生産觀, 消費觀)은 "생산하는 사람이 많고 먹기만 하는 사람이 적어야 하며, 만드는 사람이 빨리 만들고 쓰는 사람이 천천히 하여야 재화가 항시 풍족할 수 있다.32)"는 大學의 章句에

---

30) 『高麗史』권78, 志32, 食貨1, 田制, 辛禑 14년(辛昌 卽位年) 7월, 中冊, 716쪽. 『三峰集』권7,「朝鮮經國典」下, 經理, 420~421쪽, "而民之所耕 則請其自墾 自占 而官不之治 力多者墾之廣 勢强者占之多 而無力而弱者 又從强有力者 借之耕 分其所出之半 是耕之者一而食之者二 富者益富而貧者益貧 至無以 自存 去而爲游手 轉而爲末業 甚而爲盜賊 嗚呼 其弊有不勝言者 及其法壞 之益甚 勢力之家 互相兼并 一人所耕之田 其主或至於七八 而當收租之時 人馬之供億 求請抑買之物 行脚之錢 漕運之價 固亦不啻倍蓰於其租之數 上 下交征 起而鬪力以爭奪之 而禍亂隨以興 卒至亡國而後已".

31) 『高麗史節要』권35, 恭讓王 3年 12月 907쪽.

잘 나타나고 있다. 朱子는 이를 '生財在於務本 裕財在於節用'[33]이라
고 보다 명확히 규정함으로써 본업인 농업 중심의 性理學的 經濟觀을
확립하였다. 성리학을 國定敎學으로 채택한 조선전기에 있어서, 국왕
이나 관인, 유학자들의 경제정책 논의는 항상 이와 같은 생재관, 재용
관을 典範으로 인용하고 있었다.[34] 따라서 국가의 경제정책은 이러한
生財觀 財用觀을 충실히 반영하는 방향으로 모색되었고, 국가 정책상
에서 전자는 務本抑末政策으로, 후자는 國用節減과 奢侈禁止 방침으
로 실현되었다.

그러나 務本抑末論으로 표방된 경제정책의 이념에도 불구하고, 조
선 정부가 商業이나 手工業 자체를 부정한 것은 아니었다. 어느 시대
를 막론하고 인간의 경제생활에 있어서 자연환경이나 생산기술상의
제약으로 인해 자급할 수 없는 물화가 존재하였고, 이를 획득하기 위
한 수단으로써 交易 즉 商品流通은 꼭 필요하게 마련이었다. 상업의
필요성은 국가를 비롯하여 관인, 양반 사대부 등 비생산 수취계급의
처지에서 더욱 절실하였다. '民間切用之物 須待懋遷'[35]이라는 표현에
서 인정되듯이 상업이나 이를 담당하는 상인의 '有無相資'[36] 기능은
민생에 꼭 필요한 것이었다. 手工業 또한 商業을 전제하지 않고서는
그 사회적 분업으로서의 기능을 다할 수 없었다.

조선시대 관료 유학자들이 상공업의 필요성을 인정하기 위해 원용

32) 『大學』 제10장, 釋治國平天下, "生財有大道 生之者衆 食之者寡 爲之者疾
用之者舒 則財恒足矣 (呂氏曰 國無遊民 則生者衆矣 朝無幸位 則食者寡矣
不奪農時 則爲之疾矣 量入爲出 則用之舒矣)" ( )안은 細註.
33) 위와 같음.
34) 『世宗實錄』 권87, 世宗 21년 11월 庚戌, 4책, 250쪽 ; 『世宗實錄』 권117, 世宗
29년 9월 壬子, 5책, 38쪽 ; 『成宗實錄』 권55, 成宗 6년 5월 辛酉, 9책, 224쪽
; 『中宗實錄』 권56, 중종 21년 4월 癸亥, 16책, 506쪽 ; 『明宗實錄』 권5, 明宗
2년 2월 己丑, 19책, 482쪽 ; 『明宗實錄』 권13, 明宗 7년 3월 庚子, 20책, 78
쪽.
35) 『世宗實錄』 권117, 世宗 29년 9월 丙辰, 5책, 39쪽.
36) 『世宗實錄』 권122, 世宗 30년 11월 壬寅, 5책, 104쪽.

하는 논리는 職業觀에 입각한 四民論이었다.[37] 이들의 경우 '士農工商의 四民은 각각 生生하는 道'[38]가 있고, '각각 맡은 바 業'[39]이 있는 존재로서 工商의 필요성 자체는 인정하고 있었다. 조선전기『實錄』기사에 자주 등장하는 '商業은 古今常事, 古之道로서 自古而然한 것이기에 不可禁한 것'[40]이라든가, '商賈亦不可無者'[41]라는 주장의 바탕에는 이와 같은 四民論이 있었던 것이다. 즉 상업은 사회구성원 전체에 필요 불가결한 所業이라는 점은 인정하고 있었던 것이다. 그런데 이들에게 있어 상업과 상인이 국가경제에서 차지하는 위치와 의미가 본업인 농업과 士農의 그것과 결코 동등한 것일 수는 없었다. 이는 유교의 전통적인 직업, 신분관에 입각한 차별을 전제로 한 것이었다. 주자 성리학의 이념에 따르면, 四民 중에 士와 農은 官爵을 받아 조정에 입사할 수 있지만, 工, 商은 여기에 관여할 수 없는 것이 원칙이었다. 그 담당하는 직업이 賤業인 까닭이었다.[42] 士, 農을 本으로 工, 商을 末로 규정하고 이를 다시 신분질서 상에서는 사, 농을 貴로 공, 상을 賤으로 배치하였던 것이다.[43]

이상에서 본 바와 같이 조선초기의 抑末政策은 현실적으로는 신왕조 개창을 위한 고려말의 정치, 경제적 재편의 필요성과 國定敎學인 성리학의 生産, 産業觀과 職業, 身分觀에 바탕을 두고 성립된 것이었다.

---

37) 朴平植, 앞의 책, 1999, 49~52쪽 참조.
38)『訥齋集』권4, 便宜三十二事.
39)『中宗實錄』권16, 中宗 7년 7월 庚寅, 14책 600쪽.
40)『世宗實錄』권122, 세종 30년 11월 壬寅, 5책 104쪽 ;『端宗實錄』권12, 端宗 2년 8월 乙丑, 6책, 704쪽 ;『成宗實錄』권173, 成宗 15년 12월 庚辰, 10책, 650쪽 ;『成宗實錄』권181, 成宗 16년 7월 甲子, 11책, 42쪽.
41)『中宗實錄』권32, 中宗 13년 3월 丁巳, 15책 410쪽.
42)『成宗實錄』권19, 成宗 3년 6월 己巳, 8책, 662쪽 ;『正宗實錄』권2, 正宗 원년 10월 癸丑, 1책 158쪽.
43) 四民論에 의한 職業觀에 대해서는 朴平植, 앞의 책, 1999.

3. 抑商政策의 전개와 그 내용

1) 市廛의 設置와 운영

조선왕조의 건국직후 정부가 務本抑末의 원칙에 입각한 경제정책과 관련하여 상업분야에 대하여 가장 먼저 그리고 중요하게 추진한 정책은 도성 내에 시전을 조성하고 이를 육성하는 것이었다. 務本抑末論에 입각한 抑商政策이 상업, 상인층의 존재를 근본적으로 부정한 것은 아니라는 점은 이미 앞에서 지적한 바 있다. 특히 서울과 같은 行政都市에서의 경제생활은 외부로부터 유입되는 물화의 공급에 의지하지 않을 수 없었다.44) '不事農作 而事末利'45)라는 표현에서 보듯이 일반 주민들 대부분이 商工業에 종사하는 자들이었기 때문에 도성민의 상업활동은 이들이 생계에 관련된 문제였고, 나아가 도시기능을 유지하는 데 필수적인 것이었다. 이 때문에 조선왕조의 지배층들도 '소민들의 일상용품 구입이나 공가의 수용을 마련하는 데 필요한 시장의 존재를 국가 통치에 꼭 필요한 존재46)로 여기고 있었다.

이에 따라 조선왕조는 한양천도 직후, 都城에 公廊을 조성하고 市廛을 설치하여 도성민과 관청이 필요로 하는 상품을 원활하게 공급할 수 있도록 조치하였다. 도성인 서울에 시전을 조성하는 공사는 태종 11년(1411)부터 시작되어 태종 14년에 완공되었는데, 이 때 조성된 행랑은 『世宗實錄地理志』에 따르면 2,027칸에 달하는 규모였다. 이렇게 건설된 도성의 좌우행랑 중 일부는 관청 업무용이나 창고 등의 다른 용도로 사용되었고, 점포용으로 시전상인에게 대여되었던 구간은 경복

---

44) 李恒福, 『白沙集』 권9, "陳時務畫一啓. 蓋京城爲人民之都會 而且不耕不耘之地 必待四方之委輸貨物之流通 而有所相藉".
45) 黃愼(1562~1617), 『秋浦集』 권1. 請出賑恤從事官啓(무신 12월).
46) 『萬機要覽』 財用編 各廛條, "市者 小民之貿遷係焉 公家之需用資焉 治國者重之".

궁 남쪽 혜정교로부터 종묘앞 樓門에 이르는 구간(오늘날의 종로 1-3
가)과 종루에서 광통교에 이르는 구간(남대문로 1가)이었다. 정부는 이
렇게 조성된 시전행랑에 開城에서 옮겨온 舊都의 시전상인들을 비롯
하여, 수공업자이자 상인인 각종 工商層 등을 입주시켜 정부 각 관청
과 도성주민의 일상수요품을 원활하게 조달하는 한편 국고 잉여물자
를 처분할 수 있는 체제를 완성하였다.[47]

정부가 이렇게 市廛 설치에 주력한 것은 우선 무질서한 서울의 상
품유통체제를 정부의 장악 하에 두고자 하는 정책적 목적 때문이었다.
遷都直後 도성상인들의 상업활동은

> 遷都 이래로 雲鐘街에 잡처하여 남녀의 구별이 없으며 商賈들이
> 뒤섞여서 틈을 엿보아 서로 도둑질하기를 힘쓰니 원컨대 京市署로
> 하여금 한결같이 舊京의 제도에 따르도록 하십시오.[48]

라고 하였듯이 국가의 통제를 받지 않는 무질서한 상태로 전개되고 있
었다. 따라서 이렇게 무질서하게 전개되는 상인들의 상업행위를 정부
의 통제가 용이하도록 재편할 필요가 있었던 것이다. 아울러 市廛설치
는 '末業을 쫓는 자가 많으면 市廛으로써 억제한다.'[49]라는 표현에서
보듯이 務本抑末論에 입각한 상업인구의 억제와도 관련된 것이기도
하였다.

이에 정부는 서울의 상업활동에 대한 정비원칙을 세우고, 公廊을 조
성하여 상인들의 영업장소를 특정지역으로 한정함으로써 통제를 수월
하게 하였던 것이다. 그리고 市肆의 혼잡을 막기 위하여 업종별 배치
의 원칙에 따라 상인들을 입주시키는 한편, 행랑의 문 앞에는 標를 세
워 해당시전의 명칭과 판매 물종을 표시하도록 하여 시전들 사이에 판

---

47) 行廊의 造成과정에 관해서는 朴平植, 앞의 책, 1999, 75~78쪽 참조.
48) 『太宗實錄』 권19, 太宗 10년 정월 乙未, 1책 526~527쪽.
49) 『太宗實錄』 권20, 太宗 10년 10월 壬戌, 1책 568쪽, "逐末者多 則廛以抑之".

매되는 물품이 뒤섞이는 것을 방지하도록 조치하였다.[50] 紙廛, 魚物廛, 牛馬廛, 鐵物廛, 綿紬廛 木花廛, 綿子廛 毛廛 등의 시전명칭에서 보이듯이 판매물종의 전문화가 이루어지게 되었다. 이러한 판매물종의 전문화는 '一物一市'의 원칙[51]에 따라 취급상품에 대한 독점권으로 발전하였을 것이다. 이처럼 市廛의 설치는 관청의 수요품과 도성민들의 생활안정을 위한 물자의 원활한 공급이라는 측면 외에, 도성 내에서 활동하는 商人들에 대한 통제, 장악력을 강화 및 상업인구 증가를 억제하기 위한 정책수단이었던 것이다.

정부의 이러한 정책의도는 都城에서 활동하는 상인들에게 부과된 商稅規定을 살펴보면 더욱 분명하게 드러난다. 상인에 대한 商稅 부과는 건국초기부터 시행되었는데, 이에 대한 자세한 규정이 마련된 것은 태종 15년(1415) 4월이었다. 이때 규정된 상세의 내용을 살펴보면, 工匠 商賈人은 그 이익의 다소에 따라 3등으로 나누어 상등은 매월 3장, 중등은 2장, 하등은 1장을 납부하도록 하고, 行商은 매월 2장, 坐賈는 매월 1장으로 그 수세액을 정하였다. 아울러 巷市에 대해서는 면세하고 시전상인들에게는 행랑세가 매 1칸마다 봄, 가을로 각각 저화 1장씩 납부하도록 하였다.[52] 여기서 주목되는 것은 長廊에 입주한 시전상인들에게 부과된 임대료가 1칸당 楮貨로 년 2장에 불과하다는 점이다. 저렴한 行廊稅를 매개로 상인들의 입주를 촉진하여 이전의 무질서한 서울의 상업체계를 정부가 설치한 시전을 중심으로 재편하려는 의도인 것이다.

태종 15년의 상세 규정은 이후 세종대에 동전유통정책이 추진되면서, 세종 7년(1425)년 8월에 錢文으로 환산하여 재정비되었다가, 성종 16년(1485)에 완성된 經國大典에 다음과 같은 내용으로 최종 정리되었다.

50)『世宗實錄』권7, 世宗 2년 閏正月 戊戌, 2책, 373쪽.
51)『各廛記事』地, "一市之貨 不得分設於兩市者 又是國家之大法".
52)『太宗實錄』권29, 太宗 15년 4월 己巳, 2책, 56쪽.

工匠의 等第와 坐賈公廊의 수를 기록하여 本曹와 工曹 本道 本邑
에 두고, 세는 工匠上等은 매달 저화 9장, 중등은 6장, 하등은 3장을
받는다.……모든 공장은 공역일수를 제외하고 수세하며……坐賈는
매달 저화 4장을 받으며, 公廊稅는 매 1간당 봄, 가을로 각각 楮貨 20
장을 받는다.[53]

전반적으로 볼 때 그 세액이 이전보다 3~4배 인상되었고, 公廊稅는
매칸당 년 40장으로 크게 인상되고 있다. 이는 물론 楮貨價의 하락을
반영한 액수이기도 하지만, 도성내의 상업이 市廛을 중심으로 정비가
완료된 상황 하에서 이전처럼 낮은 공랑세로 상인들의 입주를 유인할
필요성이 없어졌기 때문인 것으로 보여진다.

조선초기 정부가 추진하였던 市中物價에 대한 지속적인 간여는 또
한 이러한 정책에 입각하여 취해진 조치였다. 정부는 京市署를 통해
물가를 수시로 단속하고, 세종 27년에는 시장에서 거래되는 모든 물품
을 富商大賈와 협의하여 定價하는 방안, 곧 市准法을 채택하기까지
하였다.[54] 상업에 대한 조선 정부의 관장, 운영방침을 잘 드러내주는
사례라 할 수 있다. 당시 수공업 분야에서 정부가 수립해 가던 官匠體
制,[55] 광업분야에서의 國營鑛業體制[56] 등과 동일한 정책구상에서 마
련되는 시책들이었다.

2) 行商에 대한 대책

조선정부의 상업에 대한 통제정책은 농촌지역을 순회하며 상업활동

---

53) 『經國大典』戶典, 雜稅.
54) 『世宗實錄』권110, 世宗 27년 12월 壬子, 4책, 647쪽.
55) 姜萬吉, 「朝鮮前期 工匠考」, 『史學硏究』12, 1968/『朝鮮時代商工業史硏究』,
    한길사, 1984에 재수록 ; 홍희유, 『조선중세수공업사연구』, 과학백과사전종합
    출판사, 1979.
56) 柳承宙, 『朝鮮時代鑛業史硏究』, 고려대학교 출판부, 1993 참조.

에 종사하는 行商들에 대한 정책에서도 그대로 적용되고 있었다.[57] 태
종 10년 司諫院은 행상활동과 관련하여 다음과 같은 규제 방안을 제시
하고 있다. 첫째, 상인들은 그 거주지에 따라 都城은 漢城府가 外方은
각 州縣에서 명단을 작성하고, 매번 행상을 떠날 때 상업활동에 대한
허가장인 行狀을 발급해 주는 대가로 米 2석을 납부하도록 한다. 둘째,
만일 행장이 없이 상업활동을 하는 자는 사람들로 하여금 신고하도록
하고, 상인이 소지한 물화를 모두 몰수하여 절반은 관에서, 절반은 신
고자에 지급하도록 하자는 것이었다.[58]

이러한 규정은 세종 22년에 제정된 行商과 관련된 규례에 의해 더
욱 강화되어 나타나고 있다. 이 때의 규정은 첫째, 한성부에서 서울과
지방의 행상들의 명단을 작성한 후 月稅와 文引稅(行狀稅)를 받아 제
용감으로 수송한다. 둘째, 지방관들은 한성부의 예에 따라 행상을 통제
하되 행상들이 각 고을에 이르면 한성부에서 발급한 文引을 참조하여
행상의 年歲와 容貌, 人員數, 거처한 日數 등을 확인한 후 위반자가
있으면 법사에 문서를 보내 규정대로 처리하도록 하는 것이었다.[59] 그
리고 행상에 대한 路引制 시행 이유를 '농민들이 이익을 좇아 상업에
투신하는 현상을 억제하고, 商賈들에게 이익이 집중되는 것을 막기 위
한 것'[60]이라 하여 억상정책으로써의 성격을 분명히 하고 있다.

이러한 관점에서 行商에 대해서는 시전상인에 비하여 훨씬 더 무거
운 세금이 부과되었나. 『經國大典』에 규정된 行商에 대한 수세규정을
보면, 陸商은 매달 楮貨 8張, 水商은 선박의 크기에 따라 大船 100張,
中船 50張, 小船 30張으로 규정되어 있다.[61] 市廛商人인 坐賈의 商稅

---

57) 조선전기 행상의 활동에 대해서는 박평식, 앞의 책, 1999, 156~188쪽 참조.
58) 『太宗實錄』 권20, 太宗 10년 10월 壬戌, 1책 568쪽.
59) 『世宗實錄』 권89, 世宗 22년 5월 庚戌. 4책 285쪽.
60) 『太宗實錄』 권20, 太宗 10년 10월 壬戌, 1책 568쪽 ; 『世宗實錄』 권89, 世宗
    22년 5월 庚戌, 4책 285쪽.
61) 『經國大典』 戶典 雜稅.

가 매달 4장인 것과 비교하면, 적어도 2배에서 25배에 이르는 액수이
다. 시전체제에 편성되어 관리가 편리한 시전상인중심의 坐賈와 달리
行商은 국가의 통제가 미치기 어렵다는 점에서 행상활동에 제약을 가
하려는 의지의 표현인 것으로 파악된다.

　　行商에 대한 과중한 세금은 務本抑末論의 관점에서 농업을 보호하
고 말업 종사자를 줄이려는 정부의 정책이기도 하였다. 일찍이 鄭道傳
은 "工商人에 대한 세금부과는, 末業(상공업)을 억제하여 本業(농업)
에 돌아가도록 하려는 소이이다."[62]라고 하였고, 정부 또한 상세부과
의 목적을 '商賈에게서 收稅하는 법이 法典에 규정되어 있는 것은 務
本抑末의 뜻이 지극함을 의미하는 것이다.'[63]라고 하여 상세부과가 무
본억말을 위한 정책적 일환이었음을 밝히고 있다.

　　조선정부의 務本抑末政策은 성종 초에 출현하여 전국으로 확산되
어간 場市에 대한 방침에서도 잘 드러난다. 농민적 交易機構로서 성립
한 장시는 지방의 농민 수공업자 등 직접생산자들이 자기의 노동과 생
산수단을 기초로 하여 생산한 물품을 판매하고 또 필요한 물품을 구매
하는 장이었다. 즉 소상품 생산의 출현과 그 진전에 수반되어 성립되
고 있는 교환경제 농촌시장이었다. 그러나 이러한 기능에도 불구하고
당시 위정자들의 인식은 극히 부정적이었다. 즉

　　農業에 종사하는 자는 利益을 보지 못하고, 손을 놀리면서 末業을
　　좇는 자는 오히려 더욱 풍요하기 때문에 (농민들이) 소를 팔고 말을
　　사서 다투어 行販에 나서고 있습니다. 이에 밖으로는 場門이 奸盜가
　　의지하는 바가 되고, 안으로 市井에는 모여든 자가 넘칩니다. 曲坊과
　　委巷에도 出市하지 않는 바가 없어 利益을 추구함이 날과 달로 늘어
　　나니, 本業이 황폐한 것은 실로 이로 말미암은 것입니다.[64]

---

62) 『朝鮮經國典』上, 賦典, 工商稅, 218쪽(國史編纂委員會刊 活字本, 『三峯集』
　　一).
63) 『世宗實錄』 권87, 世宗 21년 10월 乙酉, 4책 246쪽.

장시가 농민들의 逐末風潮를 부추겨 本業인 농업을 황폐화시키는 요인으로 인식되고 있는 것이다. 이에 정부는 장시로 인해 盜賊이 熾盛한다는 명분으로 이를 금지하는 방침을 고수하고 있었다. 따라서 場市禁止의 궁극적 목적은 末業을 쫓는 民들을 농업으로 복귀시켜 본업을 권장함에 있었던 것이다. 이상과 같이 조선전기 정부의 상업정책은 국가의 상업에 대한 통제력을 강화하고 상업인구의 증가를 억제하는 방향으로 전개되고 있었다.

4. '務本抑末政策'의 志向과 그 意義

조선왕조의 건국주체들은 高麗末의 혼란상을 극복하고 안정된 국가체제를 이룩하기 위해 전 분야에 대한 여러 가지 개혁정책을 시행하고 제도를 정비하였다. 이 결과 '『經國大典』체제'로 지칭되는 국왕을 頂點으로 한 중앙집권적 양반관료체제가 형성되어 중앙권력에 의한 전 국토의 一元的인 통치체제가 갖추어졌다. 이러한 중앙집권적 국가체제가 제대로 유지되기 위해서는 이를 뒷받침할 만한 경제적 토대가 필요하였다. 고려말의 田制改革, 즉 科田法의 시행은 고려왕조체제를 유지하려는 권문세가의 경제적 기반을 제거하여 새 왕조 開創의 물적 토대를 형성하는 한편, 지배층에 의한 농민의 私的, 分散的 지배를 치단하고 국가의 공적 집권적 지배체제를 확대하는 정책이었다. 商業분야에 대한 정부의 정책 또한 이러한 중앙 집권적 국가체제의 확립을 위한 物的 土臺의 확보를 지향하고 있었다. 집권적 국가체제가 유지되는 한 조선왕조의 경제정책 수립에서 지속적으로 강조되는 논리였다.

상업, 상품유통경제가 집권국가체제의 물적 기반이 되기 위해서는 상업이 국가에 의해 철저하게 통제, 관리되어야 하며, 여기서 발생하는

---

64) 『中宗實錄』 卷21, 中宗 9년 10월 甲寅, 15책 38쪽.

이익에 대한 管理, 處分 또한 국가에 의해 장악되어야만 하였다. 이를
실현하는 논리적 근거로 조선전기 국왕 및 관료들에 의해 제시된 것이
'利權在上'의 경제이념이었다. 利權在上論은 집권적 국가체제하의 모
든 경제운영의 주체는 중앙정부 즉 국왕이며, 이와 관련된 이권은 국
왕에 있다는 것이다. 그리고 경제운영의 주체인 국가와 국왕이 경제문
제에 적극 간여하여 이를 장악하고 관리함으로써 국가전체의 공공이
익을 도모하고 富國安民을 이룰 수 있다는 견해였다.[65]

   조선전기 이와 같은 利權在上의 이념은 태종 - 세종대에 楮貨, 銅錢
의 제조 유통과 관련된 화폐정책의 시행과정에서 잘 정리되어 전개되
고 있다.[66] 利權在上의 경제이념이 특히 화폐정책론과 관련하여 분명
하게 드러나는 이유는 국가경제를 운영함에 있어 화폐가 갖는 중요성
과 관련이 있다. 세종 20년 權採는, 태종대 화폐유통의 立法 의도가 상
거래의 편익을 도모하는 것과 아울러 이를 통해 거두고 분배하는 권리
를 장악함으로써 민의 貧富를 균등히 하는 데 그 목적이 있다고 하였
다.[67] 화폐를 貧富를 조정할 수 있는 利權 즉 총체적인 經濟運營權을
관철하는 가장 중요한 수단으로 인식하고 있었던 것이다. 따라서 집권
적 국가체제의 건설을 목표로 삼던 조선 국가에서 이러한 利權이 國家
나 國王에 속하지 않고 私人의 수준에 있어서는 불가하였다. 화폐유통
을 주장하는 가장 기본 논리가 '貨權在乎國家'[68]이며, '국가가 화폐를
발행하는 이유가 개인이 利柄 곧 經濟를 조종하지 못하게 하는 데 목
적이 있다.'[69] 는 주장은 이러한 입장에서 나온 논리였다.

---

65) 이 시기에 대두한 이권재상론의 개념과 내용에 대해서는 朴平植, 앞의 책,
    1999, 제 1장 2절 참조.
66) 이 시기 貨幣政策에 나타나는 특징에 대해서는 李鍾英, 「李朝人의 貨幣觀」,
    『史學會誌』5, 연세대학교 사학과, 1964 참조.
67) 『世宗實錄』권80, 세종 20년 2월 무진, 4책 131쪽, "懋遷有無 民生所資 然布
    帛 不可以尺寸分製 穀粟 不可以斗升糜費 故先王 制爲錢幣 以無用之物 通
    有用之物 以權斂散 以均貧富 立法之意 誠深遠矣".
68) 『太宗實錄』권21, 태종 11년 6월 경인, 1책 583쪽.

　국가가 이권을 장악함으로써 경제운영 전반을 관장하고 이를 통괄
해야 한다는 이념으로서 利權在上論은 조선전기 경제분야 전반으로
확대되어 나타나고 있다.

　　人主의 利權은 하루라도 폐할 수 없는 것이다. 聖人이 山澤과 自然
　　의 이익으로 그 백성을 이롭게 하여 이익됨이 샘물이 마르지 않고 온
　　세상에 흐르는 것과 같게 하였다.[70]

라는 표현은 군주의 이권장악은 산림천택과 같은 자원의 이익에까지
미치는 것이며, 이는 성인의 도리임을 지적한 것이었다. 고려말 산림천
택의 이권이 권문세가에 의해 私占되어 국가가 그 이익을 활용하지 못
했던 현실은 마땅히 혁파되어야만 하는 것이었다. 조선 건국 직후 태
조가 산림천택과 어염의 이익을 중앙관청의 관리하에 두어 국가의 '公
家之用'으로 삼은 것은 당연한 조치였다.[71] 결국 이권은 산림천택으로
대표되는 財貨의 생산수단이나 화폐에 의해 이루어지는 流通過程에
관한 제반의 권리를 의미하는 것이었다. 억상정책에 입각하여 시전이
나 행상을 철저하게 관리하고 통제하는 정부의 정책은 태종대 화폐유
통과 관련하여 하륜이 주장한 '利權在民 不可'[72]의 실천이었던 것이
다. 결국 이권재상론은 경제운영 전반에 관한 운영권을 군주가 최종적
으로 장악하여 富國安民을 도모해야 한다는 명분에서 강조되는 경제

---

69) 『太宗實錄』 권19, 太宗 10년 6월 甲子, 1冊 556쪽, "夫楮幣之法 銅錢皮幣貨
　　貝交子 代名不同 其要 皆欲不令人操利柄也".
70) 『太宗實錄』 권6, 태종3년 8월 을해, 1책 275쪽, "人主之利權 不可一日而廢也
　　聖人因山澤自然之利 以利斯民 其爲利也 如泉之不渴 流行於天地之間".
71) 『三峰集』 권7, 「朝鮮經國典」 上, 山場水梁, 422～423쪽, "前朝之時 山場水梁
　　皆爲豪强所占奪 公家不得其利焉 殿下卽位 革其弊法 收而爲公家之用 以山
　　場屬繕工 取其材木以充營繕 以水梁屬司宰 取其魚鹽 以供內外膳及祭祀賓
　　客之用 其山場水梁所在可考者 悉書之".
72) 『太宗實錄』 권6, 태종 3년 9월 을유, 1책, 277쪽.

이념이었던 것이다.

상업분야에서 利權在上의 논리가 직접적인 정책으로 실현된 것은 국가가 재정운영과 관련하여 물화의 유통에 참여하여 그 이익을 흡수하는 방식으로 전개되었다. 이중 대표적인 예가 국가가 주도한 곡물교역 즉 官貿穀, 常平倉制 등이다. 관무곡은 輸布貿穀, 回換, 納粟受價 등의 형태로 시행되고 있었는데, 모두 國家財政을 보충하기 위해 필요한 지역에 수시로 실시된 국가에 의한 穀物購買였다.[73] 平安道 지방은 15세기 말까지 장산곶의 험로로 中央과의 교통이 막혀 있었고, 咸鏡道 지방 또한 明宗代까지도 海路가 불통되고 있었다. 이 고장의 穀物이 外方으로 流出될 수 있는 길이 거의 존재하지 않는 상황 하에서 官貿穀은 국가가 이 지역의 잉여곡물을 흡수하여 재정에 보충하기 위해 실시한 곡물유통기구였다. 정부는 이러한 관무곡을 통해 곡물의 私的 流通을 억제함으로써 兩界지방의 잉여곡물을 흡수하고 利權在上을 실현하였던 것이다.

재원확보를 위한 정부의 교역참여는 다른 상품의 생산과 유통분야에서도 이루어졌다. 조선정부는 국초 이래 관염의 확보와 운용, 그리고 유통정책을 염정의 일환으로 지속적으로 추진하고 있었다. 후대의 사례이지만 光海君 대에 전후복구에 필요한 재정을 확보하기 위해 설치한 調度使의 활동이 그것이다. 이 시기 調度使의 임무는 전쟁의 여파로 貢物上納이나 田稅收入이 激減한 상황에서 鹽鐵을 전매하여 얻은 이익으로 부족한 국가재정을 보충하는 것이었다. 그런데 調度使들의 임무는 鹽鐵專賣에 한정된 것은 아니었다. 調度使들은 貢納이나 기타 賦稅로 징수되어 현물형태로 관청에 공급되던 각종 국가 수용품을 貿販을 통해 공급하는 일도 겸하고 있었다.[74] 실제로 이 시기 조도사들

---

73) 이 시기 兩界지방에서 행해진 官貿穀에 관해서는 崔完基, 「朝鮮前期의 穀物 去來와 그 類型」, 『韓國史研究』 76, 1992 ; 朴平植, 「朝鮮前期 兩界地方의 '回換制'와 穀物流通」, 『學林』 14, 1992 참조.

74) 黃愼, 『秋浦集』 권2, 請變通調度使啓, 庚戌 7월.

의 활동은 염철전매에 국한되지 않고, 人蔘과 같은 高價品에서부터 기와나 갈대와 같은 사소한 품목에 이르기까지, 利益을 남길 수 있는 모든 물품을 취급하고 있었다.[75] 조도사들의 활동이 단순히 염철을 판매하여 생긴 자금을 가지고 국가의 수용품을 구입하는 데 그치지 않고, 그 자금을 다시 활용하여 상업활동에 종사하고 있는 것이다. 이처럼 국가가 직접 상업활동을 통하여 유통경제에 참여함으로써, 이와 관련된 민간인들의 상업활동은 위축되고 있었다. 조도사의 상업활동 때문에 '貢物防納의 이익을 노리는 各司의 下人이나 富民들이 이들을 仇敵과 같이 여길 정도였다.'[76]고 하는 지적이 바로 그것이다. 경제운영 전반에 관한 운영권을 군주가 최종적으로 장악하여 부국안민을 도모해야 한다는 利權在上論의 상업분야에 대한 적용이 민간상업의 발달을 억제하는 抑商政策으로 나타난 것이다. 결국 조선전기 억상정책은 민간 상업의 발달을 억제하는 가운데 국가의 상업독점을 유지하려는 강력한 의지로서 국왕을 정점으로 하는 집권체제의 물적 기반의 확보를 위한 의지이자 정책이었던 것이다.

5. 맺음말

조선전기의 務本抑末論, 抑商政策은 고려 말의 상업분야와 관련된 경제적 현실 즉 고려왕조의 집권세력이었던 권문세가들이 장악하고 있던 상업계에 대한 재편과 농민층의 몰락이라는 현실타파의 필요성 및 조선왕조의 건국주체인 개혁파 사대부들의 성리학적 경제사상이 복합되면서 전개된 경제정책이었다. 무본억말론, 억상정책은 조선왕조

---

75) 崔晛, 『訒齋集』 권10, "關西御使還朝後呈稟體察使. 今以調度之計 而以布換蔘 無乃近於朝三暮四之術也 至於燔瓦採葛 無不興販".

76) 黃愼, 『秋浦集』 권2, 請變通調度使啓, 庚戌 7월, "但調度之任 專管利柄 該司下人及富民防納 乘時射利之徒 皆與爲仇敵".

는 건국 직후 도성에 개설한 시전이나 행상에 대한 관리와 통제를 통
해 구현되었다. 정부는 市廛의 판매물종을 전문화하고 같은 물종을 취
급하는 시전들을 한 구역에 배치하는 방식이나, 물가에 대한 지속적인
간여 등을 통하여 都城商業에 대한 장악력을 유지하고 있었다. 行商에
대해서도 行狀制를 통하여 이들의 상업활동을 지속적으로 관리 감독
하였다. 이러한 정부의 상업정책 하에서 기존의 상업체제는 정부에 의
해 철저하게 장악되었고, 상업인구의 증가나 새로운 상품유통체제가
발달할 수 있는 여지는 매우 좁았다. 실제 시전의 설치나, 행상에 대한
행장제의 실시가 상업인구의 억제에 있다는 지적은 이 점을 잘 보여주
고 있다.

한편 조선왕조는 國王을 정점으로 하는 中央集權的 國家였다. 그리
고 이러한 집권체제가 유지되기 위해서는 그에 걸 맞는 經濟的 土臺
의 구축이 필요하였다. 조선전기 집권국가의 물적 토대 구축을 위한
제반 경제정책의 이념으로 제기된 이념은 '利權在上論'이었다. 이권재
상론의 상업분야에 대한 정책적 실현은 화폐의 발행과 유통강제, 官貿
穀을 비롯한 국가의 직접적인 상업경영 등으로 나타났다. 이는 시전이
나 행상에 대한 정부의 제반 조치와 마찬가지로 민간상업의 발달을 억
제하고 국가가 유통경제를 장악하여 그 이익을 독점하는 양상으로 전
개되었다. 결국 조선전기 抑商政策은 利權在上의 또 다른 표현이었고,
민간상업의 발달을 억제하는 가운데 상품유통경제의 이익을 국왕, 국
가가 최종적으로 장악하여 集權的 國家體制의 물적 기반으로 확보하
려는 정책이었던 것이다.

조선전기 良賤制의 확립과 綱常名分論

원 재 린*

1. 머리말

조선왕조의 개창은 사회경제사적인 측면에서 중세사회의 재편이라
는 역사적 의미를 지닌다. 신왕조는 私田개혁을 통해 고려말 收租權
分給制로서 田柴科 체제가 갖고 있는 구조적 모순과 운영상의 문제를
해소함으로써 토대의 안정을 이루어냈다. 더욱이 科田法체제 확립이
후 職田法(1466, 세조 12)을 거쳐 官收官給制(1470, 성종 1)로의 전환
은 농민층의 토지 소유권 성장을 가져왔으며, 상대적으로 봉건지배층
의 수조권을 통한 토지지배의 가능성을 현저히 축소시켰다. 국가 권력
의 직접적인 公民 파악은 그만큼 더 철저히 달성되었다.[1] 이 같은 集
權力 강화와 민의 성장은 개국이래 제도문물을 정비하고 이에 적합한
이념체계를 마련하는 데 반드시 고려해야할 사안이었다. 그 중에서도
신분제는 국가운영에 필수적인 토지생산물과 노동력 징수·징발의 기
준이 되는 사회제도라는 점에서 麗末鮮初 이래 발생한 생산관계의 변
화 양상을 반영해야만 했다.

일반적으로 조선전기에 민은 士農工商의 四民으로 구분되고 이는

---

* 연세대학교 국학연구원 연구교수, 국사학

1) 金容燮, 『韓國中世農業史硏究』, 지식산업사, 2000 참조.

士와 農을 중심으로 신분적 상하관계로 질서화 되었다. 士는 治民者로서, 민중에서도 절대다수인 농은 治田者로 고정되어 있었다.[2] 농민층은 크게 良人과 賤民(奴婢)의 두 개의 신분층으로 구성되었다. 양신분에 소속된 농민은 법제적으로 양반과 차별되는 것은 아니었지만 국가의 공민으로서 봉건적 예속농민의 존재였다.[3] 이러한 존재 양태는 신분제를 확립하는 데 고려해야할 조건이었다. 한편 조선왕조는 건국이래 운영과정에서 공헌을 했던 兩班士大夫層의 사회경제적 이해관계를 충족시킬 법제를 마련해야만 했다. 조선왕조가 국가권력의 행사를 양반지주층의 지원과 경제기반에 의존하였던 이상 이들의 토지소유와 농민지배는 인정되고 보호되어야만 했다.[4] 이 또한 신분제 정비과정에서 반영해야할 현실적 조건이었다. 그것은 대체로 봉건적 수취를 감당할 擔稅源으로서 양인농민에 대한 국가의 지배력을 강화시키면서도 여전히 양반지주세력에 의한 私的 지배를 용인하는 형태로 이루어졌다. 즉 지주의 계급적 이해가 관철되는 봉건국가로서 조선은 군신관계가 잘 유지되도록 제도적으로 배려할 필요가 있었다.[5]

이와 관련하여 신분적 계급질서를 지탱해주는 통치이념으로 朱子學의 綱常名分論이 주목된다. 주자의 명분론과 인륜·강상설은 양신분으로서 예속농민의 사회적 위상을 고려하면서도 지배예속 관계를 관철시킬 수 있는 이념체계였다. 즉 강상명분론은 소유권 강화에 따라 제고된 양인농민층을 대상으로 차등적 신분질서를 유지하면서도 국가와 양반지배층에게 복무하는 태도를 자발적으로 강제해 넘으로써 중세 봉건국가를 안정적으로 운영해 나아가는 데 결정적인 역할을 수행

---

2) 李景植, 『朝鮮前期土地制度史硏究[Ⅱ]』, 지식산업사, 1998, 188~190쪽.
3) 金駿錫, 「朝鮮前期의 社會思想 -『小學』의 社會的 機能 分析을 중심으로」, 『東方學志』 29, 1981, 114쪽.
4) 金貞信, 「朝鮮前期 士林의 '公'認識과 君臣共治論」, 『學林』 21, 2000, 53~54쪽.
5) 李景植, 『朝鮮前期土地制度史硏究』, 一潮閣, 1986, 97쪽.

하였다.[6] 강상명분론에 입각한 통치질서의 확립은 수조권 분급제의 축소와 소멸 과정에서 양신분에 士와 함께 農을 편제시키면서도 이들을 공민으로 지배할 수 있는 논리적 근거였다. 더욱이 16세기 들어서 지주제가 유일한 토지운영 방식으로 확정된 상황에서 강상명분론은 농민층 분해와 경제적 관계의 확산에 따른 향촌사회내 계급 갈등 요소를 완화시키고 안정을 추구하는 데 주요한 역할을 수행하였다.

　본고에서는 이상의 연구성과를 토대로 집권적 봉건국가의 재편과정에서 확립·적용된 양천제와 강상명분론이 갖는 사상사적 의미에 대해 정리해 보겠다. 우선 양천제 확립이 갖는 의미를 수조권 분급제에 기초한 집권체제 면모와 관련하여 파악하기로 하겠다. 이를 위해서 과전법 확립이래 『經國大典』이 완성된 成宗代에 이르는 시기를 분석 대상으로 상정하였다. 해당시기 집권체제 안정을 위해 취해진 제 정책들을 중심으로, 이를 입안·시행하는 과정에서 적용되었던 법제적 기준으로서 양천의 활용사례에 대해 살펴보기로 하겠다. 양천이라는 표현은 고대 이래로 노비와 노비 아닌 자를 구별할 때 통용되었던 용어로 그 자체로 신분제도로 보기 어려운 점이 있다.[7] 그럼에도 불구하고 조선시대 들어서 양천의 구분이 문물제도의 운영기준으로 활용되었던 사실을 감안할 때 집권체제 유지에 필요한 인적·물적 토대를 확보하

---

6) 金駿錫,「儒教思想論」,『韓國史 認識과 歷史理論(金容燮教授停年紀念韓國史學論叢1)』, 지식산업사, 1997 참조.
7) 조선전기 신분구조는 개설적으로 국가 차원의 법제적 규범인 양천제와 당시의 실제 계급관계를 반영한 사회통념상의 班常制가 혼용·시행되었다고 보고 있다. 반상제와 양천제와 관련해서는 아래 논저 참조. 李成茂,『朝鮮初期兩班研究』, 一潮閣, 1980 ; 李成茂,『朝鮮 兩班社會 研究』, 一潮閣, 1995 ; 韓永愚,『朝鮮前期社會經濟研究』, 乙酉文化社, 1983 ; 韓永愚,『朝鮮時代 身分史 研究』, 集文堂, 1997 ; 宋俊浩,『朝鮮社會史研究』, 一潮閣, 1987 ; 宋俊浩,『朝鮮社會史研究』, 一潮閣, 1987 ; 劉承源,『朝鮮初期身分制研究』, 乙酉文化社, 1987 ; 崔永浩,「朝鮮王朝前期의 科擧와 身分制度」,『國史館論叢』26 ; 김성우,『조선중기 국가와 사족』, 역사비평사, 2001.

기 위해 시행되었던 정책들 속에는 봉건사회 내 엄연히 존재하는 계급 차등의 실상에도 불구하고 양천을 적용하고자 했던 의도와 현실 지향이 담겨져 있을 것이다.

다음으로 공민이자 예속민으로서 양인농민이 차지하는 사회적 위상을 고려하는 가운데 신분제 유지를 위해 적용되었던 주자학 강상명분론의 기능과 역할을 사상교화 정책을 통해서 살펴보겠다. 먼저 世宗代 국가 주도하에 이루어졌던 사상교화 정책에서 공민으로서 양인농민을 지배하고자 활용되었던 윤리덕목에 대해서 정리해 보겠다. 이를 통해서 과전법 체제 하에서 공적 지배질서를 확립하기 위해서 적용되었던 강상윤리의 특징을 파악할 수 있을 것이다. 이어서 中宗代 지주제 확산에 따른 농민층의 분해와 봉건관계의 재조정 과정에서 활용되었던 강상윤리에 대해서 살펴보겠다. 즉 양인전호층의 증가에 따른 지주제의 원활한 운영을 위해 在地士族들이 활용했던 윤리덕목에 대한 검토를 통해 해당시기 향촌사회 운영 방식의 특징과 집권체제의 면모를 살펴보기로 하겠다.

2. 集權體制 안정책과 良賤制의 운영양상

과전법 시행에 따른 수조권 분급의 축소는 양인농민층의 성장과 이에 따른 사회적 대우의 변화를 가져왔다. 이들은 초기왕조국가 시기 下戶의 존재로부터 고려의 白丁, 조선의 양인에 이르기까지 역사적 단계를 거치면서 성장해온 존재로서 스스로 토지를 소유하고 이를 가족 노동에 의해서 경작하며, 자기경리를 영위하는 점에서 법제적으로 양반과 차별되는 것은 아니었다.[8] 더욱이 麗末이래 점차 생산력 수준이 높아지면서 사회적으로 토지소유에 대한 신분적 제약이 가해지지 않

---

8) 金駿錫, 앞의 글, 1981, 114쪽.

는 상황에서 양인농민층의 지주로의 성장이 예상되면서 이들에 대한
신분적 보장이 제도적 차원에서 마련될 필요가 있었다.[9]

일단 조선전기 양인농민층은 賦稅와 國役 부담의 대가로 入仕가 허
용되었다.[10] 즉 이들은 科擧응시가 가능하고 승진에 있어서도 品階의
제한이 없었으며, 양인이 功을 세울 경우에도 賞職을 주는 것이 상례
였다.[11] 이때 양인농민층은 庶人 혹은 常民으로 지칭되었다. 옛 제도
에 따르면 王公이하에서 庶人의 자제에 이르기까지 모두 小學·部學
에 입학할 자격이 있었으며,[12] 常人이라는 이유로 士類의 대열에 참여
치 못하게 하는 것은 위법이라는 지적과 함께 平常의 사람이 벼슬길에
오르지 못하는 것이 문제라는 주장이 제기되었다.[13] 양신분이라면 누
구나 자신이 보유한 능력에 따라 公卿大夫로부터 하급 서리에 이르기
까지 어떠한 관직에도 나아갈 자격이 있었다. 이와 같은 신분 운영의
원칙은 과전법 실시에 따른 소유권 강화과정에서 제한된 의미에서나
마 토지 소유가 허용되면서 적용될 수 있었다.[14] 이러한 경제적 뒷받
침 속에서 서인 혹은 상민으로 지칭되었던 양인농민 역시 과거를 통해
양반으로 될 수 있는 가능성을 인정받을 수 있었다.[15]

그런데 양인농민층은 대개 소규모의 토지를 보유하고 가족노동으로

---

9) 金武鎭, 「朝鮮初期 國家權力과 兩班」,『韓國 古代·中世의 支配體制와 農
民(金容燮敎授停年紀念韓國史學論叢2)』, 지식산업사, 1997, 375쪽.
10) 韓永愚,『朝鮮時代 身分史硏究』, 집문당, 1997, 110쪽.
11) 韓永愚, 앞의 책, 1983, 404쪽 참조.
12)『太宗實錄』권125, 13년 6월 丁丑, 1책 675쪽, “……命下議政府擬議 一依古
者人生八歲王公以下至於庶人子弟 皆入小學之法 自 ·品以下至庶人子弟
皆入部學 始敎小學之書……”.
13)『世宗實錄』권49, 12년 9월 乙巳, 3책 259쪽, “……視事 贊成許稠啓 國朝 令
本係常人 不得齒士類之法 未盡善也 常者 平常也 平常之人 皆有不通仕路
之理乎……”.
14) 金錫亨,『조선봉건시대 농민의 계급구성』, 평양 ; 과학원출판사, 1957[『한국사
와 農民』(신서원, 1998 재편집), 254쪽 참조].
15) 李成茂, 앞의 책, 1995, 175쪽 참조.

이를 경영해 나가는 소규모 자영농민의 처지에 있는 것이 일반이었으며, 토지가 없거나 적은 토지를 보유한 양인이 보다 많았다.[16] 따라서 양인농민층은 원칙상 출세에 제약을 받지 않은 자유민이었지만, 이 같은 경제적 불안정성으로 인해 양인 모두가 평등한 출세조건을 갖춘 것은 아니었다.[17] 더욱이 자영소농일지라도 과전법체제 하에서 佃客으로서 田主의 수조권에 의해 자신의 소유권을 침탈 당할 위험성에 노출되어 있었다. 법제상 엄연한 사적 소유지이면서도 전객의 처지에서 생산물의 1/6을 무상으로 수취 당하는 상황에서 토지는 사적 소유였으나 그 소유는 본질상 불완전한 소유였다.[18] 이처럼 전주전객제는 순전히 경제적인 관계로서 뿐만이 아니라 신분적·정치적 조건까지 유착됨으로써 지주층·지배층의 농민지배를 관철하려는 데에 그 특징이 있는 것이었다.[19] 전주의 전객지배의 현실은 君臣과 民의 정치적 지배복속 관계, 君子와 小人이라는 윤리적 상하관계를 설정하여 주는 경제적 사회관계였기 때문이었다. 이렇게 함으로써 신분적 상하질서를 바탕으로 한 통치체제는 유지될 수 있었다.[20] 따라서 전객으로서 전주의 지배를 받고, 소유권 행사의 제한을 받고 있었던 처지에서 농민들이 법제적으로 보장된 양신분으로서 권리를 제대로 행사하기란 현실적으로 어려운 형편이었다. 오히려 수조권의 분급과 토지의 계층적 소유가 현실적으로 지배복속 관계에 따라 편재될 수밖에 없는 상황에서 양인농민들은 신분적 규제를 받아야할 형편이었다.

그런데 양인농민들은 집권체제 유지에 필요한 물적 토대를 제공하는 존재라는 점에서 국가의 직접 지배를 받는 공민으로 육성·보호받아야 하는 대상이기도 하였다. 따라서 이들을 어떻게 담세원으로서 봉

16) 金容燮, 앞의 책, 2000, 35쪽 ; 金錫亨, 앞의 책, 1998 재편집, 198~199쪽.
17) 韓永愚, 앞의 책, 1997, 22~23쪽.
18) 李景植, 앞의 책, 1998, 195~196·200쪽.
19) 金駿錫, 앞의 글, 1981, 115~116쪽.
20) 李景植, 앞의 책, 1986, 101·140쪽.

건적 수취체제 속으로 편입시켜 일정한 경제규모를 유지케 할 것인가가 신분제 정비과정에서 반드시 고려해야할 사안이었다. 비록 과전법의 시행과 농업생산력의 제고로 일시적으로 안정적인 처지에 놓이게된 농민이었지만 이들의 재생산을 어렵게 하는 제 문제가 완전히 제거된 것은 아니었다.[21] 대부분의 양인농민들이 소농민경영자들 혹은 전호농민으로서 토지소유의 영세성과 자연재해의 위협, 그리고 국가와 지배층의 무거운 수탈 등으로 인해 몰락하여 無田之民의 처지에 놓여있었다.[22] 이에 왕조개창 이래로 봉건적 예속농민의 수적 증가와 토지로의 긴박책이 국가적 차원에서 모색되었다.

우선 공민확보 정책으로 奴婢辨正事業이 주목된다. 이미 고려 元宗代 田民辨正都監의 설치(1269, 원종 10)로부터 시작되었던 노비변정사업은 신왕조에 들어서도 지속되었다. 이 시기 변정대상이 된 노비의 역사적 실체는 양인농민으로서 개인에게 私的으로 예속되어 국역부담에서 빠진 私民化ㆍ노비화된 존재였다. 그러므로 과전법 성립 이후 농민층의 신분을 변정하여 국역부담자를 확보하는 것이 가장 중요한 과제로 상정되었다.[23] 조선정부는 사업 시행을 통해 기왕에 대토지 권세가의 投託 또는 壓良되어 있는 양인농민들을 刷出하는 동시에 문란해진 노비의 귀속과 혼효된 양천 신분을 변정할 수 있었다.[24] 과전법 성립이후 한층 강화된 집권력을 바탕으로 양천의 기준에 따른 변정사업이 재개되었던 것이다.

태종대에는 공민확보를 위한 戶籍사업이 시행되었다. 국가는 양인농민층을 효율적으로 파악ㆍ관리하기 위해 戶口조사와 號牌法, 隣保

---

21) 金武鎭, 「朝鮮初期 鄕村支配體制 硏究」, 연세대학교 박사학위논문, 1990, 214쪽.

22) 金駿錫, 앞의 글, 1981, 114쪽.

23) 박진훈, 「高麗末 改革派士大夫의 奴婢辨正策-趙浚ㆍ鄭道傳系의 方案을 중심으로」, 『學林』 19, 1998 참조.

24) 『太祖實錄』 권12, 6년 7월 甲戌, 1책 108쪽.

制를 실시하였다.[25] 이 같은 토지 긴박책을 통해 양인의 流亡失業과 공민의 감소를 억제하고자 하였다. 즉 鄕長·舍長·里長의 법을 세워서 1백 戶에 향장을 두고, 50호에 舍長을 두고, 10호에 이장을 두어, 良民과 賤隷의 액수를 파악하고 호패를 패용케 하면 流移하거나 도망하여 숨는 자가 없게 되는 것이다. 호패법 시행에 따른 양인농민들의 土着은 사회 기강을 확립하는 데 기여하였다. 즉 기강을 엄히 하고 밝힘으로써 백성들이 流亡할 마음을 근절하여 호구가 감소하는 폐단을 제거하는 것이다.[26] 이때 기강은 공민확보와 수취체제 확립을 통해 집권체제의 안정을 달성할 수 있는 수단으로 강구되었다. 그것은 양천의 법제적 기준에 따라 貴賤을 명확히 구분하는 것이었다.[27]

양천의 준별을 통한 공민확보는 과전법하 집권체제 면모와 연계되어 있었다. 공전의 확대는 단순히 국가수조지의 확대만이 아니라, 이와 함께 私賤신분으로 예속되어 있던 전객농민을 負役부담자로 전환함으로써 양인의 확보도 동반하고 있었다.[28] 이러한 점에서 볼 때 태종대 下三道 移給과 官踏驗이 단행된 사실이 주목된다. 1417년(태종17) 私田억압 시책으로 사전 1/3을 충청·전라·경상도에 이급하였다. 정부는 이를 통해 양반관료들의 수조권에 의한 토지점유의 한 단계 약화시켜 나아갔다. 전주들은 일부이긴 하나 대대적인 과전이동으로 현재까지의 世業的인 토지지배에 타격을 받게 되었고, 직접 踏驗權의 몰수로

---

25) 『太宗實錄』 권4, 2년 8월 壬子·癸丑, 1책 243쪽 ; 『太宗實錄』 권14, 7년 11월 壬子, 1책 421쪽 ; 『太宗實錄』 권26, 13년 9월 丁丑, 1책 686쪽.

26) 『太宗實錄』 권11, 6년 3월 甲寅, 1책 352쪽, "……是以民庶絶流亡之心 戶口無增損之獘 此因世變而救之之術也……願立鄕舍里長之法 百戶置鄕長 五十戶置舍長 十戶置里長 良民賤隷之類 靡不周知 依中國之制 皆給號牌 出入佩持 如此則流移逃匿者 無所容矣 此法一立 人皆土着 非特有恒産而有恒心也 實强兵固國之一助也".

27) 『太宗實錄』 권28, 14년 10월 辛巳, 2책 41쪽, "改給號牌 漢城府啓號牌之法 欲辨人口貴賤……".

28) 李景植, 앞의 책, 1986, 91쪽.

전객수취에 질적인 쇠약을 받게 되었다.[29] 즉 수조권 행사의 제약은 대민 지배력을 강화시킬 수 있는 계기를 마련하였으며, 이는 보다 적극적인 공민확보 정책을 실시할 수 있는 객관적인 여건을 제공하였다. 대표적인 사례로서 補充軍 제도를 통한 賤類의 양인화 시도를 들 수 있다.[30] 대체로 천인이거나 또는 양천의 중간지위에 있는 자가 양인이 되는 전제로서 보충군에 속하여 그 군역에 종사하게 되었던 것이다.[31] 그런데 이때 臣僚들은 윤리기강의 차원에서 양천 분변의 원칙을 내세워 반대하였다. 천인은 主家에나 해당 관청에 奴役을 바치거나 身貢을 내는 私民이라는 점에서 보충군으로의 편입은 기강을 무너뜨리는 행위로 간주되었던 것이다. 그러나 良少賤多의 현상을 타개하고 집권체제 안정에 필요한 적정 수준의 인적자원을 확보하기 위해서는 천류의 양신분 내로의 편입은 불가피했던 것이다.[32] 즉 보충군은 조선초기의 양인확대정책의 일환으로 良賤不明者 또는 良夫의 婢妾産들을 身良役賤 또는 良人으로 바꾸어 놓은 身分軍의 역할을 하였다.[33]

보충대 문제는 논란을 거듭하면서 세종대에도 지속되었다. 이때 보

---

29) 李景植, 위의 책, 1986, 201~213쪽.

30) 『太宗實錄』권29, 15년 3월 丙午, 2책 255쪽 ; 『太宗實錄』권33, 17년 5월 甲子, 2책 166쪽.

31) 有井智德, 「李朝補充軍考」, 『朝鮮學報』21・22, 1962 ; 全炯澤, 「補充軍 立役規例를 통해 본 朝鮮初期의 身分構造」, 『歷史敎育』30・31, 1982 ; 閔賢九, 『朝鮮初期의 軍事制度와 政治』, 韓國研究院, 1983, 131~132쪽 ; 崔異敦, 「16세기 士林의 身分制 認識 -良人소생 補充隊의 入屬 논의를 중심으로」, 『震檀學報』91, 2001 참조.

32) 『太宗實錄』권33, 17년 5월 甲了, 2책 166쪽 ; 『太宗實錄』권34, 17년 10월 戊戌, 2책 189쪽, "司諫院上疏 疏論公私訴良者 勿問是非 皆屬補充軍之法 殊爲未便 請罷之 上曰 前日作法之時 諫官在左右 默不敢言 及其退議 亦無可否於其間 今旣作法 乃出此言何也 補充軍皆爲良人 良少賤多 於國何益……" ; 『太宗實錄』권34, 17년 10월 甲辰, 2책 190쪽, "……上曰 良少賤多 詞訟煩劇 今訴良事文契不明 久滯未辨 思欲斷訟 以立此法 良多賤少 何害於國家……朴블曰 歷代人君 或使私賤 免爲良人 今此法 實爲便益……".

33) 李成茂, 앞의 책, 1995, 354쪽.

충군의 존속을 주장하는 논자들은 다시 한 번 보충군 제도가 從良을
통해 양소천다의 문제점을 해소하기 위해 발의된 것임을 확인하였
다.34) 양천의 적용범위와 강도는 당대 집권체제 안정을 위해 요청되는
적정수준의 공민의 확보에 달렸다. 따라서 당시 양인농민층의 경제적
여건에 聯動하여 적용양상이 다를 수밖에 없었던 것이다. 이는 양천
신분내 엄존하는 경제적 불균등성을 반영한 것이었다. 이와 관련하여
세종대 田制개혁이 주목된다. 세종은 貢法(1444, 세종 28)시행을 통해
과전법 운영 과정에서 나타나는 田主와 豊凶調査官의 농간을 없애고,
양인농민들의 부세 부담을 경감시켰다. 또한 일련의 私田억압 정책을
통해 공전을 확대시키고 국고수입을 증대에 힘썼다.35) 이밖에도 勸農
정책과 義倉制, 貢納制의 정비 등을 통해 私民의 공민화와 자영농의
증가, 지주제의 확산을 견제하였다.36) 이처럼 세종대는 양소천다의 상
황을 타개하기 위한 일련의 집권체제 안정책들이 시행되었으며, 그 과
정에서 양천의 기준은 공민 증대를 통한 인적자원의 확보라는 일관된
정책목표를 달성하기 위해 탄력적으로 적용되었다.

　이러한 모습은 재생산 기반의 확충을 위해 도모했던 정책들에도 관
철되었다. 태종이래 세종, 세조대를 거치면서 추진되었던 북방개척과
해당 지역으로의 邊方徙民, 屯田정책은 良民戶의 경리기반을 확장하
고 조정하는 것이었다.37) 여기서 주목되는 점은 사민의 대상으로 양반
도 포함되었다는 사실이다. 신분적으로 常民層이나 賤民層이 대상이
되었음은 쉽게 이해되는 일이지만 향촌사회의 유력자, 즉 향리층이나
향촌양반층도 대상이 되었다.38) 집권체제 안정에 필요한 경제기반의

34)『世宗實錄』권49, 2년 9월 丙寅, 2책 396쪽.
35) 韓永愚, 앞의 책, 1983, 71~72쪽 참조.
36) 金駿錫, 앞의 글, 1997, 481~482쪽.
37)『太宗實錄』권12, 6년 7월 癸亥, 1책 366쪽 ;『世祖實錄』권22, 6년 11월 甲
　　辰, 7책 434쪽.
38) 金容燮, 앞의 책, 2000, 323쪽.

확충을 위해서라면 양반도 양신분으로서 사민 대상에서 제외 될 수 없
었던 것으로 보인다.

비슷한 사례가 세조대에도 나타나고 있었다. 3품 이상 고위 관리들
의 자손을 위해 설치되었던 忠順衛와 같은 양반 兵種을 줄이는 대신
正兵과 水軍과 같은 일반 병종을 늘리는 조치가 단행되었다(1459, 세
조 5).39) 그 결과 양반관료의 자제라 하더라도 양반특수 병종에 소속
되지 않은 이상 모두 양인농민과 마찬가지로 정병에 편입되었다.40) 이
시기 군역은 철저히 신분에 기준하여 운영되었다. 국초부터 양반은 군
역 면제 내지는 군역부담에 따른 경제적 우대를 받는 상황이었다. 따
라서 양반을 대상으로 한 특수 병종의 폐지는 실질적인 軍額의 증대라
는 점에서 양천의 엄격한 적용을 통해 공민을 확보한 사례로 볼 수 있
을 것이다. 이렇게 제고된 집권력은 직접법 시행(1466, 세조 12)에서도
확인된다. 직전법은 世祿을 목적으로 한 守信田・恤養田을 폐지하고
현직 관리에게만 직전 명목의 수조지를 분급하며, 散官은 제외시키는
것을 골자로 하였다. 이는 불가피하게 토지분급의 신분제적 성격의 약
화와 수조권을 통한 양반지배층의 대민 지배력의 감소를 초래하였다.
즉 수조권을 통해서 농민을 지배한다는 중세적 경제제도로서의 의의
가 대폭 감소되고 소멸되었던 것이다.41) 상대적으로 국가의 집권력은
한층 강화되었다.42)

그렇다고 해서 국가의 양천제 운영이 공민확보를 통한 집권체제 안
정만을 지향했던 것은 아니었다. 천신분에 대한 국가의 신분정책의 경

---

39) 千寬宇, 「朝鮮初期 五衛의 兵種」, 『史學研究』 18, 1964 ; 車文燮, 「鮮初의 忠
　義・忠贊・忠順衛에 대하여」, 『史學研究』 19, 1967 ; 閔賢九, 앞의 책, 1983
　참조.
40) 李成茂, 앞의 책, 1980, 210・216쪽 참조.
41) 金容燮, 앞의 책, 2000, 33쪽.
42) 15세기 중엽(세종~세조대) 현재, 有田民과 無田民의 비율이 약 7 : 3으로 유
　전민이 압도적으로 많은 것을 보면 전제개혁이 자작농의 비약적 확대를 가져
　온 것만은 부인할 수 없다(韓永愚, 앞의 책, 1983, 402쪽)

우 양반지주층에게 유리한 방향으로 입안·시행되었다. 집권체제의 안
정을 위해서는 양반지주의 이해관계를 보장할 수 있는 제도 확립 또한
필요했다. 즉 전주전객제와 함께 주요한 토지운영방식이었던 지주제의
원활성을 기대하기 위해서는 무엇보다 충분한 노비 노동력의 공급이
제도적으로 보장되어야 했다. 정복전쟁이 없었던 조선시대에 노비주들
은 노비를 계속 증식시키기 위한 방법으로 奴婢世傳法을 선호하였다.
국가는 집권체제의 안정적인 운영을 위해서 그들의 토지와 노비를 보
호해주는 장치를 법제적으로 마련해 두었던 것이다.[43]

1414년(태종 14) 양인 확보를 위해 從父法이 시행되기도 했지만[44]
良賤相婚을 규정을 어기고 혼인하는 자는 '一賤則賤'의 관행에 따라
부모 중 한쪽만 노비면 그 소생은 무조건 노비가 되게 하였다.[45] 『경
국대전』「刑典」에는 '凡賤人所係 從母役'이라 하여 천인 즉 노비는 어
머니의 역을 상속하는 것으로 규정하였다. 양인인 어머니가 천인인 아
버지와 결혼하였을 경우에 대해서는 이 규정의 주로서 '唯賤人娶良女
所生 從父役'이라 하여 아버지의 역을 상속한다고 하였다. 이 모든 항
목에 걸친 규정들은 노비의 소유인 양반 지주의 계급적 이익을 옹호
하는 일관된 입장 속에서 입안된 것이었다.[46] 공민확보에 따른 양반지
주의 노동력 동원 문제를 해소하기 위해서 정부는 천신분에 대한 강한
통제를 정책에 반영하였으며, 그 운영과정에서 奴主인 양반의 사적 통
제를 용인하였다. 그 결과 양반은 자기의 私奴婢에게 刑殺을 제외한
私刑을 가할 수도 있었다.[47]

---

43) 金泰永, 「韓國 中世史에서의 國家體制와 農民」, 『人文學 硏究』, 1996 148쪽
참조.
44) 婢家良夫 소생의 從良을 위해 시행되었던 종부법에서 從母法(1432, 세종 14)
으로, 그리고 『경국대전』의 노비세습법이 확정되기에 과정은 池承鍾, 『朝鮮
前期奴婢身分硏究』, 一潮閣, 1995, 10~33쪽 참조.
45) 李成茂, 앞의 책, 1995, 308쪽.
46) 金錫亨, 앞의 책, 1998 재편집, 41~42·45쪽.
47) 池承鍾, 앞의 책, 1995, 61~100쪽 참조.

　그런데 이 같은 노비에 대한 사적인 지배는 어디까지나 집권체제 안정을 해치지 않는 범위 내에서 용인되었다. 만약 이를 벗어난 탐학이 일어났을 경우 정부가 적극 개입하여 양반의 신분질서 문란 행위를 규제하려는 의지를 갖고 있었다. 세종대 刑曹에서 노주에 의해 일방적으로 자행되는 私刑을 적극적으로 저지해야 한다는 의견이 제출되었다. 상하 신분질서와 강상을 유지하기 위해 양천이 엄격히 구분될 필요는 있지만 그렇다고 해서 제멋대로 형벌을 행하여 무고한 사람을 함부로 죽이는 일은 용납할 수 없다는 것이다. 노주의 일방적인 사권 행사를 용인할 수 없다는 의사 표현이었다. 노주는 오로지 부리는 그 자체에만 만족해야 한다는 것이다. 이때 노비에 대한 처벌은 大權을 가진 군주에게 있다는 의견을 간접적으로 피력하였다.[48] 비록 천신분에 대한 지배층의 강한 인신적 구속력을 인정해 주었지만 이 역시 집권체제 안정을 해치지 않는 선에서 제도로서의 효용성을 발휘할 수 있는 것이다. 만일 사권에 의한 지나친 횡포가 자행될 경우, 노주인 양반지배층은 군주로 대변되는 공권력에 의해 제재를 받아야만 했다.

　이처럼 양천은 수조권 분급의 축소 과정에서 입안·시행되었던 집권체제 안정책에서 공민확보를 위한 목표를 달성하기 위한 법제적 기준으로 활용되었다. 그것은 집권체제 재편과정에서 나타난 민의 성장을 반영한 결과이자 현실적으로 체제 유지에 필요한 적정 수준의 공민 확보를 위해 필요한 기준이었다. 양천의 적용범위와 강도는 당대 양인농민층의 경제적 여건을 고려하는 가운데 결정되었다. 그럼에도 불구하고 제 정책을 시행하는 과정에서 양인농민층의 불안정성으로 인해 여러 폐단이 일어났으며,[49] 국가와 양반관료들 사이에도 이해관계를

---

48) 『世宗實錄』 권105, 26년 7월 辛丑, 4책 579쪽, “傳旨刑曹 本國奴婢之法所以嚴上下之分 紀綱由是而益固 故奴婢有罪 而其主殺之 議者 例皆揚其主而抑其奴 此誠良法美意也 然賞罰 人君之大柄 以人君而殺一無辜 天之福善禍淫 尙且不僭 況奴婢雖賤莫非天民也 以人臣而役天民 亦云足矣 其可擅行刑罰而濫殺無辜乎”.

달리하는 가운데 대립과 갈등이 초래되었다. 따라서 집권체제 안정책
의 운영과정에서 봉건적 예속농민들에게 공민으로서 감당해야할 경제
외적 강제를 받아들이며, 양반관료들에게는 봉건을 매개할 물적 토대
의 변화에 따른 군신관계의 재정립을 위해 이념적 지원이 요청되었다.

3. 綱常名分論의 적용과 思想敎化 정책

1) 公的 支配질서 확립을 위한 敎化政策

조선왕조는 집권체제의 안정을 이룰 수 있는 통치이념으로 주자학
의 강상명분론을 수용하였다. 명분론은 지배·복종의 階梯的 사회관
계를 인간 개개의 자발적 의식·사고활동을 통해서 자연법칙, 인간의
본질로 인식시키는 사상으로서[50] 원래 孔子 정치사상의 핵심이었던
正名論에서[51] 유래된 것이다. 공자는 周禮를 척도로 하여 명분을 바
르게 하는 것을 '正名'이라고 말하였는데, 여기서 명분은 사람들이 차
지하고 있는 정치적 지위와 신분등급을 의미하는 것이다.[52] '정명'으로
서의 명분론은 주자에 의해서 人倫과 綱常說로 발전하였다.[53] 원시유
교를 토대로 발전한 주자학은 명분론을 인간 보편의 윤리규범 체계인

---

49) 호패법은 시행과정에서 '勢家를 위하여 노비를 몰아주는 것이 법'이라는 汚
    名을 받게 되었다. 즉 시행이후 오히려 양민이 줄어들고 새롭게 노비를 얻은
    자가 증대하였으며, 노비를 推刷해야 하는 번거로움까지 초래되었다(『世祖
    實錄』 권37, 11년 10월 壬寅, 7책 710쪽 ;『睿宗實錄』 권2, 원년 12월 丙申, 8
    책 313쪽 ;『睿宗實錄』 권3, 1년 1월 壬午 8책 322쪽).
50) 金駿錫, 앞의 글, 1981, 110쪽.
51) 『梅月堂集』 권20, '名分說'(韓國文集叢刊 13권 ; 이하 총간), 382쪽 ;『山堂
    集』 권1, '正名論'(총간 16권), 579~580쪽 참조.
52) 任繼愈 편저, 전택원 옮김, 『中國哲學史』, 까치, 1990, 65쪽 참조.
53) 中國孔子基金會 編, 『中國儒學百科全書』, 北京 ; 中國大百科全書出版社,
    1997, 103·105~106쪽 참조.

강상론으로 구체화하였던 것이다.

인륜이란 자연현상과 그 운행법칙을 인간·사회관계에 적용시켜 조직한 윤리규범 체계로 三綱五倫을 근간으로 하였다.[54] 주자가 볼 때 인간은 先驗的으로 本有한 天理·天道의 차이에 따라 불가피하게 차별 있는 실상, 즉 五倫과 四民의 所業으로 대표되는 계층적인 上命下服의 사회질서를 받아들여야 하는 존재였다. 인간은 자신의 사회적 分屬에 구속당하는 존재로서,[55] 현실의 名位에 따라 상하·귀천·존비의 차등을 각기 본연의 분수로서 지켜져야만 했다. 그리고 사회구성원들이 모두 각자의 분수에 걸맞게 명분을 충실히 이행할 때 인간사회는 안정적으로 유지될 수 있는 것이었다.

강상명분론에 따르면 良人과 賤人, 兩班과 常民 사이에서는 결코 침범할 수 없는 차등관계가 존재하며, 이로부터 발생되는 지배와 복종의 불평등 관계는 마땅히 받아들여야만 하는 것이었다. 여기서 백성들로 하여금 고유한 자신의 명분에 충실하게 하고 그로부터 전체적인 사회의 조화를 이루게 한다는 유교의 정치론이 도출된다.[56] 이때 治者로서 봉건지배층은 민을 상대로 차등적 신분질서를 불변의 관념으로 받아들이게 할 책무를 부여받게 되었으며, 그 구체적인 노력이 敎化로 나타나게 되었다. 유교의 교화는 개별존재의 독자적 사고와 의식작용에 호소해서 유교의 인륜주의를 사회윤리화 함으로써 새로운 정권의 신분 계급관계를 관철하려는 것이었다.[57]

조선전기 이래로 주자학 이념에 입각한 사상교화 정책은 교육·종교·문자정책 등을 통해 전개되었다. 특히 정부는 주자학적인 법제와 의례를 인륜질서의 확립 차원에서 적극 추진하였다.[58] 대표적인 사례

---

54) 金駿錫, 앞의 글, 1981, 145쪽.
55) 金泰永, 「朝鮮前期 封建的 社會思想 試論」, 『經濟史學』 2, 1978, 178쪽.
56) 최우영, 「조선 사회 지배 구조와 유교 이데올로기」, 『한국 사회구조의 전통과 변화』, 문학과 지성사, 1994, 76쪽.
57) 金駿錫, 앞의 글, 1981, 129쪽.

로 인륜서인『三綱行實圖』의 편찬·간행(1434, 세종 16)을 들 수 있다.[59] 세종은『삼강행실도』를 서울과 외방에 널리 펴고, 學識이 있는 자가 어리석은 백성들을 대상으로 항상 가르치고 지도하여 일깨워 줄 것을 당부하였다. 이때 교화의 대상에는 貴賤을 불문하고 부녀까지도 포함한 그야말로 민 전체를 포괄하였다.[60] 즉 삼강을 통해 양천의 신분 전체를 교화시킴으로써 집권체제의 안정을 도모하겠다는 의도가 내재되어 있었던 것이다. 그런데 삼강은 오륜 가운데서도 국가와 가족을 대변하는 父子·君臣·夫婦의 관계를 강목관계로 규정한 윤리덕목이었다. 부·군·부는 父爲子綱·君爲臣綱·夫爲婦綱을 통해 강의 위치에서 목의 위치에 있는 자·신·부를 제어하고 통솔하는 상하·주종의 관계를 강조한 윤리덕목이었다.[61] 즉 삼강은 현실사회의 지배예속 관계 속에 내재된 차등성을 반영하는 윤리덕목으로서 임금에게 충성하고 아버지에게 효도하고, 남편에게 貞烈하는 것이야말로 하늘의 법칙에 근본하는 것이자 반드시 준행해야 할 도리였다.

　이처럼 삼강을 통해 부각된 국가와 가족윤리는 집권체제 안정에 기

---

58) 金駿錫, 앞의 글, 1997, 481~482쪽.

59) 이와 관련 연구성과로는 다음의 논문 참조. 河宇鳳,「世宗代의 儒敎倫理 普及에 대하여-『孝行錄』과『三綱行實圖』를 중심으로」,『全北史學』7집, 1983 ; 金恒洙,「『三綱行實圖』편찬의 추이」,『震壇學報』85, 1998 ; 金勳埴,「『三綱行實圖』보급의 社會史的 考察」,『震壇學報』85, 1998.

60)『世宗實錄』권64, 16년 4월 甲戌, 3책 562쪽, "……名曰 三綱行實 俾鋟子梓 廣布中外 思欲擇其有學識者 常加訓導 誘掖奬勸 使愚夫愚婦 皆有所知識 以盡其道何如……無貴無賤 常令訓習 至於婦女 亦令親屬 諄諄敎之 使曉然 共知……".

61) 金駿錫, 앞의 글, 1981, 145쪽. 이러한 점은『삼강행실도』孝子篇을 통해서 확인할 수 있다. 부자간의 윤리는 父慈子孝이지만 효가 부모의 慈를 전제로 하는 조건부의 도덕 규범은 아니다. 따라서 무조건적인 효도가 요청되게 되는데 그 구체적인 행동규범으로는 生時에 잘 공양하고 死後에는 禮에 따라 장사지내고 여막을 지어 사모해야 한다고 하였다. 즉 부모에 대한 자신의 일방적이고 무조건적인 효를 강조하고 있다는 점이다(河宇鳳, 앞의 글, 1983, 41쪽).

여하였다. 일단 봉건적 예속농민들에게 차등적인 신분질서를 하늘의
법칙으로 여기고 받아들이게 함으로써 집권체제 안정에 필요한 인
적·물적 자원을 안정적으로 확보할 수 있었다. 그리고 이를 제도적으
로 보장하기 위한 구체적인 노력이 시행되었다. 이 점은『삼강행실도』
간행 이후 취해진 각종 정책을 통해 확인해 볼 수 있다. 앞서 살펴보았
듯이 수조권을 매개로 전세 수취과정에서 자행되었던 전주의 사적 침
탈로부터 민을 보호함으로써 재생산기반을 안정적으로 확보하기 위해
서 공법이 시행되었다. 그런데 원활한 공법운영을 위해서는 수령권의
강화와 面里의 정비 등 전세수취의 실효를 기할 수 있는 공적 지배질
서가 조성되어야 했다.[62] 그래야만 봉건국가의 주요한 재정수입의 하
나인 전세제도를 개혁할 수 있기 때문이다. 이와 관련하여 1420년(세
종 2)에 제정되어『경국대전』「형전」'訴寃'條에 규정된 部民告訴禁止
法(이하 부민법)이 주목된다.[63]

　부민법은 지방관의 행정지배력을 강화시키기 위해 在地品官과 鄕吏
를 비롯한 在地勢力의 고소·고발을 금지하는 것이었다. 부민의 고소
행위는 尊卑의 명분에서 어긋난 일로 규정되었다.[64] 만일 부민의 고소
를 들어서 수령을 죄준다면, 존비의 질서를 잃어서 풍속이 불미스럽게
될 것이기 때문이었다.[65] 이때의 '尊卑之名分' 내지는 '上下之分'은 국

---

62) 조선전기 수령의 역할과 기능에 대해서는 다음의 논저 참조. 李存熙,「朝鮮
　　初期의 守令制度」,『歷史敎育』30·31합집, 1982 ; 李樹健,「世宗朝의 地方
　　統治體制」,『世宗朝文化硏究(Ⅰ)』, 1982 ; 한국역사연구회,『조선은 지방을
　　어떻게 지배했는가』, 아카넷, 2000 ; 임용한,『朝鮮前期 守令制와 地方統治』,
　　혜안, 2002 참조.
63) 李成茂,「世宗朝 文化의 再發見」,『世宗朝 文化의 再認識』, 1982, 106~109
　　쪽.
64)『世宗實錄』권21, 5년 7월 辛巳, 2책 548쪽, "惟部民之告訐 有乖尊卑之名分
　　頃因廷議 立爲禁防 所以重守宰而厚風俗也".
65)『世宗實錄』권62, 15년 10월 己巳, 3책 521쪽, "……許稠嘗啓曰 上下之分 不
　　可不嚴 若聽部民告訴而罪守令 則尊卑失序 風俗將自此而不美 毋令聽理其
　　言善矣……".

가의 공적 지배질서를 확립하는 데 필요한 치자의 정치적 지위와 신분 등급, 위계질서를 의미하는 것이다. 즉 수령과 부민의 관계가 자식과 아버지, 신하와 군주의 관계와 같아서 결코 범할 수 없는 것이기 때문에 지방주민이 지방관을 고소해서는 안 되는 것이었다.66) 이처럼 부민과 지방관의 간계는 삼강의 인륜관계에 비견되면서 양자간 존비의 명분과 상하의 분수의 차이가 발생되었던 것이다. 따라서 수령을 고소하거나 능욕하여 강상을 무너뜨린 자에 대해서는 엄한 처벌이 불가피 하였다.67) 심지어 부민법에 규정된 형률은 주노의 관계에까지 적용되었다. 부민법이 몰래 남에게 사주하여 주인을 고발한 종을 치죄하는 형률로 사용되었다. 즉 종과 부민을 대등하게 논할 수는 없으나, 은밀히 사주하여 고소하는 방법은 대개 서로 유사하다고 보고 부민에게 적용되는 형률이었던 일백의 杖刑을 가하고, 삼천리 밖으로 유배를 보냈던 것이다.68) 이처럼 삼강은 공적 지배체계가 확립되어 가는 과정에서 치자로서 수령의 분수를 강화시켜주는 윤리덕목으로 기능하였으며, 강상명분에 의해 보장받은 수령의 위상은 재지세력의 자의적인 私權 행사를 일정정도 견제할 수 있는 공권력 행사의 기반이 되었다.

이와 같이 삼강을 통해 공적 지배질서를 확립해 나아가는 데는 교화의 주체로서 군주의 역할이 강조되었다. 사람의 本性의 敎導·保養을 잘하고 못하는 여부는 군주에게 달려있기 때문이었다.69) 人主는 삼강

---

66) 김훈식, 「15세기의 민본이데올로기와 그 변화」, 『역사와현실』 창간호, 1988, 194쪽.

67) 『世宗實錄』 권39, 10년 2월 壬午, 3책 118쪽 ; 『世宗實錄』 권44, 11년 5월 丙辰, 3책 180쪽 ; 『世宗實錄』 권47, 12년 3월 丙寅, 3책 226쪽 ; 『世宗實錄』 권51, 13년 1월 甲申, 3책 290쪽.

68) 『世宗實錄』 권51, 13년 3월 己丑, 3집 305쪽, "……乃陰嗾他人乎 宜以陰嗾人告主之罪 比附於律……奴與部民 雖未可以等論 然陰嗾告訴 則大槪相似……海心則宜以杖一百流三千里論……".

69) 『世宗實錄』 권56, 14년 6월 丙申, 3책 369쪽, "集賢殿新撰三綱行實以進序曰 ……君親夫婦之倫 忠孝節義之道 是乃降衷秉彝 人人所同……三代以後 治

오륜을 통해 세상을 교화하고 人極을 세우는 존재였다.[70] 또한 군주는
정치교화의 주체로서 천명을 대신하여 弊法을 개혁하는 존재였다.[71]
이때 신료의 역할은 기강을 세우며 교화를 밝히고 풍속을 하나로 하는
국가의 대업에 마음과 힘을 다하며, 君上은 이러한 신하의 계획을 받
아들여 나라를 유지하는 것이었다.[72] 그리고 교화를 구체적으로 실현
하는 주체는 지방관들이었다. 이와 관련해서 成宗代 다음 기사가 주목
된다.

성종은 諸道 觀察使에게 내린 글에서 통치의 급선무로 교화를 강조
하면서 庶民뿐만 아니라 士族의 집안에서도 부자·형제·부부의 도로
표현되는 강상이 지켜지지 않는 상황을 지적하였다. 그리고 수령으로
하여금 해당 사안에 대해서 禁斷케 할 것을 지시하였다.[73] 이는 공적
지배질서의 확립을 전제로 백성 교화의 주체로 수령이[74] 양신분내 사
족층까지를 대상으로 실질적인 권한을 행사할 수 있게 되었음을 의미
하는 것이다. 이에 攸司·法吏와 監司·守令 등에 의한 엄격한 교화
의 결과 풍속이 순박해지기를 기대하는 발언들이 나오게 되었다.[75] 자

日常少 而亂賊之道 接跡於世者 良由君上導養之如何耳……".
70) 『世祖實錄』 권43, 13년 8월 戊戌, 8책 105~106쪽, "大司憲梁誠之上疏曰……
　　三綱五常 人主所以扶世敎 立人極者也……綱常不立 則人紀滅矣".
71) 『世祖實錄』 권5, 2년 8월 癸丑, 7책 148쪽, "右議政李思哲等上疏曰……主上
　　殿下 誕膺天命 纘承不基 悉革弊法 更新政化 大小臣民 懽欣拭目 咸仰惟新
　　之治……".
72) 『世祖實錄』 권40, 12년 11월 庚午, 8책 46쪽, "大司憲梁誠之上疏曰……國家
　　大業 必始祖 有大功於一國 列聖 施大德於斯民 制法度而立紀綱 明敎化而
　　一風俗 於是 臣僚盡心力而夾保之 君上 納謀謨而維持之 然後 國家大業 可
　　萬世永享矣".
73) 『成宗實錄』 권159, 14년 10월 甲子, 10책 529쪽, "……非惟無知庶民爲然 士
　　族之家 亦或有之 其爲傷風敗俗 誠非細故 卿等專理方面 任寄巡宣 如此之
　　流 慢不糾摘 是豈予委任責成之意歟……".
74) 『成宗實錄』 권75, 8년 1월 壬子, 9책 411쪽 ; 『成宗實錄』 권165, 15년 4월 乙
　　亥, 10책 585쪽.
75) 『成宗實錄』 권173, 15년 12월 甲戌, 10책 658쪽, "吏曹正郎 李復善上書曰…

연히 교화에 소홀히 하는 法司와 수령, 감사들에 대해서는 엄한 징계
가 내려졌다.[76]

　이처럼 수조권 분급제가 축소되어 가는 상황에서 집권체제 안정을
위해서 부각된 강상윤리는 삼강이었다. 정부는 상명하복의 삼강을 주
요 내용으로 하는 교화정책을 통해 봉건적 예속농민들을 공민으로서
신분적 계급체계에 편재시킴으로써 체제 안정에 필요한 인적·물적자
원을 제공받을 수 있는 길을 마련해 놓았다.[77] 또한 삼강은 교화 대상
으로 사족들을 공적 지배질서에 포섭시킴으로써 수조권 분급의 축소
로 변화가 예상되는 봉건관계를 유지해 나아가는 데 일정한 기능을 수
행하였다. 결국 삼강을 중심으로 한 교화정책은 당시 집권체제의 면모
를 보여주는 사례로서 공적 지배질서의 확립을 통해 양반사대부들에
의한 사적 침탈을 억제하면서 동시에 양인농민층을 봉건적 예속민으
로 규제하기 위한 수단으로 강구되었던 것이다.

2) 鄕村社會 안정을 위한 敎化方式

　강상명분론은 전주전객제가 소멸하고 지주전호제만이 유일한 경제
제도로서 관철되어 가는 과정에서 적극 활용되었다.[78] 과전의 後身인
직전마저 소멸하면서 지주제는 더욱 확대되었으며, 中宗·明宗朝에

　　…依司法吏 監司守令 各盡其任 能申其令 庶幾禁民爲非 使風俗返於淳 而
　　殿下但守成筭而已".
76) 『燕山君日記』 권38, 6년 8월 辛亥, 13책 424쪽.
77) 지배층 내부에서 상하·존비·귀천에 의한 질서가 확인된다면 양인과 천인,
　　양반과 상민 사이에는 결코 침범할 수 없는 차등관계가 더욱 엄격히 승인되
　　고 이를 통해서 지배와 복종의 불평등관계가 확고해질 수 있었다. 삼강의 수
　　직관계는 대민지배에 강한 구속력을 추동할 수 있는 현실적 근거로 활용되었
　　으며, 이를 통해 체제긍정의 관념형태 사유양식이 자연스럽게 형성될 수 있
　　었던 것이다(金駿錫, 앞의 글, 1997, 474~475쪽).
78) 金駿錫, 앞의 글, 1981, 108쪽.

오면 그 형세는 대단하였다.[79] 이 시기 봉건지배층은 규모의 차이는 있었지만 모두 소유권에 입각한 사적 소유지의 확장에 열을 올리게 되었다. 토지 집적과 이에 필요한 노동력 확보 과정에서 불가피하게도 양민과 民田에 대한 침탈이 발생하였으며, 토지에서 流離된 양인농민층의 많은 수가 佃戶로 전락하게 되었다.[80] 이들은 본래 법제적으로 양반사대부층과 차별이 엄격하지 않은 양신분이라는 점에서 지주와의 계급적 차등관계를 명확히 인식시킬 수 있는 방안이 강구되어야만 했다. 즉 지주제의 안정적인 운영을 위해서는 양인전호의 처지를 고려한 교화방식이 또 다른 강상윤리의 지원을 통해 마련되어야만 했던 것이다.[81] 더욱이 지주전호제가 수조권에 입각한 토지지배 방식에 비해 상대적으로 竝作半收의 경제적 관계를 우선시 할 수밖에 없었다는 점에서 향촌 양반지주와 전호간에는 이전의 전주와 전객에 비해 느슨한 신분의식이 개재될 가능성이 높았다. 이 같은 경제적 관계의 확산에 직면하여 양인전호에 대한 통제를 위해 향촌의 양반지주들은 私的 교화기구를 이용하여 직접 교화의 주체로 나설 수밖에 없었다. 이와 관련하여 주목되는 윤리덕목이 중종대 부각되었던 孝悌였다.[82]

　중종대 효제는 在地士族의 이해관계를 대변하였던 士林들이 중앙

---

79) 李景植, 앞의 책, 1998, 265쪽.
80) 金武鎭,「栗谷 鄕約의 社會的 性格」,『學林』5, 1983, 13쪽 참조.
81) 이와 관련해서는 金勳埴,「16세기『二倫行實圖』보급의 社會史的 考察」,『歷史學報』107, 1985 참조.
82) 조선전기『조선왕조실록』에 기록된 '효제'를 用例 별로 정리하면 다음과 같다.

시기\용례	太宗 (18년)	世宗 (32)	世祖 (14)	成宗 (25)	中宗 (39)	明宗 (22)	비　고
품성평가	6	9	1	4	9	4	宣祖(41) 15건 英祖(52) 82건
윤리덕목	3	9	3	6	28	13	
교화수단	10	3	0	5	33	16	
計	19건	21건	4건	15건	70건	33건	

정계에 진출하면서 더욱 강조되었다.[83] 이들은 효제를 堯舜의 정치의
핵심이자 교화의 단서로 인식하였다.[84] 효제의 중요성은『삼강행실도』
諺解本의 간행 목표를 밝히는 데에도 잘 나타나 있다. 그것은 不孝와
不悌로 초래된 천리와 강상의 혼란을 극복하는 것이었다.[85] 만일 간행
이후에도 효제가 실행되지 않으면『삼강행실도』등이 모두 겉치레에
불과할 뿐이라고 하였다.[86] 이와 함께 정부에서는 요순의 도인 효제를
달성하기 위해서 관찰사로 하여금 매달 초하루와 그믐에 里正과 勸農
에게 해당 마을의 효성스러운 자와 효성스럽지 않은 자, 공경스러운
자와 공경스럽지 않은 자, 화목한 자와 화목하지 않은 자를 구분할 수
있는 手本을 만들도록 권고하였다.[87] 즉 군주의 德化를 선양하는 위치
에 있는 감사는 온 道內를 대상으로 民彝를 펴고 禮俗을 도탑게 하여
모든 백성들이 효제의 행실과 長幼의 질서를 알게 해야 했다.[88]

효제의 중요성은 실제 강상 사건을 처리하는 데에도 강조되었다. 陽
城지역에서 아내와 자식 그리고 종이 모의하여 남편이자 아버지이나
주인인 家長을 죽이는 사건이 발생하였다. 정부에서는 이 사건이 시골
의 완악한 백성들이 효제를 모르기 때문에 일어난 것으로 간주하였다.
자연히 효제의 도리로 권면하지 못한 감사와 수령에 대한 징계가 이루
어졌다.[89] 여기서 주목되는 점은 주노의 관계가 효제의 가족윤리에 포

---

83) 대표적인 논자로 成世昌(1481~1548), 趙光祖(1482~1519), 孔瑞麟(1483~
　　1541), 柳庸謹(1485~1528), 李彦迪(1491~1553), 奇遵(1492~1521) 등을 들
　　수 있다.

84)『中宗實錄』권34, 13년 7월 戊午, 15책 465쪽. 실제로 중종은 후대 효제를 앞
　　세워 정치했다는 평가를 받고 있다(『仁宗實錄』권1, 1년 1월 戊午, 19책 188
　　쪽, "議政府舍人林亨秀 製進大行大王諡冊 其辭曰……政以孝悌爲先 學以誠
　　敬爲本……";『明宗實錄』권9 4년 6월 壬子, 19책 650쪽, "……頃在中宗朝
　　重孝悌之教 四十年間 多有成效").

85)『中宗實錄』권81, 31년 5월 甲子, 17책 654쪽.

86)『中宗實錄』권100, 38년 2월 壬辰, 18책 661쪽.

87)『中宗實錄』권100, 38년 2월 戊戌, 18책 663쪽.

88)『中宗實錄』권57, 21년 7월 壬寅, 16책 521쪽.

함된 사실이다. 이 시기 지주와 전호간에는 地緣的인 유대관계를 매개로 하는 경우가 많았다.[90] 따라서 안정적인 지주 전호관계를 유지하기 위해서는 지역공동체에 연고한 親緣性을 바탕에 둔 상명하복의 관계가 절대적으로 필요했던 것이다. 그것은 부모와 형제로 의제된 관계에서 잘 발현될 수 있었을 것이다.

효제는 가부장적인 인륜질서 안에 있는 부자와 형제간의 일방적인 의무의 습속이지만 그것이 仁과 愛에 의해서 지탱되어야 한다는 점에서[91] 상호적인 실천윤리로서의 면모를 지니고 있다. 따라서 효제는 지주와 전호의 사이를 어느 일방의 지배관계로 인식하지 않고 상위자로 하여금 하위자를 인애함으로써 대립과 갈등을 완화시키는 데 적합한 윤리덕목이었다. 이에 효제는 지주전호제의 원활한 운영에 따른 향촌사회 안정을 이룰 수 있다는 점에서 鄕約의 주요한 條目으로 편제되었다.[92]

한편 효제는 기본적으로 윗사람으로서 선도해야 하는 특징을 지니고 있는 윤리덕목이었다. 반드시 윗사람이 몸소 실천하며 인도한 뒤에야 백성들이 그것을 보고 감화되어 덕이 아래에 전파되는 것이다.[93] 즉 불효와 불제를 없애기 위해서는 조정과 학교에서 솔선하여 薰陶의 교화가 넘쳐흘러 사방에 이르게 해야 할 것이며, 이것은 聖明이 유념

---

89)『中宗實錄』권100, 38년 2월 壬辰, 18책 661쪽 ;『中宗實錄』권100, 38년 3월 甲寅, 18책 666쪽.

90) 金勳埴, 앞의 글, 1985, 39~40쪽 참조.

91) 戶川芳郎・蜂屋邦夫・溝口雄三, 조성을・이동철 옮김,『유교사』, 이론과 실천, 1990, 35쪽.

92) 이는 향약의 운영 조목으로 '敦孝悌進德行'・'孝悌和睦'이 강조되는 데에서 (金武鎭,「조선중기 士族層의 동향과 鄕約의 성격」,『韓國史研究』55, 1986, 29・35쪽) 확인할 수 있다.

93)『中宗實錄』권31, 12년 12월 庚午, 15책 373쪽, "孝悌出於性本之固有 而衆人之所同得……必待上之人窮行而導之 然後黎民觀瞻感化 敏德于下 此上行下效必然之理也".

하여 講明하는 데 달려 있다는 것이다.[94] 특히 군주는 효제를 주도하는 주체로서 이를 통치의 근본으로 간주하고 風教를 바로잡아야만 했다.[95] 愛民과 教民의 달성은 효제로부터 연유하는 것이었으며,[96] 이것으로써 생민에게 은택을 베풀게 되면 요순의 정치가 실현될 수 있는 기대를 갖게 하였다.[97] 즉 교화는 인주가 위에서 몸소 실천하여 모범이 되면 卿大夫가 化善될 것이고, 경대부가 화선되면 민인이 또한 화선되어 풍속이 순박하고 아름다운 데로 점차 변화한다는 논리였다.[98] 그래야만 군주가 하늘을 본받아 極고, 백성의 表率이 될 수 있었다.[99] 당연히 五倫의 실행이 聖學의 여부에 달린 것이다.[100]

효제가 주요한 강상윤리 부각되면서 교화의 주체였던 군주는[101] 교정의 대상으로 전환되었다. 즉 윤리실천의 주체로서 솔선을 기대하는 효제의 논리에 따라서 군주는 교화의 주체이기에 앞서 심법수양을 통해 스스로를 교정해야 했다.[102] 이때 군신관계는 임금은 하늘에, 신하

---

94) 『中宗實錄』 권81, 31년 5월 甲子, 17책 654쪽.

95) 『中宗實錄』 권26, 11년 11월 辛巳, 15책 233쪽, "司經奇遵曰 孝悌 百行之源 自天子至於庶人 皆以是爲先 而人君則尤重";『中宗實錄』 권26, 11년 11월 癸未, 15책 234쪽, "傳曰 治國 莫善於孝悌 故自古有爲之君 先興孝理 以正 風教";『中宗實錄』 권26, 11년 11월 庚寅, 15책 236쪽, "奇遵曰……上之於孝 悌 先盡其道 則以此推移 國可治矣".

96) 『中宗實錄』 권28, 12년 6월 癸酉, 15책 284쪽.

97) 『中宗實錄』 권34, 13년 7월 戊午, 15책 465쪽, "御夕講 侍講官柳庸謹曰 此云 孝悌也者 其爲仁之本歟 盖孝者 善事父母之謂也 悌者 善事兄長之謂也…… 夫澤被生民 化流當世者 率是孝悌之推也 而堯舜之盛治 唯此耳".

98) 『中宗實錄』 권5, 3년 3월 壬子, 14책 239쪽.

99) 『中宗實錄』 권8, 4년 7월 丁酉, 14책 344쪽.

100) 『中宗實錄』 권27, 11년 12월 戊午, 15책 243쪽, "光祖曰 父子有親 君臣有義 夫婦有別 長幼有序 朋友有信 其理一也 若於爲孝 極盡其道 則他可舉此措 之 行一事 當盡一事之理 不可少有餘蘊也 且爲學之術 上已知之矣 大學中 庸 上下皆當勉 而大槩專爲人主而作……人主之學 當務其大 而一法堯舜 學 若高明 則他事自不勞而理矣".

101) 『燕山君日記』 권39, 6년 10월 戊子, 13책 430쪽.

는 땅에 비유되면서도 군신간의 긴밀한 유대관계가 강조되었다. 만일 서로 가까이하지 않으면, 乾道가 비록 바르더라도 반드시 혼자서 이루어질 수 없다는 것이다.[103] 수조권 분급을 대신하여 교화의 권한이 봉건관계를 매개할 대상으로 상정되면서 양반사대부들은 국가권력의 협조자로서 군주와 함께 정국운영을 공유할 수 있게 되었던 것이다. 즉 재지사족들은 효제를 통해 지주제 운영에 필요한 대민 지배력을 제고시키는 한편, 군주에게는 심법수양을 통해 교정 받아야 할 대상으로 상대화시킴으로써 교화주체로서의 면모를 부각시켜 나아갔다

이러한 양상은 향촌사회 안정을 위해 취해진 교화방식에도 즉각 반영되었다. 일단 재지사족층이 사회교화의 주체로 나서게 되었다. 15세기까지 농민통제가 주로 직접적인 농민긴박 정책이나 권농정책과 같이 중앙정부의 주도 하에 전개되었고, 사회교화 정책 역시 향교제도·과거제 등 집권체제의 통치기구 내부에서 행해졌던 것임에 대해서 16세기에도 이러한 기본방침은 그대로 계승되는 가운데 이제는 향촌사회의 지배질서를 장악하고 있는 양반지주층, 그들 자신의 현실적 필요에서 사회교화 방안 등이 마련되고 또 추진되었다.[104] 대표적으로 향약·서원 등 사적 교화기구의 확대를 들 수 있다. 문제는 사적 교화기

---

102) 이 시기 성학의 교본은 『大學』과 『中庸』이었다. 양서를 통해 堯舜의 가르침을 법받아 자신의 덕을 닦아 솔선수범을 보이면 사람들이 모두 감화하여 자연 덕을 닦을 것이어서 至治가 이루어진다고 보았다(『中宗實錄』 권27, 11년 12월 戊午, 15책 243쪽 ; 『中宗實錄』 권12, 5년 10월 甲午, 14책 467쪽 ; 『中宗實錄』 권31 13년 1월 丁卯, 15책 393쪽). 이러한 교화방식은 朱子에게서 나온 것이었다. 즉 주자에 따르면 기강을 확립의 관건은 人主의 心術에 달린 것이었다. 따라서 군주가 스스로를 自正할 때 기강이 확립될 수 있었던 것이다(『栗谷全書』Ⅱ, 권25 '立紀綱章 第七'(총간 45권) 40쪽, "朱子曰 紀綱不能以自立 必人主之心術 公平正大 無偏黨反側之私 然後紀綱有所緊而立 君心不能以自正 必親賢臣 遠小人 講明義理之歸 閉塞私邪之路 然後乃可得而正也"].

103) 『中宗實錄』 권13, 6년 3월 壬子, 14책 498쪽.

104) 金駿錫, 앞의 글, 1981, 13쪽.

구가 본격적으로 가동될 때 예상되는 공적 지배질서와의 관계설정이
었다.

　중종대 향약시행과 관련하여 이 문제가 집중 거론되었다.[105] 우려의
논지는 향약의 시행으로 수령의 권세가 약화된다는 점이었다.[106] 더
나아가 자의적인 향촌운영의 결과 笞杖의 權柄이 賤隸에게 옮겨지게
되었고 是非의 의논이 鄕豪에게서 나오게 됨으로써 빚어지는 인륜과
기강의 문란이 거론되었다.[107] 여기서 말하는 인륜과 기강은 집권력
강화를 통해 마련된 공적 지배질서를 의미하는 것이다. 그것은 수령권
이 향촌사회에 관철될 때 형성되는 것이기에 사족 주도의 교화방식은
權柄으로 상징되는 공권력을 무력화시킬 수 있다는 우려를 자아냈던
것이다.

　구체적인 사례로 향약 조목의 하나였던 患難相恤이 거론되었다. 刑
曹에서 도망한 徒民을 체포하려 했는데 鄕約人이 이를 숨겨주고, 체포
하러 온 자를 방해하면서 患難相救를 핑계로 댔다는 것이다.[108] 사민

---

105) 조선전기 향약관련 논문으로 다음 참조. 高承濟, 「近世 鄕村制度의 成立과
　　村落社會의 構造的 變化」,『白山學報』18, 1975 ; 池敎憲, 「朝鮮朝 鄕約의
　　儒敎哲學的 背景」,『淸州敎育大學 論文集』12, 1976 ; 金龍德, 「鄕約과 鄕
　　規」,『韓國思想』16, 1978 ; 李泰鎭, 「士林派의 鄕約普及運動 -16세기의 經
　　濟變動과 관련하여」,『韓國文化』4, 1983 ; 李泰鎭, 「士林派의 鄕約普及運動
　　-16세기의 경제변동과 관련하여」,『韓國文化』4, 1984 ; 韓相權, 「16·17세기
　　鄕約의 機構와 性格」,『震檀學報』58, 1984 ; 金武鎭, 앞의 글, 1986 ; 김필동,
　　「朝鮮前期 鄕約의 普及과 그 社會的 意味-16세기를 중심으로」,『韓國의 社
　　會와 文化』10, 1989 ; 鄭震英, 「16, 17세기 재지사족의 향촌지배와 그 성격」,
　　『역사와현실』3, 1990.
106)『中宗實錄』권34, 13년 9월 壬寅, 15책 478쪽, "領事鄭光弼曰 鄕約好則好矣
　　然聚徒而所爲不善 則邑宰之勢 反爲弱矣".
107)『中宗實錄』권38, 15년 1월 戊申, 15책 615쪽, "司諫南世準等 上疏略曰……
　　鄕約之設 非不美也 將導之以德 齊之以禮 優游浸漬 使民有恥且格可也 而
　　內則位卿相者 自爲約正 外則任方面者 專事督責 不遵約意 徒務煩苛 使笞
　　杖之權 移在賤隸 是非之論 下出鄕豪 人紀紊滅 讐怨交起 惑拔人塚墓 或火
　　人廬舍 民情危懼 而風俗日至於頹敗".

정책은 공민확보의 차원에서 국가가 적극적으로 추진했던 집권체제 안정책이었는데 이것이 향촌 내 양반지주들의 이해관계와 충돌하면서 사권이 공권을 압도하였던 것이다. 사실 환난상휼은 전호농민의 재생 산기반을 보장함으로써 향촌사회의 안정을 추구하려는 재지사족의 의지를 구체화시키기 위해 만들어진 규약이었다. 그것이 지주제가 확산 되어 가는 과정에서 재지사족의 이해관계를 실현시켜 준다는 점에서 중앙의 행정력에 우선해서 적용되었던 것이다.

그렇다고 해서 향약의 제 규약이 양반지주세력의 이해관계만을 일 방적으로 대변할 수는 없었다. 사족의 지배력에 포섭하려는 농민들은 국가의 田租를 포함한 역역·군역 등의 제 봉건적 부담을 감당해 줄 공민이자 성실한 농업경영을 통해서 예정된 지대를 납부해 주는 전호 였다. 따라서 사적 대토지소유의 확대와 농민층 분해과정의 진전에도 불구하고 국가의 농민지배와 통제는 여전히 유지되어야만 했다. 그렇 지 않았을 경우 초래될 농민층의 몰락은 향촌사회의 안정을 일거에 깨 뜨릴 수 있는 이 시기 가장 위협적인 요소로서 이를 막기 위해서는 국 가의 일정한 역할을 기대하지 않을 수 없었다. 집권력과의 조화는 무 엇보다 소농경제의 안정을 위해 도모하지 않을 수 없었다. 이러한 점 에서 "향약을 행하는 고을에서는 양민을 강압하여 천인으로 만들고 官 債의 납부를 막는 일은 보지 못하였다"는[109] 주장은 壓良爲賤을 지양 하고 원활한 부세수취를 추구했던 정부시책에 부응하는 사례로 볼 수 있다.[110] 이는 "향약인들이 스스로 형정을 쓰기 때문에 法司가 제 기

---

108) 『中宗實錄』 권38, 15년 1월 癸巳, 15책 608쪽, "……領事 鄭光弼曰 鄕約 皆 彼輩所造端也 頃者刑曹有捕徙民逃亡者 鄕約之人 乃敢匿之 拒其捕者 使不 得捕往 告曰 患難相救 故乃敢救之".

109) 『中宗實錄』 권34, 13년 9월 壬寅, 15책 478쪽, "趙光祖曰 臣聞溫陽郡人 善行 鄕約 若善行鄕約 則固美矣……光祖曰 行鄕約之邑 如壓良爲賤 拒扞官債之 納 如此等事 皆已未見".

110) 이러한 점은 품관의 발호를 견제하기 위해서 좋은 수령을 배치하도록 노력한 사실에서 확인할 수 있다. 士林은 수령을 적절히 견제하면서 지방사회를 이

능을 다하지 못하고 오히려 향약인들이 한 대로 따른다"는[111] 우려를 불식시키는 것으로 향촌사회 운영 주체이면서 동시에 집권적 봉건국가의 지배층으로서 재지사족의 위상을 반영한 것이다.

4. 맺음말

중세 봉건국가로서 조선왕조는 건국 이래로 집권체제의 안정을 이루기 위해 제도문물과 통치이념을 정비해 나아갔다. 그 중에서도 신분제는 국가운영에 필수적인 토지생산물과 노동력 징수·징발의 기준이 되는 사회제도라는 점에서 여말선초 이래 발생한 생산관계의 변화 양상을 잘 반영하여야만 했다. 이때 집권체제의 재편이라는 관점에서 고려해야할 사안은 토지 소유권이 강화되면서 제고된 농민의 사회경제적 위상이었다. 동시에 공민으로서 이들을 신분적 계급질서에 편제시킴으로서 봉건적 수취기반을 확립하는 것이었다. 이에 국가는 담세원으로서 예속농민에 대한 공적 지배와 양반지주 세력에 의한 사적 지배를 용인할 수 있는 법제적 기준으로 양천제를 확립하고, 주자학의 강상명분론을 교화정책의 운영이념으로 확정하였다.

양천은 집권체제 안정에 필요한 정책들을 입안하고 시행하는데 주요한 기준으로 활용되었다. 노비변정사업과 호패법에서 양천은 기강확립을 통해 공민을 확보하기 위해 관철되어야 할 법제기준이었다. 이와 관련하여 주목되는 사실은 과전법 체제 하에서 집권국가의 면모였다. 본래 과전에는 지배신분으로서 사족이 수조권 분급의 명목으로 절급 받은 토지와 이 토지의 경작농민을 지배하는 원리가 내재되어 있었

끌어 갈 수 있는 정치세력을 인정하고, 이를 조직화하는 것이 불가결한 것으로 이해하였다(崔異敦, 「16세기 사림중심의 지방정치 형성과 민」, 『역사와현실』16, 1995, 211쪽).

111) 『中宗實錄』 권37, 14년 11월 庚戌, 15책 586쪽.

다. 따라서 수조권 분급의 축소와 소멸에 따른 집권체제의 변화추이는
양천의 준수와 적용 범위에 일정한 영향을 끼치고 있었다. 이러한 점
에서 볼 때 태종대 하삼도 이급과 관답험이 단행된 사실이 주목된다.
즉 수조권 행사의 제약은 대민 지배력을 강화시킬 수 있는 계기를 마
련하였으며, 이는 보다 적극적인 공민확보 정책을 실시할 수 있는 객
관적인 여건을 제공하였다. 대표적인 사례로서 보충군 제도를 통한 천
류의 양인화 시도를 들 수 있다. 양천 분변을 통한 강상의 유지를 촉구
하는 반론에도 불구하고 정부에서는 보충군에 천류의 참여를 허용하
였다. 이는 집권체제 안정이라는 목표를 달성하기 위해 양신분의 범주
가 확대된 사례로 볼 수 있을 것이다. 즉 양소천다의 현상을 타개하고
집권체제 안정에 필요한 적정 수준의 인적자원을 확보하기 위해서는
천류의 양신분 내로의 편입은 불가피했던 것이다.

보충대 문제는 논란을 거듭하면서 세종대에도 지속되었다. 이때 보
충군의 존속을 주장하는 논자들은 다시 한 번 보충군 제도가 종양을
통해 양소천다의 문제점을 해소하기 위해 발의된 것임을 확인하였다.
양천 기준의 적용범위와 강도는 집권체제 안정에 필요한 수준의 공민
의 확보에 달렸다. 따라서 당대 양인농민층의 경제적 여건에 연동하여
적용양상이 다를 수밖에 없었던 것이다. 이는 양천 신분내 엄존하는
경제적 불균등성을 반영한 것이었다. 이와 관련하여 세종대 공법개정
과 권농정책, 의창제·공납세의 정비 등을 통한 사민의 공민화 시도가
주목된다. 이처럼 세종대는 양소천다의 상황을 타개하기 위한 일련의
집권체제 안정책들이 시행되었으며, 그 과정에서 양천의 기준은 공민
증대를 통한 인적자원의 확보라는 일관된 정책목표를 달성하기 위해
탄력적으로 적용되었다.

이러한 모습은 재생산 기반의 확충을 위해 태종이래 세종대 걸쳐 추
진되었던 사민정책에서도 잘 나타나고 있었다. 여기서 주목되는 점은
사민의 대상으로 상민층이나 천민층이 중심이면서도 양반도 포함되었

다는 사실이다. 집권체제 안정의 목표를 달성하기 위해서는 양반도 양
신분으로서 사민 대상에서 예외가 될 수 없었던 것이다. 비슷한 사례
가 직전법 시행에 따라 집권력을 제고시켰던 세조대에도 나타나고 있
었다. 세조는 충순위와 같은 양반 병종을 폐지하는 대신 정병과 수군
과 같은 일반 병종을 늘렸다. 양반을 대상으로 한 특수 병종의 폐지는
실질적인 군액의 증대라는 점에서 양천의 엄격한 적용을 통해 공민을
확보한 사례로 볼 수 있을 것이다.

그렇다고 해서 국가의 양천제 운영이 공민확보를 통한 집권체제 안
정만을 지향했던 것은 아니었다. 천신분에 대한 국가의 신분정책의 경
우 양반지주의 이해관계를 보장하는 방향으로 확립되었다. 노비세전법
을 통해 지속적인 노동력 충원을 가능케 하였으며, 노비에 대한 사적
지배를 허용함으로써 전호농민의 노동력을 입각한 지주제의 원활한
운영을 도모하였다. 그러나 노비에 대한 사적인 지배는 어디까지나 집
권체제 안정을 추구하는 범위 내에서 허용되었다. 만약 이를 벗어난
탐학이 일어났을 경우 정부가 적극 개입하여 양반의 신분질서 문란 행
위를 규제하려는 의지를 갖고 있었다.

이처럼 양천은 과전법체제 하에서 집권체제 안정에 필요한 적정한
공민을 확보하고 유지해 나아가는 데 주요한 법제적 기준으로 활용되
었다. 그것은 집권체제 재편과정에서 초래되었던 민의 성장을 반영한
결과로서 현실적으로 체제 유지에 필요한 공민확보 정책을 입안 시행
하는 게 주요한 기준으로 상정되었다. 그러나 양천에 기준하기에는 중
세사회내 엄존하는 계급적 차이와 이로부터 초래되는 문제, 즉 양인농
민층의 경제적 불안정으로 인한 여러 폐단과 공통의 경제기반을 둘러
싸고 국가와 양반관료간에 대립을 최소화시킬 수 있는 이념적 지원이
보완될 필요가 있었다. 그것은 양신분내 봉건적 예속 농민들에게는 현
실의 차별을 수긍하는 사회 신분논리이며, 양반관료들에게는 군신관계
의 재정립을 통해 봉건을 실현시킬 정치운영론 이어야만 했다.

이와 같은 조건을 충족시키는 지배이념이 주자학의 강상명분론이었으며, 이에 입각한 사상교화 정책이 시행되었다. 주자는 명분론에 입각하여 상하관계를 엄격히 구분하고, 이를 천리로 상정함으로써 인사에 적용되는 삼강오륜을 신분적 차등관계를 유지하는 데 반드시 지켜야 할 준칙으로 확정지었다. 집권체제 안정을 위해서 부각된 강상윤리는 삼강이었다. 국가는『삼강행실도』의 편찬과 간행을 통해 봉건적 예속 농민들에게 차등적인 신분질서를 하늘의 법칙으로 여기고 받아들이게 함으로써 집권체제 안정에 필요한 인적·물적자원을 안정적으로 확보할 수 있었다. 그리고 이를 제도적으로 뒷받침하는 시책이 마련되었다. 공법시행을 통해 전제제도를 개혁함으로써 전주의 자의적 침탈을 제재하고 민의 재생산기반을 유지해 나아갈 수 있는 여건을 조성하였다.

그런데 원활한 공법운영을 위해서는 전세수취의 실효를 기할 수 있는 공적 지배질서가 조성되어야 했다. 그래야만 봉건국가의 주요한 재정수입의 하나인 전세제도를 개혁할 수 있기 때문이다. 이와 관련하여 부민고소금지법이 주목된다. 부민법을 통해 국가는 삼강의 인륜을 부민과 지방관 사이에 적용시켜 양자를 존비와 상하의 관계로 규정하였다. 강상명분에 입각하여 공인 받은 존비는 양반관료층의 자의적인 사권 행사를 일정정도 견제할 수 있는 공권력으로 작용하였다. 이같이 삼강을 통해 공적 지배질서를 확립해 나아가는 데에는 교화의 주체로서 군주의 역할이 강조되었다. 그리고 이를 구체적으로 실현하는 주체는 지방관들이었다. 삼강을 중심으로 한 교화정책은 당시 집권체제의 면모를 보여주는 사례로서 공적 지배질서의 확립을 통해 양반사대부들에 의한 사적 침탈을 억제하면서 동시에 양인농민층을 봉건적 예속 민으로 규제하기 위한 수단으로 강구되었던 것이다.

강상명분론에 기초한 교화정책은 지주제가 유일한 경제제도로서 활용되던 시기에 적극 활용되었다. 양인전호의 증가와 병작제의 확산은 국가운영 체제 전반의 변화를 초래할 만한 사회경제적 변동으로서 특히 재지사족의 사회경제적 이해관계를 충족시킬 수 있는 대안으로서 강상명분론의 역할이 중시되었다. 중종대 지주제의 안정적 운영을 위해 향촌의 양반지주들은 교화의 주체로 나서면서 효제의 윤리덕목을 적극 권장되었다. 이시기 효제는 재지사족의 이해관계를 대변하였던 사림들에 의해 주장되었으며, 이들은 효제를 요순의 정치의 핵심이자 교화의 단서로 인식하였다. 효제는 가부장적인 인륜질서 안에 있는 부자와 형제간의 일방적인 의무의 습속이지만 인애가 전제된다는 점에서 상호적인 실천윤리로서의 면모를 지니고 있다. 따라서 효제는 지주 전호 관계를 어느 일방의 지배관계로 인식하지 않게 하면서 상위자로 하여금 하위자를 인애함으로써 대립관계를 완화시킬 수 있는 윤리덕목이었다. 이 같은 점 때문에 효제는 향약의 주요한 규범으로 확정되어 현실의 지주제를 안정적으로 운영해 나아가는 데 주요한 역할을 수행하였다.

한편 효제는 지배층, 그 중에서도 군주의 솔선수범을 요구하는 덕목으로서 성학을 통해 심성수양의 전제가 되었다. 이는 재지사족들의 정치력을 제고하는 계기를 마련하였다. 수조권 분급의 소멸과 지주제 확산 과정에서 새롭게 군신관계를 정립한 재지사족들은 자신들의 계급적 이해관계를 보존하기 위해서 효제를 통해 전호농민들에 대한 사적 지배를 강화시켜 나아갔다. 또한 이를 사적 교화기구를 통해 구현함으로써 향촌사회 안정을 추구하였다. 그러나 그것은 어디까지나 토대변화에 따른 봉건관계의 재조정을 목표로 한 것으로 국가와의 상호보험적 관계를 유지하는 선상에서 이루어졌던 것이다. 이것은 지주제가 확산되는 과정에서 재지사족이 공동의 물적기반을 둘러싸고 국가와 갈등을 벌이면서도 자신들의 계급적 이해관계를 관철시키기 위해서는 국가기구나 국왕의 권위를 빌리지 않을 수 없는 현실을 반영한 결과였다.

조선왕조의 集權體制와 科學技術政策
-조선전기 天文曆算學의 정비 과정을 중심으로-

구 만 옥*

1. 머리말

朝鮮王朝 지배질서의 骨幹이라 할 수 있는 '經濟'·'經國'의 이념과 준거들은 15세기의 政制·法典의 거듭된 정비과정에서 수정·보완을 거쳐 『經國大典』으로 정착되었다. 이후 이른바 '經國大典體制'는 조선왕조 전기간에 걸쳐 국가운영의 기본 질서로 간주되었다. 이는 麗末鮮初의 사회변동을 수습하고, 국가·중앙정부 차원에서 주도하는 集權體制의 再編을 목표로 하는 것이었다. 사상사의 측면에서 그것은 朱子學의 수용과 정착을 확인할 수 있는 커다란 이정표였다. 이에 따라 朝鮮前期에는 각종 法制와 儀禮가 朱子學의 원리에 따라 재정비되었고, 국가의 정책 역시 이러한 목적을 실현할 수 있는 방향으로 추진되었다.

조선전기 과학기술정책의 성격과 내용은 위와 같은 역사적 흐름 위에서 이해할 필요가 있다. 그것은 크게 두 가지 측면으로 나누어 생각해 볼 수 있는데, 하나는 儒敎·朱子學의 政治思想的인 필요에 의해

---

* 경희대학교 전임강사, 국사학

추진된 科學政策이고, 다른 하나는 集權體制의 社會經濟的 요청에 따른 科學技術政策이다. 儒敎・朱子學이 조선왕조 집권체제의 사상적 기반이었다는 점에서 양자는 긴밀히 연결되어 있었다고 볼 수 있다. 이와 함께 왕조 교체에 따른 정치・사회적 혼란을 수습하고 새로운 왕조체제의 안정에 기여할 수 있는 여러 가지 과학기술을 발전시키기 위한 노력도 병행되었다.

조선전기의 과학정책 가운데 가장 주목할 만한 것은 역시 조선왕조 건국의 정당성을 정치사상적으로 뒷받침할 수 있는 天文學의 정비와 天文曆法의 발달이었다. 儒敎・朱子學에서는 '觀象授時'를 帝王의 첫 번째 임무로 간주하여 天文學의 중요성을 강조하였고, '受命改制'의 원칙에 입각하여 새로운 왕조가 수립되었을 때에는 天命의 收受를 대외적으로 표방할 수 있는 天文曆算學의 정비를 우선적 과제로 삼았다. 太祖代「天象列次分野之圖」의 刻石, 世宗代 簡儀臺의 설립과『七政算』이라는 자주적 천문역법의 창출은 바로 이러한 관점에서 이해할 수 있다.

조선전기의 과학기술정책은 집권체제의 사회경제적 안정화라는 문제와 관련하여 살펴볼 필요가 있다. 조선왕조의 開創은 역사적으로 볼 때 土地와 人民에 대한 一元的・직접적・統一的 지배를 목표로 하는 集權體制의 再編 과정이었다. 따라서 토지와 인민에 대한 새로운 지배질서를 확립하여 안정화시키는 것이 國初의 주된 관심사였고, 조선왕조의 과학기술정책의 방향은 이러한 국정운영 基調와 보조를 같이 하였다.

먼저 土地制度 문제와 관련하여 조선왕조 정부의 정책은 私的 토지소유에 입각한 地主佃戶制와 自營小農經濟의 균형을 유지하는 것을 목표로 하였다. 그것은 收租權 分給制를 급속히 축소・해체시킴으로써 私的인 농민지배의 통로를 배제하는 방향으로 추진되었다. 토지제도의 변동 속에서 중앙정부는 전국의 토지를 일목요연하게 파악할 필

요가 있었고, 그 연장선상에서 각종 地圖의 제작과 地理志의 편찬이
이루어졌다. 그것은 집권국가의 국토를 효율적으로 이용하기 위한 노
력의 소산이었다. 量田 사업의 원활한 진행을 위해서는 算學을 발전시
키고 度量衡 제도를 정비하였다.

한편 농민층의 생활을 안정시키고 재생산 기반을 보장하기 위한 여
러 가지 방안이 모색되었다.『農事直說』의 편찬으로 상징되는 農法改
良과 勸農政策, 義倉制의 시행과 貢法制定에 의한 田稅·貢納制의
정비,『鄕藥集成方』으로 대표되는 鄕藥 연구와 민간의료의 개선 등이
그와 같은 목적에서 일관되게 추진되었다. 그리고 그 과정에서 農學·
算學·醫藥學 분야의 연구가 국가·정부 주도 하에 활성화되었다.

이밖에도 무기제조기술·인쇄술 등이 발전하였는데, 이는 集權國家
의 국방·문화정책과 관련하여 이해할 수 있을 것이다. 왕조교체에 따
른 정치사회적 혼란을 수습하기 위해서는 대내외적 위협으로부터 국
가와 왕실을 보위할 수 있는 물리력의 확보와 왕조교체의 정당성을 일
반 인민들에게 선전할 수 있는 이데올로기적 작업이 필요했다. 화약
제조 기술과 화포 주조 기술의 발전으로 대표되는 화약무기의 개발과
그것을 종합·정리한『銃筒謄錄』의 편찬은 국방정책의 일환으로, 금
속활자 주조와 활판인쇄술의 개량 및 출판 문화의 발전은 문화정책의
일환으로 추진되었던 것으로 이해된다.

이상과 같은 관점은 과학기술의 시대적 변화·발전과정을 국가·사
회체제와의 관련 속에서 살펴보고자 하는 의도에서 제기된 것이다. 한
국사에서 과학기술의 변천과정을 각 시대의 '사회구성'과 '民衆의 생
활'과의 연관 속에서 구명하고자 했던 이는 洪以燮이었다.[1] 오늘날의

---

1) 洪以燮,『朝鮮科學史』, 正音社, 1946(『洪以燮全集』1, 延世大學校 出版部,
   1994, 1~302쪽에 재수록), 序論 참조. "科學史에 있어서도 단순한 사실의 병
   렬적인 나열만으로는 그 구체적 현실성을 상실케 되므로 科學의 발전과 변천
   에 機軸이 되는 民衆의 생활과 사회구성의 발전과정을 주시하여야 한다"
   (『洪以燮全集』1, 延世大學校 出版部, 1994, 5쪽)거나 "과학 기술의 變遷 發

시각에서 본다면 그의 연구는 시대적 제약으로 인해 많은 한계를 지니고 있지만 그가 제기한 문제의식과 연구방향은 여전히 시사하는 바가 적지 않다고 할 것이다. 이와 같은 관점에 설 때 과학기술의 역사적·사회적 변천 과정을 일반사의 발전과정과 연관지어 구조적으로 설명할 수 있게 될 것이기 때문이다.

　그러나 홍이섭 이후 이러한 관점에 입각한 과학기술사 연구는 계승·발전되지 못했다. 북한 학계의 일련의 연구가 이러한 관점을 염두에 두고 진행된 것은 사실이지만[2] 史觀의 제약으로 인해 우리가 납득할 만한 논리와 내용을 제시하고 있지 못한 것이 현실이다. 이 글의 주제와 관련된 과학기술정책에 대한 기존의 연구는 일부를 제외하면[3] 대부분 世宗代의 그것에 집중되어 있다. 세종대(15세기 전반) 과학기술 발전의 독특한 성과를 당시의 과학기술정책과 관련지어 설명하려는 시도였다.[4] 이러한 논의를 통해 세종대의 과학기술정책이 세종의

達을 이해함에는 바로 그것의 현실적인 요인인 사회경제와 연관해서 종합적으로 전체적으로 보아 政治形態 내지 觀念形態와의 상호의 연관성까지도 究明하여야 한다"(위의 책, 7쪽)라는 언급은 이러한 그의 입장을 분명히 보여준다.

2) 리용태,『우리 나라 중세과학기술사』, 과학백과사전종합출판사, 1990 ; 조선기술발전사편찬위원회,『조선기술발전사』1~5, 과학백과사전종합출판사, 1994~1997.

3) 全相運, 「韓國 科學技術政策의 史的 考察」,『誠信女子師範大學 硏究論文集』2, 誠信人文科學硏究所, 1969.

4) 全相運, 「15世紀 前半期 李朝 科學技術史 序說」,『一山金斗鍾博士 稀壽紀念論文集』, 探究堂, 1966 ; 全相運, 「科學과 技術의 發達」,『한국사』11(兩班官僚社會의 文化), 국사편찬위원회, 1974 ; 全相運, 「朝鮮前期의 科學과 技術-15세기 科學技術史 硏究 再論-」,『한국과학사학회지』제14권 제2호, 한국과학사학회, 1992 ; 全相運, 「조선 전기의 天文學과 氣象學」,『韓國史市民講座』제16집, 一潮閣, 1995 ; 전상운, 「조선초기 과학기술 서적에 관한 기초 연구」,『國史館論叢』72, 國史編纂委員會, 1996 ; 전상운, 「천문 기상학」,『한국사』27(조선 초기의 문화 II), 국사편찬위원회, 1996 ; 전상운, 「세종 시대의 천문 기상학」,『세종문화사대계』2(과학), 세종대왕기념사업회, 2000 ; 朴興秀, 「世宗朝의 科學思想-特히 科學政策과 그 成果를 中心으로-」,

영도력을 바탕으로 농업 생산력에 대한 관심과 儒敎의 農本主義·民本主義에 입각하여 시행됨으로써 15세기 전반 세계 첨단 수준의 성과를 이룩할 수 있었다는 주장들이 제기되었다. 그러나 이러한 논거들은 세종대에만 국한된 것이 아니었다는 점에서 일찍부터 비판에 직면하였다.[5] 따라서 조선왕조 과학기술정책의 실상에 접근하기 위해서는 연구 시야를 확대하는 노력과 함께 조선왕조의 사회구조를 염두에 둔 방법론상의 변화가 요구된다고 하겠다.

이 글은 이러한 관점에서 기존의 연구성과를 활용하면서 조선왕조 과학기술정책이 어떠한 역사적 조건 속에서 출현하였으며, 그 목표와 지향은 무엇이었는가, 또 과학기술정책을 추진하는 논리적 근거는 어떻게 마련되고 있었으며, 그 구체적 전개과정은 어떠했는가, 그리고 그 성과와 한계는 무엇이었는가 하는 문제들을 조선전기 天文曆算學 분야의 정비 과정을 통해 試論的인 차원에서 접근해 보고자 한다.

2. 集權體制의 再編과 科學技術政策의 논리

1) 集權體制의 再編과 과학기술의 필요성

조선초의 국정 운영 목표는 무엇보다도 王朝體制＝集權體制의 안

『世宗朝文化研究(Ⅰ)』, 韓國精神文化研究院, 1982 ; 朴星來, 「韓國의 科學傳統」, 『韓國學入門』, 학술원, 1983 ; 朴星來, 「世宗代의 天文學 발달」, 『世宗朝文化研究(Ⅱ)』, 韓國精神文化研究院, 1984 ; 박성래, 「조선 전기 과학기술의 발달」, 『한국사』 8(중세사회의 발전 2), 헌길사, 1994 ; 박성래, 『세종시대의 과학기술 그 현대적 의미』, 한국과학재단, 1997 ; 박성래, 「세종대의 과학기술」, 『세종시대의 문화』, 태학사, 2001 ; 김용운, 「한국인의 자연관과 세종 과학」, 『세종학연구』 2, 1987 ; 김용운, 「조선전기의 과학문화」, 『傳統과 思想(Ⅲ)』, 韓國精神文化研究院, 1988 ; 송상용, 「오늘에 되새겨 보는 세종대의 과학기술」, 『世宗時代 文化의 現代的 意味』, 韓國精神文化研究院, 1998.
5) 朴星來, 「科學·技術」, 『韓國史研究入門』, 知識産業社, 1981 ; 朴星來, 「조선시대 科學史를 어떻게 볼 것인가」, 『韓國史 市民講座』 16, 一潮閣, 1995.

정화였다고 할 수 있다. 구체적으로 왕조국가 開創의 정당성을 확보하
고 대내외적 위협으로부터 王權을 공고히 하는 것, 왕조 교체기에 흐
트러진 민심을 바로잡고 민생을 안정시키는 일 등이 그것이었다. 이는
'富國强兵'·'安民·保民' 등의 개념으로 정리될 수 있을 것이다. 1394
년(태조 3)에 禮文館·成均館·校書監에 명해 역대 經史에 기재된 富
國强兵의 방법과 臨敵應變의 계책을 조사하도록 한 것은 이와 같은
목적 달성을 위한 구체적인 방안을 마련하기 위해서였다.6) 儒敎 이데
올로기를 기본 교리로 하는 조선초기 국가 운영 담당자층의 의식은 다
음과 같은 書雲觀의 上言을 통해 유추해 볼 수 있지 않을까 한다.

옛사람이 말하기를 "나라에 3년의 저축이 없으면 그 나라는 나라가
아니다"라고 하였고, 또 말하기를 "군대를 오랫동안 원정시키면 國用
이 부족하다" 하였사옵니다. 이것은 옛 聖賢의 富國强兵에 대한 경계
이오니 염려하지 않을 수 있겠습니까?7)

국가를 안정시키기 위한 필수조건이 '부국강병'임을 인식하고, 그 실천
적 방안을 국가 재정의 확충과 군대의 정비로 파악하고 있었던 것이
다. 이들이 불교의 종지를 '淸淨寡欲', '離世絶俗'으로 파악하여 개인의
심성 수양 문제로 국한시키면서 국가 운영에 필요한 방도를 찾아볼 수
없다고 비판했던 것은 이와 같은 이들의 입장을 보여준다. 바로 이러
한 관점에서 寺社田을 혁파하여 軍資에 소속시킴으로써 부국강병의
방편을 삼자는 논의가 제기되었던 것이다.8)

---

6) 『太祖實錄』 권5, 太祖 3년 4월 19일(戊子), 19ㄱ(1책, 62쪽―영인본 『朝鮮王
朝實錄』, 國史編纂委員會, 1972의 책수와 쪽수. 이하 같음), "命藝文館·成均
館·校書監 考諸歷代經史所載富國强兵之術 與夫臨敵應變之策 開寫以聞".
7) 『太宗實錄』 권3, 太宗 2년 4월 22일(甲戌), 23ㄴ(1책, 232쪽), "古人有言曰 國
無三年之蓄 國非其國 又曰 暴師久 則國用不足 此古之聖賢富國强兵之戒
可不慮乎".
8) 『太宗實錄』 권3, 太宗 2년 4월 22일(甲戌), 23ㄱ~24ㄱ, 1책, 232~233쪽.

부국강병의 문제 못지않게 시급한 과제는 麗末鮮初의 사회변동 속에서 흐트러진 민심을 안정시키는 일이었다. 민심의 안정 역시 "백성들을 부유하게 한 다음 가르쳐야 한다"[9]는 유교의 교리에 입각하여, 民의 재생산 기반을 확보해 주고 각종 교화정책을 시행하는 쪽으로 정책의 방향을 잡아가게 되었다. "백성이 아니면 나라가 설 수 없고, 먹을 것이 아니면 백성이 살아갈 수 없다"[10]라는 언명은 조선왕조 농업정책의 기본 인식을 보여주는 것이었다. 안정적인 농업생산력의 확보는 부국강병을 달성하는 기본 조건이기도 했다. "富國强兵의 요체는 농사에 힘쓰는 것[務農]만한 일이 없다"[11]라는 언급은 이러한 인식의 기초 위에서 나온 것이었다.

과학기술정책이라는 측면에서 조선초의 국가경영 문제에 주목할 때, 바로 이상과 같은 국정 목표를 달성하기 위해 시행된 제반 정책들이 어떤 과학기술 분야와 연계되며, 그 구체적 내용은 무엇이었는가, 그 과정을 통해 조선전기 과학기술은 어떻게 변화·발전하였는가, 그리고 그 성과와 한계는 무엇이었는가 하는 점들이 일단 관심거리가 된다. 이러한 관점에 입각할 때 우리는 다음과 같은 몇 가지 분야에 주목하게 된다.

먼저 왕조체제의 안정화에 기여할 수 있는 과학기술 분야이다. 조선 초기는 국내의 왕조 교체와 함께 대륙의 元·明 교체에 따른 국제 정세의 불안, 고려 말 이후 지속되었던 女眞族과 倭賊의 侵寇 등으로 국방문제가 초미의 관심사였다. 이에 대한 방책의 하나로 추진된 것이 화약무기의 개발이었다. "軍門의 기계로서 중요한 것이 火砲보다 더한

---

9) 『論語』,「子路」, 9章, "子適衛 冉有僕 子曰 庶矣哉 冉有曰 既庶矣 又何加焉 曰富之 曰既富矣 又何加焉 曰教之".

10) 『中宗實錄』 권27, 中宗 12년 2월 26일(壬申), 40ㄱ(15책, 260쪽), "命製農桑教書 諭八道 若曰……非民國罔立 非食民罔生……".

11) 『文宗實錄』 권1, 文宗 원년 5월 1일(甲辰), 38ㄴ(6책, 233쪽), "大抵富國强兵之要 莫如務農".

것이 없다"[12]거나 "火砲는 兵火의 患亂에 대비하는 것",[13] "火砲는
外侮를 막는 急務",[14] "火砲는 적병을 막는 데에 가장 유리한 무기"[15]
라는 인식은 당시 일반적인 것이었다. 그야말로 화포는 "軍國의 중한
일",[16] "軍國의 利器"[17]로서 간주되었던 것이다.

이와 같은 인식 하에 고려 말 崔茂宣(1326?~1395)이 개발한 화약과
화기는 조선왕조의 중요한 무기체계로 자리잡게 되었는데, 태종대는
조선왕조 화기 발전의 토대가 마련된 시기였다.[18] 세종대에 들어서 북
방 개척이 적극적으로 추진되면서 화기의 수요가 증대하였다. 화포의
주조 기술과 화약 제조 기술이 향상되면서 그 형태도 점차 독자적인
모습으로 탈바꿈되었다. 1445년(세종 27)에는 종래의 화포를 모두 폐
기하고 새로운 형식의 화포를 전국적으로 배치하기에 이르렀다.[19]
1448년(세종 30)에는 이러한 화포의 주조법과 화약 사용법을 상세히
기록하고 그림으로 그려놓은 『銃筒謄錄』이 편찬·간행되었다.[20] 『총

---

12) 『世宗實錄』 권48, 世宗 12년 6월 20일(己丑), 30ㄴ~31ㄱ(3책, 242쪽), "軍門
   器械之重者 莫先於火砲".
13) 『世宗實錄』 권62, 世宗 15년 11월 12일(辛卯), 16ㄱ(3책, 526쪽), "火砲 備患
   之物 固非財物之比".
14) 『世宗實錄』 권68, 世宗 17년 5월 21일(壬辰), 18ㄱ(3책, 630쪽), "火砲 禦侮之
   急務".
15) 『世宗實錄』 권93, 世宗 23년 6월 3일(戊辰), 1ㄱ(4책, 345쪽), "火砲 最禦敵之
   利器也".
16) 『世宗實錄』 권107, 世宗 27년 3월 30일(癸卯), 19ㄴ(4책, 611쪽), "火砲 軍國
   重事".
17) 『世祖實錄』 권34, 世祖 10년 8월 1일(壬午), 4ㄴ(7책, 642쪽), "火砲之制 自新
   羅而始 至高麗而備 及本朝而盡善 可謂軍國之利器也".
18) 麗末鮮初 화약무기의 발달 과정에 대해서는 許善道, 『朝鮮時代 火藥兵器史
   研究』, 一潮閣, 1994의 第1章 참조.
19) 『世宗實錄』 권109, 世宗 27년 8월 21일(壬戌), 22ㄱ~ㄴ(4책, 633쪽), "分遣監
   鍊官于諸道 鑄火砲 諭監司節制使曰 火砲軍國所重……火砲一依新定制度
   改鑄以備不虞".
20) 『世宗實錄』 권121, 世宗 30년 9월 13일(丙申), 44ㄴ~45ㄱ(5책, 99쪽), "賜銃

통등록』의 편찬은 화포의 제작과 사용에서 조선이 독자적인 발전 단계에 들어섰음을 보여주는 것으로, 이후 조선시대 화포는 『총통등록』의 전통을 그대로 이어받아 발전하게 된다.[21]

다음으로 조선왕조가 儒敎·朱子學을 國定敎學으로 삼고 있었다는 점에서 이데올로기와 관련된 과학기술 분야를 생각해 볼 필요가 있다. 왕조국가로서 조선의 정당성은 유교의 정치사상에 입각하여 보증될 수 있었다. 예컨대 조선왕조의 開創이 天命의 수수에 따른 필연적인 것이었음을 대내외적으로 천명할 필요가 있었다. 과학기술의 측면에서 天命의 수수 여부는 天文曆法의 문제와 밀접하게 관련되어 있다. 제왕의 첫 번째 임무는 '觀象授時'라고 관념되었기 때문이다.

조선왕조 開創 직후인 1395년(태조 4) 고구려 천문도의 전통을 계승한 새로운 형태의 천문도가 제작되었다. 「天象列次分野之圖」의 刻石이었다. 거기에는 '易姓革命'이 자신들의 사사로운 권력욕 때문이 아니라 천명에 의한 불가피한 것이었음을 대내외적으로 선전하고 싶었던 조선왕조 지배층의 정치적 염원이 담겨 있었다. 따라서 이 천문도의 제작 목적은 오늘날의 星圖와 비교해 볼 때 커다란 차이점을 지니고 있다. 「천상열차분야지도」의 하단 부분에 새겨져 있는 權近(1352~1409)의 설명문에 따르면, 이 천문도를 만든 가장 중요한 목적은 고대 제왕의 '하늘을 받드는 정치[奉天之政]'를 본받기 위함이었다.[22] 그것은 구체적으로 위로 '天時'를 받들고, 아래로 '民事'를 삼가는 일이었다.[23] "하늘의 형상을 관찰하여 백성들에게 시간을 준다[觀象授時]",

---

筒謄錄于諸道節制使處置使……".

21) 全相運, 『韓國科學技術史』, 正音社, 1983(重版), 216쪽.

22) 「天文圖詩[誌]」, 『陽村集』권22, 1ㄴ(7책, 220쪽-影印標點 『韓國文集叢刊』, 民族文化推進會의 책수와 쪽수. 이하 같음), "自古帝王奉天之政 莫不以曆象授時爲先務".

23) 「天文圖詩[誌]」, 『陽村集』권22, 1ㄴ(7책, 220쪽), "恭惟殿下亦以欽存諸心 上以奉天時 下以勤民事 則神功茂烈 亦當與二帝並隆矣".

"하늘을 공경하고 백성들의 일을 부지런히 한다[敬天勤民]"라는 명제
가 의미하는 바가 바로 이것이었다. 역대의 왕조에서 천문학을 중시한
이유, 고대의 성인들이 하늘의 형상을 관찰하고 각종 의기를 제작한
이유는 오직 하늘을 공경하기 위해서라는 것이었다. 요컨대 전통사회
에서 천문도를 작성한 목적은 오늘날의 그것과 같이 과학적·객관적
인 목적에서만 이루어진 것이 아니었고, 그 안에는 뿌리깊은 유교 정
치사상이 자리하고 있었던 것이다.

　왕조국가의 실제적 경영과 관련해서는 지리학 분야가 주목된다. 중
세 국가의 운영에서 근간이 되는 것은 土地와 勞動力이었다. 토지와
노동력을 파악하기 위한 기본적인 수단은 量案과 戶籍(＋家座冊)이라
고 할 수 있는데, 그것은 지도의 제작, 지지의 작성과 밀접한 관련을
갖고 있었다.24) 전통적으로 지리학은 지도의 제작, 도시의 계획과 건
설, 토지의 측량 및 정비 등과 관련된 중요한 학문 분야였다. 각종 지
도의 제작과 地理志의 편찬을 통해 확인되는 고대사회 이래 지리학의
발달은 집권국가의 국토를 효율적으로 이용하기 위한 노력의 소산으
로 볼 수 있다. 편린으로만 남아있는 삼국·고려시기의 지도와 지리서
에서 그러한 흔적을 찾을 수 있을 뿐만 아니라, 상대적으로 풍부한 자
료가 남아있는 조선시기의 경우에는 국토의 자연지리와 인문지리에
대한 관심이 증대되었다는 사실과 함께 당대의 국토관·세계관의 변
화까지도 읽어낼 수 있다.25)

　조선왕조의 물적 토대는 토지와 노동력이었고, 주산업은 농업이었

---

24) 丁若鏞(1762~1836)은 戶籍 작성의 전 단계 작업으로 家座冊을 작성하여야
　　하고, 그를 위해서는 먼저 지도를 제작하여 해당 지역 民戶의 상황을 정확하
　　게 파악해야 한다고 역설하였다[『與猶堂全書』 5集 第21卷, 政法集 2, 牧民心
　　書 권6, 戶典第六條, 戶籍, 3ㄱ~ㄴ(285책, 425쪽)].
25) 李燦, 「韓國地理學史」, 『韓國文化史大系 Ⅲ(科學·技術史)』, 高麗大學校 民
　　族文化研究所, 1968 ; 全相運, 앞의 책, 1983(重版), 第5章 「地理學과 地圖」
　　참조.

다. 따라서 농업인구를 확보하고 농업생산력을 증대시키는 문제야말로
국가 운영 담당자층의 가장 큰 관심사였다. 과학기술사의 측면에서 본
다면 농업기술의 개량·발전, 農書의 보급과 아울러 농업에 영향을 주
는 기상 여건을 파악하는 문제가 중요했다. 흔히 '農業氣象學'이라고
일컬어지는 분야였다. 1416년(태종 16) 書雲觀에는 다음과 같은 임무
가 부과되었다.

　　書雲觀에 명하여 1년의 氣候를 미리 기록하여 보고하도록 하였다.
　이제부터 매년 정월 초하루부터 12월 그믐까지 매일의 氣候를 조사
　하고 살펴서 낱낱이 기록하여 보고하고, 또 책에다 적어 후일의 憑驗
　이 되게 하며, 금년 夏至부터 시작하여 햇무리[日暈]와 달무리[月暈]
　같은 것은 그 빛깔을 상세하게 살피고, 무지개[虹]는 색깔과 나타난
　방향을 아울러 살펴서 아뢰게 하였다.[26]

　1년간의 기후 변화를 예측하고 기록하게 하였다는 사실에서 농업기
상학의 체계화를 위한 노력의 일단을 엿볼 수 있다. 이와 같은 노력의
연장선상에서 강우량의 측정을 위한 測雨器, 하천의 수위를 측정하기
위한 水標, 그리고 풍향과 풍속 등 바람의 변화를 측정하기 위한 風旗
등의 기구가 고안·발명되었던 것이다.
　농업 노동력의 안정적인 확보를 위해서는 의학 분야의 개선이 필수
적이었다. 양질의 노동력을 확보하기 위해서는 질병으로부터 생명을
보호할 수 있는 의료체계의 개선, 의약학의 개량이 급선무였다.[27] 고

26)『太宗實錄』권31, 太宗 16년 5월 13일(甲辰), 35ㄴ(2책, 114쪽), "命書雲觀 預
　錄一年氣候以聞 自今每年正月初一日 至十二月晦日 各日氣候 占察開寫申
　聞 且書於冊 以爲後日憑驗 今年自夏至日爲始 若日暈月暈 詳察其色 虹蜺
　則色與所見方面 幷察以聞".
27) 일찍이 鄭道傳(?~1398)은 國家에서 '惠民典藥局'을 설치하여 저렴한 비용으
　로 藥物을 제공함으로써 貧民들에게 自活의 방도를 마련해 줄 수 있는 방안
　을 구상하였다(『三峯集』권7, 朝鮮經國典上, 賦典, 惠民典藥局, 24ㄱ~ㄴ(5

려후기의 향약 운동을 계승하여 『鄕藥集成方』을 편찬하고, 중국의 의
서와 국내 의서의 처방들을 망라하여 『醫方類聚』를 편찬한 것은 본초
학과 이론의 종합을 통해 의학을 체계화하고자 한 조선왕조 집권층의
노력의 산물이었다. 그들은 이를 통해 爲民政治의 이상을 구현함과 동
시에 노동력의 안정적 확보라는 현실적 목적을 달성하고자 하였다.[28]

　국가의 문화사업은 정치사상적 목적에서, 사회경제적 목적에서 시행
되었고, 그 과정에서 인쇄·출판문화의 발전이 요구되었다. 먼저 그것
은 국가의 통치 이데올로기나 국가 운영의 기본 방향을 선전하기 위해
필요하였다. 국교인 불교나 유교의 이데올로기를 널리 보급하기 위한
각종 경전의 편찬, 국가 통치의 전범이 되는 각종 '大典'의 출판, 그리
고 일반 인민들을 대상으로 한 각종 교화서의 보급이 바로 그것이었
다. 다음으로 행정적인 목적의 통치자료를 마련하기 위해서도 인쇄술
은 필요하였다. 각종 제도의 연혁을 정리한 총서·유서류의 출판, 법령
집의 간행, 그리고 지방 통치의 보조 자료로 활용된 지방지의 편찬 등
이 그러한 목적에서 이루어졌다. 실용적인 지식의 보급이나 각종 기록
의 보존을 위해서도 인쇄술이 필요하였다. 농업·의학·군사와 관련한
각종 책자의 발간, 역사서의 출판·보급이 꾸준히 이어졌다.

　조선왕조의 경우를 예로 들면 전 시기에 걸쳐 사서삼경을 기본 텍스
트로 하여 『性理大全』, 『朱子大全』, 『朱子語類』와 같은 성리학의 이
론서들이 끊임없이 편찬되었고, 『小學』을 비롯하여 『三綱行實圖』, 『五
倫行實圖』, 『二倫行實圖』와 같은 교화서들이 출판되었으며,[29] 『農事

책, 425쪽)].

28) 李泰鎭, 「高麗後期의 인구증가 要因 生成과 鄕藥醫術 발달」, 『韓國史論』
　　19, 서울大學校 國史學科, 1988 ; 李泰鎭, 「14~16세기 韓國의 인구증가와 新
　　儒學의 영향」, 『震檀學報』 76, 震檀學會, 1993.

29) 河宇鳳, 「世宗代의 儒敎倫理 普及에 대하여 - 『孝行錄』과 『三綱行實圖』를
　　중심으로 - 」, 『全北史學』 7, 全北大學校 史學會, 1983 ; 金勳埴, 「16세기 『二
　　倫行實圖』 보급의 社會史的 考察」, 『歷史學報』 107, 歷史學會, 1985 ; 金恒
　　洙, 「『三綱行實圖』 편찬의 추이」, 『震檀學報』 85, 震檀學會, 1998 ; 金勳埴,

直說』, 『鄕藥集成方』, 『醫方類聚』, 『東醫寶鑑』, 『東國兵鑑』 등과 같은 농업·의학·군사상의 실용적인 목적을 지닌 책들이 간행되었다. 각종 지도와 『東國輿地勝覽』으로 대표되는 지리지의 편찬 역시 그 가운데 하나였다. 아울러 조선왕조의 역사를 후세에 전하기 위한 『實錄』을 비롯한 이런저런 종류의 역사서들이 지속적으로 편찬되었다. 이렇듯 이념의 전파를 위해서든, 실무적인 지식의 보급을 위해서든, 중요한 자료를 보관하기 위해서든 인쇄술은 국가경영에서 빠질 수 없는 중요한 요소였다.

2) '風土不同論'의 제기와 自主性의 표방

조선왕조는 대외적으로 事大主義를 표방하였다. '事大交隣'으로 대표되는 외교정책의 강조점은 언제나 '事大'에 있었고, 그것은 바로 중국에 밀착된 사대주의의 전형을 보여주는 사례로 여겨졌다. 그럼에도 불구하고 訓民正音이나 鄕藥, 『七政算』 등을 통해 확인할 수 있는 바와 같이 조선왕조의 자주성을 드러내는 정책들이 추진되었다. 事大와 自主 사이에서, 유교적 보편주의와 조선의 개별성 사이에서 조선왕조는 어떠한 정책 노선을 추구하였는가?

朝鮮初期, 특히 세종대에는 보편적인 유교문화를 존숭하는 가운데 시도 토착적인 것에 많은 관심을 표명하였다. 그것은 自然觀이나 思想의 차원에서 생각해 볼 수 있는 문제이다. 이 땅에 사는 사람은 이 땅의 기운과 가장 잘 어울리며, 따라서 이 땅의 氣로부터 산출된 음률, 약재, 언어, 농법 등을 사용하는 것이 가장 '자연적'이라는 생각이 밑바닥에 자리하고 있었다.

농업생산의 증진을 통한 국가 재정의 확충은 조선초 국가 운영자들의 초미의 관심사였다. "국가는 백성을 근본으로 삼고, 백성은 먹는 것

「『三綱行實圖』 보급의 社會史的 고찰」, 『震壇學報』 85, 震壇學會, 1998.

으로 하늘을 삼는다. 농사는 먹는 것의 근원으로서 왕자의 정치에서
먼저 힘써야 하는 것"30)이었다. 이를 위해서는 농업을 발전시킬 필요
가 있었는데, 그 실천 방안으로 강구된 것이 농법·농업기술에 대한
정리를 통해 선진 지역의 농업기술을 후진 지역에 보급·확산시키는
일이었다. 1429년(세종 11)년 완성된 『農事直說』은31) 태종대 이래의
농서 편찬의 경험을 바탕으로, 선진 지역(三南지방)의 농업기술을 조
사·정리하여 후진 지역으로 보급시킴으로써 농업생산을 증진시키고
자 한 것이었다. 세종은 경상·충청·전라도의 감사들에게 그 지방의
농법·농업기술을 조사하도록 지시하였는데, 조사 방법은 각 군현 내
의 老農을 방문하여 그들의 경험을 수집·정리하는 방식이었다. 이와
같은 현지 조사를 통해 수집된 내용을 바탕으로 鄭招(?~1434)와 卞孝
文(1396~?)이 기존의 농서와 대조 과정을 거쳐 중복된 것을 삭제하고
긴요한 것만을 추려 정리한 것이 바로 『농사직설』이었다.32) 따라서
『농사직설』은 당시의 기술 수준을 보여주는 농서이면서 우리의 농업
전통을 이해할 수 있는 가장 오래된 체계적인 농서라 할 수 있다.

　『농사직설』에 깔려 있는 기본 사상은 '風土不同'의 논리로 정리할
수 있다.33) 우리나라의 풍토와 기후 조건은 중국과 다르기 때문에 중
국의 농업 이론이나 지침서들은 참고서는 될 수 있을지언정 우리 현실
에 그대로 적용될 수는 없다는 것이다. 이러한 '풍토부동'의 논리는 태

---

30)『世宗實錄』권105, 世宗 26년 閏7월 25일(壬寅), 25ㄱ(4책, 579쪽), "下敎曰
　國以民爲本 民以食爲天 農者衣食之源 而王政之所先也".
31)『世宗實錄』권78, 世宗 19년 7월 23일(辛亥), 15ㄱ(4책, 93쪽), "傳旨各道監司
　……故歲在己酉(1429년, 世宗 11-인용자) 蒐輯諸書 撮爲農事直說 頒于各
　道 使愚民 亦得明白易知……".
32)『農事直說』의 편찬 과정과 농업기술상의 특징에 대해서는 金容燮,『朝鮮後
　期農學史硏究』, 一潮閣, 1988, 30~81쪽 ; 김용섭,「세종조의 농업기술」,『세
　종문화사대계 2(과학편)』, 세종대왕기념사업회, 2000, 363~397쪽 참조.
33)『世宗實錄』권44, 世宗 11년 5월 16일(辛酉), 16ㄴ(3책, 181쪽), "以五方風土
　不同 樹藝之法 各有其宜 不可盡同古書".

종대에 이미 제기되고 있었다. 지방 수령들이 各道와 州縣의 '풍토부
동'의 문제를 고려하지 않고 '勸課'만을 임무로 삼기 때문에 농사 시기
를 놓칠 수 있다는 우려가 그것이었다.[34] 이러한 풍토부동의 문제를
해결하기 위한 방안으로 제시된 것이 '宜土'·'時宜'의 논리였다.[35] 각
지방의 농업환경과 조건을 고려하여 시의적절하게 농작을 진행시키고
자 한 것이었다.

『농사직설』에서 확립된 조선의 농정 이념은 이후 면면히 계승되어
각종 勸農敎와 農桑敎書에 반영되었다. 요컨대 조선왕조 농업정책의
핵심은 조선 농업의 전통과 특성을 어떻게 계승·발전시켜 나갈 것인
가 하는 문제와 남북간의 지역차에서 나타나는 '풍토부동'의 문제를 어
떻게 조절·극복해 나갈 것인가 하는 데 있었는데, 『농사직설』은 그러
한 이념적 좌표를 제시해주는 기준이 될 수 있었다.[36]

1433년(세종 15) 『鄕藥集成方』이 완성되었다. 그것은 중국의 여러
의서들을 수집·참조하는 한편, 1431년(세종 13)에 集賢殿 直提學 兪
孝通, 典醫監 正 盧重禮(?~1452), 副正 朴允德 등으로 하여금 기존의
鄕藥方을 빠짐 없이 수습하여 종류를 나누고 증보하여 완성한 의서였
다.[37] 權採(1399~1438)는 그 서문에서 향약 개발의 당위성을 '風俗不
同'에 따른 '宜土'의 논리에서 찾았다.[38] 대개 지역에 따른 풍속의 차

---

34) 『太宗實錄』권27, 太宗 14년 2월 1일(乙巳), 8ㄱ(2책, 4쪽), "議政府啓曰 小民
   當以務農爲急 守令專以勸課爲任 諸道州縣風土不同 所種之穀 本自異宜 耕
   種之候 亦有早晚 願以宜土之穀播種之節 備書布告 令守令知勸課之方 授之
   以時 庶乎民不失時矣".
35) 『世宗實錄』권105, 世宗 26년 閏7월 25일(壬寅), 25ㄱ~26ㄴ(4책, 579쪽) 참조.
36) 『中宗實錄』권27, 中宗 12년 2월 26일(壬申), 40ㄴ(15책, 260쪽), "惟我朝宗導
   民勸課之方 靡所不究 至於農書 曲盡樹藝之宜 農事直說 備審風土之驗 使
   夫田野之民 皆得以易曉".
37) 『世宗實錄』권60, 世宗 15년 6월 11일(壬辰), 40ㄱ(3책, 483쪽), "主上殿下 特
   留宸慮 命揀醫官 每隨使如京 廣求方書 且因申奏 就大醫院 考正藥名之謬
   宣德辛亥秋 乃命集賢殿直提學兪孝通·典醫正盧重禮·副正朴允德等 更取鄕
   藥方編 會諸書搜擥無遺 分類增添 歲餘而訖".

이가 있으며, 초목의 생장 역시 적당한 곳이 있고 사람의 기호도 습성에 따른다는 것이다. 따라서 사람의 질병을 치료하는 것도 각 지역의 土性에 맞게 해야 한다는 논리였다.

아울러 권채는『향약집성방』의 편찬이 '仁政'의 일환임을 확인하고 있다.[39] 의학을 인정의 일환으로 간주하는 사고는 이미 고려시기부터 확인되는데, 조선초의 仁政論은 이전의 그것에 비해 한층 강화된 형태를 보인다.[40] 의약으로 질병을 치료하는 것은 民生을 살리고 國脉을 장수토록 하는 것으로 '仁民의 정치', '裕國의 방도'라는 것[41]이 인정론의 기본 골격이었다. 이러한 생각이 조선초에 편찬된『鄕藥濟生集成方』,『鄕藥採取月令』을 거쳐『향약집성방』으로 이어졌던 것이다.[42]

---

38)『世宗實錄』권60, 世宗 15년 6월 11일(壬辰), 39ㄴ(3책, 482쪽), "而名醫師之 診病用藥 皆隨氣施巧 初非拘以一法 盖百里不同俗 千里不同風 草木之生 各有所宜 人之食飮嗜欲 亦有所習 此古昔聖人 嘗百草之味 順四方之性而治 之者也……唯民間故老 能以一草療一病 其效甚神者 豈非宜土之性 藥與病 値而然也".

39)『世宗實錄』권60, 世宗 15년 6월 11일(壬辰), 40ㄱ(3책, 483쪽), "臣採竊念君 上之道 莫大於仁 而仁道至大 亦有幾多般乎 今我主上殿下 以盛德興至治 守位發政 全體此道之大 至如藥醫濟民之事 拳拳若此 可見仁政本末 巨細兼 盡而無遺矣 且古之人主 有或躬自調藥 或剪鬚和藥 惠及一人者 後世猶稱之 豈若一修醫書 廣示方論 加惠兆民 施澤萬世哉 其規模設施 實相萬也 自今 伊始 因此方書 飮餌得效 起呻吟變札瘥 以致登壽城召和氣於無窮者 寧不知 聖朝仁心仁政之所自歟".

40) 李泰鎭,「『鄕藥集成方』편찬의 정치사상적 배경과 의의」,『의술과 인구 그리 고 농업기술-조선 유교국가의 경제발전 모델-』, 태학사, 2002, 141~145쪽 참조.

41)「鄕藥濟生集成方序」,『陽村集』권17, 15ㄱ~ ㄴ(7, 183쪽), "傳日 上醫醫國 方今明良相逢 肇開景運 以拯生民塗炭之苦 以建萬世盤石之基 夙夜孜孜 盡 心於治 益圖所以活民生而壽國脉者 仁民之政 裕國之道 本末兼擧 大小畢備 以至醫藥療疾之事 亦拳拳焉 調護元氣 培養邦本 如此其至 其醫國也大矣 仁被一時 澤流萬世者 豈易量也哉".

42) 고려말·조선초 鄕藥論의 대두와 관련 醫書의 편찬에 대해서는 金澔,「『鄕 藥集成方』에서『東醫寶鑑』으로」,『韓國史 市民講座』16, 一潮閣, 1995, 65~

조선초기의 각종 정부 시책에서 표방된 이상과 같은 일련의 자주성
은 '訓民正音'의 창제로써 그 대미를 장식하게 된다. 鄭麟趾(1396∼
1478)는 훈민정음 창제의 당위성을 風土不同・聲氣不同의 논리에서
찾고 있었다.[43] 중국과 우리는 風土와 聲氣가 다르기 때문에 중국의
언어와 문자로는 우리의 뜻을 충분히 표현할 수 없다는 생각을 갖고
있었던 것이다. 이와 같은 논리에 입각할 때 중국 문화의 획일적 수용
을 거부할 수 있는 자세와 태도, 즉 "각각 그 처해 있는 바를 따라 편
안하게 할 것이요 억지로 똑같게 하려고 해서는 안 된다."[44]는 주장이
가능케 되는 것이다. 훈민정음의 창제가 지극히 자연스러운 것으로, 聖
人의 '開物成務'에 비견될 수 있는 까닭이 바로 이것이었다.[45]

事大 관계 하에서 조선은 중국의 제후국가로서 위치지워지며, 그에
따라 각종 制度・法制・儀禮에서 제약을 받게 된다. 예컨대 하늘에 대
한 제사는 원칙적으로 불가능하며, 각종 호칭과 건축물의 규모도 제한
을 받는다. 天子의 고유한 업무로 간주되는 '觀象授時'와 曆書의 작성
역시 원칙적으로는 조선국왕이 담당할 수 없는 것이었다. 조선왕조의
위정자들은 이러한 원칙을 너무나도 잘 알고 있었다. 그럼에도 불구하
고 그들은 원칙과는 다른 제반 시책들을 추진하였다. 세종대 簡儀臺
축조와 自主的 天文曆法(=七政算)의 수립은 그 대표적인 예라 할 수
있다. 세종이 간의대를 중국 사신들로 하여금 보게 해서는 안 된다고
말하였던 것은[46] 事大主義의 원칙에 위배됨을 알고 있었기 때문이었

76쪽 참조.

43) 『訓民正音解例』(영인본 『訓民正音』, 人提閣, 1973 참조 ; 강신항 역주, 『訓民
正音』, 新丘文化社, 1974, 61쪽−訓民正音 解例本의 원문 쪽수). "然四方風
土區別 聲氣亦隨而異焉".

44) 『訓民正音解例』(62쪽), "要皆各隨所處而安 不可强之使同也".

45) 『訓民正音解例』(66쪽), "正音之作 無所祖述 而成於自然 豈以其至理之無所
不在 而非人爲之私也 夫東方有國 不爲不久 而開物成務之大智 盖有待於今
日也歟".

46) 『世宗實錄』 권99, 世宗 25년 1월 14일(庚午), 6ㄱ(4책, 457쪽), "上曰 此臺(簡

다. 중종대에 明의 사신이 와서 조선의 지리적 정보를 제공해 달라고
요청하였을 때, 그 보고서에 報漏閣·欽敬閣·簡儀臺 등을 隱諱할 것
인가의 문제를 놓고 논란을 벌인 적이 있었다.47) 당시 중종은 그것이
제후국의 제도가 아니니 담장을 높게 쌓아서 보이지 않게 하라고 지시
하였다.48) 천문·역법·병법 등과 관련된 서책은 중국에서 반출을 금
하는 것이었으므로, 사신을 통해 구입할 경우에도 중국의 禮部에 보고
하지 않고 따로 구입하기도 했다.49)

　　요컨대 조선초기 위정자들은 유교 문화를 적극적으로 수용하면서도
고유 문화의 계승과 발전에 관심을 기울이고 있었다. 유교적 보편주의
와 전통문화의 개별성이 충돌할 때는 그 해결 방안을 둘러싸고 논쟁을
벌이기도 하였지만,50) 국가정책의 기조는 끊임없이 양자의 조화를 추

　　儀臺－인용자) 建於慶會樓 不可使中國使臣見之 予素有移築之計……".
47)『中宗實錄』권84, 中宗 32년 4월 10일(戊午), 50ㄴ(18책, 60쪽), "傳于政院曰
　　前者以我國地誌 給天使之時 忙迫不得詳見矣 今乃見之 則簡儀臺亦並書之
　　前則如測象天文等事 皆諱之也 今之所以幷書之者 何意耶 今已書給 雖問之
　　猶無益也 然於予意似異 故言于政院也";『中宗實錄』권84, 中宗 32년 4월
　　11일(己未), 53ㄴ~54ㄱ(18책, 62쪽), "傳于政院曰……且前見贈天使地誌簡儀
　　臺並錄之 恐其有忌於天朝 故前者下問矣 果有忌乎 政院回啓曰 昨日院以簡
　　儀臺幷錄事 問于大臣 則左議政金安老曰 我國本稱文獻之邦也 如此觀天之
　　事 雖有之 亦非僭禮也 有何忌乎 傳曰知道";『中宗實錄』권84, 中宗 32년 4
　　월 16일(甲子), 56ㄴ~57ㄱ(18책, 63~64쪽), "傳于政院曰 今見天使處所送地
　　誌 如報漏閣欽敬閣簡儀臺等處 忌諱於中朝者非一 而具錄不遺……".
48)『中宗實錄』권89, 中宗 34년 3월 27일(乙未), 69ㄴ(18책, 261쪽), "傳于政院曰
　　簡儀臺 在延恩殿之後最高 而與後苑相近矣 儻吳天使見而問之 則對之之難
　　(盖非侯邦之制故諱之)矣 今繕工監 高其遮籬 使不得見可也".
49)『中宗實錄』권36, 中宗 36년 8월 27일(庚辰), 5ㄱ~6ㄱ(18책, 494쪽), "兵曹判
　　書金安國 以求貿書冊單字入啓曰……且天文曆法兵法等書 乃中朝所禁……
　　答曰……天文曆法兵法等冊 中朝所禁則令通事 隨所見貿來可也".
50) 朝鮮初 祭天禮의 置廢를 둘러싼 논란은 그 대표적 사례라 할 수 있다. 이에
　　대해서는 다음의 논저를 참조. 金泰永,「朝鮮 初期 祀典의 成立에 對하여－
　　國家意識의 變遷을 中心으로－」,『歷史學報』58, 歷史學會, 1973；韓㳓劤,
　　「朝鮮王朝初期에 있어서의 儒敎理念의 實踐과 信仰·宗敎－祀祭問題를 中

구하는 방향으로 추진되었다. 그것이 이른바 '風土不同'·'風俗不同'·
'聲氣不同'의 논리로 제출되었고, '宜土'·'時宜'에 입각한 자주성의 표
방으로 나타나게 되었다. 그 논리에 따르면 우리나라 사람에게 알맞은
약재는 한반도의 풍토 속에서 자생하는 것이었고, 언어가 중국과 다른
우리나라가 중국의 문자를 사용한다는 것은 불합리한 일이었으며, 중
국과 우리나라는 지리적으로 차이가 있기 때문에 중국의 역법을 그대
로 적용할 수도 없는 것이었다. 조선 초기 과학기술정책의 자주적 지
향은 이러한 사상적 토대 위에서 가능할 수 있었다.

3. 天文曆算學의 정비와 自主的 天文曆法의 수립

1) 書雲觀의 정비

조선전기 天文曆算學의 정비 문제와 관련해서는 우선 書雲觀(觀象
監)·簡儀臺·報漏閣·欽敬閣 등의 기구·기관에 주목할 필요가 있
다. 천문역법과 관련한 기구의 정비는 조선 초부터 꾸준히 이루어져
왔다. 조선왕조는 건국 후 고려의 제도에 따라 書雲觀을 두고 天文·
地理·曆數·占籌·測候·刻漏 등의 일을 담당하게 하였다고 한
다.51) 태조가 즉위 후(1392년) 곧바로 정한 문무 백관의 관제에서는 書

心으로-」,『韓國史論』3, 서울大學校 國史學科, 1978/『朝鮮時代思想史研究
論攷』, 一潮閣, 1996 ; 山內弘一, 「李朝初期に於ける對明自尊の意識」,『朝鮮
學報』92, 朝鮮學會, 1979 ; 韓永愚,『朝鮮前期社會思想研究』, 知識産業社,
1983, 32~37쪽 ; 韓亨周,「朝鮮 世祖代의 祭天禮에 대한 硏究-太·世宗代
祭天禮와의 비교·검토를 중심으로-」,『震檀學報』81, 震檀學會, 1996 ; 李
碩圭,「朝鮮初期 祭天禮와 赦宥制-民心安定策과 관련하여-」,『史學研究』
54, 韓國史學會, 1997. 조선초기 '관학파' 유학자들의 '민족주의적 경향'에 대
해서는 김홍경,『조선초기 관학파의 유학사상』, 한길사, 1996, 259~269쪽 참
조.
51)『書雲觀志』권1, 官職, 1ㄱ(13쪽-영인본『書雲觀志·國朝曆象考』, 誠信女

雲觀의 임무와 구성을 다음과 같이 규정하였다.

> 書雲觀은 天文의 災祥과 曆日을 推擇하는 등의 일을 관장하는데,
> 判事 2명 정3품이고, 正 2명 종3품이고, 副正 2명 종4품이고, 丞 2명,
> 兼丞 2명 종5품이고, 注簿 2명, 兼注簿 2명 종6품이고, 掌漏 4명 종7
> 품이고, 視日 4명 정8품이고, 司曆 4명 종8품이고, 監候 4명 정9품이
> 고, 司辰 4명 종9품이다.[52]

1405년(태종 5)에 상정한 六曹의 직무 분담에 따르면 天文·漏刻의
업무는 禮曹에 소속된 稽制司가 관장하도록 되어 있었다.[53] 서운관은
예조의 부속 관서였던 것이다. 1414년(태종 14)에는 각종 재이현상에
대한 관측을 엄밀히 시행하고자 한 의도에서 서운관원 한 사람을 궐내
에 入直토록 명령하였다.[54] 이 조치는 1416년(태종 16)에 다시 서운관
에 숙직하는 것으로 변경되었으나, 만약 천변이 있을 때 바로 보고하
지 않으면 처벌하도록 조치하였다.[55]

子大學校 出版部, 1982의 쪽수), "國初 因麗制 置書雲觀(左傳云 分至啓閉
必書雲物 故名曰書雲) 掌天文地理曆數占籌測候刻漏等事" 書雲觀(觀象監)
에 대한 최근의 연구로는 趙承龜, 「朝鮮初期 書雲觀의 機能과 變遷」, 연세
대학교 대학원 국학전공 석사학위논문, 1998 ; 허윤섭, 「조선후기 觀象監 天
文學 부문의 조직과 업무 : 18세기 후반 이후를 중심으로」, 서울대학교 석사
학위논문, 2000을 참조.

52) 『太祖實錄』 권1, 太祖 원년 7월 28일(丁未), 48ㄱ(1책, 24쪽), "書雲觀 掌天文
災祥曆日推擇等事 判事二正三品 正二從三品 副正二從四品 丞二兼丞二從
五品 主簿二兼主簿二從六品 掌漏四從七品 視日四正八品 司曆四從八品 監
候四正九品 司辰四從九品".

53) 『太宗實錄』 권9, 太宗 5년 3월 1일(丙申), 6ㄱ(1책, 320쪽), "稽制司 掌儀式制
度朝會經筵史館學校貢舉圖書祥瑞牌印表疏冊命天文漏刻國忌廟諱喪葬之事
正郎一人 佐郎一人";『書雲觀志』 卷1, 官職, 1ㄴ(14쪽). "本監屬於禮曹 以
稽制司掌天文漏刻也".

54) 『太宗實錄』 권28, 太宗 14년 7월 10일(辛巳), 3ㄴ(2책, 26쪽).

55) 『太宗實錄』 권31, 太宗 16년 4월 28일(庚寅), 31ㄱ(2책, 112쪽).

1415년(태종 15)에는 서운관의 掌漏·司辰의 직무와 중복되는 禁漏房을 혁파하여 서운관에 소속시켰다.[56] 기구 운영의 효율성을 높이기 위한 목적을 지닌 관서의 통폐합이었다. 그러나 이 조치는 10년 후인 1425년(세종 7)에 이르러 "천문의 비밀을 禁漏를 맡은 사람으로 하여금 아울러 익히게 할 수 없다"고 하여 다시 분리되었다가, 1433년(세종 15)에 중국 欽天監의 예에 따르자고 한 예조의 건의에 의해 다시 合屬되었다.[57] 관상감으로 그 명칭이 바뀐 뒤 1470년(성종 원년)에 이르러 다시금 금루를 천문과 분리하여 설치하였다.[58] 天文과 禁漏의 누차에 걸친 離合은 당시 천문학의 정치적 성격을 엿볼 수 있다는 점에서 일단 주목된다.

"天文의 災祥과 曆日의 推擇"이라는 초기의 설치 목적에서 알 수 있듯이 서운관에 대한 치자 계층의 인식은 天文과 曆算의 두 분야에 집중되어 있었다. 그런데 전자의 天文은 오늘날의 그것과는 성격이 다른, 이른바 "吉凶을 점치자는 것"[59]이었다. 이것은 서운관의 주요 업무인 天文·地理·星命·卜課 등이 넓은 의미의 陰陽學에 포섭되어 있었다는 사실[60]에서도 확인할 수 있다. 왜냐하면 陰陽이 있음으로써 天.

---

56) 『太宗實錄』 권30, 太宗 15년 12월 19일(壬午), 44ㄱ(2책, 95쪽).

57) 『世宗實錄』 권59, 世宗 15년 2월 2일(丙戌), 13ㄴ(3책, 441쪽), "禮曹啓 禁漏天文 同屬書雲觀 試才叙用 至乙巳年 以天文秘密 不可使禁漏之人 亦並隷習 於是 定額天文二十人 禁漏四十人 其屬天文者 不使取才 使之秘密相傳 又至丁未年 本曹受敎 天文占籌 復令試才 而因仍舊例 不令合屬 臣等衆詳 天文則專掌曆象 重任而員額少 禁漏則但主更點 小事而員額多 且今中朝欽天監 有絜[挈]壺正則禁漏天文 亦不別置明矣 乞依中朝及太宗朝舊例 合屬何如 從之".

58) 『成宗實錄』 권61, 成宗 6년 11월 24일(己巳), 9ㄱ(9책, 288쪽), "禮曹啓 前此禁漏員定四十人 至丙戌年(1466년, 世祖 12-인용자)合屬天文學 庚寅年(1470년, 成宗 1-인용자)復別設而無定額 故避役投屬者甚多 員額猥濫 請約定三十人 令觀象監提調 擇年少可以隷[肄]業者試才 移文吏曹差之 從之".

59) 『太宗實錄』 권35, 太宗 18년 2월 11일(壬辰), 14ㄱ(2책, 205쪽), "國家設書雲觀術學 以占吉凶也".

地・日月・四時・晝夜가 생기고, 이로 말미암아 吉凶이 형성되는 것
이며, 이른바 '趨吉避凶'이라는 것은 인사에서 큰 문제라는 인식[61]이
기저에 깔려있었기 때문이다. 서운관에 각종 음양서를 비치하였던 것
은[62] 이러한 측면에서 이해할 수 있다. 요컨대 서운관에서 관장하는
천문학에는 '국가점성술'로서의 정치사상적 의미가 강하게 내포되어
있었던 것이다.

서운관은 1466년(세조 12)의 관제 개정을 통해 '觀象監'으로 이름이
바뀌었을 뿐만 아니라, 소속 관원의 명칭과 인원도 새롭게 정리되었다.
掌漏는 直長으로, 視日은 奉事로, 監候는 副奉事로, 司辰은 參奉으로
하였으며, 司曆을 없애고 判官・副奉事・參奉을 각각 하나씩 추가하
였다.[63] 이러한 일련의 관제 개정은『經國大典』으로 수렴되었다.『경
국대전』에서는 관상감의 직무를 "天文・地理・曆數・占筭・測候・刻
漏 등에 관한 일을 맡는다"라고 규정하면서, 領事 이하 正(1명), 副正
(1명), 僉正(1명), 判官(2명), 主簿(2명), 天文學 敎授(1명), 地理學 敎
授(1명), 直長(2명), 奉事(2명), 副奉事(3명), 天文學 訓導(1명), 地理學
訓導(1명), 命課學 訓導(2명), 參奉(3명) 등의 인원으로 구성되어 있음
을 밝히고 있다.[64]

---

60)『世宗實錄』권83, 世宗 20년 10월 22일(癸酉), 7ㄴ(4책, 169쪽), "議政府啓 六
　典以天文地理星命卜課 摠稱陰陽學……".
61)『世祖實錄』권32, 世祖 10년 3월 11일(甲子), 28ㄴ(7책, 613쪽), "夫一氣無陰
　陽 而分二爲陰陽 有陰陽 故有天地日月四時晝夜 由是吉凶形焉 是謂一本萬
　殊 人之一身向背 自有陰陽 語默動靜 皆有吉凶 況山川向背 無陰陽吉凶乎
　是故趨吉避凶 人事之大者也".
62)『太宗實錄』권23, 太宗 12년 6월 22일(乙亥), 43ㄴ(1책, 640쪽), "下陰陽書二
　十帙于書雲觀 書本忠州史庫所藏 曝曬 史官所進也".
63)『世祖實錄』권38, 世祖 12년 1월 15일(戊午), 5ㄴ(8책, 3쪽), "書雲觀 改稱觀
　象監 掌漏爲直長 視日爲奉事 監候爲副奉事 司晨爲叅奉 革司曆 增置判官
　副奉事叅奉各一".
64)『經國大典』권1, 吏典, 京官職, 正三品衙門, 觀象監, 25ㄱ～27ㄱ(75～79쪽-
　영인본『經國大典』, 亞細亞文化社, 1983의 쪽수. 이하 같음).

이후 관상감의 업무는 三學(天文·地理·命課)을 중심으로 전개되었다. 三學 가운데 天文은 星變과 曆象을 관찰하고 날을 택하는 것으로, 地理는 산을 보는 것으로, 命課는 길흉을 점치는 것으로 이해되었다. 그러나 이러한 삼학의 체계는 16세기에 접어들면 이미 그 학문적 타당성에 대한 의문이 제기되고 있었다. 천문학이 전통적인 유교정치사상과의 연관 속에서 중요성을 인정받은 것과는 달리 지리학과 명과학은 左道를 숭상하는 잡술로 취급되어 그 존폐가 논란되기도 하였다. 『經國大典』에 명문화되어 있기 때문에 폐지할 수는 없지만 숭상하지 말아야 한다는 것이 대체적인 의견이었다.[65] 이러한 주장의 배후에는 국가의 길흉과 운수의 장단은 모두가 天命과 人心에 달려있는 것으로 地理와는 무관하다는[66] 유교정치사상의 합리주의가 자리하고 있었다. 주자학의 확산과 그에 대한 이해의 심화가 원론적으로 이러한 주장을 가능케 하였다.

16세기에 국가에서 관상감을 설치하고 간의대·보루각·흠경각 등을 축조한 이유를 "하늘을 공경하고 재앙을 삼가는 도리[敬天謹災之道]"를 지극히 하기 위해서라고 파악한 것은[67] 주자학적 세계관 속에서 천문학의 학문적 효용성을 어떻게 파악하고 있었는가를 엿볼 수 있게 하는 대목이다.

2) 天文曆算學의 체계화

천문역산학의 발달과 그에 기초한 정교한 역법의 제정을 위해서는

---

65) 『中宗實錄』 권26, 中宗 11년 10월 29일(丁丑), 53ㄴ~54ㄱ(15책, 231쪽). 金應箕, 申用漑, 金銓, 尹金孫, 南袞 등의 주장 참조.
66) 『明宗實錄』 卷29, 明宗 18년 6월 19일(乙丑), 34ㄴ(20책, 650쪽). "夫國家之吉凶 運祚之脩短 皆係於天命人心之去留 固無關於地理……".
67) 『中宗實錄』 권30, 中宗 12년 11월 25일(丁酉), 59ㄴ(15책, 362쪽). 叅贊官 成世昌의 발언.

다음과 같은 몇 가지 조건이 충족되어야만 했다. 첫째, 정확한 천체 관측 기술이 확보되어야 한다. 이를 위해서는 정밀한 관측을 보장할 수 있는 천체 관측 기구, 즉 天文儀器가 필요하다. 전통적 천문의기의 핵심은 '儀象'과 '晷漏'라 할 수 있는데, "상고해 실험하는 법칙은 儀象과 晷漏에 있으니, 대저 儀象이 아니면 천지의 운행을 살필 수 없고, 晷漏가 아니면 밤낮의 한계를 표준할 수 없"68)기 때문이다. 세종대에 渾儀·渾象·圭表·簡儀·日星定時儀 등의 각종 천문의기와 仰釜日晷·天平日晷·懸珠日晷·定南日晷 등의 각종 시계를 제작하고 簡儀臺를 축조한 것은 바로 이와 같은 목적 아래 이루어진 사업이었다.69)

간의대가 이루어진 후 金墩(1385~1440)은 그 과정을 글로 정리하였는데, 이를 통해 세종대 천문역법 사업의 추진 배경과 목적을 짐작할 수 있다. 김돈은 '授時'의 요체가 하늘을 관측[測天]하는 데 있고, 하늘을 관측하는 요체는 천문의기[儀表]에 있다는 점을 전제로70) 세종대 천문의기 제작의 목적이 堯舜의 그것과 일치하는 것임을 말하고 있다.71) '曆象授時'를 위해서는 '測驗'을 해야 하고, '측험'을 위해서는 의기의 제작이 선행되어야 한다는 주장이었다. 역대 천문의기 가운데 元代 郭守敬의 그것이 가장 정밀하다고 정평이 나 있었는데 세종대의 천문의기는 곽수경의 그것에 버금가는 것이라고 자부하였다.72) 김돈은

---

68) 『世宗實錄』 권65, 世宗 16년 7월 1일(丙子), 2ㄴ(3책, 577쪽), "帝王之政 莫重於協時正日 而考驗之則在於儀象晷漏 盖非儀象 無以察天地之運 非晷漏 無以准晝夜之限……".

69) 『世宗實錄』 권77, 世宗 19년 4월 15일(甲戌), 7ㄱ~11ㄴ(4책, 66~68쪽), 簡儀臺에 대한 선구적인 연구로는 全相運, 「書雲觀과 簡儀臺」, 『鄕土서울』 20, 1964『한국과학사의 새로운 이해』, 연세대학교 출판부, 1998, 571~592쪽 참조.

70) 『世宗實錄』 권77, 世宗 19년 4월 15일(甲戌), 10ㄴ(4책, 67쪽), "臣切惟授時之要 本乎測天 而測天之要 在乎儀表".

71) 『世宗實錄』 권77, 世宗 19년 4월 15일(甲戌), 8ㄱ(4책, 66쪽), "我殿下制作之美意 直與堯舜同一揆 而吾東方千古以來 未有之盛事也".

72) 『世宗實錄』 권77, 世宗 19년 4월 15일(甲戌), 11ㄱ(4책, 68쪽), "恭惟我殿下

"이미 수시력을 교정하고, 또 하늘을 관측하는 의기를 만들어, 위로는 天時를 받들고 아래로는 民事에 부지런하시니, 우리 전하께서 人物을 개발하여 사업을 성취하는[開物成務] 지극한 어지심과 농사에 힘쓰고 근본을 중히 여기는[務農重本] 지극한 뜻은 실로 우리 동방에 일찍이 없었던 거룩한 일"이라고 평가하였다.[73]

둘째, 관측의 연속성이 보장되어야 한다. 曆算의 정확도를 높이기 위해서는 수없이 많은 관측을 통해 얻은 자료들을 평균하는 방법을 사용해야 한다. 데이터의 양이 많으면 많을수록 오차 한계를 줄일 수 있으므로 역대의 관측자료를 풍부하게 확보하는 한편 지속적인 관측을 보장할 필요가 있었다. 그를 위해서는 천문 관측 기구(기관)를 제도화, 상설화하는 것이 급선무였다. 그것이 바로 세종대에 간의대를 축조하고 서운관 관리들로 하여금 관측을 지속적으로 시행하게 한 이유였다.

金墩의 기록에 따르면 천문관측 시설인 簡儀臺가 세워지게 된 계기는 1432년(세종 14) 경연에서 세종이 천문의기의 미비를 지적하면서 鄭麟趾와 鄭招에게 간의를 제작하게 한 것이었다. 이에 정인지와 정초는 옛 제도를 검토하고 李蕆이 실무적인 공역을 담당하여 간의를 완성하였다. 바로 이 간의를 설치하기 위한 시설물로 축조한 것이 경회루 북쪽에 만든 간의대였으니, 그 높이가 31척, 길이가 47척, 너비가 32척이었다. 간의대의 주변에는 正方案・銅表・渾儀・渾象 등의 의기를 배열하여 종합적이고 체계적인 관측이 가능하도록 하였나.[74] 세종은 간의대 축조의 임무를 호조판서 安純에게 부여하였는데, 실무적인 일

以聖神之資 欽敬之心 萬機之暇 念曆象之未精 而使之考定 慮測驗之未備 而使之制器 雖堯舜之用心 何以加此 其制器也……雖元之郭守敬 亦無以施 其巧矣".

73) 『世宗實錄』 권77, 世宗 19년 4월 15일(甲戌), 11ㄱ(4책, 66쪽), "於戱 旣校授 時之曆 又制觀天之器 上以奉天時 下以勤民事 我殿下開物成務之至仁 務農 重本之至意 實吾東方未有之盛事".

74) 『世宗實錄』 권77, 世宗 19년 4월 15일(甲戌), 9ㄴ(4책, 67쪽).

은 知中樞院事 李蕆과 繕工監 正 徐仁道 등의 기술진이 담당했던 것
으로 보인다.75)

간의대의 축조 시기는 정확하게 나와있지는 않지만76) 鄭招·李
蕆·鄭麟趾·金鑌(金銚, ?~1455) 등이 혼천의를 제작하여 진상한
1433년(세종 15) 8월에는 이미 간의대가 축조되어 있었다. 당시 세자가
간의대에서 정초 등과 간의 및 혼천의의 제도를 강문하고, 김빈과 崔
濕 등에게 간의대에서 숙직하면서 천체의 운동을 관측하여 간의와 혼
천의가 제대로 제작되었는지를 검토하게 하였다는 기록이 있기 때문
이다.77) 또한 李純之(1406?~1465) 역시 상시로 간의대에서 근무하면
서 천문을 관측하였다고 한다.78) 그런데 간의대가 축조되었을 초기에
는 위의 기록에서 알 수 있는 것처럼 국왕의 명을 받은 관원들이 간의
대에 파견되어 천문을 관측했던 것으로 보인다. 그것은 1438년(세종
20)에 이르러 "따로 관원을 보내 天文을 살피도록 하는 것은 장구한
계책이 아니니 이제부터는 서운관에서 관장하게 하고 밤마다 다섯 사
람씩 입직시켜서 天氣를 살피게 하라"고 지시한 내용에서 알 수 있
다.79)

간의대는 그 후 얼마 되지 않아 離宮의 건설 문제로 인해 그 폐지
여부가 논란되었다. 1442년(세종 24) 간의대의 동쪽에 별궁을 설치하

---

75) 徐仁道가 工匠을 거느리고 簡儀臺 圭表石을 다듬었다는 기록[『世宗實錄』
　　권65, 世宗 16년 7월 26일(辛丑), 12ㄴ(3책, 582쪽), "時繕工監正徐仁道 率工
　　匠三十四名 往淸州聚船軍二百名 斲簡儀臺圭表石 以水災亦停之"]과 簡儀
　　臺提調 李蕆, 郎廳 徐仁道 등의 이름이 보이는 것을 통해 짐작할 수 있다
　　[『世宗實錄』 권68, 世宗 17년 6월 8일(戊申), 24ㄱ(3책, 633쪽)].
76) 『世宗實錄』 권61, 世宗 15년 7월 21일(壬申), 14ㄱ(3책, 494쪽), "予命製簡儀
　　於慶會樓北垣墻之內 築臺設簡儀 欲構屋于司僕門內 使書雲觀入直看候如
　　何"라는 기록이 간의대에 대한 최초의 언급이 아닌가 한다.
77) 『世宗實錄』 권61, 世宗 15년 8월 11일(辛卯), 24ㄱ(3책, 499쪽).
78) 『世宗實錄』 권75, 世宗 18년 12월 26일(丁亥), 25ㄴ(4책, 45쪽).
79) 『世宗實錄』 권80, 世宗20년 3월 4일(戊子), 26ㄴ(4책, 134쪽), "別差官員 以候
　　天文 非長久之計 今後令書雲觀主之 每夜五人入直 以候天氣".

고 간의대를 그 북쪽으로 옮기게 하였던 것이다.[80] 간의대 자리에 이
궁을 건축하려는 세종의 의도는 여러 신하들의 반발을 샀지만[81] 세종
은 간의대를 새로 지을 자리를 물색하여[82] 공사를 강행했던 것으로 보
인다. 1443년(세종 25) 7월에는 간의대가 거의 성취되었다는 기록[83]으
로 보아 이때를 전후하여 새로운 간의대가 완성되었을 것으로 추측된
다.

이후 간의대는 1505년(연산군 11) 뜯어졌다가 중종대에 다시 개수되
었으며,[84] 1546년(명종 1)에는 규표를 보수하였고,[85] 그 후 1580년(선
조 13) 대대적으로 개수되었다.[86] 간의대는 세종대에 창건된 이후 여
러 차례의 개수과정을 거치면서 중앙천문대로서의 기능을 담당하였다.

셋째, 관측 자료를 처리할 수 있는 계산법, 즉 수학의 발전이 전제되
어야 한다. 국가적인 차원에서 算學을 권장하는 이유는 여러 가지로
생각해 볼 수 있다. 먼저 유교·주자학을 국정교학으로 하는 조선왕조
에서는 유교 지식인의 기본 교양인 '六藝'의 하나로서 산학을 중시하
였다.[87] 그것은 집권국가의 관료제 운영과도 매우 밀접한 관련을 지니

---

80) 『世宗實錄』 권98, 世宗 24년 12월 26일(壬子), 28ㄱ(4책, 453쪽), "召繕工提調
朴從愚李思儉及星原君李正寧 議營別宮于後苑 仍命相基于簡儀臺之東 遂
移臺於其北".
81) 『世宗實錄』 권99, 世宗 25년 1월 14일(庚午), 6ㄱ(4책, 457쪽) ;『世宗實錄』
권99, 世宗 25년 1월 22일(戊寅), 8ㄴ~9ㄱ(4책, 458쪽) ;『世宗實錄』 권99, 世
宗 25년 1월 23일(己卯), 9ㄱ~ㄴ(4책, 458쪽) ;『世宗實錄』 권99, 世宗 25년
2월 15일(辛丑), 17ㄱ~ㄴ(4책, 462쪽).
82) 『世宗實錄』 권99, 世宗 25년 2월 4일(庚寅), 12ㄱ(4책, 460쪽), "命都承旨趙瑞
康等 相簡儀臺改築之地".
83) 『世宗實錄』 권101, 世宗 25년 7월 8일(辛酉), 6ㄱ(4책, 491쪽), "且簡儀臺雖云
役民 然旣已成之".
84) 『中宗實錄』 권20, 中宗 9년 5월 20일(壬午), 29ㄱ(15책, 15쪽).
85) 『明宗實錄』 권3, 明宗 원년 6월 24일(己酉), 99ㄱ~ㄴ(19책, 428쪽).
86) 『宣祖實錄』 권14, 宣祖 13년 5월 25일(癸巳), 4ㄴ(21책, 361쪽).
87) 太祖年間에 '六學'을 설치하여 양반자제들을 교육시킨 것은 유교적 교양 교
육의 연장선상에서 국가의 관료 자원을 확보하기 위한 노력의 일환이었다고

고 있었다. 산학은 중앙과 지방 관청의 회계 업무에 요긴한 분야로
서,[88] 또 국가의 토지 파악과 관련한 量田事業의 필수적 지식으로서
그 필요성이 강조되었다.[89] 때문에 그것은 국왕과 신료 사이에서 '國
家要務'로 인정되고 있었다.[90]

국왕인 세종 스스로 『算學啓蒙』을 익히고,[91] 集賢殿 校理인 金
鑌·禹孝剛에게 산법을 익히라고 명한 것이나,[92] 승정원에 산학을 예
습할 방도를 의논하게 하고, 집현전으로 하여금 역대 산학의 방법을
상고하게 한 것은[93] 이와 같은 필요성에 의해서였다. 당시 국왕과 지
식인들이 익힌 산학의 구체적 내용은 1430년(세종 12) 제정된 算學의
取才 數目을 통해 살펴볼 수 있는데, 詳明算·啓蒙算·揚輝算·五曹
算·地算 등이 바로 그것이었다.[94] 이는 후에 『경국대전』의 산학 취재
과목으로 확정되기에 이르렀다.[95]

여겨진다. 『太祖實錄』 권4, 太祖 2년 10월 27일(己亥), 12ㄱ(1책, 51쪽), "設六
學 令良家子弟隷[肄]習 一兵學 二律學 三字學 四譯學 五醫學 六算學";
『太祖實錄』 권11, 太祖 6년 1월 24일(丁丑), 2ㄱ(1책, 100쪽), "置義興府舍人
所 凡大小兩班子壻弟姪 皆屬之 肄習經史·兵書·律文·算數·射御等藝 以備擢
用".

88) 『世宗實錄』 권22, 世宗 5년 11월 15일(壬辰), 13ㄴ(2책, 564쪽), "近年算學失
職 至使各司吏典 輪次除拜 殊失設官本意 中外會計 徒爲文具……".

89) 『世宗實錄』 권41, 世宗 10년 8월 18일(丁酉), 10ㄱ(3책, 141쪽); 『世宗實錄』
권41, 世宗 10년 9월 17일(丙寅), 18ㄱ(3책, 145쪽); 『世宗實錄』 권41, 世宗
10년 9월 24일(癸酉), 18ㄴ~19ㄱ(3책, 145쪽).

90) 『世宗實錄』 권102, 世宗 25년 11월 17일(戊辰), 25ㄴ(4책, 524쪽), "上謂承政
院曰 算學雖爲術數 然國家要務 故歷代皆不廢".

91) 『世宗實錄』 권50, 世宗 12년 10월 23일(庚寅), 10ㄱ(3책, 267쪽), "上學啓蒙算
副提學鄭麟趾入侍待問 上曰 算數在人主無所用 然此亦聖人所制 予欲知
之".

92) 『世宗實錄』 권51, 世宗 13년 3월 12일(丙子), 28ㄴ(3책, 300쪽), "命集賢殿校
理金鑌·漢城祭軍禹孝剛習算法".

93) 『世宗實錄』 권102, 世宗 25년 11월 17일(戊辰), 25ㄴ(4책, 524쪽).

94) 『世宗實錄』 권47, 世宗 12년 3월 18일(戊午), 28ㄴ(3책, 225쪽), "算學 詳明
算·啓蒙算·揚輝算·五曹算·地算".

　한편 산학은 천문역산학의 기초 지식으로서도 중시되었다. 조선 초
에 서운관에서는 여러 방면의 수학 교육을 행하였다. 세종대에는 算法
을 알아야만 曆法을 알 수 있다는 대전제 하에 여러 종류의 역산 서적
을 구해 書雲觀·習算局·算學重監 등으로 하여금 탐구하게 하였다.
그러나 그 내용을 아는 자가 없었기 때문에 따로 '算法校正所'를 두어
문신 3~4인과 산학인들로 하여금 산법을 익히게 한 후 역법을 추보하
게 했다. 그 후에 그 내용이 후세에 전하지 못할까 염려하여 1437년(세
종 19) '曆算所'를 설치하여[96] 訓導 3인과 學官 10인으로 하여금 산법
과 역산 관계의 서적을 항상 익히게 하였다고 한다.[97]

　이상에서 살펴본 바와 같이 조선왕조는 정확한 천체관측을 위해 각
종 천문의기를 제작하였고, 천체관측의 연속성을 보장하기 위하여 간
의대를 설립하였으며, 역산학을 발전시키기 위해 그 기초가 되는 산학
연구를 활성화·제도화하는 방안을 꾸준히 강구하였다. 이와 같은 제
도적·학문적 토대 위에서 고려후기 이래 지속적으로 추진되었던 자
주적 천문역법의 수립이 가능하게 되었다. 그것이 바로『七政算』의 편
찬이었다.

3) 自主的 天文曆法의 수립

95)『經國大典』권3, 禮典, 取才, 38ㄱ(281쪽), "算學 詳明·啓蒙·揚輝(已上算)".
96)『世祖實錄』권30, 世祖 9년 3월 2일(辛卯), 16ㄱ(7책, 569쪽), "歲在丁巳(1437
　　년, 世宗 19-인용자) 世宗大王 念曆法之未明 別設曆算所 擇衣冠子弟 年少
　　聰敏者十人 充之 敎訓勸勵之方 曲盡無遺 故通算書曆經者 相繼而出".
97)『世祖實錄』권20, 世祖 6년 6월 16일(辛酉), 39ㄱ~40ㄱ(7책, 402~403쪽),
　　"……算法未知 又焉能知曆法乎 惟我世宗 慨念曆法之未明 博求曆算之書
　　幸得大明曆回回曆授時曆通軌及啓蒙楊輝全集捷用九章等書　然書雲觀習算
　　局算學重監等 無一人知之者 於是 別置算法校正所 命文臣三四人及算學人
　　等 先習算法然後 推求曆法 數年之內 算書與曆經 皆能通曉 然猶慮未傳於
　　後世 又設曆算所 訓導三人 學官十人 算書曆經 常時習熟 每日置簿 每旬取
　　才 考其勤慢 勸懲鍊業 故知算法者 相繼而出……".

王朝 開創의 정당성을 대내외에 표방하기 위해서 조선왕조는 개국 초기부터 천문역법의 개정에 노력을 기울였다. 그것은 "자고로 제왕의 하늘을 받드는 정치는 曆象授時를 첫 번째 임무로 하지 않음이 없다",[98] "제왕의 정치는 協時正日 보다 중함이 없다",[99] "帝王의 정치는 曆象 授時보다 큰 것이 없다",[100] "觀象과 推步는 국가의 큰 일"[101]이라는 명제로 요약되는 전통적인 유교정치사상에 입각하고 있었다. 이는『書經』의「堯典」과「舜典」에 사상적 뿌리를 두고 있었는데, "曆象日月星辰 敬授人時", "在璿璣玉衡 以齊七政"이라는 구절은 經學과 정치사상, 천문역산학을 매개하는 중요한 고리였다. 이것은 天人合一이라는 정치적 이상과 관계되는 것으로, 천체의 운행과 人事를 연결시키고자 한 전통적인 자연관의 일단을 보여준다. 조선의 관인·유자들은 이러한 사실을 잘 이해하고 있었다.[102]

고려후기 이래로 자주적인 역법을 만들기 위한 노력이 계속되었다. 1052년(문종 6) 만들어진 여러 역법들은 그 성격을 자세히 알 수 없고, 주술적인 목적을 지닌 것으로 보이지만[103] 고려의 자주적 역법을 향한

---

98)「天文圖詩[誌]」,『陽村集』권22, 1ㄴ(7책, 220쪽), "臣近竊惟 自古帝王奉天之 政 莫不以曆象授時爲先務".

99)『世宗實錄』권65, 世宗 16년 7월 1일(丙子), 2ㄴ(3책, 577쪽), "帝王之政 莫重 於協時正日".

100)『世宗實錄』권107, 世宗 27년 3월 30일(癸卯), 21ㄴ(4책, 612쪽) ;『諸家曆象 集』권4(381쪽), "帝王之政 莫大於曆象授時也" ;『世宗實錄』卷58, 世宗 14 년 10월 30일(乙卯), 10ㄴ(3책, 423쪽), "曆算之法 自古帝王莫不重之" ;『世宗實錄』卷58, 世宗 14년 11월 1일(丙辰), 11ㄱ(3책, 424쪽), "曆象日月 古今 帝王之所重". 위와 같은 세종의 언급 역시 이러한 사정을 보여주고 있다.

101)『成宗實錄』권235, 成宗 20년 12월 6일(己丑), 5ㄴ(11책, 550쪽), "(尹)弼商啓 曰 觀象推步 國之大事".

102)『世宗實錄』권77, 世宗 19년 4월 15일(甲戌), 8ㄱ(4책, 66쪽), "夫人事動靜之 機 實關於日星之運行 而日星之運行 昭著於儀象之中 古之聖人 必以爲治道 之首務 堯之曆象 舜之在璇璣是已".

103)『高麗史』권7, 世家 7, 文宗 1, 22ㄱ(上, 151쪽), "(六年)三月……戊午 命太史 金成澤撰十精曆 李仁顯撰七曜曆 韓爲行撰見行曆 梁元虎撰遁甲曆 金正撰

노력의 일환으로 볼 수도 있을 것이다.[104] 그러나 이러한 일련의 시도는 만족할 만한 성과를 거두지 못했던 것으로 여겨진다. 조선초에 고려의 역법을 정리하면서 宣明曆을 준수하였을 뿐이라고 부정적으로 평가했던 것은[105] 이러한 저간의 사정을 염두에 두고 있었다. 그것은 구체적으로 開方術의 미비로 인한 일월식[交食] 계산의 어려움 때문이었다.[106]

그러나 이와 같은 사정은 조선초에도 신속하게 개선되지 않았던 것으로 보인다. 曆日의 계산에 착오가 발생하고 있었던 것이다. 1410년(태종 10)에 발생한 柳塘生의 유배는 역일의 계산 착오 때문이었는데, 이때의 논의를 보면 서운관의 관리들이 계산한 역일과 중국 역일 사이에 하루의 오차가 발생하고 있었다.[107] 일식의 예측은 오래된 난제였는데, 그 구체적인 시각까지 정확히 예보하는 데는 여전히 어려움을 겪고 있었다.[108]

조선초의 역법 교정 사업은 1420년(세종 2) 星山君 李稷의 건의로부터 본격화되었던 것으로 추측된다.[109] 1423년(세종 5) 문신들에게

太一曆 以禳來歲灾祥"; 李龍範,「麗代의 偽曆에 對하여」,『震檀學報』29·30, 震檀學會, 1966/『韓國科學思想史研究』, 東國大學校 出版部, 1993.

104) 19세기 초 朴宗薰(1773~1841)의 다음과 같은 평가는 이와 같은 관점에 서 있는 것이다.「書雲觀志序」,『書雲觀志』, 序, 2ㄴ(6쪽), "……而十精·見行·遁甲·太一諸曆 皆麗人所自製也 今其法有傳之者否 有能刱意立術如金成澤·韓爲行諸人者否……".

105)『高麗史』권50, 志 4, 曆 1, 1ㄱ~ㄴ(中, 81쪽), "高麗不別治曆 承用唐宣明曆 自長慶壬寅 下距太祖開國 殆逾百年 其術已差 前此唐已改曆矣 自是曆凡二十二改 而高麗猶馴用之".

106)『高麗史』권50, 志 4, 曆 1, 1ㄴ(中, 81쪽) ;『增補文獻備考』권1, 象緯考 1, 曆象沿革, 2ㄴ~3ㄱ(上, 17~18쪽), "至忠宣王 改用元授時曆 而開方之術不傳 故交食一節 尙循宣明舊術 虧食加時 不合於天 日官率意先後以相牽合而復有不效者矣 而終麗之世 莫能改焉".

107)『太宗實錄』권19, 太宗 10년 4월 6일(壬寅), 32ㄴ~33ㄱ(1책, 539쪽).

108)『太宗實錄』권25, 太宗 13년 1월 1일(辛巳), 1ㄱ(1책, 659쪽).

109)『世宗實錄』권51, 世宗 13년 3월 2일(丙寅), 22ㄴ(3책, 297쪽), "上謂工曹判

唐의 宣明曆과 元의 授時曆 등의 차이점을 교정하게 한 것은 그 연장
선상에서 행해진 일이었다.110) 이직의 건의 이후 세종은 역법 교정의
임무를 鄭招에게 맡겼으며, 정초는 授時曆法을 연구하여 日月食과 星
辰의 변동에 따른 운행 도수 등을 조금 바로잡게 되었다.111) 당시 庚
順道112)와 같은 사람은 세종에게 역법 교정의 어려움을 토로했고, 이
에 세종은 역법 교정 사업을 중단하려고도 하였다. 이에 정초는 교정
이 가능하다는 의견을 피력했고 세종은 계산법을 연구하여 초안을 작
성토록 지시하였다.113)

이렇게 해서 제작된 曆書는 1431년(세종 13) 당시 세종으로부터 지
극히 정밀하다는 평가를 받았고 상용력으로서는 만족할 만한 수준에
도달해 있었다.114) 그럼에도 불구하고 일월식 등 정밀한 계산에서는

書鄭招曰……去庚子年 星山君李稷獻議校正曆法 今已十二年 若不精校 以
貽後人之譏 則不若不行之爲愈 宜盡心精校……".
世宗 26년(1444) 간행된 『四餘躔度通軌』(奎12434)에는 역법 교정 절차가 다
르게 설명되어 있다. 이에 따르면 世宗 1년(1419) 曆法 釐正의 문제를 獻議
한 사람은 領書雲觀事 柳廷顯이었고, 이 건의에 따라 세종이 藝文館 直提學
鄭欽之 등에게 授時曆을 연구하게 하여 그 방법을 조금 터득하였고, 이에 다
시 藝文館 大提學 鄭招 등에게 명하여 더욱 강구하게 함으로써 그 방법을
완전히 터득하게 되었다고 한다[『四餘躔度通軌』, 跋文, "殿下卽位之二年己
亥 領書雲觀事臣柳廷顯獻議 令儒臣釐正曆法 殿下嘉納其言 以爲帝王之政
莫大於此 特留宸念 乃命藝文館直提學臣鄭欽之等 考究授時之法 稍求其術
復命藝文館大提學臣鄭招等 更加講究 得其術……"].

110) 『世宗實錄』 권19, 世宗 5년 2월 10일(辛酉), 13ㄴ(2책, 525쪽), "命文臣 校正
唐宣明曆·元授時曆·步交會·步中星·曆要等書差異處 下書雲觀藏之".

111) 『世宗實錄』 권49, 世宗 12년 8월 3일(辛未), 10ㄴ(3책, 248쪽), "上謂左右曰
推筭天文 若專心致力 則可求其妙 日月之食 星辰之變 其躔度 固有差錯 前
此但用宣明曆法 差謬頗多 自鄭招 推明授時曆法然後 造曆稍正……".

112) 庚順道는 陰陽術數와 醫術에 능한 자로 알려져 있었고[『世宗實錄』 권27, 世
宗 7년 3월 29일(己亥), 36ㄴ(2책, 661쪽)], '渴烏激水法'을 응용한 수리 기구
의 제작을 건의하기도 하였다[『世宗實錄』 권52, 世宗 13년 5월 29일(壬辰),
27ㄱ(3책, 320쪽)].

113) 『世宗實錄』 권50, 世宗 12년 12월 11일(丁丑), 29ㄴ~30ㄱ(3책, 277쪽).

여전히 어려움이 있었고, 이러한 여러 문제들을 해결하기 위해 중국어를 아는 관원들 가운데 일부를 선발하여 중국에 보내 산법을 익히게 하는 방안이 강구되었다.[115] 鄭招 역시 역법 교정 사업의 진척을 위해 鄭麟趾를 참여시켜 줄 것을 요청하였다.[116] 이러한 과정을 거쳐 1432년(세종 14) 단계에 이르면 일월식과 절기의 추보가 중국의 역서와 조금도 어긋나지 않는 수준에 다다르게 되었다.[117] 이때 세종은 "이제 만일 교정하는 일을 그만둔다면 20년 동안 강구한 공적이 중도에 폐지되므로, 다시 정력을 더해 책을 완성하여 후세로 하여금 오늘날 조선이 전에 없었던 일을 건립하였음을 알게 하고자" 한다고 소회를 피력하였다.[118] 1420년 이후 작업의 성과를 종합하여 완성된 하나의 역법 체계를 만들고자 했던 것이다.

업무를 촉진시키기 위해 세종은 역법을 담당한 관원의 직급을 파격적으로 올려주는 조치를 취하기도 하였다.[119] 그뿐만 아니라 역법을 담당한 관원의 경우 外任에 임명하지 않았고,[120] 喪中에 있는 경우에는 起復의 조치를 취하기도 했다. 당시 역법 교정 사업에서 중요한 역할을 담당했던 李純之,[121] 金淡(1416~1464),[122] 金汗 등이 모두 그러

---

114) 『世宗實錄』 권51, 世宗 13년 3월 2일(丙寅), 22ㄴ(3책, 297쪽), "上謂工曹判書鄭招曰 曆書至精 日用之事 備載無遺……".
115) 『世宗實錄』 권51, 世宗 13년 3월 2일(丙寅), 22ㄴ(3책, 297쪽).
116) 『世宗實錄』 권53, 世宗 13년 7월 11일(癸酉), 3ㄱ(3책, 330쪽).
117) 『世宗實錄』 권58, 世宗 14년 10월 30일(乙卯), 10ㄴ(3책, 423쪽), "自立歷法校正以後 日月之食 節氣之定 較之中朝頒曆 毫釐不差 予甚喜之".
118) 『世宗實錄』 권58, 世宗 14년 10월 30일(乙卯), 10ㄴ(3책, 423쪽), "今若罷校正之事 則二十年講究之功 半途而廢 故更加精力 以爲成書 使後世 知今日建立朝鮮無前之事……".
119) 『世宗實錄』 권58, 世宗 14년 11월 1일(丙辰), 11ㄱ(3책, 424쪽).
120) 『世宗實錄』 권59, 世宗 15년 1월 28일(壬午), 12ㄴ~13ㄱ(3책, 441쪽).
121) 『世宗實錄』 권77, 世宗 19년, 4월 20일(己卯), 12ㄱ~13ㄴ(4책, 68~69쪽).
122) 『世宗實錄』 권124, 世宗 31년 5월 23일(壬寅), 11ㄱ~ㄴ(5책, 130쪽) ; 『世宗實錄』 권125, 世宗 31년 7월 14일(壬辰), 4ㄴ~5ㄱ(5책, 139쪽) ; 『文宗實錄』

한 조치를 받았다. 司譯院 注簿로 재직할 당시 산법을 익히기 위해 중
국에 파견되었던 金汗의 경우[123] 1438년(세종 20) 북경에 체류하던 중
부친이 병사했는데, 이듬해 귀국하자 세종은 김한에게 기복하도록 명
령하였다. 1440년(세종 22)에 이르러 曆算의 일이 정리되었으니 귀향
하게 해 달라는 김한의 요청이 있었으나 세종은 허락하지 않았다.[124]
당시 많은 관인들과 史臣들은 이와 같은 세종의 조치를 "奪情起復"이
라 하여 비판하였다.[125]

　이상과 같은 노력의 결과물이 바로 『七政算』이었으니, 이것은 실로
'조선의 역사에서 전에 없었던 일'이었다. 『칠정산내편』은 1442년(세종
24) 완성되어 1444년(세종 26) 간행되었다. 『칠정산』의 완성 이후 일월
식을 비롯한 각종 천문현상의 예측과 계산이 『칠정산내외편』에 근거
하여 이루어졌다.[126]

4. 科學技術政策의 政治思想的 지향

1) 朝鮮王朝 科學技術의 역사적 성격

　조선왕조 과학기술의 역사적 성격을 규정하는 요소로서 다음과 같
은 몇 가지 문제를 생각해 볼 수 있다. 첫째, 역사의 계승과 발전이라
는 연속성의 측면에서 볼 때 이전 시기 과학기술의 성과가 조선왕조

　　권2, 文宗 원년 6월 29일(辛丑), 18ㄱ(6책, 247쪽).
123) 『世宗實錄』 권51, 世宗 13년 3월 2일(丙寅), 22ㄴ(3책, 297쪽).
124) 『世宗實錄』 권88, 世宗 22년 3월 3일(乙巳), 24ㄴ(4책, 272쪽).
125) 『世宗實錄』 권125, 世宗 31년 7월 14일(壬辰), 5ㄱ(5책, 139쪽), "然以一藝奪
　　重喪 時人皆以爲不可" ; 『世宗實錄』 卷125, 世宗 31년 7월 18일(丙申), 5ㄴ
　　(5책, 139쪽). "……金淡 關係國家 能爲有無則可矣 不然則奪情起復 豈能安
　　而行之乎……".
126) 『世宗實錄』 권101, 世宗 25년 7월 6일(己未), 4ㄱ(4책, 490쪽).

과학기술의 수준을 가늠하는 중요한 전제 조건이 된다는 것이다. 특히 고려왕조가 이룩한 과학기술의 성과는 조선시기의 그것을 평가하는 일차적 기준이 될 것이며, 조선왕조의 과학기술은 고려왕조의 성과를 발전적으로 계승하고 그 한계를 극복하는 것으로부터 출발했다고 볼 수 있다.

고려시기 과학기술의 성격을 몇 마디로 단언할 수는 없지만 고려사회가 문화적·사상적으로 異民族과의 거듭된 투쟁을 통해 自主意識을 키워갔다는 지적에 주목할 필요가 있다.[127] 과학기술면에서 보더라도 고려는 전통적인 중국과의 문화 교류 위에서 북방의 여러 민족과 그들을 통해 전래된 아라비아의 과학기술적 성과와 접촉하게 되었다. 이와 같은 다양한 조류와 접하게 됨으로써 고려사회는 새로운 과학기술을 수용하여 과학기술상의 진전을 이룩했고, 그 과정에서 자기 문화에 대한 인식, 주체성에 대한 인식을 고양시켜 가게 되었다.

예컨대 曆法의 경우 宋代에는 거듭된 정치적 혼란으로 말미암아 십여 차례에 걸친 개력이 단행되었는데,[128] 統一新羅 이래로 宣明曆을 사용했던 고려의 입장에서는 이와 같은 중국의 改曆을 부단히 추종할 수 없었고, 북방민족에 의해 宋과의 교류가 곤란해지면서 중국의 역법을 자신들의 현실에 맞추어 개량하고자 노력하였다. 앞서 언급한 바와 같이 1052년(문종 6) 만들어진 여러 역법들은 자주적인 역법을 수립하기 위한 고려인들의 노력의 일환으로 볼 수 있는 것이다. 『鄕藥救急方』으로 대표되는 고려후기 鄕藥論의 대두 역시 이러한 관점에서 논의해 볼 수 있지 않을까 한다. 요컨대 우리나라의 현실에 맞는 자주적 과학기술에 대한 시도는 고려시기부터 전개되어 왔고, 그 성과를 발전

---

127) 洪以燮, 「科學·技術文化의 歷史的 推移 -'그 斷層·近代와의 乖離'의 史的 緣由-」, 『思想界』 6-10, 1958 ; 洪以燮, 「韓國科學의 傳統性」, 『自由公論』 2-7, 1959 ; 洪以燮, 「『朝鮮科學史』事緣數齣」, 『一山金斗鍾博士稀壽紀念論文集』, 探求堂, 1966(이상 『洪以燮全集』 1, 延世大學校 出版部, 1994에 재수록).
128) 藪內淸, 『中國の天文曆法』, 平凡社, 1969, 104~110쪽.

276 제2부 집권체제의 사회경제 운영구조

적으로 계승한 결과 조선초기에 천문역산학을 비롯한 농학·의학 등
의 여러 분야에서 가시적인 성과를 이룩할 수 있었던 것이다.

둘째, 조선왕조가 유교·주자학을 이데올로기로 표방하였고, 그 담
지자층인 양반·사대부가 주도하는 사회였다는 점에서 유교·주자학
일반의 자연관, 기술관(技藝觀) 등 사상적 측면이 과학기술정책의 운
영에서 중요한 기능을 담당하게 된다는 것이다. 예컨대 天人合一을 이
상으로 하는 정치사상, 人間學과 자연학을 통일적으로 파악하는 유기
체적 자연관 등은 각종 과학기술 분야의 先次性·중요성을 결정하는
주요 기준이 되었으며, 각종 技藝의 필요성과 가치에 대한 생각은 기
술의 개발과 발전의 수준을 결정하는 요소가 되기도 하였다. 따라서
전통적 자연관과 함께 儒敎의 古典에 입각한 양반·사대부 계층의 자
연관을 분석할 필요가 있다.

오늘날의 관점에서 보면 전통사회 천문학의 내용에는 과학과 미신
이 뒤섞여 있었다고 할 수 있다. 그것은 천문학이라는 분야가 정치·
사상과 밀접하게 관련되면서 나타난 현상이었다. 그 밑바닥에는 宇宙
(自然)와 人間이 유기적으로 연관되어 있다고 생각하는 전근대 시기
자연관이 자리하고 있었다. 근대사회의 기계적 자연관에서는 인간과
자연의 직접적 상관관계를 인정하지 않는다. 인간의 존재원리와 사회
의 운영원칙, 그리고 자연의 법칙은 각각 독립적인 영역으로 간주된다.
인문학과 사회과학, 자연과학이 분리되는 이유가 바로 이것이다. 그러
나 전근대 사회에서 그것은 하나의 학문으로 통합되어 있었다. 인간의
존재원리와 사회의 운영원칙, 그리고 자연계의 법칙은 일관된 논리로
설명될 수 있다고 여겨졌다. 천체의 운행을 통해, 자연계의 순환적 질
서를 통해 그 안에 숨겨진 하늘의 뜻을 찾아내고, 그에 합치되는 도덕
적 생활과 사회운영을 추구했던 것이다. 그것이 바로 '天人合一'의 이
상을 현실화하는 것이었고, 仁으로 대표되는 天道를 체인하여 仁政·
德治를 실현해야 한다는 王道政治論이었다. 천문학은 바로 이와 같은

정치·사상적 이상에 복무하는 학문이었다. 왕조국가 체제 하에서 정부·왕실을 중심으로 천문학이 유지·발전되었던 것도 이러한 이유 때문이었다.

조선왕조 국가 과학의 정치사상적 의미를 가장 분명하게 볼 수 있는 분야는 천문역산학과 관련된 災異論 분야였다. 조선초는 유교적 재이론이 완성된 형태로 정착하는 시기였다.[129] 그것은 고려 시기 이래의 유학의 발전선상에서 이해할 수 있다. 다음과 같은 조선초기 諫官의 설명방식은 전형적인 재이론의 형태를 보여주는 것이라 할 수 있다.

> 신등이 삼가 역대의 災異를 상고하여 보면, 하늘이 人君을 일깨우고 두려워하게 하여[警懼人君] 그 亂을 그치게 하려고 한 것입니다. 그러므로 옛날 제왕은 하늘의 꾸지람이 있으면, 몸을 삼가고 허물을 자책하여 正殿을 피하고, 常膳을 감하고, 부역을 정지하고, 세금 거두는 것을 적게 하여, 인심을 위로하고 災變을 없앴습니다. 自省할 줄 모르면 傷敗가 이르는 것이니, 하늘과 사람이 서로 간섭할 때에 두려워하지 않을 수 있겠습니까?……이에 이르는 것은 진실로 높고 멀어서 행하기 어려운 일이 아니고, 다만 용도를 절약하고 백성을 아끼는[節用愛人] 한 가지 일에 달려 있는 것입니다.[130]

여기서 재이는 하늘이 군주의 잘못을 지적하여 '恐懼修省'하게 만들기 위한 목적에서 일으키는 것으로 정의되있다. 따라서 천명의 대행자인 군주는 재이에 즈음하여 자신의 허물을 반성하는 한편 避正殿, 減膳, 停役, 減稅와 같은 여러 가지 조치들을 취했던 것이다. 그런데 이와 같은 弭災策의 핵심은 '節用愛民'으로 정리된다. 이렇듯 재이론의 핵심적인 논리는 '恐懼修省'과 '節用愛人'이었다. 그것은 유교정치사상

129) Park Seong-rae, *Portents and Politics in Korean History*, Jimoondang, 1998의 Ⅳ장 *Portents and Neo-Confucian*을 참조.
130)『太宗實錄』권2, 太宗 원년 7월 23일(庚戌), 3ㄴ(1책, 209쪽). 司諫院 左司諫 尹思修 등의 상소.

이 정치 현장에서 내면화되고 있음을 보여주는 징표였다.

　이상에서 알 수 있는 것은 조선왕조의 천문역산학이 오늘날의 그것과는 지향점이 달랐다는 사실이다. 그것은 자연계에 내재하는 법칙성[物理] 그 자체를 객관적으로 밝히기 위해서가 아니라 그것과 밀접하게 연관되어 있다고 생각하는 인간의 존재원리[倫理·道理], 인간사회의 운영원리[事理]를 탐구하기 위한 목적에서 진행되었다. 따라서 주된 목적이 倫理·道理·事理의 측면에 두어지게 되고 物理는 그것과의 연관 속에서만 의미를 갖게 된다. 당연히 윤리·도리의 학문이 우선적이었고, 물리의 학문은 부차적이었다.131)

　셋째, 시대성의 문제가 고려되어야 한다. 과학이나 기술은 문화의 구성 요소로서 각 시대의 정치적·경제적·지적인 요구에 의해 제약을 받기도 하고, 역으로 사회에 작용을 가하면서 형성되어 간다. 따라서 과학기술의 발전 문제는 과학기술 자체 내의 논리적 발전 과정뿐만 아니라 그것을 에워싸고 있는 사회적 조건과의 상호작용을 염두에 두어야만 한다. 고려에서 조선으로의 왕조 교체는 한국중세사회의 재편과정으로 이해된다. 그것은 고려후기의 사회모순을 여하히 극복하고 집권체제를 안정화시킬 것인가 하는 문제였다.

　고려후기의 사회모순은 集權體制의 동요로 정리할 수 있다. 元의 간섭 이후 정치체제의 모순이 심화되었고, 이는 王位 계승의 문란으로 표면화되었다. 경제적으로는 정치 권력을 매개로 한 民田의 탈점과 收租地 겸병에 의한 農場의 확대가 심각한 문제로 등장하였다. 그것은

---

131) 端宗代에 報漏閣의 보수 문제가 논란이 된 적이 있었다. 당시 報漏閣의 보수를 강행하려는 端宗에 대해 신하들은 여러 가지 이유를 들어 반대했는데, 그 가운데 "三代 이전에 漏器로써 天下를 다스린 자를 듣지 못하였으니, 나라를 다스리는 道가 어찌 漏器의 大小에 달려있겠습니까(三代以前 未聞以漏器 治天下者 爲國之道 豈係於漏器之大小哉)"라고 반대한 河緯地(1412~1456)의 논리에서 이러한 사정을 짐작할 수 있다[『端宗實錄』 권12, 端宗 2년 12월 18일(甲午), 24ㄴ(6책, 714쪽)].

한편으로 국가 재정 기반을 축소시켰고, 다른 한편으로 농민의 토지소유를 제약함으로써 사회경제적 모순을 심화시켰다. 收租權을 둘러싼 國家와 收租權者, 收租權者와 收租權者, 나아가 收租權者(田主)와 所有權者(佃客)의 모순이 격화되고 있었으며, 이는 지배층과 피지배층, 아울러 지배층 내부의 정치적 갈등과 대립으로 표출되었다. 이와 함께 정치적·경제적·제도적 변화에 편승한 신분제의 동요, 불교계의 누적된 모순으로 인한 국가이념으로서 불교의 기능 상실, 紅巾賊과 倭寇의 침입에 따른 대외관계의 모순 또한 고려왕조 집권체제를 위협하는 중요한 요인이었다.

麗末鮮初의 政界·思想界는 이와 같은 문제를 해결하기 위한 노력을 경주하고 있었다. 고려말의 사회모순을 타개하기 위한 방안은 정치세력간의 현실인식, 정치경제적 기반, 사상적 배경의 차이에 따라 상이한 방향으로 제기되었고,[132] 그것이 정치·군사적 충돌로 전개되면서 革命運動을 통해 조선왕조가 開創되기에 이르렀다. 그러나 조선왕조의 수립은 고려후기 이래의 사회모순을 완전히 수습한 바탕 위에서 이루어진 것이 아니었으므로 제반 사회모순의 해결은 건국 초기 조선왕조 집권세력의 지속적인 과제로 남게되었다.

이러한 과제를 달성하기 위해서는 무엇보다 먼저 조선왕조 국가체제의 기틀을 정비하는 일이 선행되어야 했다. 국가체제의 기본 골격을 확립하고, 국정운영의 기본 노선을 수립하는 이와 같은 작업은 태종·세종대를 거쳐 대부분 마무리되었고, 그것은 세조·성종대를 거치면서 經濟·經國의 이념으로서 『經國大典』으로 수렴되었다. 이른바 '經國大典體制'의 확립과정이었다.[133] 조선전기 국정운영의 목표는 이처럼 새롭게 재편된 집권체제의 안정화였고, 과학기술정책은 그러한 목적을

132) 都賢喆, 『高麗末 士大夫의 政治思想硏究』, 一潮閣, 1999 참조.
133) 李景植, 「朝鮮建國의 性格問題」, 『한국중세 사회의 변화와 조선건국』(연세대학교 국학연구원 제336회 국학연구발표회 논문집), 연세대학교 국학연구원, 2003 참조.

달성할 수 있는 범위 내에서 구상되고 추진되었다. 예컨대 국가의 재정 수입원인 租稅·力役(徭役과 國役)·貢物을 정비하는 과정에서 算學을 발전시키고 度量衡 제도를 정비한다든지, 농업생산력을 발전시키기 위해 農法의 개량, 農學의 연구, 農書의 보급이 추진된 것 등은 집권체제와 과학기술정책의 상호관련성을 짐작할 수 있는 대목들이다.

이와 같이 조선전기의 과학기술은 15~16세기의 역사적 조건 속에서 형성된 것이며, 거기에는 당대의 현실적 요구가 반영되어 있었다. 조선왕조의 과학기술정책과 관련하여 사회경제 문제뿐만 아니라 당대의 역사적 조건 및 정치사상적 배경이 필수적으로 고려되어야 하는 이유이다. 요컨대 조선전기 과학기술의 수준과 정책 방향은 역사적·사상적·사회경제적 조건들에 의해 규정되면서 커다란 틀이 마련되었다고 볼 수 있다.

2) 科學技術政策의 성과와 한계

집권체제 하의 과학기술 정책을 효율적으로 수행하기 위해서는 무엇보다 그것을 뒷받침할 수 있는 인력의 양성이 중요한 문제였다. 오늘날의 관점을 기준으로 전통시대의 과학자와 기술자를 구분하기에는 많은 어려움이 있다. 전통사회의 과학기술자는 편의적으로 다음과 같은 세 부류로 나누어 볼 수 있을 듯 하다. 먼저 이론적인 측면에 해박한 지식을 갖고 역대의 과학·기술 이론을 종합·정리하는 일에 종사했던 사람들이다. 주로 文科 출신의 인물들이었는데 세종대 천문역산학의 정비에 주요한 역할을 담당했던 鄭招·鄭麟趾·鄭欽之·李純之·金淡·金鑌 등이 그들이었다. 그런데 이들 관료 학자들이 과학기술 분야의 업무에 종사하게 된 계기는 대부분 국왕의 특명에 의한 것이었다는 점에 주목할 필요가 있다. 젊은 문관들로 하여금 천문역산학을 익히게 하는 것은 이후 하나의 전통이 되었다.[134]

다음으로는 이들이 정리한 이론을 토대로 개별 분야의 실무를 담당
했던 기술관들이다. 이들은 주로 雜科를 통해 등용되었다. 조선왕조의
잡과는 1397년(태조 6)부터 설행되어,[135) 1399년(정종 원년)에 譯科·
醫科·陰陽科·律科 체제로 정비되고, 이것이『경국대전』에 법제화되
었다.[136) 잡과를 통해 등용된 기술관들은 書雲觀의 실무관료, 算學·
醫學의 담당자로서 활동하였다.[137)

이들 이외에 중요한 기술자 집단으로 匠人[工匠] 계층을 들 수 있
다. 蔣英實의 예에서 볼 수 있듯이 이들은 신분적으로 미천하였을 뿐
만 아니라 국가 부역노동의 주대상자들이었다.[138) 조선왕조에서 각종

---

134)『明宗實錄』권19, 明宗 10년 11월 11일(壬寅), 33ㄴ(20책, 302쪽), "傳曰 朝宗
    朝重天文 以文官專意爲之焉".
135)『太祖實錄』권11, 太祖 6년 2월 22일(乙巳), 4ㄱ(1책, 101쪽), "考試官趙浚·鄭
    道傳試取雜科明醫八人·明律七人".
136)『經國大典』권3, 禮典, 諸科, 5ㄱ~8ㄴ(215~222쪽).
137) 조선전기 기술관의 사회적 신분 및 기술교육 과정에 대해서는 다음의 논고를
    참조. 李成茂,「朝鮮初期의 技術官과 그 地位-中人層의 成立問題를 中心으
    로-」,『惠庵柳洪烈博士華甲紀念論叢』, 探求堂, 1971 ; 申解淳,「中間階層」,
    『한국사』10(兩班官僚國家의 社會構造), 국사편찬위원회, 1974 ; 손홍렬,「조
    선전기 의관의 임용과 그 사회적 지위」,『史叢』30, 1980 ; 朴星來,「朝鮮儒敎
    社會의 中人技術敎育」,『大東文化硏究』17, 成均館大 大東文化硏究院,
    1983 ; 韓永愚,「조선초기 사회계층 연구에 대한 재론」,『韓國史論』12, 서울
    大學校 國史學科, 1985 ; 韓永愚,「朝鮮時代 中人의 身分·階級的 性格」,
    『韓國文化』9, 서울大學校 韓國文化硏究所, 1988 ; 申解淳,「중인」,『한국사』
    25(조선 초기의 사회와 신분구조), 국사편찬위원회, 1994 ; 金斗憲,『技術職
    中人 身分 硏究』, 全北大學校 박사학위논문, 2000 ; 이남희,「朝鮮前期 技術
    官의 身分的 性格에 대하여」,『高麗 朝鮮前期 中人硏究』, 新書苑, 2001.
138) 조선전기 工匠 계층에 대한 기존의 연구로는 다음을 참조. 姜萬吉,「朝鮮前
    期 工匠考」,『史學硏究』12, 한국사학회, 1961 ; 劉敎聖,「韓國商工業史」,
    『韓國文化史大系 Ⅱ(政治·經濟史)』, 高麗大學校 民族文化硏究所, 1965 ;
    劉承源,「조선初期 京工匠의 官職-雜織의 受職을 중심으로」,『金哲埈博士
    華甲紀念史學論叢』, 金哲埈博士華甲紀念史學論叢 刊行準備委員會, 1983 ;
    이혜옥,「조선전기 수공업체제의 정비」,『역사와 현실』33, 한국역사연구회,
    1999 ; 이병희,「조선전기 도자기 수공업의 편제와 운영」,『역사와 현실』33,

수공업에 종사한 계층이 바로 '工匠'이었다. 유교사회였던 조선왕조에
서는 기본적으로 '百工의 技藝'를 비천한 것으로 여겼지만, 국가를 운
영하는 데는 긴요한 요소라는 사실 또한 분명하게 인식하고 있었
다.[139] 이러한 공장을 운용하는 원칙으로 조선왕조는 크게 두 가지를
거론하였다. 하나는 '절용·검박'해야 한다는 것이었고, 다른 하나는 공
장을 부리는 데 농번기를 피해 시의적절하게 해야 한다는 것이었
다.[140] 국용을 절제하지 않으면 비용을 낭비하게 되어 재정이 고갈되
고, 민력을 아끼지 않으면 노역이 심해져서 백성을 피곤하게 만들게
되며, 이러한 재정과 민력의 파탄 상태는 국가적 위기로 이어지기 때
문이었다.[141]

국가 정책의 입장에서 보자면 첫 번째와 두 번째 부류의 인재들을
교육·육성하는 방안과 세 번째 부류의 노동인력을 효율적으로 관
리·운용하는 문제가 주요한 관심사가 될 것이다. 조선왕조는 이상과
같은 과학기술자 집단을 효율적으로 운용하면서 15세기 전반에 여러
분야에서 눈부신 성과를 이룩하였다. 그런데 이러한 성과들은 이후 발
전적으로 계승되지 못한 것으로 이해된다. 예컨대 "欽若昊天·敬授人
時"의 사상을 바탕으로 세종대에 완비되었던 천문역산학의 여러 제도
들—簡儀臺·日影臺·欽敬閣·自擊漏 등—은 15세기 후반에 들어 현
저히 이완되어 가는 모습을 보이게 된다. 자격루의 기능에 문제가 일
어나고 있었고,[142] 흠경각 역시 폐지될 지경에 이르렀다.[143] 이와 같이

한국역사연구회, 1999 ; 한정수, 「조선전기 제지 수공업의 생산체제」, 『역사와
현실』 33, 한국역사연구회, 1999 ; 金一煥, 「朝鮮初期 軍器監의 武器製造 硏
究」, 인하대학교 박사학위논문, 2000.

139) 『三峯集』 권8, 朝鮮經國典下, 工典, 金玉石木攻皮塼埴等工, 19ㄱ(5책, 444
쪽), "百工之技 雖其卑且賤者 其於國家之用 實爲緊要 皆不廢也".

140) 『三峯集』 권8, 朝鮮經國典下, 工典, 摠序, 19ㄱ(5책, 442쪽), "前朝之季 用度
無節 使民不以其時 民怨天怨 自底滅亡".

141) 『三峯集』 권8, 朝鮮經國典下, 工典, 摠序, 18ㄴ(5책, 441쪽), "夫不節國用 則
妄費而至於財殫 不重民力 則勞役而至於力屈 財力竭而國家不危者 未之有也".

조선초기 과학기술 정책의 성과가 이후 지속적으로 이어지지 못한 원
인은 무엇이었을까?

첫째로 당시 과학의 성격이 오늘날의 그것과 달랐다는 점을 지적할
수 있다. 조선초의 과학은 국가와 왕실을 중심으로 운영되었는데, 그것
은 강렬한 정치사상적 지향을 지니고 있었다.[144] 자연계의 법칙을 탐
구하는 것보다는 그와 연관된 인간·사회의 운영원리를 추구하는 것
이 우선적 과제였다. 이러한 사실은 세종대 건립된 흠경각의 보수 과
정을 통해서도 엿볼 수 있다.

사실 흠경각은 천체의 운동과 사계절 및 시간의 변화를 자동적으로
알려주도록 고안된 기계 장치였고, 이것을 작동시키는 동력이 수력이
었으므로[145] 당시의 기술 수준으로 이것을 항상적으로 유지하기에는
많은 어려움이 있었던 것으로 보인다.[146] 그나마 흠경각이 이후 수 차
례 수리·개작을 반복하면서[147] 그 명맥을 유지할 수 있었던 것은 그
것이 민간의 四時疾苦를 알기 위한[148] 정치사상적 목적에서 긴요하다
고 인정되었기 때문이다. 중종대와 명종대에 흠경각을 개수하면서 세

---

142) 『成宗實錄』 권111, 成宗 10년 11월 15일(丙申), 12ㄱ~ㄴ(10책, 84쪽). 同知事
    李坡의 啓辭.

143) 『成宗實錄』 권245, 成宗 21년 閏9월 6일(乙酉), 5ㄴ(11책, 648쪽). 侍講官 趙
    之瑞의 啓辭.

144) 조선왕조 과학의 정치적 예속성에 대해서는 일찍이 洪以燮이 지적한 바 있
    으며, 당시 과학기술의 성격이 오늘날의 그것과 달랐다는 사실에 대해서는
    각주 5의 朴星來 논문을 참조.

145) 『世宗實錄』 권80, 世宗 20년 1월 7일(壬辰), 5ㄱ~6ㄱ(4책, 123~124쪽).

146) 『成宗實錄』 권277, 成宗 24년 5월 10일(癸酉), 9ㄴ~10ㄱ(12책, 311쪽). 左承
    旨 金應箕의 啓辭.

147) 『成宗實錄』 권277, 成宗 24년 5월 10일(癸酉), 9ㄴ~10ㄱ(12책, 311쪽) ; 『中
    宗實錄』 권10, 中宗 4년 11월 8일(丙寅), 4ㄴ(14책, 390쪽) ; 『中宗實錄』 권30,
    中宗 12년 11월 25일(丁酉), 59ㄴ(15책, 362쪽) ; 『明宗實錄』 권10, 明宗 5년
    11월 6일(乙未), 92ㄱ(19책, 725쪽).

148) 『中宗實錄』 권10, 中宗 4년 11월 8일(丙寅), 4ㄴ(14책, 390쪽), "見欽敬閣 世
    宗之制 至詳至密 非一時戲玩之具 欲知民間四時之疾苦也".

종대의 그것149)을 확장해서『荀子』「宥坐篇」의 내용150)을 보강하고
勸戒의 의미를 강조한 것도151) 이러한 취지에서였다.

　成宗代와 燕山君代를 거치면서 쇠퇴되었던 보루각과 흠경각이 中
宗代에 복구된 것도 의미심장한 일이다. 중종반정을 통해 정권을 장악
한 당시의 집권층이 天命의 收受와 民心의 안정이라는 측면에서 이러
한 정책에 주목하였을 가능성이 있기 때문이다. 그것은 당시 이 시설
을 복구하면서 신하들이 내세웠던 논리가 "하늘을 공경하고 재앙을 삼
가는 도리[敬天謹災之道]",152) "시간만을 편리하게 알려줄 뿐 아니라
하늘을 공경하고 백성의 일에 부지런하다는 의의[敬天勤民]"153) 등이
었음에서 짐작할 수 있다.

　둘째로 조선초에 취해진 과학기술 정책이 집권체제의 안정화라는
목표 하에 한시적으로 시행됨으로써 제도화·영속화되지 못했다는 점
을 지적할 수 있다. 과학기술자에 대한 파격적인 대우가 세종대에 중
점적으로 이루어졌지만 그것은 국왕의 특명에 의한, 그야말로 '특단의
조치'에 국한되었고 계속적인 사업으로 전개되지 못했다. 따라서 초기

---

149)『世宗實錄』권80, 世宗 20년 1월 7일(壬辰), 5ㄴ(4책, 123쪽), "又有臺 臺上置
　　敧器 器北有官人 執金甁以注之 用漏之餘水 源源不絶 虛則敧 中則正 滿則
　　覆 皆如古訓".
150)『荀子』권20, 宥坐篇 第28(520쪽-點校本『荀子集解』, 中華書局, 1988의 쪽
　　수), "孔子觀於魯桓公之廟 有敧器焉 孔子問於守廟者曰 此爲何器 守廟者曰
　　此蓋爲宥坐之器 孔子曰 吾聞宥坐之器者 虛則敧 中則正 滿則覆 孔子顧謂
　　弟子曰 注水焉 弟子挹水而注之 中而正 滿而覆 虛而敧 孔子喟然而嘆曰 吁
　　惡有滿而不覆者哉 子路曰 敢問持滿有道乎 孔子曰 聰明聖知 守之以愚 功
　　被天下 守之以讓 勇力撫世 守之以怯 富有四海 守之以謙 此所謂挹而損之
　　之道也".
151)『中宗實錄』권101, 中宗 38년 11월 2일(壬寅), 40ㄴ(19책, 20쪽) ;『明宗實錄』
　　권10, 明宗 5년 11월 6일(乙未), 92ㄱ(19책, 725쪽).
152) 각주 67 참조.
153)『中宗實錄』권82, 中宗 31년 8월 20일(癸卯), 32ㄱ(17책, 678쪽), "非特節晝夜
　　正天時而已 因是而敬天勤民 實有關於治道".

의 목표가 달성된 이후에는 그와 같은 특단의 조치들이 취해지리라고 기대할 수 없었다. 집권체제가 안정화 단계에 접어든 16세기 이후 과학기술 분야의 연구와 사업이 현저히 줄어든 것은 이와 같은 이유 때문이 아닐까 한다.

그러한 사실을 짐작케 해주는 사례로 성종대 의원의 현직 서용에 관한 논의를 들 수 있다. 당시 續錄校正廳에서는 "모든 道에 天文·地理·卜筮·醫藥 가운데 혹 한 가지 技藝라도 전공한 자가 있으면 자세히 찾아 물어 보고, 삼가 조정에 보내기도 해서 발탁하여 등용하는데 대비한다"라고 한 『經濟六典』의 조항154)과 "천문과 曆算으로서 그 일에 정통한 자는 아뢰어 京外의 吏職에 제수한다"는 『經國大典』의 조항155)에 근거하여 의원도 포함시켜 『속록』에 명문화하고자 한다는 의견을 제시하였는데, 이에 대한 성종의 답변은 '特旨'를 통해서 문제를 해결할 수 있으니 『속록』에 기재할 필요가 없다는 것이었다.156) 제도화에 의해서 문제를 해결하고자 한 것이 아니라, '특단의 조치'에 의한 해결을 모색하였음을 알 수 있다.

그런데 이러한 특단의 조치는 규정을 뛰어넘는 것이라는 점에서 관료들의 반발을 사기 쉬웠고, 국왕 개인의 용단에 좌우된다는 점에서 영속성을 갖기 어려웠다. 예컨대 성종이 醫術과 譯學의 중요성을 강조하면서 醫員과 譯者로서 정통한 자를 東·西班에 탁용하겠다는 특지를 내렸을 때 대간들은 외람되다고 여러 번 진정하였던 것이다.157) 이들 관료들은 기술관에 대한 특단의 조치보다는 기존의 제도 안에서 교

154) 『太祖實錄』 권2, 太祖 원년 9월 24일(壬寅), 5ㄴ(1책, 31쪽), "天文地理卜筮醫藥或攻一藝者 備細訪問 敦遣于朝 以備擢用";『太宗實錄』 권16, 太宗 8년 11월 16일(庚申), 40ㄱ(1책, 464쪽).

155) 『經國大典』 권1, 吏典, 京官職, 正三品衙門, 觀象監, 25ㄴ(76쪽), "三學天文曆筭兼通者 別叙顯官 仍仕".

156) 『成宗實錄』 권282, 成宗 24년 9월 26일(丁巳), 19ㄴ~20ㄱ(12책, 405쪽), "御書曰 國不可無醫 若所業精通 人器相當 而有特旨 有何所礙 不必載諸續錄".

157) 『成宗實錄』 권140, 成宗 13년 4월 14일(壬子), 14ㄴ~15ㄱ(10책, 320쪽).

육을 통해 해당 분야를 활성화시키는 방도를 강구하였다.

　이와 같은 사실은 제도의 개정을 통해서도 살펴볼 수 있다. 조선초
에는 천문·지리·의약·통역 등의 이른바 '雜術'이 치도에 도움이 된
다고 하여 지속적인 관심을 기울였고, 그 임무를 중시하여 東班의 직
임으로 삼기까지 하였다. 때문에 양반층 가운데 한미한 집안의 사람들
로 문무관의 직위를 얻지 못한 이들은 이러한 잡술에 종사하여 그 음
덕이 자손에게 끼쳐지기를 원했던 것이다.158) 그러나 『大典續錄』(1492
년 반포) 단계에 이르면 관상감·사역원·전의감·혜민서의 관리들을
문무관의 반열에 넣지 말라는 조치가 취해졌다.159) 이 조항은 여러 신
하들의 반론으로 재고되기에 이르렀지만 이러한 논란 자체가 15세기
전반과 후반의 '잡학'에 대한 인식차를 반영하는 것이라 하겠다.

　셋째로 조선왕조의 국정 교학인 유교·주자학의 논리 속에서 그 원
인을 찾아볼 수 있다. 유교 정치사상에 입각한 경제 운용의 논리는 生
財·節用論으로 대변되며,160) 그것은 경제활동에 국가가 적극적으로
개입하는 것을 '與民爭利'라고 비판하였다.161) 富國强兵에 대한 조선
초기의 적극적 인식 역시 왕조체제가 안정화 단계에 들어가는 15세기
후반 이후에는 부정적으로 변화해 간다. 주자학으로 무장한 관인·유
자들은 부국강병을 王安石·商鞅 등의 정책과 관련시켜 覇道로 이해

---

158) 『成宗實錄』 권282, 成宗 24년 9월 1일(壬辰), 1ㄴ(12책, 396쪽). 禮曹判書 成
　　俔의 書啓.
159) 『成宗實錄』 권282, 成宗 24년 9월 1일(壬辰), 1ㄴ~2ㄴ(12책, 396쪽), "近日傳
　　旨 觀象監·司譯院·典醫監·惠民署 本非士族人 內醫院外 勿齒文武官……朴
　　崇質議 續錄此條 本因諸道監司刑訊 有妨而設也……".
160) 『大學』의 生財說에 이론적 근거를 두고 "仁以生財 義以節用"이라는 논리로
　　정리된 金時習(1435~1493)의 生財節用論이 그 대표적인 예가 될 수 있을
　　것이다[「生財說」, 『梅月堂集』 권20, 15ㄱ~17ㄱ(13책, 381~382쪽)].
161) 「生財說」, 『梅月堂集』 권20, 17ㄱ(13책, 382쪽), "彼桑弘羊·劉晏·王安石 欲理
　　財而聚錢推賣 與民爭利者 所以起不奪不饜之端 其佑怨市儺 可勝言哉 此易
　　敗難救之禍也".

하였으며,162) 국왕 스스로 "임금이 富國强兵에 뜻을 두는 것은 커다란 잘못이다"163)라고 말하기도 하였다. 따라서 이와 같은 사유체계 하에서는 상공업을 중심으로 한 생산력 발전을 적극적으로 추동하는 논의가 나오기 어려웠다.

그것은 기술·기예에 대한 관인·유자들의 생각과도 밀접한 관련을 지니고 있다. 조선 초부터 기술관의 수요와 기술교육의 중요성을 염두에 두고, 하급문신 가운데 젊은이들을 뽑아 여러 가지 기술교육을 실시하고자 하는 목적으로 이른바 '十學' 등이 설치·운영되었다.164) 여기에는 유학·무학과 같은 상위 신분층이 담당하는 학문 분야도 있었지만 나머지 대부분은 중인 이하의 신분계층이 담당하는 그야말로 기술과 관련된 것들이었다. 이러한 '十學'의 제도는 그 이후 다소간의 출입이 있었고 세조대에는 '七學'으로 기술분야를 정리하기도 하였다.165) 이는 문신들로 하여금 기술과 관련된 내용을 숙지토록 하고, 그를 바탕으로 실제 국정 운영에 활용하고자 하는 목적에서였다. 그러나 이와 같은 교육은 그 목적대로 이루어지지 않았다. 그것은 유교·주자학의

---

162) 『成宗實錄』 권90, 成宗 9년 3월 9일(辛未), 4ㄴ(9책, 565쪽) ; 『中宗實錄』 권32, 中宗 13년 4월 28일(丁酉), 66ㄴ(15책, 426쪽) ; 『中宗實錄』 권35, 中宗 14년 1월 29일(甲子), 22ㄱ(15책, 505쪽) ; 『中宗實錄』 권89, 中宗 34년 1월 20일(己丑), 33ㄱ(18책, 243쪽) ; 『宣祖實錄』 권8, 宣祖 7년 1월 21일(丁酉), 3ㄴ(21책, 287쪽) 등등 참조.

163) 『中宗實錄』 권32, 中宗 13년 2월 26일(乙未), 14ㄴ(15책, 400쪽), "上曰 人君 有志於富國强兵 則不可之大者也".

164) 十學의 성립과 기술교육의 실태에 대해서는 李成茂, 「朝鮮初期의 技術官과 그 地位-中人層의 成立問題를 中心으로 」, 『惠庵柳洪烈博士華甲紀念論叢』, 探求堂, 1971, 195~209쪽 참조.

165) 『世祖實錄』 권34, 世祖 10년 8월 6일(丁亥), 9ㄱ(7책, 644쪽), "(金)宗直啓曰 今以文臣 分隷天文地理陰陽律呂醫藥卜筮詩史七學 然詩史 本儒者事耳 其餘雜學 豈儒者所當力學者哉 且雜學 各有業者 若嚴立勸懲之法 更加敎養 則自然咸精 其能不必文臣然後可也 上曰 諸學者 皆庸流 專心致志者盖寡 故欲令子等學之……". 雜學에 대한 世祖와 金宗直(1431~1492)의 견해차를 분명히 볼 수 있다.

技藝觀·技術觀에 원인이 있었던 것으로 여겨진다. 세조대부터 술수학에 종사했던 崔灝元은 이러한 현상이 나타나게 된 원인을 문신들이 모두 영진을 바라고 술수를 부끄럽게 여기기 때문이라고 지적하였다. 이를 통해 알 수 있는 것은 기술직을 통해서는 현직으로 나갈 수 없다는 것과 당시 일반 관료들이 술수를 천하게 여겼다는 사실이다.166) 여기서 말하는 술수에는 천문·역산을 비롯한 음양술수 등이 모두 포함된다는 점에서 기술학에 대한 당시의 일반적 경향을 짐작할 수 있다.

조선초기 시행되어 왔던 문신에 대한 잡학 교육(習讀官 제도)은 16세기에도 그 명맥을 유지하고 있었지만 당시 대부분의 문신들이 학습을 하지 않는 실정이었다.167) 그 원인은 이미 세종대에 지적되었듯이 문신들이 청요직[華職]으로 진출하는 데 지장이 될까 염려했기 때문이었다.168)

넷째로 공납 노동의 비효율성을 들 수 있다. 국가는 공장 계층의 노동력을 수탈하는 방식으로 운영하였는데,169) 이는 생산자 계층의 노동의욕을 감퇴시키고 적극적인 기술 개발을 제한하는 요인이 되었다. 이미 16세기 전반에는 조정 대신들이 "공장의 기예가 정통하지 못함이 지금 같은 때가 없었다"고 할 정도로 문제점을 드러내고 있었다. 이전까지 官役을 통해 지급된 月俸으로 처자를 돌볼 수 있었던 공장들이 월봉의 감소로 인해 도망할 꾀만 한다는 지적이나, 공장이 모두 흩어져 각사의 노비로 그를 충당하고 있다거나 工曹와 繕工監에 조차 장

---

166) 『成宗實錄』 권174, 成宗 16년 1월 8일(辛卯), 9ㄴ(10책, 665쪽), "世祖大王 選文臣年少之輩 分號術數 設爲七學 終無一人勤學成才者 此無他 並以希求榮進爲心 而恥術業之名也".

167) 『中宗實錄』 권26, 中宗 11년 10월 29일(丁丑), 54ㄱ(15책, 231쪽), "金安國曰 天文 自祖宗朝擇文臣習讀 而有勸勵之事 當今亦抄年抄[小]文臣 而臣亦與焉 雖抄擇而文臣等 皆不學習 至爲不可更抄讀習勸勵 可矣".

168) 『世宗實錄』 권69, 世宗 17년 8월 13일(壬子), 16ㄴ(3책, 647쪽), "司譯院提調啓……年少文臣 恨不得踐歷華要 遂不勤業……".

169) 李鍾河, 『朝鮮王朝의 勞動法制』, 博英社, 1969 참조.

인이 없다는 현실은170) 비록 과장되기는 하였을지라도 바로 이와 같은 문제점을 드러낸 것이었다.

5. 맺음말

고려 말의 사회 모순을 수습하는 과정에서 등장한 조선왕조의 역사적 성격은 韓國中世社會의 再編, 集權體制의 再編이라는 관점에서 이해할 필요가 있다. 집권체제가 국가 유지의 기초인 土地와 人民에 대한 一元的 · 직접적 · 통일적인 지배를 추구하는 정치제도—전제군주제 · 과거제 · 관료제 · 향촌자치제 등—와 이 원리에 의해서 규정되는 사회 · 경제 · 사상 · 문화일반까지 포괄하는 확대된 개념이라고 할 때, 조선왕조의 제반 정책은 이러한 집권체제의 운영 방향과 그 맥락을 같이 하게 될 것이다. 과학기술정책의 경우도 예외가 아니었다.

조선초기 국가 운영의 최우선 과제는 집권체제의 안정화였다. 이를 위해서는 안팎으로부터의 정치적 · 군사적 위협을 극복하고, 국가의 물적 기반이 되는 토지와 인민에 대한 지배력을 강화함과 아울러 민심을 수습하고 민생을 안정시킬 수 있는 제반 조치가 시급히 마련되어야 했다. 조선초기의 과학기술정책은 이 같은 국정 운영의 목표 · 기조와 보조를 같이 하면서 관련 분야의 과학기술을 중심으로 전개되었다.

예컨대 국방과 관련된 화약무기의 개량 · 발전, 왕조 개창의 정당성을 확보하기 위한 천문역산학의 발전, 토지와 호구를 파악하기 위한 수단으로서의 지도 작성과 지리지 편찬, 농업생산력을 증진시키기 위한 농업기상학과 노동력의 안정적 확보를 위한 의학의 체계화 등등이 바로 '그것이었다.

이들 분야의 정책을 추진하면서 조선 초의 官人 · 儒者들은 '風土不

---

170) 『中宗實錄』 권84, 中宗 32년 4월 25일(癸酉), 69ㄱ(18책, 70쪽).

同論'을 바탕으로 自主性을 표방하였다. 조선초기 위정자들은 중국의 선진적 유교 문화를 적극적으로 수용하는 한편 고유 문화의 계승과 발전에도 관심을 기울이고 있었다. 유교적 보편주의와 전통문화의 개별성이 충돌할 때 그 해결 방안을 둘러싸고 논쟁이 벌어지기도 하였지만, 국가정책의 기조는 양자의 조화를 추구하는 방향으로 추진되었다. 그것이 이른바 '風土不同'·'風俗不同'·'聲氣不同'의 논리로 제출되었고, 이는 '宜土'·'時宜'의 원리에 따라 자주적인 과학기술정책을 시행할 수 있는 밑받침이 되었다. 조선초기 지식인들의 사고에는 유용한 기술이라 하더라도 우리 실정에 비추어 적절하지 않은 것은 채택하지 않고, 반면에 우리 실정에 맞는 것이라면 이를 적극적으로 수용·발전시키고자 하는 변별력과 진취성이 있었다. 중국과의 '풍토부동론'에 입각한 현실적·주체적 사고의 산물이었다. 이 같은 사유방식과 사상이 기초가 됨으로써 조선왕조는 독자적인 자기 문화를 확립·유지·발전시켜 나갈 수 있었던 것이다.

이와 같은 논리적 토대 위에서 조선왕조는 15세기 전반 과학기술의 여러 영역에서 주목할 만한 성과를 이룩하였다. 중국의 천문역법을 완벽히 소화한 바탕 위에서 한양을 중심으로 일체의 천체 현상을 계산할 수 있는 자주적 천문역법을 수립하였고, 실측에 기초하여 보다 상세한 전국적 지도를 완성하였으며, 전국토의 자연지리·인문지리적 내용을 포괄한 지리지를 편찬하여 국가 운영의 기초 자료로 활용하였다. 조선 농업의 전통과 특성을 계승·발전시키면서 남북간의 지역차를 효과적으로 조절·극복할 수 있는 방안을 중국 농서의 이론과 우리의 자주적 경험을 결합시킴으로써 마련하였고, 우리 땅에서 자생하는 약재를 중심으로 새로운 의학 체계의 수립을 시도하였다.

조선전기 과학기술상의 진전은 연속성의 측면에서 볼 때 고려시기의 성과를 발전적으로 계승하고 그 한계를 극복하면서 이룩한 것이었다. 또 조선왕조가 유교·주자학을 國定敎學으로 삼고 있었다는 점에서 朱子學的 自然觀＝有機體的 自然觀과 그에 기초한 官人·儒者들의 技藝觀·技術觀이 조선왕조 과학기술 정책의 先次性·중요성을 결정하는 중요한 요소가 되었다. 아울러 조선전기 과학기술은 15~16세기의 역사적 조건 속에서 형성된 것으로, 거기에는 당대의 현실적 요구가 반영되었다. 요컨대 조선전기 과학기술정책의 성격과 내용은 당대의 역사적·사상적·사회경제적 조건들에 의해 규정되면서 큰 틀이 마련되었던 것이다.

　조선초기 과학기술정책의 성과는 이후 발전적으로 계승되지 못한 것으로 이해된다. 그 원인은 다음과 같은 몇 가지 문제에서 찾아볼 수 있다. 먼저 당시의 과학기술의 성격이 오늘날의 그것과 달랐다는 점이다. 조선초의 과학은 국가와 왕실을 중심으로 운영되었는데, 그것은 강렬한 정치사상적 지향을 지니고 있었다. 자연계의 법칙을 탐구하는 것보다는 그와 연관된 인간·사회의 운영원리를 추구하는 것이 우선적 과제였던 것이다. 다음으로 조선초에 취해진 과학기술 정책이 집권체제의 안정화라는 목표 하에 한시적으로 시행됨으로써 제도화·영속화되지 못했다는 점을 지적할 수 있다. 또한 조선왕조의 국정교학인 유교·주자학의 논리 속에서 그 원인을 찾아볼 수도 있다. 유교 정치사상에 입각한 경제 운용의 논리는 生財·節用論으로 대변되며, 그것은 경제활동에 국가가 적극적으로 개입하는 것을 '與民爭利'라고 비판했는데, 이와 같은 사유체계 하에서는 상공업을 중심으로 한 생산력 발전을 적극적으로 추동하는 논의가 나오기 어려웠다. 그리고 그것은 技術·技藝에 대한 官人·儒者들의 생각에도 영향을 미쳐 '잡학'에 대한 무관심과 기피현상을 초래하였다. 끝으로 공납 노동의 비효율성을 지적할 수 있다. 국가는 공장 계층의 노동력을 수탈하는 방식으로 운영하였는데, 이는 생산자 계층의 노동 의욕을 감퇴시키고 적극적인 기술 개발을 제한하는 요인이 되었다.

제 3 부
조선전기 在地勢力의 성장과 士林文化의 전개

조선전기 道學的 世界觀의 形成과 그 展開

한 정 길*

1. 머리말

조선 왕조는 주자학을 하나의 통치이념으로 삼고 있었으며, 그것을 국가운영의 다양한 정책들에 효과적으로 실현함으로써 오랜 세월 동안 사회적 안정성과 정치적 지속성을 가지고 왔다는 것은 잘 알고 있는 사실이다. 그러나 주자학을 통치이념으로 삼았다고 해서 국가의 안정적 지배질서가 보장되는 것은 아니다. 주자학 자체가 지니고 있는 체제 유지에 적합한 성격만큼이나 중요한 것은 그것을 어떻게 하나의 삶의 원리로 받아들이고 구체적인 현실에 적용했는가 하는 점이다. 이에 본 연구에서는 주자학 자체가 지니고 있는 공적질서 체제의 확립과 유지에 적합한 성격은 무엇이며, 조선의 유학자들은 그것을 어떻게 자신들의 삶의 원리로 수용하고 전개시키고 있는가 하는 점을 살펴보고자 한다. 이것은 곧 조선 시대 국가 경영의 이념으로 작용하고 있는 주자학의 기본적인 성격을 밝히는 문제이며, 또 그것을 나름대로 자기 것으로 발전시킨 조선 성리학의 특성을 규명하는 작업이기도 하다.

그런데 이 주제는 조선 성리학사 전반에 걸친 연구를 요구할 만큼 광범위하다. 실제로 이 연구는 조선철학사를 '도학적 세계관의 전개와

---

* 연세대학교 국학연구원 연구교수, 동양철학

굴절'이라는 측면에서 조망하고자 하는 보다 커다란 연구의 한 일환으로 이루어진 것이다. 본 연구에서는 그 일차적인 작업으로서 조선전기 도학적 세계관이 어떻게 수용되고 전개되고 있는가를 당시의 대표적인 유학자인 鄭道傳(1342~1398), 權近(1352~1409), 李彦迪(1491~1553)의 사상을 통해서 살펴보고자 한다. 정도전과 권근은 주자학을 조선조의 통치이념으로 삼은 데 큰 업적을 남긴 인물들이다. 이 때문에 15세기 조선전기의 사상을 언급할 때 그들로부터 시작하지 않을 수 없다. 그리고 이언적은 주자학으로 대표되는 도학적 세계관의 전모를 충실하게 수용하고 전개한 인물로 평가받고 있다. 이 때문에 이언적을 연구 대상에 포함시켰다.

본 연구는 크게 세 부분으로 나누어진다. 본론 첫 번째 장에서는 道學的 세계관이 함축하고 있는 의미는 무엇인가를 알아본다. 먼저 道學의 의미와 그 源流는 무엇인지, 그리고 그 도학적 세계관의 기본 체계는 어떻게 구성되어 있는가를 살펴본다. 이 장에서는 장차 전개될 조선 유학자들의 道學에 대한 이해 정도를 가늠하는 기준에 관해 논하고 있다는 점에서 매우 중요한 부분이라고 할 수 있다. 두 번째 장에서는 15세기 사대부들, 특히 鄭道傳과 權近이 道學을 어떻게 이해하고 전개시키고 있으며, 그 가운데서 어떤 특징을 드러내고 있는가를 알아본다. 여기에서 우리는 정도전의 도학 수용과 불교비판이 어떻게 나타나고 있는지, 그리고 권근의 天人心性論이 어떻게 건립되고 있는지에 주목할 것이다. 세 번째 장에서는 16세기 李彦迪이 도학적 세계관을 어떻게 이론적으로 체계화하고 있는가를 알아본다. 여기에는 16세기 이언적에 이르면 이미 도학적 세계관이 體化되어 이론적으로 정리되고 있음을 보일 것이다.

2. 道學的 世界觀의 함의

1) 道學의 의미 및 그 源流 계통

道學이라는 이름은 張載(1020~1078)가 일찍이 언급한 바 있지만[1] 하나의 학술계통과 학파를 지적하여 사용한 것은 程頤(1033~1107)에게서부터 비롯된다. 그는 자기 형제가 도학을 처음 밝혔다고 말하고 있으며,[2] 자신의 형인 程顥(1032~1086)의 학문을 道學이라고 일컬은 바 있다.[3] 朱熹(1130~1200)도 마찬가지로 "(명도와 이천) 두 선생이 공자와 맹자가 돌아가시고 천 년 동안 전해지지 않던 道學을 밝히셨다."[4]고 말한다. 그런데 이러한 규정에는 이미 도학이라는 개념에 '성인의 도를 전하는 학문'이라는 의미를 포함시키고 있다. 말하자면 도학의 의미규정에는 '성인의 도를 전한다'는 도통의식이 내재되어 있는 것이다. 주희는 그 도통의 계열을 보다 구체적으로 서술한다. 그에 따르면 성인의 도를 전하는 도통의 계보는 堯・舜・禹임금으로부터 발원하여 文・武・周公・孔子・曾子・子思를 거쳐서 내려와서 二程으로 전해지는 것으로 언급된다.[5]

그럼 二程에 의해 새롭게 밝혀진 道學의 실질 내용은 무엇인가?

---

1) 『張載集』, 「答范巽之書」, 北京 : 中華書局, 1978, 349쪽, "朝廷以道學政事爲二事 此正自古之可憂者".

2) 『二程集』, 「程氏文集卷第十一」, 「祭李端伯文」, 臺北 : 漢京文化事業有限公司, 1981, 643쪽, "嗚呼 自予兄弟倡明道學 世方驚疑 能使學者視效而信從 子與劉質夫爲有力矣".

3) 『二程集』, 「程氏文集卷第十一」, 「明道先生門朋友敍述序」, 639쪽, "先兄明道之葬 頤狀其行 以求志銘 且備異日史氏采錄 旣而門人朋友爲文 以敍其事迹 述其道學者甚衆 其所以推尊稱美之意 人各用其所知 蓋不同也 而以爲孟子之後 傳聖人之道者 一人而已 是則同".

4) 『二程集』, 「程氏遺書」, 「目錄跋」, 6쪽, "夫以二先生倡明道學于孔孟旣沒千載不傳之後 可謂盛矣".

5) 朱子, 『中庸章句』 序 참조.

정호는 "내 학문은 비록 받은 것이 있지만 天理 두 글자는 도리어 자신이 체득해 낸 것이다."[6]라고 말한다. 이것은 정호가 새롭게 밝혀 낸 道學은 天理를 그 핵심 내용으로 하고 있음을 의미한다. 실제로 天理는 道學의 중심사상으로서 道學의 전체 내용 속에 관철되어 있다.[7] 道學을 흔히 理學이라는 명칭을 사용하여 부르는 까닭도 여기에서 비롯된다고 하겠다. 그런데 이 道學을 처음 창립한 인물은 二程이지만 그것을 널리 발양시킨 인물은 역시 주희이다. 주희는 天理를 우주와 인간사의 본체로 파악하고, 理를 통하여 天人·內外를 合一시키고 있기 때문이다.

道學에 대한 이러한 의미 규정은 조선의 대표적인 도학자인 栗谷 李珥(1536~1584)에게서도 나타난다. 그는 도학을 다음과 같이 규정한다.

도학이란 이름은 옛날부터 있었던 것은 아니다. 옛날 선비된 이는 가정에선 효도하고 사회에선 공경하며 벼슬하게 되면 도로써 임금을 섬기고 자신의 뜻에 맞지 않으면 물러났다. 이와 같이 하는 자를 선하다고 하고, 이와 같이 하지 않는 자를 악하다고 하였을 뿐 도학이라는 명목은 따로 세우진 않았다. 그러나 세도가 날로 쇠퇴하자 성현의 도통이 전해지지 않으니, 악한 자는 말할 것도 없고 비록 선하다고 하는 자도 한갓 孝友와 충신은 알되, 진퇴의 의리나 성정의 깊은 이치는 모르고 있다. 그래서 왕왕 행하여도 그 실천이 드러나지 못하고 그 이치를 살피지 못한다. 그래서 우주의 이치를 궁리하고 심성을 바로잡는 것을 택하여 도로써 出處하는 것을 도학으로 지목한 것이다. 도학이라는 이름이 세워진 것은 도가 쇠퇴한 세상에서 부득이한 것이다.[8]

---

6) 『二程集』「程氏外書卷第十二」, 424쪽.
7) 馮友蘭, 『中國哲學史新編』第5冊, 50쪽.
8) 『栗谷全書』권28,「經筵日記」, 23나.

율곡도 성현의 도통이 전해지지 않아 성정의 이치와 진퇴의 의리를 잘 알지 못하기 때문에 우주의 이치를 궁구하고 심성을 바로잡으며 도로써 出處하는 것을 도학으로 지목하였다고 말한다. 그리고 또 "도학이란 格物致知로써 善을 밝히고, 誠意正心으로써 몸을 닦아서 몸에 蘊蓄하면 天德이 되고 政事에 베풀면 王道가 된다."9)고 함으로써 格物致知의 窮理와 誠意正心의 存養공부를 통하여 자기 내면의 덕성을 기르고, 정사에 베푸는 것을 道學으로 규정한다. 말하자면 窮理와 存心을 통한 修己治人의 學問이 바로 道學이라는 것이다. 철저한 修己를 기초로 하여 잠시도 떠날 수 없는 인륜을 지키고 公人의 도리인 安人의 이상까지 실천궁행함으로써 요・순・공・맹의 계통으로 이어져 온 道統의 고수를 역설하는 것이 바로 道學인 것이다.10) 그런데 이 도학은 修己治人, 內聖外王, 成己成物을 지향한다는 점에서 공맹을 통해 내려오는 유학의 기본 이념을 계승하고 있지만, 그것들을 天理의 실현에 근거하여 확보하고 있다는 점에서 선진유학과도 구별된다. 그러면 이 도학적 세계관은 어떤 체계로 구성되어 있는가? 도학자들의 자연과 인간에 대한 기본적인 이해는 무엇인가? 그것이 어떻게 공적질서체제를 확립하고 유지하는 데 적합한 성격을 지니는가?

2) 道學的 세계관의 기본 체계

도학자들은 유학의 가장 기본적인 생명인 도덕적 진실정감에 근거하여 인륜질서를 확보하면서도 '同天人, 合內外'가 가능한 거대한 체계를 구상한다. 이 체계는 그야말로 '徹上徹下, 徹內徹外'로서 天人・內外를 일관하는 자연학과 인간학의 통합체계이며, 주관과 객관의 통일체계이다. 이 이론 체계는 本體・工夫・境界를 묻는 세 가지 기본적

---

9) 『栗谷全書』 권15, 「東湖問答・論君臣相得之難」, 6나.
10) 尹絲淳, 「朝鮮朝 義理思想 形成과 訥齋」, 『유교사상연구』 7, 1994, 241~242쪽.

인 물음에 대한 해명으로 짜여져 있다.

道學의 기본 토대가 되는 첫 번째 물음은 '어떻게 天과 人을 一貫시킬 것인가' 하는 것이다. 인간 존재가 이미 세계 내적 존재라면 인간의 삶의 동기 역시 그들의 삶의 근본적 바탕인 자연과의 관계 속에서 찾아질 수밖에 없다. 중국철학사에서 이러한 사유의 발상은 이미 유구한 전통을 지니고 있으며, 특히 도가철학과 「易傳」 및 『中庸』의 작자들에 의해서 깊이 연구된 바 있다. 송대 도학자들은 이러한 사상자료를 참조하여 천인관계를 새롭게 조망한다. 그런데 송대 도학자들은 天人관계를 밝히는 과정에서 '사람을 중심으로 하는' 유학의 특성을 드러낸다. 그들은 인간들의 일상적인 삶의 세계의 인륜질서를 확립하고자 하는 유가 본연의 임무를 잊지 않고 있다. 그들이 어떠한 이론체계를 건립하건 모두 인간의 삶에 대한 '우환의식'과 천하를 평안히 다스리고자 하는 '평천하 의식'이 그 주된 동기를 이루고 있다.[11] 그들이 인간 본성을 탐구하는 것도 인륜질서를 인간의 본성에 건립하기 위한 것이며, 인간 본성을 천도와 연결시키는 것도 윤리본체의 형이상학적 근거 탐구라는 의미를 지닌다. 다시 말하면 人性이 바로 도덕적 실천의 근거인 윤리 본체로 간주되며, 바로 그 본성이 하늘의 道와 서로 상통한다고 보고 있는 것이다.[12]

자연세계에 대한 관찰도 인간의 삶의 동기와 도덕적 행위의 준거를 찾고자 하는 분명한 목적의식 속에서 이루어진다. 자연세계는 잠시도 쉬지 않고 끊임없이 변화하는 세계이다. 이것은 일반인들도 알 수 있는 상식적인 견해이다. 그러나 송대 도학자들은 『시경』·「역전」·『중

---

11) 이러한 의식은 다음 張橫渠의 말이 대표적이다. "爲天地立心 爲生民立道 爲去聖繼絶學 爲萬世開太平"(『張載集』, 「近思錄拾遺」, 376쪽).

12) 牟宗三은 송대 유학의 중심과제를 "천도와 성명이 서로 관통하는 이론 근거를 밝히는 것"(『心體與性體』 1권, 36~37쪽 참조)이라고 보며, 李澤厚는 "윤리주체를 건립함과 아울러 그것을 초도덕적 본체의 지위로까지 끌어올리는 것"(『中國古代思想史論』, 220쪽)이라 말한다.

용』의 작자들에 힘입어[13] 이 변화하는 자연세계에서 사물을 끊임없이
생성해 내는 하늘의 진실한 덕성을 직관한다. 그들이 직관해 낸 하늘
[天道와 天德]은 조금의 거짓이나 속임이 없이 진실되고 참되기[誠]에
만물을 창생할 수 있고, 일체 만물을 덮을 수 있으며, 만물 가운데 관
통하여 一物도 빠뜨리지 아니하고 각 個物들로 하여금 그것답게 할
수 있는 것이다. 말하자면 송유들은 변화하는 세계 속에서 우주의 커
다란 조화와 질서를 이루는 우주의 본체를 직관한다. 이것을 그들은
天理라는 말로 명명한다.[14] 이 '天理'라는 두 글자는 宋代 理學 나아
가서는 明代 心學의 중심사상이며, 송명이학의 전체 내용 가운데 관통
하고 있다.[15] 이러한 의미의 天理는 인간 삶의 동기와 도덕적 행위의
준거로 삼기에 충분했다. 특히 二程으로부터는 적극적으로 천리를 인
간의 본성이라고 규정하게 된다. 이것이 바로 그 유명한 '性卽理'[16]라
는 명제이다. 이 때의 性의 실질내용은 於穆不已한 創生眞幾이며, 도
덕창조의 性이다. 주희는 우주원리인 天理가 어떻게 사물을 포함한 인
간의 본성일 수 있는지를 이론적으로 증명한다. 이것이 바로 그의 이
른바 '理一分殊論'이다. 주희철학에서 太極은 하나의 理이다. 우주본
체의 측면에서 말하면 이 태극은 우주의 보편규율이며, 만물의 존재근
거로서 만물 전체가 하나의 태극이다. 이것이 바로 '統體一太極'이다.
이것은 각각의 개별 사물이 분리 독립적으로 존재하는 것이 아니라,
理一에 의해 서로 소통하는 하나의 유기적인 整體를 이루고 있음을
의미한다. 그리고 일체의 만물은 모두 이 理를 부여받으며, 그것을 자
신의 본성[性理]으로 삼는다. 만물의 性理는 비록 태극이 分化된 것이

---

13) 『詩經』, "維天之命 於穆不已".
　　「易傳」, "生生之謂易", "天地之大德曰生".
　　『中庸』, "誠者, 天道也".
14) 각주 6 참조.
15) 馮友蘭, 『中國哲學史新編』第五冊, 50쪽 참조.
16) 『二程集』, 「程氏遺書卷第十八」, 204쪽.

지만 그것은 태극의 한 부분을 分有한 것이 아니라, 우주본체인 태극을 온전히 갖추고 있다. 이것이 바로 '만물이 각각 하나의 태극을 갖추고 있다'는 것이다. 만물이 갖추고 있는 태극은 곧 分殊理이다. 그런데 이 分殊理는 宇宙本體인 太極, 즉 理一이 구체적인 사물가운데 표현된 것이다. 이것은 각각의 개별 사물이 우주전체의 보편원리를 반영하고 있음을 의미한다. 천지간의 일체의 사물 사건들 속에 내재된 分殊理는 천지자연의 운행 원리인 天理[理一]가 실현된 것이다. 이렇게 해서 주자는 객관세계를 理一分殊의 체계로 조직하게 된다. 이러한 체계에서는 分殊의 세계가 가지고 있는 가치를 적극적으로 인정하게 된다. 이렇게 해서 天人이 일관되는 이론체계를 건립할 수 있었다. 그러나 이것은 여전히 본체론상의 논의이다. 구체적인 인간 존재는 자기와 세계의 본모습을 어길 수 있는 감성적인 욕구를 지니고 있다. 여기에서 도학을 관통해 흐르는 또 하나의 중요한 물음이 제기된다.

　道學의 기본 토대가 되는 두 번째 물음은 '감성적 욕구를 지닌 도덕주체가 어떻게 天理를 실현해 낼 수 있는가'하는 것이다. 인간 존재는 이른바 '天地之性' 혹은 '本然之性'으로 언급되는 도덕적 본성만이 아니라 천차만별적인 氣質을 지닌다. 인간 본성에 대한 전체적 규정은 인간이 태어나서 기품의 제한을 받는 현실적 층차에서 내려져야 한다. 이것이 바로 인간 본성에 대한 실제적 규정이다.17) 이 기질의 제한으로 인하여 性體의 표현상에서 善惡의 相異한 표현이 있게 된다. 그러나 이 상이한 표현의 本源處에 역시 상이한 선악의 性이 있다고 여겨서는 안 된다. 性體 자체는 於穆不已한 創生眞幾로 절대 純善이다. 다만 그것이 표현될 때 氣의 제한을 받기에 선악의 표현이 있게 된다. 따

---

17) 『二程集』, 「程氏遺書卷第一」, 10쪽, "生之謂性 性卽氣 氣卽性 生之謂也 人生氣稟 理有善惡 然不是性中元有此兩物相對而生也. 有自幼而善 有自幼而惡 是氣稟自然也 善固性也 然惡亦不可不謂之性也"
　『張載集』, 「正蒙·誠明篇」, 23쪽, "形而後有氣質之性 善反之則天地之性存焉 故氣質之性 君子有弗性者焉".

라서 인간주체가 자신의 本然之性을 완벽하게 실현해내기 위해서는 이 기질의 제한을 극복해야 한다. 그럼 어떻게 하면 기질의 제한을 극복할 수 있는가?

이에 대해 도학자들은 '인욕을 제거하고 천리를 보존함'을 기질의 제한을 극복하기 위한 하나의 해법으로 제출한다. '去人欲'이라고 해서 인간의 기본적인 생존 욕구까지 부정하는 것은 아니다. '去人欲'의 人欲은 천리에 부합하지 않는 사사로운 욕구, 즉 私欲이다. 그들은 사욕을 제거하고 마음을 순수한 천리이게끔 함으로써 天理, 즉 本性을 자신의 일체 행위를 지도하는 지도원칙으로 삼는다. 그런데 천리를 자기 행위의 원칙으로 삼기 위해서는 무엇이 천리인지를 먼저 알아야 한다. 도학자들은 무엇이 천리인지를 알아내고 그것을 실현할 수 있는 기능이나 작용을 자체 내에 지니고 있다고 본다. 이 역할을 하는 것이 바로 心이다. 心은 그 虛靈한 지각 기능을 지님으로 인해서 천리를 알아 낼 수 있다. 이 천리를 알아내는 것이 바로 格物致知이다. 格物致知를 통하여 도달하게 되는 궁극의 경계는 天理[理一]에 대한 체인이다. 따라서 '去人欲·存天理'는 곧 '사욕의 제거를 통하여 마음과 천리를 합일'시키려는 것이며, '천리 본체를 體認하여 자신의 본성을 다 실현[窮理盡性]'[18]해 내려는 것이다.

도학의 기본 토대가 되는 세 번째 물음은 "마음이 완전히 理와 합일한 그 경계의 특성은 무엇인가"하는 점이다. 도학자들이 지향하는 궁극적 이상 인격은 성인이다.[19] 그들에게서 성인은 그 마음이 완전히 理와 합일된 존재, 즉 天과 더불어 하나가 된 존재로 그려진다. 心·性·天이 하나가 된 것이다. 따라서 성인은 만물을 끊임없이 창생하는

---

18) 理學家들 내부에 '窮理盡性'에서 '窮理'에 대한 견해의 차이가 있다. 伊川과 朱子는 구체적인 사물 사건에서 이치를 탐구하는 '格物致知'를 窮理法으로 제창하고 있으며, 明道와 湖南學派에서는 窮理를 자기 마음 가운데서 이루어지는 일로 봄으로써 '反身而誠'의 공부법을 제시한다.

19) 『周敦頤集』, 「通書·志學第十」, 21쪽, "聖希天 賢希聖 士希賢".

천의 덕성을 지닌다. 성인의 마음은 廓然大公하여 조금의 사사로움도 없다. 그는 '自私'나 '用智'가 없다. 自私가 없기에 그의 일체의 행위가 자취에 적합하게 응한다. 用智가 없기에 자신의 본성이 밝게 깨달은 明覺을 자연스러운 일로 여긴다.[20] 성인의 情感은 만사에 적합하게 응하지만 그 어떤 정감에 매여 있지 않기에 無情하다.[21] 성인은 大公한 마음으로 행위를 하기에 그 행위에 허물이 없다. 허물이 없기에 마음에 남겨두는 찌꺼기가 없다. 찌꺼기가 없기에 걸림이나 막힘이 없다. 따라서 만나는 사태마다 그에 적합하게 응할 수 있다. 이 응함은 만물로 하여금 각기 그 마땅한 바의 자리를 얻게끔 해주는 것이다. 그는 '천지가 만물을 생성하는 마음'을 자신의 마음으로 삼는다. 이 마음은 '순수하여 그침이 없이' 도덕적인 행위를 하는 마음이다. 그 마음은 인간뿐만 아니라 온 천지만물을 생명의 따사로운 기운으로 축축하게 적셔주어 윤택하게 한다. 그는 만물을 한 몸으로 삼기에 어떤 사물도 그 마음밖에 놓여 있지 않다. 만물은 그의 관심 아래 각기 자기의 마땅한 바를 얻게 된다. 이 경지는 바로 성인이 자신의 본성을 다하고 천하만물의 본성을 다 실현한 致中和의 경지이다. 이 경지에서 인간은 지극한 즐거움을 느낀다. 이 즐거움은 사적 욕구를 달성함으로 해서 느끼는 쾌락이 아니다. 그것은 인간의 삶의 동기와 존재의 깊은 바탕을 직시하고 그것을 실현하는 데서 오는 마음의 편안함이며 즐거움이다. 이 때의 마음은 光明이다. 이 광명의 마음은 막힘 없는 感通의 세계를 실현한다. 이 세계는 진정으로 天과 더불어 하나가 된 세계이다. 그것은 인간이 본래적으로 부여받은 본성을 회복하고, 실현한 경지이다. 여기에서 본체와 공부 및 경계가 하나로 통일된다.

이상의 논의에 따르면 도학자들은 우주본체인 天理가 인간의 마음 가운데 내재한다는 본체론적 해명을 통하여 인간 주체가 자기 안에서

---

20) 『二程集』, 「程氏文集卷第二」, 「答橫渠張子厚先生書」, 460쪽.
21) 『二程集』, 「程氏文集卷第二」, 「答橫渠張子厚先生書」, 460쪽.

우주의 원리이자 자기의 본성을 실현할 수 있는 이론적 근거를 마련하
며, 인간의 심성과 그 작용에 대한 전체적이고 실제적인 해명을 통하
여 마음이 천리를 지각할 수 있을 뿐만 아니라 감성적 욕구체인 몸을
주재할 수 있음을 밝힘으로써 '인간 자체 안에서 천리를 실현'할 수 있
는 가능성을 열어 놓고 있으며, 마음이 理와 합일한 성인경계가 자기
본성의 실현만이 아니라 만물의 본성을 실현시키는 것임을 보여줌으
로써 공부가 지향하는 막중한 임무와 숭고한 이념을 제시하고 있다.
우주론적 원리이자 도덕적 원리인 천리의 실현이 바로 인간을 인간답
게 하는 본성실현이며, 인간 개개인이 자기의 본성을 실현하기만 하면
인간 사회 전체의 윤리질서가 확립될 뿐만 아니라 천지가 만물을 창생
하는 과정에도 동참할 수 있다고 보는 도학적 세계관은 인간사회의 공
적 질서체제를 확립하고 유지하는 데에 그 무엇보다 유용하게 작용할
수 있는 특성을 지니게 된다. 그러면 이러한 도학적 세계관이 조선전
기의 학자들에게 어떻게 수용되고 전개되고 있는가? 그리고 그 수용과
전개과정에서 어떤 특성을 드러내고 있는가?

3. 15세기 사대부들의 道學受容과 天人心性論

1) 鄭道傳의 道學 受容과 佛敎 批判

조선 초기 사대부들은 주자학의 세계관·인성론을 학습하는 가운데
더욱 진전된 정치사상을 전개하였다는 평가를 받고 있다.[22] 당시 사대
부들의 도학적 세계관의 수용은 그들의 理氣心性論·공부론·성인관
및 정치철학과 異端 비판에서 잘 드러난다. 당시 사대부들 가운데 대
표적인 인물인 鄭道傳의 경우도 道器·太極·理氣·心性 등을 통하
여 우주와 인간을 설명한다. 그에 따르면 道는 理이고 形而上者로서

---

22) 都賢喆, 『高麗末 士大夫의 政治思想硏究』, 一潮閣, 1999, 31쪽.

온갖 사물들과 일체의 관계가 이루어지는 구체적인 상황 속에 내재한
다. 몸과 마음에는 그것들의 道가 있으며, 가까이로는 군신·부자·부
부·장유·붕우의 관계와 멀리로는 천지만물에 모두 그것들의 道가
있다.[23] 이것은 道, 즉 天理가 일체의 사물과 인간관계 속에 내재하여
그것들의 특성을 결정하고 있는 것으로 이해한 것이다. 그리고 사람을
포함한 뭇 존재자들은 또 氣를 지니고 있다. 정도전은 그 氣의 通塞·
偏正·淸濁·厚薄·高下·長短 등의 차이로 말미암아 뭇 존재자들의
차별성과 사람들 사이의 智愚, 賢不肖, 高下·貴賤의 지적·도덕적·
계급적·신분적 차이까지도 설명한다.[24]

정도전은 理氣로 인간의 심성을 해명한다. 그에 의하면 마음은 사람
이 선천적으로 지닌 바의 氣로서 텅 비고 영명하여 어둡지 않음으로써
일신의 주인이 되는 것이다. 본성은 사람이 선천적으로 지닌 바의 理
로서 純粹至善하며 一心에 갖추어져 있는 것이다. 마음은 지각작용이
있고 작위함이 있는 반면에 본성은 지각작용도 없고 작위함도 없으므
로 마음은 본성을 다 실현할 수 있지만 본성은 마음을 검속할 줄 모른
다.[25] 이것 역시 理氣로 심성을 설명하는 주자의 학설을 따른 것이다.

정도전은 또 存心과 窮理의 공부가 필요함을 역설한다.

　　성인은 가르침을 베풀어 사람으로 하여금 마음의 영명함을 묵묵히
　　깨닫고 端莊하고 靜一한 가운데서 마음을 보존함으로써 이치를 궁구
　　하는 근본으로 삼게 하였다. 그리고 사람으로 하여금 뭇 이치의 오묘
　　함이 있음을 알아서 배우고 묻고 생각하고 변별하는 가운데서 그것을
　　궁구하여 盡心의 功을 다하게 했다.[26]

---

23) 『三峯集』 권9, 「佛氏雜辨·佛氏昧於道器之辨」, 9나.
24) 『三峯集』 권9, 「佛氏雜辨佛氏因果之辨」, 4가.
25) 『三峯集』 권9, 「佛氏雜辨·佛氏心性之辨」, 6가.
26) 『三峯集』 권9, 「佛氏雜辨·儒釋同異之辨」, 20나.

이 단락은 주자의 『大學或問』의 내용을 그대로 인용한 것이다.[27) 주자에 따르면 사람의 학문 대상은 마음과 理일 뿐이다. 마음은 비록 일신을 주재하지만 그 본래 상태의 虛靈은 천하의 이치를 주관할 수 있으며, 理는 비록 온갖 일들에 흩어져 있지만 그 미묘한 작용은 실제로 한 사람의 마음을 벗어나지 않는다.[28) 그리고 위의 인용문에서 보듯이 '存心은 窮理의 근본이요, 窮理는 다시 盡心의 근거'[29)가 된다. 存心[30)공부가 없으면 窮理[31)가 근본적으로 불가능하고, 窮理공부가 없으면 마음을 실현할 방법이 없다. 이 존심과 궁리는 바로 주자 공부론의 두 축이며, '존심과 궁리를 통한 심과 리의 합일[盡心]'은 주자 공부론의 전체 규모라고 할 수 있다. 정도전이 위의 주자의 말을 빌어 존심과 궁리 공부의 필요성을 말한 것으로부터 우리는 주자의 공부법에 대한 그의 이해 정도를 가늠할 수 있다. 말하자면 정도전은 주자공부론의 핵심과 전체규모를 정확하게 이해하고 있는 것이다.

주자학에서 存心과 窮理를 통하여 도달하게 되는 궁극적인 이상경계는 '心과 理의 合一' 경계이다. 이것은 마음이 기질이나 사욕에 가리지 아니하고 마음 속에 있는 性(理)에 따라 발현하는 것을 의미한다. 이렇게 되면 두루 다니면서 널리 응하되 일일이 마땅하지 않음이 없게 된다.[32) 그런데 정도전도 온갖 변화에 대응하는 이러한 경지를 "사물

---

27) 『大學或問』 33가~나.
28) 『大學或問』, 33가.
29) 『大學或問』, 33가~33나, "是以聖人設敎 使人默識此心之靈而存之於端莊靜一之中 以爲窮理之本 使人知有衆理之妙而窮之於學問思辨之際 而致盡心之功".
30) '存心'은 마음의 본래 상태[心體]가 虛靈하다는 것을 묵묵히 깨닫고 늘 공경스럽게 이 본래 상태를 보존함으로써 그 마음의 虛靈性이 이치를 궁구하는 근본일 수 있게 하는 공부이다.
31) '窮理'는 사사물물에 내재하는 이치를 궁구하여 자기 마음 가운데서 그 이치를 확인하고 그 이치를 실행하여 결국은 자기 마음을 다 실현하는 것이다.
32) 『朱子語類』 권20, 446쪽 참조.

이 다가올 때 이 마음이 그에 응하는 것이 각각 그 당연한 법칙으로
말미암아 그것을 알맞게 처리하여 그 마땅함을 잃지 않게 하는 것"33)
이라고 말한다. 여기에서 우리는 정도전이 제시하는 궁극적인 이상경
계도 주자학과 동일하게 그려지고 있음을 알 수 있다.

　정도전은 주자학에 관한 정확한 이해의 기초 위에서 불교를 이단으
로 비판한다. 조선시대 이전까지 오랜 세월 동안 지배계급이나 서민층
에까지 그 의식과 생활 형태를 지배하고 있었던 불교는 고려말에 이르
러 末弊 현상을 드러내게 된다. 이러한 시대상황에 직면하여 정도전과
權近 등의 관학파 성리학자들은 불교 비판을 통하여 새로운 사상이 스
며들 수 있는 발판을 마련하고자 한다. 그들의 불교 비판은 윤리학적
·이론적·실천적·역사적·경전상의 다양한 측면에서 전체적으로 제
기되고 있다. 그 가운데서 불교 비판의 초점은 불교가 인륜을 없애고
있다는 점에 맞추어진다. 이것은 정도전이 불교 비판의 이유를 다음과
같이 언급하는 데서 잘 나타난다.

　　내가 어리석고 용렬하여 힘이 모자람을 알지 못하고서 이단배척을
　　나의 임무로 삼은 것은 위로 여섯 분의 성인과 한 분의 현인을 계승
　　하고 싶은 마음 때문이 아니다. 세상 사람들이 그 설에 현혹하여 함
　　께 망하게 되고 인간의 도리가 멸하게 됨이 두렵기 때문이다.34)

　유학에서는 사람들 사이에 마땅히 해야 할 바의 인륜을 실천함으로
써 전체 사회의 질서를 유지하고자 한다. 시대와 지역 및 사람에 따라
서 유학의 이론 체계와 그 이론 내용이 달라진다고 할지라도 인륜의
도리를 통하여 인간의 삶의 세계를 질서 잡으려는 의식은 변함이 없이
지켜지고 있다. 인륜질서를 버리고서는 이미 유학이라고 할 수 없는

---

33)『三峰集』권9, 19가.
34)『三峯集』권9,「佛氏雜辨·闢異端之辨」, 27나.

것이다. 이 때문에 유학자들은 인륜을 해치는 것은 무엇이건 용납하지 않는다. 특히 그것이 사람들의 의식을 지배하는 사상일 경우에는 더욱 경계하지 않을 수 없다. 이 때문에 인륜질서를 해치는 일체의 사상은 異端으로 규정하여 비판하게 된다. 정도전의 불교 비판이 인륜을 해친다는 데 주안점을 두게 된 것도 불교 비판을 통하여 인륜질서를 회복함으로써 궁극적으로는 국가와 사회의 질서와 안정을 이루고자 한 때문이다. 그의 배불 의식은 당시 사대부들의 윤리 의식과 현실관심도를 반영하고 있으며, 그의 배불론은 고려적 귀족문화의 청산을 의미한다.[35] 이것은 곧 삼봉의 불교 비판이 갖는 사상사적 의의 가운데 하나이기도 하다.

　정도전의 불교 비판은 「心問天答」, 「心氣理篇」, 「佛氏雜辨」 등에 잘 나타나 있다. 그의 불교 비판의 이론적 토대는 주자학이다. 주자의 불교에 대한 이론적 비판이 천리에 근거하여 이루어지고 있는 것처럼,[36] 정도전도 역시 理에 근거하여 불교를 비판한다.

　　아, 맑고 깨끗한 理는 천지에 앞서 있으니 氣는 나[理]로 말미암아 생겨나고, 心 역시 나[理]로 말미암아 품부되는 것이다. 마음만 있고 내가 없으면 利害만이 앞서게 되고, 氣만 있고 내가 없으면 혈육을 가진 몸만 있게 되니, 꿈틀거려 움직이는 것이 금수와 같을 것이고, 다른 점은 매우 드물 것이다.[37]

　心만 있고 理가 없으면 利害에 빠지는 마음을 규제할 수 없고, 氣만 있고 理가 없으면 육체만이 존재하는 것과 같으므로 본능만을 가진 금수와 다를 바가 없다는 것이다. 여기에서 心·氣·理는 각각 불교·도교·유교를 대표하는 개념이다. 그런데 理는 천지에 앞서 있는 하나의

---

35) 尹絲淳, 『韓國儒學論究』, 현암사, 1980, 48쪽.
36) 졸고, 「朱子의 佛敎批判」, 『東方學誌』 116, 2002, 10쪽 참조.
37) 『三峯集』 권10, 「心氣理篇·理論心氣」, 5나~6나.

형이상학적 존재이며,38) 사적인 이해에 빠지는 마음을 규제할 수 있는
도덕적 원리이자,39) 인간을 금수와 구분하여 인간을 인간답게 하는 본
성으로 이해되고 있다.40) 정도전이 말하는 心과 氣가 불교와 도교에서
말하는 것과 같은 의미인가는 비판의 여지가 있다.41) 정도전이 비판하
는 이해에 얽혀 있는 마음은 불교에서도 비판하는 無明心이나 妄心이
며, 그가 말하는 개체의 육신을 구성하는 사사로운 기운은 도교에서
말하는 천지의 기운은 아니기 때문이다. 이런 점에서 보면 정도전의
불교 비판은 그 타당성을 잃어버린 듯하다. 그렇다고 해서 도불을 비
판하는 그의 관점과 논거가 무의미한 것은 아니다. 그것은 도불과는
다른 세계관, 즉 도학적 세계관에 근거를 두고 있다. 도학적 세계관은
일체 존재와 가치의 근원인 천리가 인간의 본성으로 파악되며, 그 천
인을 관통하는 본성의 실현을 통하여 자타를 함께 완성시키며, 궁극적
으로는 인륜계와 우주계가 질서와 조화를 이루면서 끊임없이 새로운
생명을 창생하도록 하는 것이다. 이와 같이 천리에 기초하여 우주와
인생을 관통하고, 오륜의 인륜적 가치가 실현되는 인륜세계를 건립하
고자 하는 도학적 세계관에서 볼 때 개체의 生死心身을 주된 논제로
삼고 있는 불교와 도교는 천리를 알지 못하였다고 말할 만하다.

그럼 성리학의 도학적 세계관에 근거한 정도전의 불교 비판은 구체
적으로 어떻게 나타나고 있는가? 그는 성리학에서 말하는 氣의 '生生
無窮說' 또는 '魂魄說'로 불교의 '윤회설'을 비판하고, 氣의 '聚散說' 또
는 '陰陽五行說'로 '因果應報說'을 비판한다. 그리고 성리학에서 말하
는 理氣와 心性을 본질적으로 구분하는 관점으로 心性을 하나로 파악

---

38) 『三峯集』 권10, 「佛氏雜辨・佛氏昧於道器之辨」, 9나.
39) 『三峯集』 권9, 「佛氏雜辨・佛氏作用是性說」, 8가.
40) 『三峯集』 권10, 「佛氏雜辨・佛氏心性之辨」, 6가.
41) 鄭道傳이 말하는 心・氣・理가 불교・도교・유교를 대표하는 개념으로 사용
    될 수 있는가는 문제이다. 정도전의 이런 견해에 대한 비판은 李鍾益의 「鄭
    道傳의 闢佛論批判」(『佛敎學報』 8)에 잘 나타나 있다.

하는 불교의 '心性說'과 '作用是性說', '心迹說', '道器說'을 비판하며, '存心窮理說'에 근거하여 불교의 '悟心·識心說'을 비판하며, 순서와 차등이 있는 仁의 실천에 근거하여 불교의 무차별적인 慈悲를 비판하며, 仁을 바탕으로 한 오륜의 실천에 근거하여 불교가 인간관계를 假合으로 파악하여 인륜을 도외시하는 것을 비판한다. 이렇게 하여 정도전은 불교와 자신의 성리학을 불교는 虛·二·間斷의 學인 반면에 자신의 성리학은 實·一·連續의 학으로 구분한다. 그리고 자신의 성리학을 道學·義理之學·實學·正學으로 자처한다.42)

성리학의 도학적 세계관에 근거한 정도전의 철저한 불교비판은 불교를 숭상하고 있었던 고려 왕실에 대한 강력한 배척이며, 도학사상을 근본으로 하는 왕도정치를 이루고자 하는 열망의 표현이기도 하다.43) 하나의 왕조가 건국되는 과정에서 이처럼 전왕조의 이데올로기를 철저히 비판 청산하면서 새로운 이데올로기를 확립하는 것은 흔한 일은 아니며, 조선왕조는 이런 점에서 볼 때 정치 사회 혁명과 사상혁명을 동시에 수행하였다는 점에서 커다란 의미를 지닌다고 하겠다.44) 이상의 논의를 통해서 우리는 정도전의 사상사적 지위는 도학적 세계관에 대한 정확한 이해에 근본하여 불교를 비판하고 왕도정치의 이상을 실현하고자 하였다는 점에서 찾을 수 있을 것이다. 이것은 바로 정도전에 대한 권근의 평가이기도 하다.45)

2) 權近의 天人心性論

앞에서 살펴본 것처럼 天人을 合一시키고, 心性을 一致시키려고 한 것은 도학의 근본적인 문제의식이었다. 권근이 제자들을 가르치기 위

42) 韓永愚, 『鄭道傳 思想의 硏究』, 서울대학교 출판부, 1983, 100쪽.
43) 鄭聖喜, 「鄭道傳의 道學政治思想 硏究」, 『東洋哲學硏究』 22, 2000, 45쪽.
44) 韓永愚, 앞의 책, 53쪽.
45) 『陽村集』 권16, 「心氣理篇序」, 13나, "先生常以明道學 闢異端爲己任".

하여 지은 일종의 성리학 입문서인『入學圖說』에서 가장 먼저 다루고
있는 것이 바로 天人心性의 合一 문제라는 것은 그가 도학적 세계관
의 핵심에 접근하고 있음을 보여주는 것이라고 하겠다.

　권근은 天人心性의 合一 문제를「天人心性合一之圖」와「天人心性
分釋之圖」를 통하여 설명한다. '天人心性合一'이라는 난해하고 복잡한
문제를 간단하게 圖解化하여 설명하려고 한 데에서 우리는 천인심성
의 문제를 일목요연하게 파악함으로써 도학적 세계관의 전모를 그려
보려는 그의 야심찬 시도를 엿볼 수 있다. 그의 圖解작업은 조선철학
사에서 天人心性을 일관되게 파악하려는 최초의 시도였으며, 이후의
학자들에게 자신들의 철학적 견해를 도해화하여 설명하는 방식의 한
모범적인 사례를 남겼다는 점에서 그 의의가 있다고 하겠다. 그럼 권
근은 천인심성의 합일을 어떻게 설명하고 있으며, 또 그 특징은 무엇
인가?

　권근에 따르면「天人心性合一之圖」는 주렴계의「太極圖」와 주자의
「中庸章句」의 설에 근거하되 인간의 심성상에 나아가 理氣・善惡의
차이를 밝혀서 배우는 이들에게 보인 것이다.[46] 그런데 이 도해는 비
록 주렴계「太極圖」의 틀을 빌려서 그리고 있지만 萬物이 化生하는
像까지는 그 圖解에 포함시키지 않고 있다. 이것은 권근의 관심이 만
물의 化生을 설명하는 우주론적 문제보다는 인간의 심성을 해명하는
데 있었기 때문이다. 그의 도해 작업에는 '어떻게 하면 우주의 본체인
性에 근원하여 마음을 움직이게 함으로써 유가적인 인륜가치가 실행
되는 세계를 건립할 수 있을까'하는 문제의식이 바탕에 놓여 있었던
것이다. 이 때문에 그는 天人心性의 합일문제를 다루면서도 인간의 심
성 해명에 보다 큰 관심을 표명하게 된다. 그에게서 보이는 이러한 심
학적 경향은 그 이후 조선성리학의 주된 흐름을 이룬다.

　「天人心性合一之圖」는『中庸章句』의 이른바, '하늘이 陰陽 五行으

---

46)『入學圖說』권1,「天人心性合一之圖」, 1나 참조.

로 만물을 化生시키니, 氣로써 형태를 이루고 理가 또한 주어졌다.'[47] 라고 한 것을 참작하여 天·人·心·性 네 글자의 혼합체로 된 인간의 형상을 생각하고 거기에서 인간의 心性과 理氣·善惡의 구별을 나타내었다. 윗부분에서는 太極·天命·陰陽·五行을 설정하고 이로부터 心性을 도출해 내었다. 性은 仁義禮智로서 理에 근원을 두고 있으며, 心은 理와 氣가 묘하게 합한 것으로서 理에 근원을 둔 性과 氣에 근원을 둔 七情까지 포함하고 있다. 그리고 理에 근원한 性으로부터 惻隱·辭讓·羞惡·是非의 四端이 발현하고, 氣의 근원으로부터는 喜·怒·哀·懼·愛·惡·欲의 七情이 나오며, 또 마음이 形氣를 거쳐서 발하여 意가 되는 것으로 보았다. 四端 밑으로는 誠字圈을 배정하고 七情 밑으로는 欲字圈과 敬字圈을 좌우로 배정시켰는데, 誠은 성인의 성품이고, 敬은 군자가 닦아나갈 바이며, 欲은 衆人을 해치는 것인데, 군자가 敬으로써 存養省察하여 공을 이루게 되면 '參天地·贊化育'하는 성인의 경지에 도달할 수 있다고 하였다. 衆人도 四端의 情과 통하고 있기는 하지만 자포자기에 빠지기 때문에 금수와 다를 바 없게 된다고 풀이하고 있다.

「天人心性分釋之圖」는 天·人·心·性 네 글자를 나누어서 그 의미를 설명하고 있다.

'天'은 '一'字와 '大'字가 결합된 것으로서 '一'은 理로써 말하면 상대가 없고[無對], 유행으로써 말하면 쉼이 없으며[無息], 노 萬殊의 근본이 된다. 그리고 '大'는 體로써 말하면 밖이 없고[無外], 변화로 말하면 무궁하며[無窮], 온갖 변화의 근원이 된다.[48] 이로써 보면 권근은 天은 無對·無息·無外·無窮하며, 일체 존재의 근본이자 온갖 변화의 근원이라고 보고 있음을 알 수 있다.

'人'은 그 자형이 위는 하나인데 아래로 내려오면서 둘로 갈라지는

47) 『中庸章句』 首章, 朱子注.
48) 『入學圖說』 권1, 「天人心性分釋之圖」, 2가.

모양을 하고 있다. 권근은 이에 근거하여 사람은 모두 본래적으로 理
一을 부여받고 있지만 현실적으로 선악의 양면을 지니고 있는 존재라
고 설명한다. 말하자면 사람은 본래적으로 어진 존재인데, 그것은 천지
가 사물을 낳는 바의 이치를 지니고 태어났기 때문이라는 것이다. 그
러나 그 품부받은 자질과 행하는 바의 일로 말미암아 선과 악의 차이
가 있게 된다. 따라서 사람은 천지가 만물을 생성하는 仁을 체득하여
마음의 덕을 온전하게 하여 그 生理를 항상 보존하여 잃지 않게 해야
한다[49]고 말한다. 여기에서 우리는 權近이 인간이 천지가 만물을 낳는
어진 德인 理一을 부여받고 있음을 통해서 天人을 관통시키고 있음을
볼 수 있다. 따라서 사람이 태어나면서부터 얻은 바의 理는 곧 하늘이
명령한 바의 本性과 상통한다.[50] 이것은 권근이 성리학의 제1명제라고
할 수 있는 '性卽理'를 깊이 체득하고 있음을 보여주는 것이라 하겠다.
   '心'은 사람이 하늘에서 얻은 것으로 몸을 주재한다. 그것은 理氣가
묘하게 합한 것이며, 텅 비고 영명하며 통철하여 신명이 머무르는 집
이요, 性과 情을 통솔한다. 말하자면 마음은 밝은 덕으로서 온갖 이치
를 갖추고 만사에 응하는 것이다. '心'자에서 그 중앙의 점은 性理의
근원을 형상한 것으로 지극히 둥글고 지극히 바른 모양을 하고 있어서
치우치거나 의지함이 없기 때문에 마음의 본체가 된다. 그리고 중심점
아래가 오목하게 들어간 것은 마음이 비어 있는 것을 형상한 것으로서
비어 있기 때문에 모든 이치가 갖추어질 수 있다고 한다. 그 머리가 뾰
족하고 위로부터 아래로 내려온 것은 氣의 근원을 본뜬 것이며, 또 그
꼬리가 아래에서 위로 삐친 것은 마음이 오행으로는 불에 속하기 때문
에 그 불꽃이 피어오르는 것을 본뜬 것이라고 설명한다. 오른쪽의 점
은 性이 발하여 情이 되는 것을 본뜬 것이고, 왼편의 한 점은 마음이
발하여 意가 되는 것을 본뜬 것으로 이 양자는 모두 마음의 작용이다.

---

49) 『入學圖說』 권1, 2나.
50) 『入學圖說』 권1, 4가.

이것은 곧 마음의 體는 하나이지만 그 用은 두 가지라고 본 것이다. 그리고 性命에 근원하여 드러나는 것은 道心으로서 情에 속하며, 그것은 처음 발하였을 때는 선하지 않음이 없지만 그 단서가 은미하기에 확충해야 한다고 말한다. 반면에 形氣에서 생긴 것은 人心으로 意에 속하며, 그것에는 선도 있고 악도 있기에 반드시 敬을 위주로 하여 人欲이 싹트는 것을 막고 天理의 바름을 확충하여 늘 道心이 주인이 되고 人心이 그 명령을 듣게 해야 한다고 설명한다.51) 인심이 도심의 명령을 따르는 것은 마음이 性의 명령에 따르는 것으로 心과 性의 合一이 이루어진 것이라고 하겠다. 여기에서 권근이 마음을 허령불매하고 온갖 이치를 갖추고 있으며, 본성과 정감을 통솔하여 몸을 주재하는 존재로 파악한 것은 주자의 心에 관한 견해를 그대로 이은 것이다. 그러나 이 도해에서 心의 본체는 하나이지만 그 작용을 둘로 나누어 性과 心, 情과 意, 四端과 七情, 道心과 人心을 좌우에 배속시킨 것은 주자와 견해를 달리하는 부분이다.52) 이러한 도해는 훗날 鄭秋巒의 「天命圖」를 거쳐 퇴계의 理氣互發說에 직접적인 영향을 주게 된다.53)

'性'은 하늘이 명하고 사람이 그 생명을 얻은 바의 이치(理)로서 내 마음 속에 갖추어져 있는 것이다. 그래서 그 글자가 '心'과 '生'으로 되

---

51) 『入學圖說』 권1, 3가~나.

52) 性發爲情과 心發爲意의 주장은 곧 心과 性의 활동성을 모두 인정하는 것으로 보인다. 그러나 주자학에서 性은 다만 원리적인 주재성만 지닐 뿐 그 자체의 능동적 활동성은 지니고 있지 않다.

53) 이것은 이기호발설을 비판하는 율곡계열의 학자들이 일찍이 지적한 바 있다. 沙溪는 다음과 같이 말한다. "퇴계선생의 시단칠정이 호발한다는 설은 그 근원이 권양촌의 『입학도설』에서 나왔다. 「입학도」가운데 사단은 人자의 좌변에 기록하였고, 칠정은 人자의 우변에 기록하였다. 정추만이 양촌의 설에 근거하여 도를 지었고, 퇴계 또한 추만에 근거하여 도를 지었으니, 이것이 호발설이 생긴 까닭이다"(『沙溪全書』 권5, 「四端七情辨示韓士仰」, 1가, "退溪先生 四端七情互發之說 其原出於權陽村入學圖說 其圖中四端書於人之左邊 七情書於人之右邊 鄭秋巒因陽村而作圖 退溪又因秋巒而作圖 此互發之說 所由起").

어 있다. 사람과 만물은 그 이치는 같지만 품부받은 기질이 같지 않음
이 있다.54)

　이상의 설명을 통해서 우리는 권근이 천지가 만물을 생성해 내는 이
치가 인간의 마음 가운데 그 본성으로 내재하고 있다고 봄으로써 천인
을 관통시키고 있음을 알 수 있다. 이는 程朱學에서 인간이 지닌 본성
이 바로 우주원리라고 파악하여 天人을 일관시키는 견해를 그대로 이
은 것이라고 하겠다. 그리고 이 본성을 인간이 도덕적으로 선한 행위
를 할 수 있는 내재적인 근거로 이해한 점도 정주학과 마찬가지이다.
이것은 권근이 도학적 세계관 가운데 天人을 관통하는 본체론을 정확
하게 이해하고 있음을 보여준다. 그런데 여기에서 특징적인 것은 天을
理의 측면에서 無對로 파악함으로써 理를 절대의 것으로 간주하고 있
다는 점이다. 이는 조선성리학, 특히 퇴계계열에서 理를 極尊無對한
것으로 이해하는 길을 열었다는 사상사적 의미를 지닌다. 그리고 그는
또 인간을 포함한 일체의 존재물들은 그 理는 동일하지만 그 氣에 通
塞偏正의 차이가 있다고 봄으로써 천지만물을 하나의 理로 묶고,55) 또
품부받은 氣의 차이로 말미암아 그들을 구분한다. 이것은 주자학의 중
추인 理一分殊를 장차 '理通氣局'이나 '理一而氣分殊'로 이해할 수 있
는 여지를 남겨둔 것이라 하겠다.

　권근은 心·性·情·意·四端·七情의 관계에 대한 설명에서 자신
의 독자적인 이해를 드러낸다. 권근의 심성 해명에서 가장 큰 특징은
마음을 '一體而二用'으로 파악한 것이다. 마음의 본체는 하나이지만
그것이 情과 意로 발현한다는 것이다. 그에게서 마음은 性과 情을 통
섭하고 있다. 그리고 마음의 본체는 우주원리에 근원하고 있는 性이다.
이 性이 발하여 순수한 善인 四端의 情으로 드러난다. 이 사단은 성명
의 근원에서 발하였기에 道心이다. 그렇지만 그것은 아직 은미하기에

---

54) 『入學圖說』 권1, 4가.
55) 『陽村集』 권14, 「信齋記」, 1나.

확충하는 공부가 있어야 한다. 한편 우리의 현실적인 마음은 기질의 영향을 받지 않을 수 없다. 이 기질의 영향을 받고 있는 (칠정까지 포괄하는) 현실적인 마음이 바로 人心이다. 이 기질의 영향을 받고 있는 人心이 발하여 드러난 것이 意가 된다. 그래서 이 意는 형기의 사사로움에 영향을 받기 쉬워서 자칫 악으로 흐를 수 있다. 따라서 敬에 기초한 존양성찰의 공부를 통하여 형기의 사사로움에서 비롯되는 인욕을 막고 천리의 바름을 보존함으로써 인심이 항상 도심의 명령에 따를 수 있게 해야 한다. 인심이 도심의 명령을 따르는 것은 마음이 본성의 명령에 따르는 것으로 心과 性의 合一이 이루어진 것이라고 하겠다.

　권근은 또 인간을 聖人, 君子, 衆人의 세 부류로 나누고 성인은 天의 핵심인 誠을 體化하여 완전히 천에 합일한 사람이고, 군자는 기질의 영향을 받고 있지만 敬으로써 存養省察하여 功을 이루게 되면 '參天地·贊化育'하는 성인의 경지에 도달할 수 있다고 말함으로써 공부를 통하여 도달하게 되는 궁극적인 경계에 대해서도 언급하고 있다. 그런데 그의 인간에 대한 이해에서 특징적인 것은 衆人도 비록 四端의 情과 통하고 있기는 하지만 자포자기에 빠지기 때문에 금수와 다를 바 없게 된다고 보고 있다는 점이다. 그의 공부론의 체계 안에 중인은 배제되는 혐의가 있는 것이다.

　권근은 천인합일과 내외합일[심성합일]의 문제를 理氣心性 등 도학의 용어와 본체·공부·경계 등의 도학적 이론체계를 받아늘여 풀이하고 있다는 점에서 도학적 세계관을 잇고 있다고 평할 수 있다. 그러나 그의 심성 해명은 性과 心, 情과 意, 四端과 七情, 道心과 人心을 그 근원을 달리하는 것으로 양분함으로써 四端七情論辨과 人心道心論辨을 야기시키는 한 원인을 제공했다. 뿐만 아니라 心·性·情·意가 발하여 나오는 길을 一元化하지 못하고, 또 그 경계를 명료하게 나누지 못함으로써 훗날 율곡으로 하여금 心性情意一路境界說을 제출하게 한 하나의 동기를 제공하였다. 이것은 도학에 대한 그의 독창적인 이해라고 볼 수도 있지만, 그 이해가 아직 체계적으로 설명되고 있지 못하다는 점에서 그 한계로 지적될 수도 있다.

4. 李彦迪의 道學的 世界觀

1) 本體論

『周易』을 통해서 내려오는 중국의 전통적 세계관은 氣의 변화유행으로 말미암아 존재와 변화를 설명하는 氣論이라고 할 수 있다. 氣論에서는 太極을 가장 근원적인 존재로 간주한다. 그런데 二程에 의해 새롭게 열린 도학적 세계관에서는 天理가 일체 존재물들의 존재근거이자, 온갖 변화를 일으키는 변화의 근원이며, 인간이 마땅히 따라야 할 바의 가치근원으로 파악된다. 자연세계와 인류세계의 생성과 질서 및 조화를 가능하게 하는 天理가 도학적 세계관의 가장 지극한 범주로 등장한 것이다. 이로부터 도학적 세계관에서는 氣論의 최고 범주였던 太極을 理로 파악하게 된다. 이 작업은 朱子가 周濂溪의 「太極圖說」을 풀이하는 과정에서 이루어진다. 朱子가 「太極圖說」의 太極을 理로 풀이한 것은 종래의 氣論的 세계관으로부터 理學的 세계관으로의 전환을 의미한다. 따라서 道學者라면 太極을 理로 파악하는 관점을 유지하게 된다. 조선전기 유학에서 理를 중심으로 하는 도학적 세계관의 형이상학적 관점을 분명하게 보여주고 있는 대표적인 인물이 바로 晦齋 李彦迪이다.

회재 철학의 전체적인 규모는 忘機堂과의 '無極而太極'에 관한 논변에 잘 나타나 있다. '無極而太極'은 주지하듯이 주렴계의 「太極圖說」에 연원을 두고 있으며, 그에 대한 해석을 둘러싸고 일찍이 주자와 육상산 사이에 치열한 논쟁을 벌인 바 있었다. 이언적 당시에도 일차적으로 忘齋와 忘機堂 사이에 無極太極論辯이 있었고, 이를 지켜본 이언적이 그에 대해 논평을 한 것이 계기가 되어 다시 忘機堂과 이언적 사이의 논변으로 이어지게 된다. 망기당과 이언적 사이의 논변은 단순히 '無極而太極'에 대한 풀이가 아니다. '無極而太極'을 어떻게 풀이하는가의 문제는 우주와 인간을 관통하는 본체를 어떻게 파악하는가의 문제이며, 이는 다시 그 본체를 실현하기 위해서는 어떻게 해야 하는가의 문제와 연관되며, 나아가서는 그 본체를 실현한 궁극적 경계를 어떻게 보는가의 문제와 연관되기 때문이다. 따라서 우리는 망기당과 벌인 이언적의 '無極太極論辯'을 통해서 천인을 관통하는 우주본체와 공부 및 경계에 관한 그의 도학적 세계관의 전모를 엿볼 수 있다.

이언적에 의하면 無極而太極이란 '道가 구체적 사물이 있기 이전부터 실제로 만물의 根柢가 됨을 표현한 것'[56]이다. 이 때의 無極은 太極보다 상위의 개념이 아니라 太極이 處所와 形狀이 없기 때문에 구체적인 존재의 앞에 있으면서도 물체의 뒤에도 늘 있고, 陰陽 밖에 있으면서 동시에 음양 속에도 있으며, 모든 존재에 통관하면서도 표현할 수 있는 구체적인 형태를 지니지 않았음을 형용한 것에 불과하다.[57] 말하자면 無極은 太極의 始原性과 無形質的 성격을 형용한 것이라고 보는 것이다.

太極은 어떤 구체적 사물에 앞서 있는 시원적인 무형질적 존재이지만 그것은 일체 존재물의 생성과 변화의 근거가 된다. 이것을 이언적은 "태극은 道의 本體이고 온갖 변화의 근본으로서 子思가 말한 '大命의 性'이다. 그것은 텅 비어 아무 조짐도 없지만 삼라만상의 존재근거가 이미 그 속에 다 들어 있다"[58]고 말한다. 즉 태극은 천지, 일월, 귀신, 바람과 우레, 江河를 그것답게 하는 존재근거일 뿐만 아니라 性命을 바르게 하고, 倫理를 드러나게 하는 것으로서, 근본과 말단ㆍ위와

---

56) 『晦齋集』 권5, 「書忘機堂忘機堂無極太極說後」, 6나.
57) 『晦齋集』 권5, 9나.
58) 『晦齋集』 권5, 9나.

아래를 관통하고 있는 실질적인 하나의 리[一理]인 것이다.[59] 이것은
태극이 구체적인 사물 속에 내재하여 각 사물을 그것답게 하는 所以然
이자, 性命을 바르게 하고 倫理를 드러나게 하는 所當然의 원리[理]로
서 자연세계와 인류세계 전체를 관통하는 하나의 實然之理임을 의미
한다.

　이언적은 理를 뭇 존재자들을 하나로 묶는 통일적 원리로 사용할 뿐
만 아니라, 존재자들의 특수성까지도 설명한다. 그에 의하여 태극의 理
는 솔개가 날고, 고기가 뛰놀 듯 위아래에 드러나 보이고 고금을 통하
여 우주에 가득 차서 그치지 않는다.[60] 이와 같이 태극의 理가 古今을
통하고 上下를 관철하여 渾然이 일치한다[61]는 점에서 그것은 理一이
라고 할 수 있다. 그러나 그 가운데는 精粗·本末·內外·賓主의 구
분이 분명하게 있다.[62] 뭇 존재물을 하나로 엮어내는 理一이 구체적인
개별자 속에 내재하여 그것의 고유한 성격을 규정하고 있다는 점에서
그것은 分殊理라고 할 수 있다. 이 때문에 이언적은 "천하의 理는 만
가지로 변화하지만 근원은 하나이며, 만 가지로 다르지만 근본은 하나
이다. 이것이 萬이 하나가 되고, 하나의 實이 萬가지로 나누어지는 것
이다."[63]라고 말한다. 하나의 우주원리가 개별적인 존재물과 人事 속
에 내재하여 그것의 본성을 이루고 있다는 것이다. 이것은 각각의 개
별 사물이 우주전체의 보편원리[理一]를 반영하고 있음을 의미한다.
이언적은 천차만별적인 分殊의 세계가 理一에 근거하고 있음을 말함
으로써 다양한 개체들을 우주전체의 통일적인 질서체계 속에 편입시
킨다[萬殊一本, 是萬爲一]. 그리고 이를 통하여 구체적인 사물세계의
실재성을 확보해낸다[一實萬分]. 현상세계의 실재성을 긍정하는 이러

---

59) 『晦齋集』권5, 9나.
60) 『晦齋集』권5, 「答忘機堂第一書」, 10가~나.
61) 『晦齋集』권5, 「書忘齋忘機堂無極太極說後」, 6나.
62) 『晦齋集』권5, 「書忘齋忘機堂無極太極說後」, 6나.
63) 『中庸九經衍義』권4, 修身3.

한 세계인식은 分殊의 세계를 幻像으로 파악하는 佛敎의 세계관과는
확연히 구별된다.

이언적인 말하는 분수의 세계는 구체적인 사물세계일 뿐만 아니라
우리가 일상생활 속에서 대면하는 인륜세계이다. 이것을 그는 "대개
道의 大原은 天에서 나와 三極之間에 산재해 있으니 모든 天地의 안
에 가는 곳마다 이 도의 유행이 아님이 없으며, 物마다 이 도를 體한
바 아님이 없다. 사람에게 있어서는 크게는 君臣·父子·夫婦·長幼
之倫이며 작게는 動靜·息食·進退·升降之節에서 一言一默·一嚬
一笑의 때에까지 각각 所當然이 있어서 잠시도 떠날 수 없으므로 毫
釐之差도 不可한 것이 이 理의 妙用이다.……이 어찌 生民日用의 常
道이며, 事物當行之理가 아니겠는가?"[64]라고 말한다. 이것은 우주원
리에 기초한 도덕원리는 비록 하나이지만 사람의 일상생활에서는 그
직분과 지위 및 상황의 다름에 따라 요구되는 구체적인 행위규범도 달
라진다고 보는 것이다. 말하자면 보편적인 도덕원리가 구체적인 상황
속에서 다양한 행위규범으로 표현되는 것이다. 따라서 인륜세계의 질
서와 조화를 유지하기 위해서는 그 구성원들이 자기에게 부여된 직분
과 지위 및 구체적인 상황에 따라서 그에 알맞은 행위를 해야 한다. 이
것은 곧 자기의 분수를 다하는 것일 뿐만 아니라, 자신이 지니고 있는
우주적인 本性[性理]를 실현하는 것이기도 하다. 그럼 어떻게 하면 자
기의 직분을 다하고, 자신 속에 내재된 우주적인 본성을 다 실현할 수
있는가? 여기에서 회재의 공부론이 성립한다

2) 工夫論

이언적의 공부론은 『中庸』首章에서 말하고 있는 天命之性, 率性之
道, 修道之敎와 情感의 未發과 已發, 그리고 中과 和, 大本과 達道,

---

64) 『晦齋集』 권5, 「答忘機堂第三書」, 18가.

致中和 등의 개념들에 대한 해석을 통해서 짜여질 수 있다.『중용』수
장에서는 본성의 실현을 통하여 위로는 天에 통하고, 밖으로는 구체적
인 일상사에 적합하게 응할 수 있는 길을 열어 놓고 있다.『중용』의 가
르침을 따라 이언적도 역시 사람은 하늘이 부여한 純粹至善한 天命의
性을 마음 속에 갖추고 있으며,[65] 이 이치를 밝히고 본성을 다하면 요
순과 같은 성인이 되어서 천지가 만물을 화육시키는 데 참여할 수 있
다[66]고 본다. 그럼 어떻게 하면 본성실현을 통하여 위로는 천에 통하
고, 밖으로는 사물에 적합하게 응할 수 있을까?

본성 실현은 곧 마음속에 내재되어 있는 天命之性을 따르는 것이다.
이 天命之性은 일체 존재물들의 존재원리이기에 性밖에 사물이 없
다.[67] 마음이 아직 발하지 않았을 때에는 마음 가운데에 있으면서 치
우치거나 의지함이 없기 때문에 그것을 中이라고 한다. 고요한 가운데
있으면서도 갖추지 않음이 없음은 性이 中이 되는 까닭이며, 천하의
理가 그로부터 나오기 때문에 그것을 大本이라고 한다. 그것이 발하여
품절이 틀리지 않고 어긋나는 점이 없는 까닭에 그것을 和라고 한다.
움직여서 적중하지 않음이 없는 것은 情이 발하여 그 바름을 얻은 것
이다. 이것은 천하 고금이 함께 말미암는 것이기 때문에 천하의 達道
라고 한다. 이것이 바로 사람의 마음이 寂然하고 感通하는 자연의 이
치이다. 體用의 온전함이 본래 모두 이와 같다.[68] 이것은 사람의 마음
이 작용하는 구조를 밝힌 것으로서 대체로 주자의 중화신설을 따르고
있다.

공부는 이 마음의 체계가 제대로 작동하도록 하는 것이다. 이를 위
해서는 마음이 아직 발하지 않았을 때의 공부와 이미 발하였을 때의
공부가 모두 갖추어져야 한다. 희로애락이 아직 발하기 이전에는 늘

65)『晦齋集』권8,「進修八規」, 15가.
66)『晦齋集』권8, 1나.
67)『晦齋集』권5, 12가.
68)『晦齋集』권8,「進修八規」, 15나.

存養의 공부를 하여 大本을 세워서 만 가지 변화에 대응하는 주체가 된 이후에야 발하여 적중하지 아니함이 없을 수 있고 때에 둠이 마땅함을 얻을 수 있다.[69] 그리고 마음이 처음 발동하여 기미가 은미한 때에는 천리와 인욕이 아주 조금의 차이를 가지고 다투지만 나중에는 엄청난 간격을 가지고 오기 때문에 더욱 조심해야 한다. 이 때문에 군자는 늘 보이지도 않고 들리지도 않는 곳에서 경계하고 두려워하여 그 본연의 천을 보존하여 잠시라도 떨어지지 않게 함으로써 한 때라도 그렇지 아니함이 없는 본체를 온전히 할 수 있다. 또 그윽하게 홀로 있는 가운데 기미가 움직이는 것에 대해서는 더욱 성찰하는 공부를 하여 사물에 응접하는 곳에서 조금의 어긋남도 없고 어디를 가더라도 그렇지 않음이 없는 데까지 이르러야 어느 사물에도 있지 아니함이 없는 그 오묘함을 다 발휘할 수 있다.[70] 이것이 바로 대본이 세워지고 달도가 행해지는 것으로서 이른바 致中和요, 천지가 제자리를 잡고 만물이 변화 육성되는 공효이다.[71] 그러면 大本을 세우기 위해서는 어떻게 存養해야 하고, 達道를 행하게 하기 위해서는 어떻게 省察해야 하는가?

이언적은 存養공부로 '敬'을 제시한다. 이것은 그의 「養心箴」에 잘 나타나 있다.

마음의 덕은 지극히 허령한 것, 원래 그 본체는 광대하고 고명하여 안으로 뭇 이치를 모두 갖추고 밖의 만가지 변화에 응한다. 풀면 천지사방에 꽉 차고, 거두면 일심에 간직되나니 잘 함양하여 해치지 않으면 천지와 합하게 될 것이다. 어떻게 함양할 것인가? 敬할 뿐이다. 어떻게 敬하는가? 專一하는 것이다. 마음이 부동할 때에는 온전한 태극이니 敬으로써 전일해야 그 본체가 곧아지게 된다. 치우치지도 말고 기대지도 말아야 하며, 마음을 흐트러뜨리지 말고 잊거나 조장하

---

69) 『晦齋集』 권5, 18나.
70) 『晦齋集』 권5, 18나~19가.
71) 『晦齋集』 권8, 15나~16가.

지도 말아야 한다. 종용히 자득해야 확연히 대공무사하게 되어 연비
어약의 이치를 알게 된다. 마음을 활짝 열어 비치매 사곡됨을 볼 수
없다. 천리가 온전하매 인욕이 싹트지 못하며, 대본이 이미 서매 달도
가 이에 행해진다. 경의 묘리는 존심하는 것이니, 오래 계속하여 성실
해지면 일리에 순수해질 것이다. 천지가 제자리를 잡고 만물을 길러
내는 공은 실로 여기에 근본을 둔다.[72]

敬은 主一, 즉 마음을 하나로 집중하는 것이다. 마음이 움직이지 않
을 때는 갖추어진 것이 혼연한 태극이다. 이때 敬으로써 그것에 집중
하면 그 마음의 혼연한 본체가 곧게 된다. 이것이 바로 '敬以直內'이다.
이렇게 되면 천리가 온전하여서 인욕이 싹트지 못하게 된다. 이것이
바로 大本을 세우는 것이다. 이로써 보면 회재는 敬을 마음을 보존하
고 본성을 함양하는 공부로 제출하고 있음을 알 수 있다.

그런데 靜時의 存養공부를 통하여 大本을 세우려는 것은 動時의 應
事接物에 合理를 기하려는 것이다. 여기에서 靜時의 存養공부에 더하
여 動時의 공부가 필요하다는 논리가 전개된다.[73] 이 動時의 공부로
제시되는 것이 바로 省察과[74] 窮理이다. 省察은 마음이 처음 발하여
드러날 때 그 은미한 것이 天理인지 아니면 人欲의 사사로움에 물든
것인지를 살펴서 인욕을 제거하고 천리를 보존하여 자기 개인의 몸과
마음으로부터 온갖 사물에 이르기까지 처리에 부당함이 없고 실행에
어긋남이 없게 하는 것이다. 그리고 이렇게 되면 달도가 행해진다.[75]
이 성찰의 구체적인 방법이 바로 克己復禮와 義以方外이다.[76] 그런데
마음의 발동이 천리인지 사욕인지를 살피기 위해서는 무엇이 天理인

---

72) 『晦齋集』, 권6, 「養心箴」, 1나.
73) 『晦齋集』 권5, 「答忘機堂第四書」, 23가.
74) 『晦齋集』 권5, 19나.
75) 『晦齋集』 권5, 19가.
76) 『晦齋集』 권5, 19나, 20가 참조.

가를 알아야 한다. 여기에서 窮理 공부가 요구된다.

이언적에 의하면 天理는 인간사 속에 내재해 있다.[77] 따라서 窮理 공부는 구체적인 人間事에 직면하여 이루어진다. 인간사 속에 내재되어 있는 理는 分殊理이다. 사람에게는 사람의 理가 있고, 物에는 物의 理가 있으며, 天地에는 천지의 理가 있고, 日月과 山川에는 각각 그것들을 그것답게 하는 일월과 산천의 理가 있다. 그런데 이 分殊理는 渾然한 태극의 理, 즉 理一이 표현된 것이다. 그래서 人事는 비록 形而下者이지만 人事의 이치는 하늘의 이치로서 형이상자라고 한 것이다. 여기에서 人事를 下學하면 자연히 天理에 도달한다[78]는 주장이 가능하게 된다. 말하자면 道[理一]가 구체적인 존재물과 인간사 속에 내재되어 있기 때문에 理一에 대한 체득을 위해서는 구체적인 사사물물에 나아가 그 이치를 궁구하지 않을 수 없다[79]는 것이다. 자기를 포함한 사사물물 속에 내재되어 있는 이치를 다 궁구하고 그것을 실현하는 것은 곧 자기의 본성을 실현하는 것이고, 인물의 본성을 실현시키는 것이다.

이상의 논의를 통해서 우리는 마음이 고요한 때는 敬으로써 본성을 함양하여 大本을 세우고, 마음이 움직이는 때는 혹 인욕에 물들어 있지는 않은가를 성찰하고 또 구체적인 人事 속에 내재되어 있는 사물의 이치를 궁구함으로써 達道를 행하는 것을 致中和와 본성실현의 공부로 제시하고 있음을 알 수 있다. 그러면 이러한 공부를 통해서 도달하고자 하는 궁극적인 경계를 회재는 어떻게 그리고 있는가?

3) 境界論

이언적은 공부를 통해서 도달하고자 하는 궁극적인 인간상을 성인

---

77) 『晦齋集』 권5, 16가~16나 ; 『晦齋集』 권5, 12나.
78) 『晦齋集』 권5, 16가~16나.
79) 『中庸九經衍義』 권4, 修身3.

326 제3부 조선전기 在地勢力의 성장과 士林文化의 전개

이나 仁者로 표현하고 있다. 성인은 그 마음이 순수한 一理이며 縱橫
으로 自得한 자이다.[80] 천리에 상달한 성인의 경지는 어떤 신비하고
초월적인 경계가 아니다. 성인은 人事를 下學함으로써 활연히 太極之
理(一理)를 체득하여 靜時에는 天理를 혼연히 간직한 채 寂然不動하
다가, 동시에는 온갖 천하의 일들에 感而遂通하는데, 그 動容周旋이
中正仁義하고 만사만물에 응하는 것이 各得其所할 뿐인 것이다. 이것
은 이언적이 "天은 一理로써 만 가지 조화를 주재하고 성인은 一理로
써 만 가지 일에 응한다.……성인의 마음이 無思無慮한 가운데에서 온
갖 변화에 각기 합당하게 수작하고 動容周旋이 禮에 들어맞는 것은
그 마음에 一理 渾然한 太極이 간직되어 있기 때문이다"[81]라고 한 데
에 잘 표현되어 있다.

성인의 마음은 만물을 끊임없이 生成化育시키는 천지의 마음이
다.[82] 이 성인의 경계에 이르게 되면 天地萬物을 一體로 파악하게 된
다. 그런데 천지만물을 一體로 파악한다고 해서 모든 존재자들을 무차
별적으로 똑같이 본다는 것은 아니다. 그 一體 가운데는 親疏·遠近·
是非·好惡 등의 구분이 있다.[83] 이것은 一理를 체득하여 一毫의 私
도 없이 天理之公에 순수한 聖人·仁者는 오히려 현상세계의 事事物
物을 天으로부터 받은 各性에 따라 各得其所하게 할 뿐임[84]을 의미한
다. 天理의 大公한 마음을 지니고 사사물물에 응함으로써 그것들이 지
닌 구체적인 특수성을 실현시켜 주는 것이다. 이것은 天理의 大公한
마음에 근거하여 구체적인 상황에 알맞은 윤리규범을 실천함으로써
전체 사회의 인륜질서를 건립하고자 한 도학적 세계관을 공고히 한 것
이라고 하겠다.

---

80) 『晦齋集』 권5, 24가.
81) 『中庸九經衍義』 권4, 修身3.
82) 『晦齋集』 권5, 「伊尹五就湯論」, 30가.
83) 『晦齋集』 권5, 24나.
84) 金基鉉, 「晦齋 李彦迪의 哲學思想」, 『민족문화연구』 15, 1980, 146쪽.

이상에서와 같이 이언적에 이르게 되면 도학적 세계관의 전모에 대한 이해가 體化되어 나타난다. 이것은 이황이 그에 대해서 "우리 도의 本源을 闡明하고, 異端의 邪說을 물리쳤으며, 精微함을 꿰뚫었고, 上下를 관철하였으며, '立言垂後'의 공이 있다"[85]고 평가한 데에서도 확인된다.

5. 맺음말

이 글에서는 조선왕조의 통치이념으로 작용했던 도학적 세계관의 특성은 무엇이며, 그것이 조선전기의 대표적인 유학자들인 정도전, 권근, 이언적에 의해 어떻게 수용·전개되고 있는가를 살펴보았다.

이상의 논의에 따르면 道學은 天理를 우주와 인간사를 관통하는 본체로 파악하고, 그 실현을 통하여 궁극적으로는 天人·內外의 合一을 도모하려는 학문체계이다. 도학에서는 우주론적 원리이자 도덕적 원리인 천리의 실현이 바로 인간을 인간답게 하는 본성실현으로 이해된다. 그리고 각 개인이 자기의 본성을 실현하기만 하면 인간 사회 전체의 윤리질서가 확립될 뿐만 아니라 천지가 만물을 창생하는 과정에도 동참할 수 있다고 본다. 이런 의미에서 도학적 세계관은 인간사회의 공적질서 체제를 확립하고 유지하는 데 그 무엇보다 유용하게 작용할 수 있는 특성을 지닌다.

조선초기 道學을 받아들인 대표적인 인물로 鄭道傳과 權近을 들 수 있다. 정도전은 理氣論에 입각하여 일체의 존재물과 인간의 心性을 해명하였으며, 存心과 窮理의 공부와 그것을 통하여 도달하게 되는 '心과 理의 합일' 경계를 제시하였다. 그리고 주자학에 관한 정확한 이해의 기초 위에서 불교를 異端으로 비판하고, 王道政治의 이상을 실현하

---

85) 『退溪集』 권49, 12나～13가 참조.

고자 하였다. 권근은 天人合一과 心性合一을 유학의 가장 중요한 문제로 인식하고, 그에 대한 체계적인 설명을 시도하였다. 그런데 그의 心性해명은 性과 心, 情과 意, 四端과 七情, 道心과 人心을 각각 理와 氣에서 근원하는 것으로 양분함으로써 四端七情論辯과 人心道心論辯을 야기시켰다. 그리고 心性情意가 발하여 나오는 길을 一元化하지 못하고, 또 그 경계를 명료하게 나누지 못함으로써 心性情意에 대한 체계적인 설명에 흠을 남겼다.

조선전기 유학에서 理를 중심으로 하는 도학적 세계관의 전모를 분명하게 보여준 인물이 바로 李彦迪이다. 그는 太極, 즉 理를 일체 존재물의 생성과 변화의 근원이자, 인륜가치의 근원으로 파악한다. 그리고 存養과 省察 및 窮理를 본성을 실현하는 공부법으로 제시하였으며, 공부를 통하여 도달하는 성인경계를 순수한 천리의 마음으로 사물의 구체적인 특수성을 실현시켜 주는 것으로 이해하였다. 이렇게 도학적 세계관에 대한 이해가 깊어감에 따라서 도학에서 제시하는 天理는 점차 조선 성리학자들의 의식과 행위를 지배하는 유일한 준칙으로 굳어져 갔다.

조선전기 주자학적 세계관의 확립에 따른 載道論的 문학관의 확산

김 영 봉*

1. 머리말

본 논문은 '조선시대 국가 경영의 이상과 현실'이라는 대주제 아래 사학·철학·문학 분야의 전공자들이 각각의 전공 분야에서 조선 사회의 모습을 종합적으로 조명해 보는 학제간 연구의 일환으로 집필된 것으로, 그 중에서도 제1차 과제로 조선이 건국되고서 『經國大典』체제가 형성되기까지의 기간을 중심으로 한 연구이다.

조선전기는 『經國大典』의 완성과 더불어 조선 왕조 5백 년간의 정치 질서의 근간을 이루는 제도적 틀이 완성된 시기이다. 이 시기에는 주자학으로 대변되는 성리학적 질서가 본격적으로 자리잡게 되는 기간이다. 당시에는 문학이 사상을 떠나서는 존재할 수 없었기 때문에 자연히 문학관에 있어서도 이러한 사상적 동향의 영향 아래 놓일 수밖에 없었다. 따라서 본 연구의 전체 주제와 관련해서 문학 분야에서 접근할 수 있는 요소는 주자학이 확고하게 사상의 주류를 차지하면서 그에 수반해서 이전 왕조인 고려 시대와 비교해서 어떠한 문학관의 변화가 나타나는가, 또 이상론으로 표방했던 문학관에 비추어서 현실적으

---

* 연세대학교 국학연구원 연구교수, 국문학

로 문인들의 문필 활동은 어떠했는가 하는 점이 될 것이다.

文學과 道의 관계는 과거 문인들의 文學에 대한 인식에서 항상 논의의 중심에 자리하는 중요한 문제였다. 전통적으로, 儒家的인 입장에서 文章이라는 것은 독립적인 가치를 인정받지 못하고 도의 전달을 위해서 존재하는 종속적인 것이었다. 그러나 문학은 그 나름대로의 존재 의의가 있는 것이 분명한 사실이며, 시대가 흐름에 따라 독자적인 존재 의의가 커졌기 때문에 그 둘의 관계에 대한 인식은 유가의 문학관에서 중요한 비중을 차지하는 것이다.

원래 先秦 시대에 있어서 문학이란 文章과 博學을 겸하고 있는 개념이었으며, 文이 바로 學이었다.[1] 즉 광의의 문학으로서 가장 초기단계의 문학관에서는 學問 자체가 文章이었던 셈이다. 그러던 것이 兩漢 시대에 와서는 전대의 先秦 문학관을 계승하면서도 '文'과 '學'이 구별되기 시작하여 후대의 문학 개념이 분화되어 가는 계기가 되었다.

시대가 조금 더 지나면서 魏・晉・南北朝 시대에 이르러서는 문학에 대한 개념이 확실히 분화되어 순수문학적인 영역이 발달하였다. 그러나 四六騈儷文으로 대표되는 당시의 문학은 浮華함에 치우쳐서 진실성이 결여되었다는 비판을 받았다. 곧 先秦의 문장처럼 성현의 도를 담은 글을 표준으로 삼자는 주장이 일어난 것이다. 당나라의 韓愈가 전개한 고문 운동의 정신이 바로 그것이다. 한유의 사후 그의 제자인 李漢은 「昌黎文集序」에서 '문(文)이란 것은 도를 꿰는 그릇이다(文者貫道之器)'고 하여 구체적으로 못박아 천명하기에 이르렀다. 이러한 정신이 이어져 송나라에 와서는 周敦頤가 『通書』에서 '문(文)은 글을 싣는 것이다(文所以載道也)'고 하여 '貫道' 대신 '載道'라는 표현을 하여 다시 확인하였다. 이후로는 이 말이 일반화되어 도학적 문학관을

---

1) 郭紹虞, 『중국문학비평사』, 대북 : 문사철출판사, 3・11~12면. 곽소우는 文學을 '文章'과 '博學'을 겸하고 있다고 하였는데, 여기서의 '박학'은 '學問'의 뜻이다.

'載道論', 또는 '載道主義'라는 말로 대신하게 되었다.

우리나라의 경우 고려 시대까지만 하더라도 이러한 문학 관념을 구체적으로 언급하거나 작품에 의식적으로 반영하지는 않았다. 다만, 앞서 지적한대로 성현의 도를 담은 글을 표준으로 삼아야 한다는 전통적인 문학관을 보편적으로 가지고 있으면서 經書를 표본으로 삼는 宗經主義 문학관이 산발적으로 드러나 보인다. 즉 文과 道에 대해서 원론적인 수준에서 언급한 정도이다. 그러나 조선시대에 들어와서는 鄭道傳이 「陶隱文集序」에서 '글이란 도를 싣는 그릇이다(文者, 載道之器)'고 언급한 이후로 많은 문인들이 道主文從, 또는 道本文末의 문학관을 활발하게 개진한다.

조선전기 문인들의 문학관을 논할 때 흔히 道學派와 詞章派로 나누어 도학파는 載道論을 주장하고 사장파는 道보다도 문학 자체의 가치를 높이 평가했다고 주장한다. 그러나 당시 문인들의 문학관이 이러한 주장처럼 뚜렷하게 이분법적으로 구분되는 것은 아니며, 사장파로 알려진 서거정·성현 등도 예외 없이 재도론적 문학관을 누차에 걸쳐 피력하였다. 도학가인 趙光祖와 대립해서 사장의 가치를 강조하였다고 알려진 南袞의 경우도 피상적으로 알고 있는 것과는 달리 道主文從(道本文末)을 전제로 하고 詞章의 가치를 역설했을 따름이다.

이처럼 고려시대와는 달리 조선전기에 재도론이 집중적으로 거론된 배경에는 바로 소선의 건국 이념에 따라 抑佛崇儒 정책이 강화되면서 주자학이 정치 사상적으로 확고하게 자리잡게 되고, 이에 따라 대부분의 문인들이 주자학적 이념에 지배되었기 때문이라고 본다.[2]

---

2) 고려 시대에 거의 언급되지 않았던 재도론이 조선전기에 여러 사람들에게 활발하게 거론되었다고 하니까, 마치 재도론에 대한 치열한 공방전이 있었거나 이를 수용하는 문제를 둘러싸고 문학가마다 많은 논쟁이 있었던 것으로 오인할 수도 있으나 전혀 그런 것은 아니다. 주자학이 도입될 때 거의 대다수의 유자들에게 그것이 하나의 당위로 여겨졌듯이, 마찬가지로 재도론도 당위성을 가진 것으로 받아들여졌지 그것에 대한 공방전이나 수용 문제에 대한 논

이 글에서는 중국에서 당나라 때부터 등장한 載道論이 우리나라에서는 상당한 기간이 지난 조선전기에 집중적으로 부각된 현상에 대해, 주자학적 세계관의 질서를 확고히 하고자 했던 당시의 시대적 상황과의 관련성을 중심으로 살펴보기로 한다.

2. 儒家 文人들의 道와 文의 관계에 대한 인식

전통적으로 유교 문화권에서는 道와 文이 불가분의 관계 속에서 인식되어 왔다. 이는 문학의 원류라고 할 수 있는 『詩經』에서부터 일찍이 定立된 현상이며 바로 孔子의 '刪詩' 정신이기도 하다. 공자는 시경 3백 편을 刪定하면서 敎化的 측면을 가장 중시하였고 한마디로 '思無邪'라는 말로 그 성격을 단정지었다. 공자는 그 아들에게 시경을 배우지 않으면 사람 구실을 제대로 할 수 없음을 상기시키고, 제자들에게도 시경 배우기를 권장하면서 '시는 志意를 感發시키고, 時政의 득실을 살필 수 있고, 여러 사람들과 어울릴 수 있고, 원망을 나타낼 수 있고, 가까이는 부모를 섬기고, 멀리는 임금을 섬기고, 鳥獸와 草木의 이름을 많이 알 수 있다'고 하였다.[3] 여기서 '조수 초목의 이름을 많이 아는 것'은 부수적인 효용이고 나머지는 모두 '人倫의 道'와 관련된 것들이다.

공자의 문학에 대한 인식의 일단을 보여주는 언급으로 "文辭란 뜻

쟁은 있지 않았다. 재도론은 철저하게 유학적 사고를 기반으로 한 것이기 때문이다. 이를 둘러싼 가장 큰 논의라고 할 만한 것은 '載道'와 '貫道'의 용어에 대한 이해 문제였으며, 그것도 결국은 같은 개념이기 때문에 이를 오해한 극히 소수의 사람만이 그 차이점을 언급했을 뿐 심각하게 쟁점화 되지는 않았다. 이 점에 대해서는 아래의 '文以載道를 둘러싼 논의'에서 자세하게 다룬다.

3) 『論語』, 「陽貨」, "子曰, 小子何莫學夫詩, 詩可以興, 可以觀, 可以羣, 可以怨, 邇之事父, 遠之事君, 多識於鳥獸草木之名".

만 전달되면 그만이다.”[4]라는 말도 있다. 주자는 이 말에 대한 주석에서 ‘辭는 뜻이 전달됨을 취하는 데서 그칠 뿐이지 富麗한 것을 공교하게 여기지 않는다’고 하였다.[5] 여기서의 뜻이란 곧 유학의 道이며, 富麗한 것을 공교하게 여기지 않는다는 것은 바로 문예미를 나타내기 위한 화려한 수사 같은 것을 중요하게 여기지 않는다는 것이다.

공자의 이와 같은 문학관에 영향을 받아 머리말에서 언급한대로 先秦 시대까지는 ‘文學’의 독자적인 영역이란 설 자리가 없었으며 ‘學問’ 또는 ‘經術’ 속에 부수적으로 존재하였다. 그러다가 漢代에 이르러서는 ‘文’과 ‘學’이 구별되기 시작하여 달리 인식되었는데, 여기서의 ‘文’은 ‘文章’으로서 오늘날의 文學의 개념에 가까운 詞章을 말하고 ‘學’은 ‘學術’이라는 의미에 가깝다. 漢代에 樂府, 古詩, 賦가 발생하고 발달한 것이 ‘文’의 독자적인 영역에 대한 인식을 높인 것이다.

魏·晉·南北朝 시대에는 의미가 더욱 분화되어 ‘文’과 ‘筆’이라는 개념이 등장하게 되었다.[6] ‘文’은 내용을 제쳐놓고라도 詞藻의 아름다움과 음조의 조화만을 추구하였는데 주로 관료 문인들의 浮華한 언어유희로 전락하였다. ‘筆’은 소박하고 진실한 문장으로서 보통 失意한 문인들이 자기의 감정을 토로하거나 자기의 인격을 표현하는 데 쓰였다. 이렇게 ‘문’과 ‘필’이 분화된 것은 騈儷文의 형성 및 발전과 밀접히 연관된다.

병려문은 漢·魏 시대부터 형성되었으나 남북조시기에 발달하고 初唐 시대까지 성행한 문체이다. 병려문에서는 對偶나 聲律 같은 형식만 추구되고 내용은 부차적인 문제였다. 그러나 통치자와 관료문인들은 이 병려문을 중요시하고 다량으로 창작하여 크게 전성기를 맞이하였다. 병려문이 순수 문예미를 추구한 것은 오늘날의 관점에서 보면 문

4) 『論語』, 「衛靈公」, “辭達而已矣”.
5) 朱熹, 『論語集註』, “辭取達意而止, 不以富麗爲工”.
6) 郭紹虞, 앞의 책, 132면.

학 고유 영역의 발전이라고도 볼 수 있겠지만, 사실에 있어서는 오히려 폐단을 드러내었다. 형식주의와 유미주의 경향을 노골화한 병려문은 사상을 올바르게 전달하고 사실을 진실되게 전달하는 사실주의 문학의 방해가 된 것이다.

　이러한 폐단을 극복하고자 한 것이 당나라에 들어와서 일어난 韓愈의 고문 운동이다. 한유는 내용은 부실한 채 화려한 수사에만 힘을 쏟는 병려문을 반대하고 형식이 자유롭고 내용이 소박하며 사상을 간단 명료하게 전하는 秦・漢 시대의 고문 형식으로 씌어진 산문을 제창하였다. 사실은 한유 이전에도 梁의 劉勰, 隋의 李諤, 唐나라 초기의 陳子昻 등이 각각 병려문의 폐해를 지적하고 '복고'를 주장하였다. 특히 진자앙의 혁신 이론과 창작 실천은 시가의 내용과 형식을 대담하게 개혁하였고 文風을 돌이키는 데 있어서 촉진제가 되었다. 그러나 워낙 當時를 풍미하던 병려문의 유풍이 쉽게 사라지지는 않았는데, 한유에 이르러서 비로소 그의 주장을 따르고 지지하는 사람이 많아져서 제대로 정착이 되었다. 이에는 柳宗元의 적극적인 지지가 크게 도움이 되었다. 유종원은 고문 운동에 있어서 한유에 버금가는 중요한 역할을 하였다. 그는 후학들을 지도하여 고문 정신으로 인도하였으며 산문의 대가로서 직접 고문의 모범적인 글을 창작하여 새로운 문체의 성가를 드높였다.

　고문 운동의 기본 정신은 '文道合一'이다. 한유는 「答陳生書」에서 "나는 뜻을 옛날의 도에 두고 또한 그 言辭를 매우 좋아한다.(愈之志在古道, 又甚好其言辭)"고 하였으며 「答李秀才書」에서 "그러나 내가 옛것에 뜻을 두는 것은 그 말[辭]만을 좋아하는 것이 아니고 그 도를 좋아하는 것이다.(然愈之所志於古者, 不惟其辭之好, 好其道焉爾)"고 하였다. 여기에서 고문 운동을 주창한 한유의 문장에 대한 기본 인식을 알 수 있다.

　이렇게 하여 약 3백 년 동안 문단을 휩쓸었던 유미적이고 형식적인 문풍은 사라지고 다시 文과 道가 일치되는 문학관이 자리잡게 되었으며 이후 지금까지 儒家의 보편적인 견해가 되고 있다. 유가의 道와 文에 대한 인식은 주자의 다음과 같은 말로 요약할 수 있다.

> "道는 문장의 근본이요 문장은 도의 枝葉이니, 오직 도에 근본을 두게 되면 문장에 나타나는 것이 모두 도가 되는 것이다. 三代의 성현의 문장은 모두 이와 같은 마음에서 우러난 것이니, 文章이 그대로 道인 것이다.[7]

道와 文에 대한 주자의 이와 같은 인식은 宋代 도학가들의 대표적인 이론이며, 조선시대의 유학자들에 의하여 실천적 논리로 계승되었다.

3. 麗末·鮮初 주자학의 도입과 전개[8]

조선의 건국은 사상적으로 주자학을 기반으로 하였는데, 주자학은 이미 고려말에 수입이 되었다. 고려의 사상적 주류는 불교였지만 당시의 문신, 식자층들은 어려서부터 儒家의 경전을 위주로 공부하고 평생토록 여기에서 벗어나지 않았기 때문에 주자학 도입 이전이라도 전통유학에 대한 사상이 몸에 배어 있었다. 따라서 유학의 새로운 흐름이라고 할 수 있는 성리학이 수입되자 자연스럽게 이를 받아들일 수 있었다. 그리고 고려 말기에 불교의 폐단이 여러 가지로 露呈되면서 새

---

7) 『朱子語類』 권139, 「作文」 上, "道者, 文之根本, 文者, 道之末葉, 惟其根本乎道, 所以發之於文, 皆道也. 三代聖賢文章, 皆從此心寫出, 文便是道".
8) 주자학의 도입과 전개는 이미 역사·철학계에서 충분히 연구된 내용이나 이 글의 논지 전개상 밀접한 상관관계가 있어서 기존 연구를 토대로 하여 하나의 前提로서 여기에 서술하는 것이다.

로운 국가를 건설하고자 했던 신진 정치세력들은 자연히 주자학을 새로운 사회 질서에 맞는 사상적 토대로 활용하였다.

조선시대 사상사에서 주자학은 절대적인 의미를 가지고 있다. 주자학은 周敦頤·張載 등에 의해서 정립된 北宋 성리학과 더불어 朱熹 당시까지의 南宋 성리학을 집대성한 것으로, 그전에 程顥·程頤 등과 같은 북송 학자들의 업적으로 거의 성숙되었던 것이다.9) 우리나라에서는 주자학과 성리학의 개념이 혼용되어 쓰이기도 하는데, 원래 주자학은 성리학의 한 계통이라고 해야 할 것이다. 성리학은 性命과 理氣에 대한 학문으로서 '性命義理之學'의 준말로도 본다. 이는 그 융성 시기와 대표적인 학자 및 그 경향에 따라 宋學·明學·程朱學·陸王學·性理學·理學·道學·心學·新儒學 등 다양한 명칭으로 불린다. 이 중에 송학·정주학·성리학·이학·도학이 한 계통으로, 명학·육왕학·심학이 다른 한 계통으로 간주된다. 전자는 朱熹가 그 중심에 자리하는 학자이고, 후자를 대표하는 학자는 王陽明이다. 그런데 우리나라에서는 특히 절의와 명분을 중시하는 주자학이 유교의 정맥을 이은 학문으로 인정되어 조선조 사상계의 주류를 형성하였고, 이에 따라 '성리학'하면 곧 '주자학'을 의미하게 된 것이다.

이 주자학이 우리나라에 전래된 것은 고려 충렬왕 때의 安珦(1243~1306)에 의해서이다. 안향은 충렬왕 15년(1289)에 왕을 따라 원나라에 들어갔다가 다음 해에 돌아왔는데, 이 때 주자학의 서적을 손수 베끼고 공자와 주자의 眞像을 그려 가지고 돌아 왔다. 이로써 우리나라에 주자학이 처음으로 전래된 것이다.10) 그러나 이때 바로 주자학이 널리 퍼진 것은 아니며, 白頤正(1260~1340)·李齊賢(1287~1367) 등

---

9) 尹絲淳,「고려 후기 성리학의 도입과 섭취」,『韓國哲學史』, 東明社, 1987, 105~106면.

10) 이제현의『역옹패설』(前集, 張十)에 의하면 그 이전에 安杜俊 같은 이들에게 이미 전파되었다는 흔적이 있으나, 명확한 근거가 부족해 안향의『晦軒實記』연보에 따라 안향을 최초의 도입자로 보고 있다.

이 전후하여 원나라에 가서 그 학문을 전하여 옴으로써 차차 전파되었다. 이들 외에도 辛蔵・權溥(1262~1346)・禹卓(1253~1333) 등이 고려 후기 성리학계를 이끌었는데 이 세 사람과 백이정은 모두 안향의 문인이다.

고려말에 성리학으로 가장 두드러진 사람은 이색(1328~1396)과 정몽주(1337~1392)이다. 이색은 성균관대사성으로 있으면서 정몽주・김구용 등과 명륜당에서 학문을 강론하였는데,[11] 그의 학교 교육에 대한 열정과 성리학에 대한 강론은 조선 성리학의 발전에 큰 영향을 끼쳤다. 그의 문하에서 정도전(?~1398)・권근(1352~1409)・이숭인(1349~1392) 등이 배출되었는데 정도전과 권근은 조선초 성리학의 기틀을 잡은 중요한 인물이다. 정몽주는 '동방 理學의 鼻祖'로 알려질 만큼 뚜렷한 지위를 차지하는데, 주자의 사서집주 강론에 뛰어났으며 개성에 五部學堂과 지방에 향교를 세워 유학의 진흥을 꾀하였고, '주자가례'에 따라 사회 윤리와 도덕의 합리화를 기도하였다.

그러나 고려말까지의 성리학은 중국에서 수입된 채로 아직 그것을 이해하고 소화하는 단계에 머물렀던 것으로 보인다. '東方 理學의 鼻祖'라고 불리는 정몽주에 있어서도 그 자신의 구체적인 학설이나 사상을 남기고 있지 않으며,[12] 당시 사람들이 그의 심오한 도학에 심복하였다고 하는 것도 주자의 '四書集註'를 풀이하여 가르친 것을 두고 일컬은 것이다.[13] 그때까지만 해노 경선 해석의 난세를 그세 벗어나시

---

11) 이 때 그들이 가르치고 강론한 것은 程伊川의 『易傳』과 주희의 『四書集註』였다.

12) 이에 대해서는 이미 많은 언급이 있어왔다. 다음과 같은 말들을 예로 들 수 있다. 卞季良, 「圃隱先生詩集序」, "은미한 말과 지극한 논설을 글로 지어서 길이 후세 학자들을 깨우쳐 주지 못한 것이 애석하다(惜其無有微言至論, 著之於書, 以詔來學於無窮也). 盧守愼, 「圃隱先生詩集序」, "그러나 여러 방면의 論說이 이치에 맞으니 또한 모름지기 울타리를 엿보는 자만이 능히 알 수 있다. 다만 그 실마리를 찾을 만한 조그마한 論著도 없는 것이 한스럽다(然橫說當理, 亦須闖蕃著者能知, 獨恨無少論著可以尋其緖耳)".

못했음을 알 수 있다.

　조선 초기의 성리학자들은 고려말부터 활약한 사람들이기 때문에 성리학의 전통에 있어서는 고려와 조선이 연속선상에 놓인다. 조선조의 성리학은 抑佛崇儒를 표방한 국가 시책에 힘입어 國敎와 같은 지위를 누리는데, 그와 같은 정책적 차원에서 나온 정도전의 排佛的인 立論이 조선 초기 성리학의 선구적 업적이다. 그는 「心問天答」, 「心氣理篇」, 「佛氏雜辯」 등의 저술을 통해 배불론을 펴고 있는데, 이 저술들은 성리학에 입각한 排佛의 의지와 이론을 펴고 있어 성리학 도입 초기의 중요한 업적이라고 할 수 있다.

　성리학이 원래 發興 초부터 老·佛 사상, 특히 불교 사상에 대한 배척 정신을 상당부분 바탕으로 하여 형성된 新儒學이므로 성리학자들이 排佛의 경향을 보이는 것은 당연하다고 할 수 있으며, 고려조에서도 안향·이제현·이색·정몽주 같은 학자들이 어느 정도 배불론을 폈었다. 그러나 고려 후기 성리학자들의 배불은 대체로 불교도들이 非行과 祈福 신앙 형태로 말미암아 빚어지는 불교계의 폐단에 대한 공격에 치우쳤음에 비하여 정도전에 이르러서는 사상, 철학적 차원에서까지 불교를 근본적으로 배척하게 되었다는 점에서 한 단계 진전을 가져왔다.

　정도전의 뒤를 이어 선초 성리학의 본격적인 터전을 닦은 사람은 권근이다. 권근의 經學에 대한 대표적인 저술은 「入學圖說」과 「五經淺見錄」이 있는데, 정도전이 성리학에 입각한 배불론에 주력함으로써 성리학적 통치 이념을 실현할 수 있는 사상적 조건을 다졌다고 한다면, 권근은 순수하게 성리학의 이론 탐구에 있어서 선구적인 업적을 남겼다. 권근의 「입학도설」은 후대의 성리학자들에게 같은 類의 圖說을 낳게 하였으며,[14] 그 내용에 있어서도 四端七情論 같은 심성의 이해에

---

13) 이긍익, 『연려실기술』 권1, 太祖朝 「高麗守節諸臣附」, "公講說發越超出人意, 聞者頗疑, 及得雲峯胡氏之說, 與公所論合, 諸儒歎服…".

특히 역점을 두고 해설해서 이후 이황에 이르러 '사단칠정에 대한 理氣 해석'의 문제로 부각되어 더욱 깊이 論究되었다. 이 사단칠정에 대한 理氣論 해석의 論辨이 조선말까지 계속 유학계의 중요 문제로 간주되었음을 볼 때 권근은 사실상 조선 성리학의 방향을 설정해 준 선구자의 위치에 놓인다.[15)]

그러나 정도전과 권근에 의해 선도된 조선 초기의 성리학은 그 이후 이론면에서는 오히려 침체되어 볼만한 것이 나타나지 않았고, 대신 새로운 지배질서의 확립을 위한 필요성에서 '實踐儒學'적 경향으로 치우치게 되었다. 그래서 권근 이후 15세기가 끝날 때까지 성리학의 학문적 발전은 이렇다할 만한 성과가 거의 나타나지 않았고, 16세기로 넘어가서야 서경덕(1489~1546)이나 이언적(1491~1553) 등에 의하여 이론면에서의 연구가 이어지게 된다.

조선 초기의 실천유학적 활동으로는 세종 · 문종 시대의 社倉法 시험, 성종 시대의 鄕射 · 鄕飮禮의 보급을 목적으로 한 유향소 복립 운동, 중종 시대의 조광조를 주축으로 한 향약 보급 운동 등을 들 수 있다. 특히 김종직은 小學의 교육과 그 실천에 앞장서서 성리학적 사회질서를 확립하는 데 기여하였다.

그러나 이렇게 성리학적 교화를 추진하는 데 힘썼다는 것은 역설적

---

14) 金泮의 「續入學圖說」, 權採의 「作聖圖」·「作聖圖說」, 鄭之雲의 「天命圖說」, 李滉의 「聖學十圖」 등이 이에 해당한다.

15) 흔히 조선 초기 유학의 연원을 鄭夢周 - 吉再 - 金叔滋 - 金宗直 - 金宏弼 - 趙光祖로 이어지는 것으로 규정한다. 그러나 이 규정은 기묘사화 이후 조광조를 신원하는 과정에서 당시의 사림들에 의해 명분론적으로 조작된 것이고 김종직 이전의 계보는 사실관계부터 잘 맞지 않는 등 문제가 많다. 실제로 조선 초기의 유학은 정도전, 권근, 하륜 등 관학파에 의해서 주도되었다고 보는 것이 타당하며, 소위 사림파에 의한 도통의 계보는 중종 이후부터나 인정될 수 있다. 이에 대해서는 다음의 저술을 참고할 수 있다. 金永峰,『金宗直 詩文學 硏究』, 이회, 2000, 23~30면 ; 김홍경,『조선 초기 관학파의 유학사상』, 한길사, 1996.

으로 아직 그때까지만 해도 성리학적 질서가 자리잡히지 않았다는 반증이 되고 있다. 15세기만 해도 주자가례를 제대로 따르는 일이 드물었고 특히 부모상에 3년 廬墓를 지키는 일은 士林 사이에서도 表崇해야 할 만큼의 대단한 일로 여겨졌다.16) 심지어 성종이 승하한 날에도 城中의 士大夫 巨族으로서 혼인식을 행하는 자가 많아서 나중에 발각되어 벌을 받은 일도 있을 정도였다.17) 이런 사정으로 미루어 보아 조선 초기에 주자학적 질서의 정착과 사상으로서의 확립은 중요한 관심사가 아닐 수 없었다.

4. 道와 文을 둘러싼 논의와 載道論的 문학관의 확산

1) '文以載道'를 둘러싼 논의

道와 文은 불가분의 관계라고 인식하는 것이 유가의 일반적 문학관이지만, 이를 구체적으로 연관시켜 언급한 것은 唐나라 李漢의 「昌黎文集序」부터이다. 이한은 자기 스승인 한유의 문집에 서문을 쓰면서 "문이란 것은 도를 꿰는 그릇이다. 이 도에 깊지 않고서 경지에 이른 사람은 없다."18)고 하여 '貫道之器'를 주장하였다. 그 후로 송나라의 주돈이는 "글은 도를 싣는 것이다. 수레가 꾸며져도 사람이 쓰지 않으면 한갓 겉치레일 것이니, 하물며 빈 수레임에랴. 文辭는 藝요 도덕은 實이니, 그 實하고도 藝한 것을 돈독히 하는 자가 글을 써서 아름답게 되면 사랑받게 되고 사랑받게 되면 전해지는 것이다."19)라고 하여 '文

---

16) 남효온, 「冷話」, 『秋江先生文集』 권7, 表沿沫에 대한 기사. 「師友名行錄」, 『秋江先生文集』 권7, 安愚·盧祖同 조 ; 김종직, 『점필재문집』 권1, 「答表少遊書」 등에 그러한 사실이 드러나 있다.

17) 성현, 『용재총화』 권7.

18) 이한, 「창려문집서」, "文者貫道之器, 不深於斯道, 有至者不也".

19) 주돈이, 『周子全書』 권10, 「通書」 4, 「文辭」, "文所以載道也, 輪轅飾而人弗

以載道'를 제창하였다.

　이 '貫道'와 '載道'는 글자의 차이 때문에 가끔 서로 다른 의미를 가진 것처럼 오해되기도 하였다. 특히 주자가 주돈이의 '文以載道'론을 계승하여 이한의 '貫道之器'설에 반론을 제기한 것 때문에 일부 연구자들은 '貫道'와 '載道'가 상반된 입장을 나타내는 것으로 생각하게 되었다. 다음은 주자의 말이다.

　　文은 모두 道로부터 흘러나오는 것이니, 어찌 문이 도리어 도를 꿴다는 이치가 있을 수 있겠는가. 문은 문이요 도는 도이니, 문은 단지 밥을 먹을 때 밥을 목구멍에 내리는 것과 같을 따름이다. 만약 문으로써 도를 꿴다면 이는 도리어 本을 가져다가 末로 삼고 末을 本으로 삼는 것이니 옳겠는가.[20]

　주자의 이 글 때문에 일부 연구자들은 '貫道'와 '載道'가 전혀 다른 입장이며 '貫道'는 道를 末로 보는 것이고 '載道'는 도에 대하여 문을 末로 보는 것이라는 견해를 보이기도 한다. 특히 郭紹虞가 그의 저서에서 道學家는 載道的 문학관을 가졌고 古文家는 貫道的 문학관을 가진 것으로 나누고 설명하였는데,[21] 이 영향으로 국내에서도 다음과 같이 이분법으로 설명하는 예가 있다.

　　'貫道'는 문장으로 말미암아서 道가 드러난다. 즉 '道'가 '文'을 빌려서 나타나기 때문에 '道'보다는 '文'의 비중이 크다. 그러므로 '道'와 '文'은 끝내 상대적인 것으로 아무리 '道'가 중하다 하더라도 작자는

庸, 徒飾也, 況虛事乎. 文辭藝也, 道德實也, 篤其實而藝者書之, 美則愛, 愛則傳焉".

20) 『주자어류』 권139, 「作文」 上, "這文皆是從道中流出, 豈有文反能貫道之理, 文是文, 道是道, 文只如喫飯時下飯耳. 若以文貫道, 却是把本爲末, 以末爲本, 可乎".

21) 곽소우, 앞의 책, 4~5면.

문장에 유의하게 되어 '文'이 우세하여야 '道'의 발현도 될 수 있다. 이것이 唐代의 문학관이었고, 이것은 그 뒤 北宋까지 이어져 소위 唐·宋八家라는 古文家를 배출한 것이다.

北宋에 이르러서는 옛 聖賢의 사상을 담는 것이 문학이라는 관념이 팽배하였으니, 이른바 '文以載道說'이 그것이다. 곧 '載道'란 道를 위해서 문장을 쓴다는 것이니 문장이 성립되려면 道를 반드시 담아야 한다는 것이다. 이렇게 되면 문장이라는 것은 道를 위해서 존재하는 부속품이 도는 것이다. 이것이 北宋에 있어서 道學家의 문학관이다.[22]

그러나 여기서 중요한 점은, 이한이 '貫道'를 주장했을 때 그의 의도는 결코 文을 道보다 더 중시한 것이 아니라는 점이다. 비유적인 표현을 하다보니 '貫'자를 취했을 따름이며, 주자가 문제삼은 것은 '貫'자가 적절한 표현이 아니라는 것이지, 이한의 문학관이 잘못이라는 것은 아니다.[23]

위에 인용한 주자의 견해가 논리적으로 지나친 것이라는 점은 인정하면서도[24] 여전히 다음과 같이 재도론과 관도론의 차이점을 고수하는 견해도 있다.

사실 '도가 근본(根本)이며 문은 말단(末端)이다'라는 도본문말론(道本文末論)의 관점을 취한다는 점에서 재도론이나 관도론은 공통된 논의 기반을 가지고 있다. 그러나 같은 도본문말론이라 하더라도 상대적으로 중도경문의 관점과 중도불경문(重道不輕文)의 관점은 서로 구별된다. 주돈이가 비록 일정하게 문사의 기예의 측면을 인정하고는 있다 하더라도, 기본적으로 주돈이의 재도론은 중도경문의 입장

22) 李鍾燦, 『漢文學槪論』, 梨花文化出版社, 1998, 15~16면.
23) 鄭堯一, 『漢文學批評論』, 인하대학교 출판부, 1990, 50면.
24) 윤재민, 「조선시대 문인 학자들의 문학관」, 『조선시대, 삶과 생각』, 윤사순 외 공저, 고려대학교 민족문화연구원, 2000, 186면.

에 서 있는 도학가의 논의이다. 곧 도학가의 재도론에서 문은 도를 실어 전하는 단순한 도구에 불과할 뿐이다. 그리고 이 도구의 아름다움은 단지 그 도구의 효용성을 증대할 수 있다는 점에서만 제한적으로 인정될 뿐인 것이다. 대체로 도학가들은 문학가적 성격보다는 학자 또는 철학자적 성격이 강한 사람들이었다. 반면에 관도론은 중도불경문의 입장에 서 있는 고문가의 논의이다. 대체로 고문가들은 학자 또는 철학자적 성격보다는 문학가적 성격이 강한 사람들이었다. 물론 고문가의 관도론에서도 문은 도를 전하는 도구의 성격을 갖는다. 그러나 관도론에서 문은 그것의 아름다움이 도구로서의 자신의 효용성을 보다 증대시킬 수 있다는 정도에서만 제한적으로 인정되는 것이 아니라 그것을 통하지 않으면 도는 자신을 표현할 방도가 없다는 점에서, 곧 도를 전하는 필수불가결의 도구로서 인정되는 것이다.25)

이 글에서는 貫道는 '重道不輕文'으로, 載道는 '重道輕文'으로 나누어서 그 차이점을 설명하였다. 그러나 이는 貫道와 載道라는 글자 차이에 집착해서 굳이 그 의미를 나누어 보려고 하는 태도에서 비롯된 것이다. 역대의 문인들 중 근본적으로 '輕文'을 주장한 사람은 거의 찾아보기 어렵다. 특히 바로 뒤에 서술할 조선 초기 문인들의 문학관 논의에서도 자세하게 언급하겠지만 우리나라 문인들의 경우는 더욱 그렇다. 다만, '輕文'이 단편적으로 언급되는 경우가 있기는 한데, 그것은 '道學' 또는 '經術'이 소홀히 여겨진다고 느낄 때 그것의 중요성을 강조하기 위해서 '道本文末'이라는 기본 명제를 재차 확인하는 과정에서 보일 뿐이다. 중종 때 도학의 선봉이었던 조광조마저도 文의 중요성을 부정하지 않아 결코 '輕文'의 입장에 서지 않았다.

또 오히려 '載道'보다는 '貫道'가 더 도학적인 관점에서 옳은 표현이라는 주장이 제기되기도 하는 것을 보면 위와 같은 이분법이 분명 모

---

25) 윤재민, 앞의 글, 184~185면.

순이라는 것이 드러난다. 조선후기 인물이기는 하지만, 김종직의 문집 서문을 쓴 李獻慶(1719~1791)은 다음과 같은 주장을 하여 재도론의 논의에서 중요한 시사점을 던져준다.

> 唐의 이한이 韓文公의 문집 서문을 써서 말하기를 '글은 도를 꿰는 그릇이다'고 하였는데, 후대의 선비들이 많이들 고쳐서 '글을 싣는 그릇'이라고 하였으니 나는 속으로 의심하는 바이다. 글이 道를 싣는다고 말하는 것은 수레가 물건을 싣는 것과 같다는 말인가? 수레는 물건이 아니고 물건은 수레가 아니니, 진실로 이와 같다면 문과 도가 또한 나뉘어져서 둘이 될 수 있다는 것인가. 문과 도는 꿰어진 다음에야 文이라고 말할 수 있다. 공자께서 이른바 '斯文'이라고 한 文이 이것이다. 후세 사장가들이 道 밖에다 文을 두는 것과 같은 것이 아니다.[26]

이렇게 똑같은 단어를 놓고 앞에 주자가 말한 것과 이헌경의 견해가 서로 다르게 나타난 것은 글자의 표면적인 뜻을 주관적으로 이해한 결과이다. 말한 사람의 本意로 돌아가 보면 '貫道'나 '載道'나 마찬가지로 '道主文從'이나 '道本文末'을 말하고자 했을 따름이다. 주관적인 오해를 한 극소수의 몇몇 사람들을 제외하고는 대부분의 문인들이 둘을 같은 개념으로 이해하였다.

예를 들어 서거정은 「東文選序」에서 '文者貫道之器'라고 하였는데[27] 노사신·강희맹·서거정·양성지 등 동문선을 편찬한 문신들이 공동으로 올린 「進東文選箋」에서는 임금이 '文詞載道之器'임을 생각

---

26) 이헌경, 「점필재선생문집서」, "唐李漢爲韓文公文集序有曰, 文者貫道之器也. 後儒多改以載道之器, 不佞竊惑焉. 文之載道云者, 猶車之載物云耶. 車非物也, 物非車也, 誠如是也, 文與道亦可分而二之歟. 文與道貫, 然後乃可謂之文, 孔夫子所謂斯文之文是也. 非若後世詞章家道外有文也".

27) 서거정, 「東文選序」, "況文者貫道之器, 六經之文, 非有意於文, 而自然配乎道, 後世之文, 先有意於文, 而或未純乎道".

하여 자신들에게 이러한 편찬 사업을 하게 하였다고 하였다.[28] 만약에 '貫道'와 '載道'가 일부의 주장처럼 조금이라도 다른 개념이라면 임금이 이미 '載道之器'라고 규정하였는데 신하가 다시 여기에 대해 '貫道之器'라고 다른 소리를 한다는 것은 있을 수 없는 일이다. 또 李珥는 「文武策」이라는 같은 글 안에서도 '載道之文'이라고 하고서[29] 다시 '文者貫道之器'라고 하였으며,[30] 「文策」에서 재차 '貫道之器'를 말하였다.[31] 李珥의 두 가지 표현에서 차이점이란 전혀 없다.

이상에서 알 수 있듯이 '貫道之器'설이 결코 道를 末로 보는 견해라고 할 수는 없으며 '文以載道'와 차이가 없는 개념이다. 따라서 '貫道'와 '載道'의 차이점을 전제로 한 어떠한 논의도 무의미한 것이다. 다만 후대로 오면서 '貫道'보다는 '載道'라는 용어가 더 보편적으로 사용되고 있을 뿐이다.

2) 고려 시대 문학관의 槪觀

고려시대에는 현재 남아 있는 문헌이 많지 않기 때문이기도 하지만 본격적으로 문학관에 대해 논한 자료를 찾아보기가 흔하지 않다. 일반론으로 '道主文從'의 의식을 가지고 있었지만 그것을 하나의 문학관으로 굳이 강조하지는 않았던 것으로 보인다. 단편적으로 나타나는 고려의 문학관으로 우신 최자의 「補閑集序」를 들 수 있다.

---

28) 盧思愼 외, 「進東文選箋」, "恭惟我主上殿下, 體堯精一, 繼堯文思, 燭風雅與政而通, 念文詞載道之器, 俾纂往哲之精粹, 以資來學之範模".
29) 李珥, 『栗谷全書』, 「拾遺」 4권16장, "雖然, 敎化不明而無載道之文, 徒事堅利而非止戈之武, 則不可謂能盡其道者也".
30) 李珥, 『栗谷全集』, 18장, "道之顯者謂之文, 文者貫道之器也. 豈期以此爲雕蟲篆刻之巧耶".
31) 李珥, 『栗谷全書』, 「拾遺」 6권27장, "文不爲貫道之器, 道不爲經世之用, 文弊至此, 則世道之汚隆從可知矣".

글이란 도를 밟아 나가는 門이니, 經道에 맞지 않는 말은 쓰지 않는다. 그러나 기운을 돋구어 말을 멋대로 함으로써 듣는 사람들을 감동시키려고 하여 때로는 어렵고 괴이한 것도 말하게 된다. 하물며 시를 짓는다는 것은 比와 興, 諷諭에 근본함에 있어서랴. 그러므로 반드시 기괴함에 의탁한 연후에야 그 기운이 씩씩하고 그 뜻이 깊으며 그 말이 뚜렷하여 사람의 마음을 감동시켜 깨닫게 하고 깊고 미묘한 뜻을 드러내어 마침내는 올바른 데로 돌아가게 할 수 있다.[32)]

글을 일컬어 도를 밟아 나가는 문이라고 한 것은 글이 도를 나타내기 위해서 있는 것이라는 의미이다. 이와 같이 문장과 도의 관계를 설명하는 말이 고려시대에는 그 이상의 구체적인 논리로 발전하는 단계에는 이르지 못했다. 또 최자의 글은 '文以載道'를 전재로 하였으나 한편으로는 기괴함에 의탁해야 한다는 점을 인정함으로써 이른바 문학의 독자적인 문예미도 무시하지 않았다.

이규보는 「答全履之論文序」라는 글에서 六經의 문장을 본받는 데서 시를 포함하여 모든 문장이 참된 방향으로 나아갈 수 있다는 뜻을 나타내었다.

무릇 六經이라는 것은 詞章의 화려함을 자랑하려고 하는 것이 아니니, 그 요체는 거의 모두 王道와 覇道를 말하며 도덕과 政敎, 風俗, 興亡, 治亂의 근원을 논하는 데로 돌아간 것이다.[33)]

최자의 『보한집』에는 崔瀹이 睿宗에게 다음과 같은 내용의 글을 올렸다는 기록이 있다.

---

32) 최자, 「보한집서」, "文者蹈道之門, 不涉不經之語, 然欲鼓氣肆言, 竦動時聽, 或涉於險怪, 況詩之作, 本乎比興諷諭, 故必寓託奇怪, 然後其氣壯, 其意深, 其辭顯, 足以感悟人心, 發揚微旨, 終歸於正".
33) 이규보, 『동국이상국집』 권26, 「답전리지논문서」, "夫六卿者, 非欲夸衒詞華, 要其歸率皆談王覇, 論道德與夫政敎風俗興亡理亂之源者也".

　제왕은 마땅히 經術을 좋아하여 날마다 바른 선비들과 經史를 토
론하고 정치의 이치를 묻고 백성을 교화하여 풍속을 이루어 나가기에
도 겨를이 없을 텐데, 어찌 童子들이나 하는 雕蟲을 일삼으며 자주
경박하고 방탕한 詞臣들과 더불어 風月이나 읊어 임금께서 지니신
바 마음 속의 淳正함을 잃어버릴 수 있겠습니까?[34]

　임금이 해야 할 일을 권유하는 말이지만 여기에서 '바른 선비(儒雅)'
와 '사신(詞臣)'을 대비시켜 經術을 중시하고 文章을 배격하는 논지를
펴고 있다.
　이제현의 『역옹패설』에서는 다음과 같이 충선왕과 문답을 하면서
문학과 경술에 대한 인식의 일단을 보여준다.

　이제 전하께서 진실로 능히 學校를 넓히고 庠序를 삼가 실시하여,
六藝를 높이고 五敎를 밝히어 선왕의 도를 천명한다면, 비록 참된 선
비를 배반하고 중을 따른다든지 實學을 버리고 章句나 익히는 자가
누가 있겠습니까. 장차 글귀나 아로새기고 다듬는 무리가 모두 다 경
전에 밝고 행실을 닦는 선비가 되는 것을 보게 될 것입니다.[35]

　이는 조선전기에 본격적으로 벌어지는 道學과 詞章에 대한 논의와
유사하다. '글귀나 아로새기고 다듬는 무리(雕蟲篆刻之徒)'는 詞章家
를 가리키고 '경선에 밝고 행실을 닦는 선비(經明行修之士)'는 道學家
를 가리킨다. 고려 시대를 통틀어 이러한 논의는 활발히 일어나지 않
았고 고려 말에 이르러서야 다시 다음과 같이 이색과 조준의 언급이
나타난다.

---

34)　최자, 『보한집』 상, "帝王當好經術, 日與儒雅討論經史, 諮諏政理, 化民成俗
　　之無暇, 安有事童子之雕蟲, 數與輕蕩詞臣, 吟風嘯月, 以喪天衷之淳正耶".
35)　이제현, 『역옹패설』 전집 1, "今殿下, 誠能廣學校, 謹庠序, 尊六藝, 明五敎,
　　以闡先王之道, 孰有背眞儒而從釋子, 捨實學而習章句哉, 將見雕蟲篆刻之徒,
　　盡爲經明行修之士矣".

옛적에 학문하는 자는 장차 성인이 되려고 하였습니다. 그러나 지금 학문하는 자는 장차 그것을 벼슬할 목적으로 합니다. 그들은 시를 외우고 글을 읽음에 있어서 도학상(道學上) 공부는 깊지 못하고 화려한 문장을 수식하기에만 노력해 문장과 구절을 탁마하는 데 심신을 너무 과히 쓰다보니 알맹이 공부는 어딘지 찾아볼 수 없습니다.[36)]

지금 학자들은 글귀나 아로새기는 학문을 가지고 요행으로 급제하여 일신에 영예가 돌아오면 스스로 만족히 생각하고 벼슬에 나간 후에는 전문으로 배웠던 것을 다 버리므로 실무에 어둡습니다. 그리하여 국가가 선비를 우대하고 도학을 중히 여기는 본의를 저버리고 있습니다.[37)]

이색이나 조준 등은 고려 말에 주자학의 영향을 받은 학자들로서 이들의 문학관에는 이미 주자학적 세계관이 자리하고 있다고 보아야 할 것이다.

3) 조선 초기 道學的 문학관의 전개

조선으로 넘어와서는 고려 시대에 한번도 언급이 없던 '載道'와 '貫道'의 용례가 자주 나타나면서 문학관에 대한 견해도 활발하게 개진되었다. 이처럼 조선 시대에 성리학풍이 활발하게 조성된 이후로 문장을 논하는 이론이 구체적이고 실천적인 논리의 골격을 갖추면서 나타나게 된 것은 전통적으로 文章이 독립적 존재가 아니라 학문과 불가분의 관계로 인식되었기 때문이다.[38)]

정도전은 조선의 문인으로는 처음으로 「陶隱文集序」에서 '載道之

---

36) 『고려사』 권115, 열전, 「이색」.
37) 『고려사』 권73, 志 27, 選擧1, 科目1, 恭讓王 원년 1389년 12월에 大司憲 趙浚 등이 올린 글.
38) 정요일, 앞의 책, 56면.

器'라는 말을 사용하였다.

> 日月星辰은 하늘의 文이요, 山川草木은 땅의 文이요, 詩書禮樂은
> 사람의 文이다. 그러나 하늘은 氣로써 그것을 나타내고 땅은 形으로
> 써 그것을 나타내고 사람은 곧 道로써 그것을 나타낸다. 그러므로 文
> 이란 道를 싣는 그릇이라고 말한다. 사람의 文이 그 道를 얻으면 詩
> 書禮樂의 가르침이 온 세상에 밝혀져서 三光(해·달·별)의 운행을
> 순조롭게 하고 만물의 마땅함을 다스려서 文의 융성이 이에 이르러
> 지극해진다.39)

모든 문장은 詩·書·禮·樂의 가르침을 천하에 밝히기 위해서 있
는 것이요, 그것을 천하에 밝힐 수 있는 문장이 바로 도를 실은 문장이
라는 말이다.

세종 때의 權採(1399~1438)도 '文以載道'를 말한다.

> 문으로써 도를 싣는다. 그러므로 詩書禮樂의 威儀와 文辭는 모두
> 지극한 道를 담은 것이다. 三代 이상은 문과 도가 하나였는데, 삼대
> 이하에는 문과 도가 둘이 되었다. 대개 詩 3백 편을 '思無邪' 한 마디
> 말로써 포괄하였는데, 공자의 文章은 天理의 流行이 아닌 것이 없다.
> 이른바 덕이 있는 사람은 반드시 말이 있다고 하였으니 문과 도는 애
> 초에 두 가지 이치가 아니었다.40)

---

39) 정도전, 「도은문집서」, "日月星辰, 天之文也, 山川草木, 地之文也, 詩書禮樂,
    人之文也. 然天以氣, 地以形, 而人則以道, 故曰, 文者載道之器. 言人文也得
    其道, 詩書禮樂之敎, 明於天下, 順三光之行, 理萬物之宜, 文之盛, 至此極
    矣".

40) 權採, 「圃隱先生詩卷序」, "文以載道, 故詩書禮樂威儀文辭, 皆至道之所寓也.
    三代以上, 文與道爲一, 三代以下, 文與道爲二. 蓋詩三百, 蔽以思無邪之一
    言, 夫子之文章, 無非天理之流行, 所謂有德者必有言, 而文與道, 初無二致
    也".

조선 시대에 들어와서는 이와 같은 '文以載道'적 견해가 어느 정도 일관되게 보편화된 문학관으로 자리잡게 되었다. 그래서 굳이 '載道'과 '貫道'라는 용어를 쓰지 않더라도 '道主文從', 또는 '道本文末'의 문학관은 여러 문인들에게서 빈번하게 나타난다.

조선전기에 이루어진 우리 문학의 집대성이라고 할 수 있는 『동문선』의 편찬도 그 기본 정신은 이러한 載道論을 바탕으로 한 것이었다. 서거정의 『동문선』 서문을 보면 "글의 이치가 醇正하여 教化에 도움이 있을 만한 것을 취하여 分門으로 類聚, 정리하여 편성하였다"고 하였다.[41] 서거정의 이 말은 載道論을 역설한 것이며, 그래서 같은 글에서 직접 "문이란 도를 꿰는 그릇이다."는 말을 한 것이다.[42] 또 같은 글의 뒷부분에서는 역시 "만약 文에서 文만을 하고 道에 근본을 두지 않으며, 六經의 준칙을 저버리고 諸子百家의 구덩이에 빠져버린다면, 文이 道를 꿰는 文이 아니게 되어, 오늘날 전하께서 계발하여 주신 성대한 뜻이 아닐 것입니다."라고 하여[43] 일관되게 재도론을 강조한다.

그러나 『동문선』이 이처럼 재도론을 표방하면서 편찬작업을 하였다고는 하지만 실제로 수록된 작품들을 분석해보면 겉으로 내세운 명분과는 상당한 편차가 존재한다. 예를 들어 유교 국가의 官撰書이면서도 道場文・齋詞・靑詞 등 불교나 도교 관계의 儀禮文을 200편 가까이나 싣고 있으며, 또 고려의 대표적 權臣인 崔忠獻 부자를 미화하고 찬양한 시문이 많이 실려 있는가 하면, 승려의 碑銘이나 塔銘을 비롯하여 불교의 교리를 설파한 元曉의 여러 글들과 함께 승려들의 시 수십 수도 실려 있다. 그래서 이 책이 완성되어 유포되자 成俔은 "이것은 精選한 것이 아니고 類聚한 것이다."라는 비판을 하기도 하였다. 이는

---

41) 徐居正, 「東文選序」, "取其詞理醇正, 有補治教者, 分門類聚, 釐爲一百三十卷, 編成以進, 賜名曰東文選".

42) 앞의 각주 26 참조.

43) 서거정, 같은 글, "如或文於文, 不本乎道, 背六經之規矱, 落諸子之科臼, 則文非貫道之文, 而非今日開牖之盛意也."

당시 지배층의 이념이 철저하게 유교화되지는 않았다는 사실을 반영한다.44) 즉 명분상으로는 載道論을 표방하였지만 현실적으로는 문학 자체의 미의식에 따른 작품 평가를 도외시할 수 없었다는 것을 알 수 있다.

이와 같은 이상과 현실의 괴리는 필연적으로 道學과 詞章을 둘러싼 논의로 귀결된다. 조선전기에는 문학에 있어서의 '載道', '貫道'에 대한 관심과 함께 이 道學과 詞章에 대한 논의도 활발하게 펼쳐졌는데, 이 논의는 결국 '載道論'의 연장선상이므로 이에 대해서 자세히 알아볼 필요가 있다.

지금까지의 대부분의 연구에서는 조선 초기의 문인들을 道學派와 詞章派로 나누고서, 도학파는 도를 중시한 반면 문장은 하찮은 것으로 여겼으며 사장파는 道보다도 文의 가치를 옹호하였다고 논의되어 왔다. 이렇게 본다면 조선전기의 문학관에 있어서 일방적으로 載道論이 지배하지 않은 것처럼 인식될 수도 있다. 그러나 사장파라고 알려진 문인들도 載道論的 문학관에서 벗어난 사람은 없으며 거의 모두가 '道主文從' 또는 '道本文末'의 문학관을 견지하였다.

우리 문학사에서 조선전기의 문인들을 道學派와 詞章派로 나누어 보는 것은 이미 일반화된 경향인데, 대체로 두 분파가 나뉘는 시점을 成宗朝로 보고 있다. 이렇게 도학파와 사장파를 나누는 데 있어서 논의의 중심에 놓이는 인물이 바로 김종직이다.

김종직을 사림파의 영수요 도학자라고 인식하게 됨에 따라 그의 문학관을 논하는 데에도 역시 같은 관점이 지배하게 되어 도학파의 문학관을 대표하는 사람으로 거론된다. 이에 대해 사장파 문학관을 주장한 문인들로는 주로 勳舊 관료인 姜希孟, 徐居正, 成俔 등을 들고 이들은 김종직과는 대립되는 詞章 중시의 문학관을 가진 것으로 논의된다.

그러나 이는 이 시기 문인들의 실상을 제대로 반영한 것이 아니다.

---

44) 앞에서 서술한 '麗末·鮮初 주자학의 도입과 전개' 참조.

成宗朝를 전후한 시기까지만 하더라도 양자가 뚜렷한 이론적 대립을 이룬 것은 아니었으며,[45] 최소한 김종직 당대에는 도학파와 사장파로 구분해야 할 근거가 없기 때문이다. 道가 문장의 근본이고 文辭의 藝가 문장에 있어 末에 해당된다는 것은 선대의 누구도 부인한 사실이 없으며, 그렇다고 해서 선인들이 결코 문학 또는 문예를 부정한 것도 아니다.[46] 즉 지금까지 대부분의 연구자들이 조선전기 김종직과 동시대의 문인들을 도학파와 사장파로 나누는 데 근거로 삼아온 그들의 개별적 문학론은 근본적으로는 서로간에 차이가 나는 것이 아니며 당시 문인들에게서 보편적으로 드러나는 일반론이란 점에 주의해야 한다.

우선 김종직의 문학관을 보기로 한다. 「尹先生祥詩集序」라는 글 중 일부분이다.

경술을 일삼는 사람은 문장에 열등하고 문장하는 사람은 경술에 어둡다고 세상 사람들은 이런 말들을 하는 일이 있으나 내가 보건대 그렇지 않다. 문장이란 것은 경술에서 나오니 경술은 문장의 뿌리이다. 초목에 비유하자면 어찌 뿌리가 없으면서 가지와 잎사귀가 울창하고 꽃과 열매가 풍성하고 빼어날 수가 있겠는가. 시·서·육예는 모두 경술이고 시·서·육예의 글은 곧 그 문장인 것이다.[47]

이 글은 김종직의 道本文末的 문학관을 잘 나타내고 있다. 그런데 이어지는 글을 보면 단순한 道本文末에 그치는 것이 아니고 도와 문이 하나로 융합되어야 한다는 '經文一致'의 문학관을 주장하고 있음을 알 수 있다.

45) 鄭堯一, 「조선 전기의 시학」, 『한국고전시학사』, 기린원, 1988, 137면.
46) 정요일, 『漢文學批評論』, 인하대학교 출판부, 1990, 52면.
47) 金宗直, 『佔畢齋文集』 권1, 「尹先生祥詩集序」, "經術之士 劣於文章 文章之士 闇於經術 世之人有是言也 以余觀之 不然 文章者 出於經術 經術乃文章之根也 譬之草木焉 安有無根 而柯葉之條쁄 華實之穠秀者乎 詩書六藝皆經術也 詩書六藝之文 卽其文章也".

　　무릇 지금의 이른바 경술이라는 것은 구두 떼고 뜻풀이하는 학습에
불과할 뿐이고 지금의 이른바 문장이라는 것은 수식하고 짜 맞추는
재주에 불과할 뿐이다. 구두 떼고 뜻풀이하는 것으로써 어찌 저 아름
답고도 經天緯地하는 글을 의논할 수 있으며 수식하고 짜맞추는 것
이 어찌 능히 性理道德의 학문에 참여할 수 있겠는가. 이에 마침내
경술과 문장을 나누어 두 가지 이치로 여기고 서로 소용이 되지 않는
다고 의심하니, 아아 그 견해가 역시 얕은 것이다.[48]

　이 글은 당시의 사람들이 경술과 문장에 있어서 두 가지 다 제대로
수행하지 못하고 正道를 벗어난 것을 비판하고 있다. 즉 경술한다는
사람들은 구두 떼고 뜻풀이하는 데만 열중하고 문장한다는 사람들은
어구를 수식하고 짜맞추는 데만 급급하고 있다는 것인데, 그러면서 경
술과 문장을 별개의 것으로 인식하고 있다는 것이다. 김종직은 그러한
현실에 비판을 하면서 經文一致의 관점을 보여주고 있다. 결국 ‘道本
文末’이지만 ‘末’이라고 해서 소홀히 하거나 무시해서는 안 된다는 것
이다. 초목에 비유하더라도 가지와 잎사귀가 말단이기는 하지만 없어
서는 안될 중요한 구성요소인 것이나 마찬가지 이치이다.
　김종직은 이러한 經文一致의 관점 하에서 더 나아가 詞章의 가치를
배제하지 않고 다음과 같이 그 효용성을 적극적으로 인정하고 있다.

　　문장은 작은 기예이고 詩賦는 더욱 문장의 보잘 것 없는 것이다. 그
러나 성정을 다스리고 풍속의 교화를 창달하여 당세에 울리고 무궁하
게 전하는 데에는 詩賦가 실로 의지됨이 있다. 참으로 호걸스러운 재
주가 아니면 그 누가 여기에 참여하겠는가.……천 년 후에도 누가 감
히 작은 기예라고 하여 소홀히 여기겠는가[49]

---

48) 김종직, 앞의 글, “夫今之所謂經術者 不過句讀訓詁[詁]之習耳 今之所謂文
　　章者 不過雕篆組織之巧耳 句讀訓詁[詁] 奚以議夫黼黻經緯之文 雕篆組織
　　豈能與乎性理道德之學 於是乎 遂岐經術文章 爲二致 而疑其不相爲用 嗚呼
　　其見亦淺矣”.

앞에서 詞章家로 알려진 성현이나 서거정 등도 보편적 문학관이었
던 '載道論'에서 벗어나지 않았다고 하였다. 그런데도 지금까지 그들이
사장의 가치를 옹호했다고 알려진 것은 그들의 글에서 일부분 그런 내
용이 나타나기 때문이다. 우선 성현의 다음 글이 대표적으로 거론된다.

　　비유하자면 정원의 나무가 가지와 꽃과 잎이 울창해진 후에야 뿌리
　를 보호하여 나무가 반드시 크고 무성해지며, 음식을 요리하는 사람
　은 마땅히 다섯 가지 맛과 음식물의 연하기가 적당한지를 살편 다음
　에야 그 조리가 잘된 것을 얻을 수 있는 것과 같다. 지금 가지와 잎을
　잘라내고서 나무가 무성하기를 바라며 다섯 가지 맛을 물리치고 음식
　의 조화를 얻으려고 하니 어찌 이런 이치가 있겠는가.50)

이 글은 앞에 든 김종직의 「尹先生祥詩集序」라는 글에 대한 반론이
라고 알려져 있다. 그러나 성현은 김종직의 견해를 지나치게 극단화시
켜서 이해한 것이다. 김종직의 의견은 本과 末이 모두 갖추어져야 함
을 강조하기 위해서 한 말인데, 성현은 마치 김종직이 "가지와 잎사귀
를 잘라내고서 나무가 무성해지기를 바란다"고 말한 것처럼 확대 해석
하고 있는 것이다. 사실은 성현 자신도 다른 글에서는 김종직의 의견
과 유사한, 오히려 더 근본을 중요시하는 논리를 펴고 있다.

　　나무는 반드시 그 뿌리를 북돋아야 한다. 뿌리가 이미 굳으면 가지
　와 잎사귀는 자연히 울창하고 무성하여 푸르게 퍼진다. 샘물을 이끄
　는 사람은 반드시 그 근원을 깊게 파야 한다. 근원이 열리면 지류는

49) 金宗直, 『佔畢齋文集』, 권1, 「永嘉連魁集序」, "文章小技也 而詩賦尤文章之
　　靡者也 然而理性情達風敎 鳴于當世而傳之無窮 詩賦實有賴焉 苟非豪傑之
　　才 其孰能與於此……千載之下 孰敢以小技而易之哉".
50) 成俔, 『虛白堂文集』 권13, 「雜著」, 「文變」, "譬如庭樹 枝柯花葉紛鬱 然後得
　　庇本根 而樹必碩茂 調飮食者當審五味瀚瀾之宜 然後乃得其和 今者 削枝葉
　　而望樹之茂 擯五味而得食之和 寧有是理".

자연히 옆으로 흘러서 막힘이 없다. 그렇지 않으면 뿌리가 없는 나무
는 반드시 말라 버리고 근원이 없는 샘은 반드시 끊어질 것이다.[51]

여기서 뿌리는 經術이고 가지와 잎사귀는 文章을 비유한 것이다. 이
글을 본다면 성현도 결국은 김종직의 견해와 같은 생각을 가지고 있음
이 드러난다. 항상 성현과 함께 사장파로 일컬어지는 서거정도 구체적
으로 '文者貫道之器'라는 말까지 사용하면서 같은 관점을 보여주고 있
다.[52]

이들이 이처럼 경술을 근본으로 해야 한다는 주장을 한 것은 당시에
있어 '載道論'적 문학관이 전통적이고 보편적인 것이었기 때문이다. 그
리고 서거정, 성현 역시 김종직이나 마찬가지로 '道主文從' 또는 '道本
文末'이라고 해서 문장을 소홀히 여긴 것은 아니며, 경술과 문장을 별
개의 것으로 나누어 생각하지도 않았다. 바로 '經文一致'의 문학관을
견지한 것이다. 성현의 예를 들면, 그는 『慵齋叢話』 앞부분에서 "경술
과 문장은 둘이 아니다. 六經은 모두 성인의 문장이며 그 분들의 일에
베푼 것이다. 지금 글을 잘 하는 사람들은 경술을 근본으로 할 줄 모르
고 경술에 밝은 사람들은 글을 잘 할 줄 모른다. 이는 자신들의 기질과
습관이 한 쪽으로 치우쳐서가 아니라 그것을 하는 사람들이 능력을 다
하지 않기 때문이다."[53]라고 하였다. 결국은 성현이나 김종직이나 經

---

51) 성현, 『虛白堂文集』 권6, 장7, 「風騷軌範序」, "樹木者 必培其根本 根本旣固
則柯葉自然鬯茂而敷翠 導泉者 必浚其淵源 淵源旣開則支流自然旁達而無
礙 不然則無根之木必枯而無源之水必絶".

52) 徐居正, 『四佳文集』 권4, 「東文選序」, "文者貫道之器 六經之文 非有意於文
而自然配乎道 後世之文 先有意於文 而或未純乎道 今之學者 誠能心於道
不文於文 本乎經 不規規於諸子 崇雅黜浮 高明正大 則其所以羽翼聖經者
必有其道".

53) 성현, 『慵齋叢話』, "經術文章非二致 六經皆聖人之文章 而措諸事業者也 今
也 爲文者不知本經 明經者不知爲文 是則非從氣習之偏 而爲之者不盡力
也".

文一致의 관점을 똑같이 가지고 있음이 확인된다.

이처럼 유학적 질서 아래 살았던 당시의 문인들은 누구나 六經을 바탕으로 해야 한다는 載道論的 문학관을 견지하였고 그 바탕 위에서 사장의 현실적 가치를 인정하였던 것이다. 이 점은 앞에서 거론했듯이 『동문선』이 載道論을 표방하면서도 실제에 있어서는 유교적인 가치 기준과 차이가 있는 작품들이 상당수 수록되게 된 이유이기도 한다.

5. 맺음말

전통적으로 유교 문화권에서는 문학이 독자적인 지위를 확보하지 못하고 道에 종속된 것으로 인식되어 왔다. 그것은 浮華한 수식과 겉치레를 배격하는 유교 고유의 전통에 의한 결과이기도 하다. 그러한 전통을 이어받은 데다가 朱子에 의해 宋代 성리학이 확립되고 나서는 더욱 공고하게 載道論이 보편적인 문학관으로 자리하게 되었다.

중국에서는 일찍이 당나라 때 '貫道論'이 나왔고 송나라 때 '載道論'으로 재차 확인이 되었다. 그러나 우리나라에서는 고려시대까지만 해도 이러한 용어가 나오지 않다가 조선 초기부터 본격적으로 나타나면서 문학관으로 구체화되기 시작하였다. 또 굳이 '貫道'나 '載道'라는 말을 쓰지 않고서도 문장과 도의 관계에 대해 많은 논의가 나오면서 대부분의 문인들이 '道主文從' 또는 '道本文末'의 문학관을 피력하였다. 이는 결국 '載道論'에서 나온 견해이다.

이처럼 특히 조선전기에 載道論이 거론되고 道主文從의 문학관이 빈번하게 나타난 배경에는 주자학의 도입과 확산이라는 학문적 영향이 컸다. 즉 고려 말에 수입된 주자학이 '동방 理學의 鼻祖'라고 하는 정몽주 시대까지만 해도 아직 깊이 있는 철학적 論究에까지는 이르지 못했고 그것을 소화하는 단계에 머물렀는데, 조선이 건국되고서 주자학이 國敎적인 지위를 누리게 되었고, 모든 문인들이 철저하게 주자학적인 사고에 지배되면서 문학관에서도 절대적으로 그 영향 하에 놓이게 된 것이다.

고려중기까지만 해도 文과 道의 관계를 가지고 문학을 다루려는 경향은 별로 없었다. 불교가 성행하던 그 시대에는 굳이 文과 道의 관계를 깊이 있게 고민하지 않아도 되었던 것이다. 고려시대에는 소동파의 영향이 지배적이었는데, 그것은 唐宋八家로 알려진 그의 詞章的인 문장과 시를 추종하는 것이었으며 道學的인 내용을 따르는 것이 아니었다. 그러나 주자학이 지배하게 된 조선에서는 문학에서 道를 도외시할 수가 없었다. 그것은 유학적 질서 하에서 전통적으로 확립된 文과 道의 관계상 불가피한 것이다. 더구나 주자학은 철저하게 道學의 전통을 견지하였기 때문에 더욱 문학에서의 '載道論'은 확고한 문학관으로 자리하게 된 것이다.

이처럼 문학에서의 '載道論'은 단순히 문학 자체의 필요성에 의해 대두된 이론이 아니고 다분히 조선의 건국과 그 통치 이념으로서의 주자학적 세계관의 확립과 불가분의 관계에 놓여 있는 것이다. 이렇게 확립된 재도론은 주자학이 지배하였던 조선의 전시기에 걸쳐 유가적 문인들에게 보편적인 상식으로 자리잡게 되었다.

흔히 조선전기의 문인들을 도학파와 사장파로 나누어서 도학파는 道나 經術만을 중시하고 文學은 말단적인 것으로 소홀히 여겼으며 사장파는 經術보다도 문학의 독자적인 가치를 역설하고 옹호했다고 알려져 있는데, 이는 사실과는 다르며 사장파로 알려진 사람들도 도학파나 마찬가지로 道學을 위주로 하고 문학의 부수적인 가치를 인정하였다. 경술 위주의 '載道論'的 문학관은 당시의 문인들 누구도 부인하지 못한 보편적인 문학관으로 확산되고 자리잡았던 것이다.

그러나 이론상으로 이처럼 載道論이 지배했다고 하더라도 그것이 실제 문학 활동에 있어서까지 철저하게 이행된 것은 아니었고, 현실에 있어서는 詞章의 가치도 충분히 인정하였으며 문필 활동에 있어서도 많은 문인들이 문예미 위주의 작품 활동을 하였다. 조선전기까지의 우리 문학의 총 결산이라고 할 수 있는 『東文選』도 겉으로는 載道論에 입각해서 편찬한다고 하였지만 실제로 수록된 작품들을 보면 꼭 그렇지만은 않아서 유가적인 기준에 벗어난 작품들도 많다. 그것은 순수 문예미적인 가치만으로도 선정 기준이 될 수 있었다는 것을 의미한다. 이는 문학관에 있어서 당시 문인들의 이상과 현실의 괴리라고도 할 수 있지만, 오늘날의 관점에서 보면 그것이 결코 부정적인 요소인 것은 아니고, 오히려 道와 文의 가치를 상호 인정하면서 균형감 있게 문학을 발전시켰다는 긍정적인 측면으로 인식해야 할 것이다.

조선전기 勳舊·士林의 갈등과 그 政治思想的 含意

김 용 흠*

1. 머리말

오늘날 政治가 社會·歷史 발전에 미치는 영향이 무엇인가에 대한 관심이 고조되고 있다. 우리는 이러한 문제를 비추어 볼 수 있는 풍부한 역사적 경험을 갖고 있다. 흔히 '士禍'와 '黨爭'으로 요약되는 조선시기의 정치적 갈등도 이제 이러한 시야에서 검토할 때가 되었다고 생각된다. 지금까지는 이른바 '勳舊'와 '士林'의 정치적 갈등이 격화되어 발생한 '士禍'나 士林의 자기 분열에 의한 대립 갈등이었던 '黨爭'에 대해 성급하게 부정과 긍정의 양극단을 오가는 인식이 없지 않았다. 植民史觀의 黨派性論에 의한 역사 왜곡과 儒教亡國論이 朝鮮時期 政治的 갈등에 대한 否定的 인식을 부채질한 측면은 극복되어야 하겠지만, 이에 대한 반발로서 나온 '士林派'와 '士林政治' 또는 '朋黨政治'에 대한 지나친 긍정과 과대평가도 역사적 사실과 꼭 일치하는 것 같지는 않다.[1]

---

* 연세대학교 강사, 국사학

[1] '士禍'와 관련된 조선전기 정치사에 대한 연구사 정리는 다음의 논고가 참고된다. 박광용, 「조선후기 정치세력 연구현황」, 近代史研究會 編,『韓國中世

정치적 갈등이란 인간 사회에서 언제 어디서나 있을 수 있는 일이다. 그에 대한 성급한 평가에 앞서 그것의 歷史的 性格에 대한 정확한 규명이 선행되어야 할 것이다. 본고에서 다루고자 하는 '士禍'로 표출된 勳舊와 士林의 정치적 갈등 역시 일정한 社會 歷史的 조건 속에 그 필연성을 안고 있었다고 볼 수 있다. 그것은 集權的 封建國家인 朝鮮王朝 國家가 안고 있던 矛盾의 필연적 發現이었던 것이다.

잘 알려진 것처럼 朝鮮王朝는 兩班 士大夫가 儒敎 朱子學을 수용하여 건설한 集權的 封建國家였다. 양반 사대부들은 당시의 農業 生産力 발전 단계에 발맞추어 地主制와 自營小農 經營의 균형 위에서 國家를 운영하고자 하였다.[2] 그런데 私的 土地所有를 제약하는 收租權 分給制가 점차 해체되어 가는 것과 함께 地主制가 확대·발전되자 自營小農이 몰락함으로써 集權國家의 운영은 모순에 봉착할 수밖에 없었다. 이것은 결국 국가 운영 방안을 두고 지배층 내부의 분열과 대립을 격화시켰다.

이른바 '勳舊'와 '士林'의 갈등을 포함한 이러한 지배층 내부의 분열과 대립은 모두 儒敎 朱子學의 테두리 내에서 일어난 일이었다. 모두 궁극적으로는 朱子學 政治論을 수용해야 한다는 데 대해서는 부정하지 않았지만 자신들이 처한 사회경제적 처지나 현실적 조건에 따라서 그 수용의 정도와 방법 및 태도에서 차이가 있었다. 收租權 分給制의 解體와 地主制의 擴大에 따른 社會經濟的 變動으로『經國大典』體制가 동요하게 되자 在地士族들 역시 농업 경영에 압박을 받게 되었

社會 解體期의 諸問題(上), 한울, 1987 ; 金武鎭, 「朝鮮前期 政治權力構造에 관한 研究動向과『국사』敎科書의 敍述」,『歷史敎育』43, 1988 ; 金恒洙, 「朝鮮前期」,『歷史學報』128, 1990 ; 鄭杜熙, 「朝鮮前期 支配勢力의 形成과 變遷 - 그 研究史의인 成果와 課題」,『韓國社會發展史論』, 一潮閣, 1992 ; 朴光用, 「朝鮮時代 政治史 研究의 成果와 課題」,『朝鮮時代 研究史』, 韓國精神文化研究院, 1999.

 2) 金駿錫, 「儒敎思想論」,『韓國史 認識과 歷史理論』, 金容燮敎授停年紀念韓國史學論叢 1, 지식산업사, 1997, 468~469쪽 참조.

다. 자신들의 在地的 地主的 기반의 확대에 주력하고자 하는 在地士族의 이해를 대변한 '士林' 세력은 중앙 정계에 진출하여 朱子學 政治論의 전면적 수용을 주장하였다. 이에 대해 '勳舊' 세력은 公法과 公權을 통한 중앙집권력의 강화를 내세우면서 朱子學 政治論의 수용에 소극적이었다. 사림 세력이 朱子學的 名分論과 義理論을 내세워 훈구 세력의 不法과 非理 및 不道德性을 가차없이 공격하자 이미 政治的 經濟的 旣得權層이었던 훈구 세력은 守勢的 입장을 벗어나기 어려웠다. 그러나 이들은 사림 세력의 공세에 맞서 대항하는 가운데 朱子學 政治論과 당시의 정치현실과의 모순에 편승하여 자신들의 기득권을 방어하고자 하였으며, 이러한 지배세력 내부의 사상적 대립은 '士禍'라는 격렬한 권력 투쟁으로 표출되었다. 이렇게 본다면 '士禍'는 朱子學 政治論과 현실 정치 사이의 괴리가 낳은 파행적 정치현상 중의 하나였다고 볼 수 있다.[3]

---

3) '勳舊派와 士林派의 대립'이라는 이 시기 政治史의 통설적 이해에 대해서는 일찍부터 문제가 제기되었다. 이에 대한 자세한 연구사 검토는 鄭杜熙, 앞의 글, 1992 참조. 李泰鎭·李樹健·李秉烋 등이 勳舊派와 士林派를 서로 다른 정치세력으로 간주하는 것에 대하여 와그너·金泰永·鄭杜熙 등은 지배층으로서의 동질성을 보다 강조하고 있다(朴光用, 앞의 글, 1999, 75~76쪽). 와그너 등의 비판의 핵심은 사림파를 훈구파와 서로 다른 사회계층으로 볼 수 없다는 것이다. 이들은 성종·연산군대의 사림파를 분석하여 그들 대부분이 在地의 中小地主 출신이 아니었다는 점을 밝히고, '사림파의 성장으로 인한 사회적 변화를 大地主에 대한 中小地主의 승리'에 의해 '지배세력이 교체되었다'고 간주하는 것은 잘못이라는 것이다. 16세기 이래의 사림파의 대두를 '중앙의 훈구파와는 사회적으로나 경제적으로 상이한 배경을 가진 새로운 사회계층의 대두를 의미한다'고 보는 李泰鎭 등의 주장을 이들은 인정하지 않고 있다. 鄭杜熙는 성종대의 대간을 집중적으로 분석하여, 이들이 '새로운 사회계층 출신의 신진 인사가 아니라 조선초기의 주요 관료가문 출신'이었다고 밝혀 이태진 등의 주장을 반박하였다. 그러나 그 역시 성종대가 중요한 변동기였다는 통설에 동의하고 있으며, 단지 이를 '서로 다른 사회계층간의 갈등'으로 해석하려는 태도가 문제라고 하였다. 鄭杜熙, 『朝鮮 成宗代의 臺諫研究』, 韓國研究院, 1989 참조. 그리고 이들 모두 훈구파와 사림파 사이에 '性

그리고 이러한 정치 과정은 朱子學 政治論의 특정한 지향성을 보다 강화시켰다. 朱子學的 名分論과 義理論이 士林 세력에게 각인된 것이 바로 그것이었다. 그와 함께 經世論에서는 당시의 社會經濟的 矛盾을 制度의 改革을 통해서 해소하고자 하는 變通論的 指向이 점차 약화되고 修身 爲主의 道學的 經世論이 지배적인 경향으로 정착되는 것과 궤를 같이하는 것이었다. 즉 己卯士林 단계까지는 自營小農 經營과 在地士族의 이익을 동시에 추구하는 變通論이 제기되었다. 그러나 乙巳士禍를 전후한 시기의 사림 세력의 경세론에서는 變通論은 약화되고 修身 爲主의 道學的 經世論이 지배하게 된다. 여기서는 趙光祖와 李彦迪의 경세론을 비교하여 이를 확인하게 될 것이다. 사림 세력이 중앙 정계를 장악한 이후에는 이 두 경향의 경세론이 상호 대립하는 가운데 黨爭이 본격화되기에 이른다. 본고에서는 朝鮮後期 官人·儒者들이 왜 그렇게 制度 改革에 소극적이었는가 라는 소박한 의문에서 출발하였다. 그것이 朱子學 政治論이 정착되는 정치 과정과 관련이 있지 않을까 하는 의문을 해명하고자 한 것이 본고의 의도이다.

理學 理念의 구현'이라는 문제에 대한 태도의 차이가 있다는 점은 인정하고 있다. 여기서는 朱子學 政治論의 수용을 둘러싼 '지배층 내부의 분열과 대립'이라는 시각에서 '勳舊' 대 '士林'의 대립 구도는 16세기 정치사 이해에 여전히 유효하다는 입장에서 접근하고자 한다. 여기서 개별 士林 인사가 '中小地主 출신인가'를 떠나서 주자학 정치론의 본질상 中小地主의 이데올로기를 대변하고 있다고 보는 것은 문제가 없다고 본다. 문제는 이른바 '사림의 理想政治' 또는 '至治主義'의 실체가 무엇이냐에 있다. 즉 당시 士林 계열 官人 儒者들의 주장이나 운동의 역사적 성격은 분명히 짚고 넘어가야 할 문제가 될 것이다. 朱子學 政治論에 대해서는 張立文, 『朱熹思想硏究』, 北京 : 中國社會科學出版社, 1981 ; 張立文, 『朱熹評傳』, 南京 : 南京大學出版社, 1998 참조.

2. '勳舊' 대 '士林' 갈등의 양상

1) '士林' 계열 정치공세의 특징

'士林' 계열이 '勳舊' 계열에 맞서 전면적으로 수용할 것을 주장한 朱子學 政治論의 핵심은 朱子學的 名分論과 義理論이었다. 名分論이란 원래 孔子 政治思想의 핵심이었던 正名論에서 유래된 것이다. 孔子는 周禮를 척도로 하여 名分을 바르게 하는 것을 '正名'이라고 말하였는데, 여기서 名分은 사람들이 차지하고 있는 政治的 地位와 身分 等級을 의미하는 것이었다.[4]

이러한 '正名'으로서의 名分論은 이후 人倫論과 綱常說로 발전하였으며,[5] 그 뒤 '春秋大義' 또는 '大義名分' 등으로 표현되는 가운데 君臣의 義를 강조해서 北宋 時期에는 君主의 絶對性을 보증하는 論理로 정착되었다.[6] 名分論이 이처럼 宋代에 이르러 君臣關係를 설명하는 논리로 원용된 이유는 그 시기의 지배층이었던 士大夫 계층이 君臣間의 上下關係를 기축으로 해서 일체의 人間·社會關係를 上下의 分으로 확정하려고 하였기 때문이었다. 또한 이것은 당시 지배적이었던 현실의 封建的 土地所有關係 위에서 성립되는 地主佃戶制의 生産關係를 관철시키려는 논리이기도 하였다.[7]

南宋의 朱子는 이러한 名分論을 宇宙·人性에 일관되는 법칙으로서의 '理'로까지 높임으로써 宋學的인 宇宙論·人性論과 名分論을 연결하여 하나의 사상체계에 포섭되는 朱子學을 완성시켰다. 실로 朱子學은 名分論을 기축으로 구축된 歷史的 思想體系였다.[8] 결국 名分論

---

4) 任繼愈 편저, 전택원 옮김, 『中國哲學史』, 까치, 1990, 65쪽 참조.
5) 中國孔子基金會 編, 『中國儒學百科全書』, 北京 : 中國大百科全書出版社, 1997, 103쪽(「人倫說」), 105~6쪽(「綱常說」) 참조.
6) 武內義雄, 『中國思想史』, 東京 : 岩波全書 73, 1967, 247쪽 참조.
7) 守本順一郎, 『東洋政治思想史研究』, 東京 : 未來社, 1967, 116~118쪽.
8) 守本順一郎, 위의 책, 133쪽.

이란 "東洋 中世의 自然法 思想, 즉 理氣論·人性論의 철학적 기반
위에서 上下·尊卑·貴賤에 따라 階梯化함으로써 그 社會關係를 上
下關係로 秩序化하려는 封建的 思惟樣式"이었으며,[9] 義理論은 이러
한 명분론적 사회질서를 유지하기 위한 '道德修養 準則'으로서 제시된
것이었다.[10]

　이러한 朱子學的 名分義理論은 麗末鮮初의 사회변동기에 兩班 士
大夫 계층에 의해 集權的 封建體制를 재편 강화시키는 이데올로기로
서 도입되었고,[11] 16세기에 이르러 봉건적 사회체제를 保守·安定시
키는 體制肯定의 觀念形態이자 思惟樣式으로서 정착되기에 이르렀
다.[12] 이와 함께 조선왕조에는 '朋黨'을 기축으로 하는 정치질서가 정
착되었음은 잘 알려진 바와 같다.[13]

　그러나 朱子學的 名分義理論이 정착되는 과정은 결코 순탄하게 이
루어질 수는 없었다. 이른바 '士林', 또는 '士林派'가 중앙정계에 진출
하기 시작한 成宗代 이래 '朋黨政治'가 정착되었다고 알려진 宣祖代
까지 약 1세기에 걸친 긴 기간이 소요되었으며, 이른바 '勳舊' 또는 '勳
舊派', 權臣·戚臣 등 기존 정치세력에 대한 대항과정에서 '士禍'로 칭
해지는 정치적 희생과 박해를 감수하면서 이루어졌다. 이 과정에서 사
림파가 훈구파의 권력독점과 비리를 공격할 때 동원한 핵심 논리가 바
로 朱子學的 名分論과 義理論이었다.

　成宗代에 정계에 진출한 金宗直 등 新進士類들은 刑政보다는 敎化
에 의한 통치를 강조하였으며, 勳戚의 비리와 전횡을 性理學的 名分

　9) 金駿錫, 「朝鮮前期의 社會思想」, 『東方學志』 29, 1981, 190쪽.
10) 中國孔子基金會 編, 「仁義論」, 앞의 책, 1997, 112~115쪽 참조.
11) 김훈식, 「여말선초 민본사상과 명분론」, 『애산학보』 4, 1986 ; 都賢喆, 『高麗
　　末 士大夫의 政治思想硏究』, 一潮閣, 1999, 258~259쪽.
12) 金駿錫, 앞의 글, 1981.
13) 崔異敦, 『朝鮮中期 士林政治構造硏究』, 一潮閣, 1994 ; 金燉, 『朝鮮前期 君
　　臣權力關係 硏究』, 서울대학교 출판부, 1997.

論에 입각하여 비판하고 당시 사회의 모순을 성리학적 이념과 제도의 실천으로 극복해보려 하였다.[14] 특히 사림파가 훈구파의 전횡에 맞서 정치적 돌파구를 마련하고자 할 때마다 특정인에 대한 義理論을 들고 나온 일은 주목할 만하다. 成宗代에 제기된 端宗의 母 昭陵의 復位 주장이나 中宗代 廢妃 愼氏의 復位 주장 등은 그 대표적 사례였다.

성종대 유생 南孝溫이 제기한 昭陵復位 상소가 朱溪副正 深源에 의한 훈구 세력 일변도의 인사 정책 비판, 弘文館과 藝文館의 任士洪 탄핵과 함께 나왔다는 점은 의미심장한 것이었다.[15] 그것은 人倫說·綱常論이라는 儒敎·朱子學의 가장 보편적 논리에 입각하여 자신들의 정치적 주장을 합리화하려는 시도였던 것이다. 이를 통하여 世祖의 즉위 자체와 그로 인해 배출된 功臣의 존재 명분을 부정하기 위해 제기되었음은 두말할 것도 없는 일이었다. 따라서 훈구 대신과의 첨예한 대립이 일어난 것은 필연적 귀결이었는데, 당시에는 성종의 보호로 이들은 처벌을 받는 것만은 면할 수 있었다. 그렇지만 연산군대에 들어서 金馹孫에 의해 이 문제는 다시 제기되어, 결국 戊午士禍의 도화선이 되었으며, 이로 인해 김일손은 처형되고 말았다. 그리고 甲子士禍 때도 문제가 되어 이미 죽은 南孝溫은 剖棺凌遲에 처하고, 그 아들의 목을 베는 사태로까지 확대되었다.[16]

이 문제는 中宗反正 이후에 또다시 제기되어 치열한 논쟁 끝에 중종 8년 昭陵의 복위로 결론이 났다. 그러자 이어서 숭송 10년 朴祥과 金淨에 의해 廢妃 愼氏 復位 문제가 제기되었다.[17] 이것은 중종대 反

14) 高英津, 「성리학의 연구와 보급」, 『한국사』 28, 국사편찬위원회 편, 1996, 317쪽.

15) 李秉烋, 『朝鮮前期 士林派의 現實認識과 對應』, 一潮閣, 1999, 15~16쪽.

16) 정두희, 『조광조 - 실천적 지식인의 삶, 이상과 현실 사이에서』, 아카넷, 2000, 120~122쪽. 소릉복위 문제의 전말은 이 책의 제6장 「단종의 어머니 권씨왕후 소릉의 복권」에 자세하다. 이외에 이 시기의 昭陵復位論과 관련해서는 다음 논고가 참조된다. 李秉烋, 『朝鮮前期畿湖士林派研究』, 一潮閣, 1984, 44~46쪽 ; 李賢珍, 「조선전기 昭陵復位論의 추이와 그 의미」, 『朝鮮時代史學報』 23, 2002.

正功臣들의 행태에 대한 간접적 비판이었는데, 처음에는 공신들 입장
에 선 臺諫들의 공격에 의해 박상과 김정이 처벌되었지만 趙光祖의
반격에 의해 중종 12년에 이들이 다시 관직에 복귀함으로써 조광조 일
파가 정국 주도권을 잡는 계기가 되었다. 그리고 이와 함께 魯山君과
燕山君의 입후 문제가 연이어 제기되었다.[18] 그 뒤 중종 14년 조광조
일파가 靖國功臣의 僞勳削除를 주장하였다가 己卯士禍로 숙청되었음
은 잘 알려진 바와 같다.

  이처럼 사림파가 훈구파의 비리와 전횡을 비판하고 공격하는 하나
의 방편으로서 왕실의 특정인에 대한 義理論이 활용되었다는 점에 이
시기 士林系 政治 공세의 중요한 특징이 있었다. 그것은 人倫說과 綱
常論이라는 儒敎·朱子學의 가장 보편적인 논리에 기초하여 자신들
의 정치적 주장을 합리화하고, 朱子學的 名分論과 義理論을 정착시키
려는 독특한 양상으로 간주된다. 그러면 成宗代 소릉 복위론으로 촉발
된 일련의 논쟁에 대해서 먼저 검토해 보자.

  성종대 유생 南孝溫의 昭陵 復位論과 함께 士林들이 제기했던 문
제들은 愼氏 復位論을 제기하였던 趙光祖와 己卯 士林의 문제의식을
그대로 담고 있었다. 우선 이들은 훈구 세력 일변도의 인사 정책을 비
판하고 薦擧를 통하여 遺逸之士의 등용을 주장하였다. 그리고 佛教와
巫覡과 같은 異端 淫祀를 배격하고, 學校 제도를 정비하여 유학을 장
려하는 방안을 제시하였다. '訓詁之學'과 '詞章之習'에 매몰되어 있는
학문 풍토를 비판하고 '性理之學' 또는 '窮理之學'을 강조하는 것도 빼
놓지 않았다.

  또한 이들에게서는 地主制와 身分制의 문제에 대한 첨예한 인식도
나타났다. 자영농민이 몰락하여 '窮民'이나 '流民'이 되는 이유로서 權

---

17) 폐비 신씨 복위 문제에 대해서는 李範稷, 「訥齋 朴祥의 愼妃復位疏에 나타
    난 義理思想」, 『韓國思想史學』 4·5, 1993, 231~249쪽 ; 정두희, 제5장 「폐
    비 신씨의 복위 문제에 대한 논쟁과 조광조」, 앞의 책, 2000, 91~112쪽 참조.
18) 이병휴, 앞의 책, 1999, 261·293쪽.

門의 私債가 공통적으로 지적되었다. 南孝溫은 이로 인해 富者는 '田連阡陌'하고 貧者는 '無立錐之地'하다고 지주제가 확대되는 양상을 정확하게 지적하였다.[19] 李深源은 公役이 良民과 公賤에게 집중되고 權門의 私賤에게는 미치지 않아서 良民과 公賤이 流離逃散하여 '齊民' 중에 私賤이 10중 8·9를 차지하고 良民은 1·2에 불과하다고 지적하였다. 그 과정에서 양민은 비록 世傳하는 田宅이 있을지라도 보존하지 못하고 權門에게 빼앗기고 만다고 地主制가 확대되는 한 원인이 되고 있음을 정확하게 인식하고 있었다.[20] 이로 인해서 流離하는 良民과 公賤이 나날이 증가되는 현상은 국가의 근본을 위협하게 된다고 지적하였다. 그러나 두 사람 모두 이것을 제도의 개혁을 통해서 해결해야 한다고 보기보다는 守令의 貪酷에 그 원인이 있다고 보고 수령을 잘 가려서 파견해야 한다고 주장하는 데 그치고 있었다. 己卯士林이 土地改革論을 제기한 것은 이로부터 진일보한 것으로 간주된다.

아울러 이들은 이러한 모든 문제의 해결을 君主 修身에서 구하고 있었다. 李深源은 이러한 폐단을 峻法으로 없애려 들기 쉽지만 법은 엄밀할수록 폐단이 많다면서 董仲舒의 말을 인용하여 君主가 '正心'을 통하여 '正朝廷', '正百官'하는 것이 근본임을 주장하였다.[21] 南孝溫은 內需司가 與民爭利하는 폐단을 극론하고 이를 혁파할 것을 강력하게 주장하였다. 그리고 '正風俗' 항목에서 堯舜 시대의 풍속을 회복할 수 있다는 확신을 갖고 군주가 먼저 솔선 수범하는 것이 관건임을 역설하였다.[22] 趙光祖를 비롯한 己卯士林에게서 구체화되는 君主聖學論이 여기에 그 분명한 싹을 드러내고 있었다.

이에 대하여 가장 강력하게 반발한 것은 都承旨 任士洪이었다. 임

19) 『成宗實錄』 권91, 成宗 9년 戊戌 4월 丙午, 國史編纂委員會 간행 『朝鮮王朝實錄』 影印本, 9책, 579쪽(이하 9-579로 표기함), 17(판심 쪽수)ㄱ(우측면).
20) 『成宗實錄』 권91, 成宗 9년 戊戌 4월 己亥, 9-575, 9ㄴ.
21) 『成宗實錄』 권91, 成宗 9년 戊戌 4월 己亥, 9-577, 12ㄴ.
22) 『成宗實錄』 권91, 成宗 9년 戊戌 4월 丙午, 9-580, 19ㄱ~ㄴ.

사홍은 李深源이 세조대의 功臣과 勳臣을 등용하지 말라고 한 것은
‘時措之宜’를 얻지 못한 것이라고 반박하고, 근래에 들어서 臺諫들이
말을 함부로 한다고 대간들에게 공격의 화살을 돌렸다.[23] 南孝溫의 상
소가 이어서 나오자 임사홍은 李深源과 南孝溫을 朋黨으로 몰아붙이
면서 鞫問할 것을 청하였다.[24] 그러나 雨土의 災變으로 인하여 求言
해 응해 상소한 남효온을 처벌까지 하는 것에 대해서는 훈구파 내부에
서도 입장이 서로 엇갈렸다. 徐居正은 남효온이 큰소리 치기 좋아하고
말을 꾸며서 이름이나 낚아서 출세를 도모하는 ‘新進浮薄之士’라고 비
난하면서도 朋黨으로 몰아서 처벌하는 것은 반대하였다.[25] 그러자 韓
明澮는 昭陵 復位 주장은 臣子가 감히 할 수 없는 말이라면서 국문할
것을 주장하였다.

　언관들은 대부분 남효온의 처벌에 반대하였을 뿐만 아니라 그 주장
에 동조하는 경향을 보였다. 특히 司諫 慶俊과 掌令 金悌臣은 경연석
상에서 李深源과 南孝溫의 논의를 보다 구체화시켜 논하였다. 즉 守
令이 ‘剝民膏血 賄賂權門’하는 데도 監司가 權貴의 子弟이기 때문에
이를 방치하고 있다고 훈구 세력의 비호 때문에 일어난 일임을 논계한
일이라든가, 寺社田의 혁파를 청한 일, 그리고 사치의 폐단의 한 사례
로서 임사홍의 아들 任光載의 집인 小公主家의 분수를 넘은 第宅 건
축을 비판한 일 등이 그러하였다.[26] 흥미로운 것은 이들의 논계에 대

---

23)『成宗實錄』권91, 成宗 9년 戊戌 4월 庚子, 9-577, 13ㄴ.

24)『成宗實錄』권91, 成宗 9년 戊戌 4월 丙午, 9-581, 21ㄱ～ㄴ.『成宗實錄』에
　는 임사홍이 국문을 청한 기록이 나오지 않는데, 후대의 사림들은 이것이 ‘勳
　舊 韓明澮 等’의 사주를 받고 都承旨 任士洪과 同副承旨 李瓊同이 昭陵 復
　位 건을 내세워 李深源과 南孝溫을 모두 국문하자고 청한 것으로 되어 있다.
　『一蠹集』遺集 卷2, 附錄, 事實大略, 民族文化推進會 간행『韓國文集叢刊』
　15책, 470쪽(이하 叢刊 15-470으로 표기함), 3(판심 쪽수) ㄱ(우측면) 참조.

25)『成宗實錄』권91, 成宗 9년 戊戌 4월 庚戌, 9-582, 23ㄴ, “(南)孝溫 一介儒生
　敢言之 好爲大言 飾詐釣名 以爲媒進之計 如此新進浮薄之士 願殿下 知而
　馭之也”.

하여 동석하고 있던 勳舊 大臣인 鄭昌孫이나 盧思愼, 洪應 등도 동조
하고 있었다는 사실이다. 조정의 분위기가 사림 계열 官人 儒者의 주
도에 따라 변화되고 있었던 것이다.

이에 대한 任士洪 등의 반발은 무위로 돌아갔다. 임사홍 등은 臺諫
들이 성종이 하고자 하는 일을 사사건건 반대하고 있다면서,[27] 臺諫의
말이라고 모두 따를 수는 없으며, 그들이 말을 잘못하면 마땅히 처벌
해야 한다고 성종을 자극하였지만, 성종은 오히려 대간의 論駁이 옳다
면서 임사홍의 주장을 반박하였다.[28] 그리고 韓明澮 등의 李深源과
南孝溫을 국문하라는 요구를 거절하고, 吏曹에 用人을 公議에 따를
것을 촉구하는 傳旨를 내려보냈다.[29]

그러자 弘文館과 藝文館에서 任元濬·任士洪·任光載의 不法과
非理, 奢侈와 貪汚를 탄핵하는 장문의 上書를 제출하였다.[30] 任士洪
의 父 任元濬이 奸邪하고 貪濁하다는 것, 任士洪의 子 任光載의 집
규모가 분수를 넘어 궁궐에 비기고 있다는 것과 함께 임사홍에 대해서
는 대간들의 논계를 사사건건 논박하여 저지하려는 것에 탄핵의 초점
이 맞추어졌다. 이들은 임사홍이 言路를 가로막고 군주에게 아첨하는
奸臣이니 그 父 任元濬과 함께 流放竄逐할 것을 청하였다.

이 上書로 인해 성종이 臺諫과 양관의 관원을 인견한 자리에서 이

---

26) 『成宗實錄』 권91, 成宗 9년 戊戌 4월 壬子, 9-583, 24ㄱ~25ㄱ.

27) 『成宗實錄』 권91, 成宗 9년 戊戌 4월 壬子, 9-584, 26ㄱ, "今臺諫 知上製詩
則以爲不可 執弓矢 則以爲不可 然則文武之才 可以廢乎".

28) 『成宗實錄』 권91, 成宗 9년 戊戌 4월 壬子, 9-584, 27ㄱ~ㄴ, "(任)士洪曰 近
間臺諫言事甚易 不可以臺諫之言而盡從 如其言之不當 往往當示以譴責之
意 可也……上曰 臺諫之言事 誠美事也. 若其取舍 在予一心 且人君之威 非
特雷霆也 若言之而隨之以譴責 則誰敢盡言……臺諫之論駁誠是矣".

29) 『成宗實錄』 권91, 成宗 9년 戊戌 4월 乙卯, 9-585, 29ㄱ~ㄴ ; 9-586, 30ㄴ.

30) 『成宗實錄』 권91, 成宗 9년 戊戌 4월 戊午, 9-586~588, 31ㄱ~34ㄴ. 任元濬
은 成宗初 佐理功臣 3등에 녹훈되었고, 그 손자 任光載는 睿宗의 딸 顯肅公
主와 혼인하였으므로 任士洪 일문은 성종대 대표적인 勳戚 家門으로 볼 수
있다.

들은 한결같이 任士洪이 小人임을 앞다투어 논계하였다. 앞서 남효온
의 국문을 청했던 大司憲 柳輊조차도 任士洪은 奸邪하고 임원준은
'眞貪汚人'이라면서, 임사홍의 처벌을 거부한다면 言路가 막힐 것이라
고 거듭 주장하였다.[31] 成宗이 이전부터 임사홍이 소인이고 임원준이
탐오함을 알고서도 홍문관과 예문관이 말하는 것을 기다려서 이제야
논박하는 것을 보면 '卿들도 또한 賢人이라고는 할 수 없다'고 반발하
자 修撰 李昌臣은 '治亂興亡之道'와 '君子小人 進退之幾'가 이번에 임
사홍을 처벌하느냐의 여부에 달려있다고 주장하였다.

    그럼에도 불구하고 성종은 '그대들이 君子와 小人을 변별할 수 있느
냐', 자신은 聖主가 아니니 '아무리 백방으로 유인하더라도 들어줄 수
없다', '그대들의 말을 어떻게 모두 믿을 수 있느냐'고 버티다가 이들의
거듭되는 논계에 '알았으니, 물러가 있으면 곧 처치하겠다'고 후퇴하지
않을 수 없었는데, 신료들은 '今日決斷'을 강박하면서 임사홍을 定罪
하라는 명을 듣지 않고는 물러가지 않겠다고 맞섰다.[32] 이에 성종이
'大臣들과 의논하지 않을 수 없다'고 거부하였지만 '臺諫과 侍從이 모
두 주장하는 일을 大臣에게 물어볼 필요가 어디 있느냐'면서 청하기를
그치지 않으니 마침내 '마땅히 그대들 말대로 하겠다'고 물러서지 않을
수 없었다.[33]

---

31) 『成宗實錄』 권91, 成宗 9년 戊戌 4월 己未, 9-589, 36ㄱ, "(柳)輊曰 (任)士洪
    奸邪 於此數語可驗 而其父(任)元濬 亦眞貪汚人也"; 36ㄴ, "今臣等請去士
    洪 而上不之許 則臣等恐言路 自此不廣矣." 柳輊는 앞서 남효온 상소에 대
    하여 논하는 자리에서 昭陵復位 주장은 아무리 求言에 응한 것이라도 鞫問
    해야 한다는 입장을 표명하였다. 『成宗實錄』 권91, 成宗 9년 戊戌 4월 乙
    卯, 9-585, 29ㄴ 참조.
32) 『成宗實錄』 권91, 成宗 9년 戊戌 4월 己未, 9-590, 38ㄱ, "上曰 爾等雖以予
    爲聖主 予豈聖主乎. 雖百方誘之 固不可聽也"; 38ㄴ, "上曰 予已知之 予將
    處置之 卿等其退. (朴)叔達曰 殿下旣知士洪之爲奸邪 今日決斷無留 何必更
    思. 持平姜居孝曰 古人云 去邪勿疑 何更思之. 左右皆請 今日決斷 臣等聞
    士洪定罪之命而後乃退".
33) 『成宗實錄』 권91, 成宗 9년 戊戌 4월 己未, 9-590, 39ㄴ, "上曰 當如爾等之

이에 성종은 臺諫들의 주장을 받아들여 '言路를 방해했다'는 죄목으로 任士洪의 告身을 박탈하면서도 홍문관과 예문관 관원들 역시 任士洪이 小人이고 任元濬이 '奸邪貪濁'함을 알면서도 都承旨와 左參贊으로 임명할 때 그 세력을 두려워하여 논계하지 않았으니 '輔養君德之意'가 없다면서 모두 파직시켜 자신의 체면을 세우려 하였다.[34] 그런데 朱溪副正 深源이 성종에게 親啓를 청하여 홍문관과 예문관 관원을 파직시킨 것은 형벌이 전도된 것이라고 비판하면서 朱熹의 말을 인용하여 '君子小人 進退消長之理'를 길게 논변하고 임사홍과 임원준이 소인임을 누누이 진계한 뒤, 이전에 임사홍이 司諫 朴孝元을 사주하여 玄碩圭를 공격한 사실을 폭로하였다.[35] 이로 인해 曾經政丞과 議政府·六曹의 參判 이상 관인들 및 臺諫을 소집하여 연일 사실 확인을 하는 소동이 벌어졌다. 이 문제는 결국 任士洪·柳子光·朴孝元·金彦辛 등이 '朋黨'을 지어 조정을 문란케 한 사실이 드러나, 그 죄가 斬刑에 해당하는 것이었으나 減死하여 유배형에 처하는 것으로 일단락되었다.[36]

지금까지 살펴본 朱溪副正 深源과 南孝溫에 의한 상소로 촉발된 일련의 논의 과정을 통하여 다음과 같은 특징을 찾아볼 수 있다. 우선 그 시기가 대왕대비 貞熹王后의 攝政이 끝나고 성종의 친정이 이루어지

言." 당시에 소장 官人들 내부에서는 勳舊 大臣에 대한 평가가 서로 엇갈렸던 것 같다. 앞서 典翰 李亨元은 임사홍이 奸邪한가의 여부를 大臣들에게 묻기를 청하였는데, 修撰 李昌臣은 단호한 어조로 대신들이 直言하지 않을 것이라고 단언하였다. 『成宗實錄』 권91, 成宗 9년 戊戌 4월 己未, 9-590, 38ㄱ 참조. 應敎 李祐甫 역시 "臺諫侍從之臣 咸曰可去 何必更問大臣也"(同, 39ㄱ)라고 大臣들에 대한 불신을 간접적으로 표명하였다.

34) 『成宗實錄』 권91, 成宗 9년 戊戌 4월 己未, 9-591, 40ㄴ.
35) 『成宗實錄』 권91, 成宗 9년 戊戌 4월 庚申, 9-591, 41ㄱ ; 9-592, 42ㄴ~43ㄱ ; 9-593, 44ㄱ.
36) 申奭鎬, 「朝鮮 成宗時代의 新舊對立」, 『近代朝鮮史研究』, 朝鮮總督府, 1944(車文燮 譯, 『申奭鎬全集』 上, 新書苑, 1996, 348~56쪽) ; 崔承熙, 『朝鮮初期 政治史研究』, 지식산업사, 2002, 426쪽 참조.

기 시작한 시점이라는 것이다. 성종 즉위 직후부터 시작된 대비의 섭
정은 성종 6년 익명서 사건을 계기로 하여 성종 7년 정월에 중단되고
성종의 친정이 시작되었으며, 5월에는 院相制마저 폐지되었다.[37] 이것
은 세조대 형성된 훈구 대신들의 정치적 영향력을 약화시키는 방향으
로 작용하였음은 물론이다. 즉 새로운 정국 운영의 방향을 어떻게 설
정할 것인가에 대한 일종의 모색기에 이루어졌다는 점이다.

둘째로, 두 사람의 상소는 勳舊 大臣에 대한 대간의 지속적인 탄핵
의 연장선상에 있었다는 점이다. 대비의 섭정 기간인 성종 2년에 이미
光山府院君 金國光을 탄핵하였을 뿐만 아니라 성종 7년 대왕대비가
歸政을 표명했을 때 이를 반대한 좌의정이자 원상이었던 韓明澮에 대
하여 끈질기게 탄핵하였다.[38] 이때 持平 成健은 '歸政 初는 君子・小
人을 진퇴시킬 절호의 기회'라면서 韓明澮, 鄭昌孫, 尹子雲, 柳輊 등이
모두 小人이라고 하여 큰 파문이 일어났다.[39] 이러한 흐름 위에서 士
林 계열 官人 儒者들은 昭陵 復位論과 함께 朱子學 義理論에 입각하
여 이를 재론하여 정국 운영의 방향을 새롭게 규정하려 하고 있음을
볼 수 있다.[40]

셋째로 이들의 상소에 대한 논의 과정에서 言路의 확대 문제가 계
속 제기되었다는 것이다. 성종대는 그 이전 시기에 비할 수 없을 만큼
언로가 확대된 시기에 속한다.[41] 昭陵 復位論은 그러한 언론의 이념

---

37) 崔承熙, 위의 책, 2002, 385・397쪽 참조.
38) 성종대 대간의 훈구 대신 탄핵에 대해서는 崔承熙, 위의 책, 2002, 424~463
   쪽 참조.
39) 崔承熙, 위의 책, 2002, 448쪽.
40) 여기서 昭陵復位論의 정치적 의의를 음미해 볼 수 있을 것이다. 崔異敦은 士
   林의 범위를 士禍의 피해자나 金宗直 등의 師友 門人으로만 제한하는 기존
   의 인식은 재고의 여지가 있다고 하였다. 최이돈, 앞의 책, 1994, 50~51쪽, 주
   198)참조. 성종대의 대간 중 昭陵復位論에 찬성하거나 또는 그것을 제기한
   南孝溫의 처벌을 반대하는 사람들은 '士林' 계열 官人으로 규정해도 좋다고
   본다.

으로서 朱子學 義理論에 대한 주의를 환기시키면서 言路 확대의 시금석으로 작용하였다는 점에 의의가 있었다. 언론 관행으로서의 '不問言根'에 의한 風聞 彈劾 확대 문제가 성종대 언로 확대의 한 축이었다면, 昭陵 復位論은 그 언론 내용의 측면에서 언로 확대의 또 다른 한 축을 형성하였던 것이다. 이 言論의 문제는 朱子學 政治論이 현실과의 모순을 드러낸 대표적인 영역에 속한다. 소릉 복위론의 처벌을 둘러싼 논쟁이 그 언론의 범위에 대한 논쟁이었다면 이후 진행된 풍문 탄핵을 둘러싼 논쟁은 언론 관행과 관련된 논쟁이었다. 성종대에 이미 주자학 정치론과 현실 사이의 모순에 대한 논쟁이 진행되고 있었던 것이다.

넷째로 이들에게서 이미 朋黨的 양상이 나타났다는 점이다. 훈구 대신들이 이들을 '朋黨'으로 몰아서 처벌하려 한 것은 근거 없는 것은 아니었다.[42] 朱子學 義理論의 이념을 유지·보존·확대시키기 위해서는 朋黨的 활동이 불가피한 반면 상대 세력의 그것은 인정할 수 없다는 점에서 朱子學 政治論이 현실과 모순되는 또 다른 측면이 아닐 수 없었다. 이들의 상소문에 대한 논의 과정이 임사홍을 '朋黨'의 죄목으로 처벌하는 것으로 종결된 것은 이들이 朋黨的 행태를 노골화할 수 없는 억제 요인으로 작용하였을 것이다. 그러나 朱子學 義理論의 실현 과정이 朋黨的 양상과 분리될 수 없음은 점차 분명해지고 있었다.

다섯째, 이들이 주장하는 君主 修身論의 실체가 드러났다는 점이다. 君主의 '正心'이 '正朝廷', '正百官', '正風俗'의 근본이라는 이들의 君主 修身論은 성종이 '聖主'이기를 포기하고 있는 데서 볼 수 있듯이

41) 南智大, 「朝鮮 成宗代의 臺諫 言論」, 『韓國史論』 12, 서울대학교, 1985 ; 鄭杜熙, 앞의 책, 1994 ; 崔異敦, 앞의 책, 1994 등 참조.
42) 任士洪과 李瓊同이 말한 南孝溫이 姜應貞, 鄭汝昌, 朴演 등과 함께 小學之道를 실천하는 모임이 그것에 해당한다고 볼 수 있다. 『成宗實錄』 권91, 成宗 9년 戊戌 4월 丙午, 9-581, 21ㄱ, 21ㄴ 참조. 朱溪副正 深源과 南孝溫은 모두 金宗直 門人이었으므로, 김종직이 말한 '吾黨'과도 관련이 있을 것이다. 李秉烋, 『朝鮮前期畿湖士林派研究』, 一潮閣, 1984, 7쪽 참조.

君主權을 견제하기 위한 장치라는 것이 이미 성종에 의해 분명하게 의식되고 있었다. 君主聖學論으로 대표되는 朱子學 政治論이 현실 속에서 드러내는 근본적 모순이었다. 名分論과 義理論에 입각하여 君主權의 絶對性을 보증하는 논리로서 성립된 朱子學 政治論이 그와 동시에 자신들의 계급적 이해관계에 입각하여 군주권을 제한하는 논리로서 창출해 낸 것이 君主聖學論이었던 것이다.[43] 앞서 대간들이 성종에게 '今日決斷'을 강요하고 있는 데서 볼 수 있듯이 군주가 신료들의 주장을 수용하지 않으려 할 경우 그것은 강요가 될 수밖에 없었고, 그 논리의 명분을 확신할수록 그 강도는 높아질 수밖에 없었다. 朱子學 義理論은 이러한 君主聖學論을 보증하는 절대적 이념으로 기능하였다.

이처럼 朱子學 政治論은 군주가 기꺼이 동의하지 않을 경우 언제든지 정치적 위기로 표출될 수 있는 內在的 屬性을 갖고 있었다. 성종대 이후 관인 유자들에게는 이러한 주자학 정치론이 점차로 내면화되고 있었다. 여기에 士禍의 필연성이 있었던 것이다.

2) 朱子學 政治論과 戊午 · 甲子 士禍

朱溪副正 深源과 南孝溫의 상소가 나온 이후 戊午士禍가 일어나기까지 20년간은 朱子學 義理論에 바탕을 둔 君主聖學論이 언관들에 의해 끊임없이 전개되었다. 그리고 이에 입각하여 勳舊 大臣의 불법과 비리, 王室 外戚 임용에 대한 지속적인 탄핵이 이루어졌고, 왕실 婚姻 시의 奢侈, 內需司 長利 복설 등에 대한 비판을 통하여 국왕을 직접 압박하였다. 闢異端과 관련하여 불교 시책에 대한 비판 역시 집요하게 전개되었다.

그 과정에서 이들은 공공연하게 군주권에 도전하는 일도 서슴지 않

---

43) 朝鮮時期 君主聖學論에 대해서는 金駿錫, 『朝鮮後期 政治思想史 硏究』, 지식산업사, 2003, 246~266쪽 참조.

았다. 성종 23년 大司憲 李世佐 등은 상소하여 '人臣之職은 直道事君
하는 것이므로 義理를 따를지언정 君主를 추종해서는 안 된다'는 말이
나올 정도였다.[44] 대간들의 언론에 관용적이었던 성종도 마침내는 "대
간이 들어가라면 들어가고 나가라면 나가야 된다면 人君의 체면이 무
엇이 되느냐"고 반발하였고,[45] '政在臺諫'이니 '人主之權'이 어디에 있
느냐는 大妃의 諺文 교서까지 나왔다.[46]

　대간들에 의한 무차별적인 언론의 폐단은 여기에만 그치는 것이 아
니었다. 대간들은 朱子學 義理論에 입각하여 言路의 확대를 늘 주장
하지만 그것이 오히려 언론을 막는 현상이 나타났다. 臺諫이 자기와
不合하면 반드시 攻斥하려 하기 때문에 사람들이 모두 두려워하여 심
지어는 대신조차도 말을 하지 않으려 한다는 지적이 국왕에 의해 이미
성종 10년에 나왔다.[47] 이것은 결국 대신들의 무책임으로 이어졌다.[48]
뿐만 아니라 관리 임명에 대한 대간들의 지나친 탄핵은 인사권이 政曹
에 있지 않고 대간에게 돌아가는 결과를 초래하여 관료들 사이의 위계
질서를 문란시키고 정부 조직 체계를 마비시키게 된다.[49] 성종은 이러
한 현상을 '凌上'의 풍조라고 말하면서 결국 왕권을 위협하게 된다고

---

44) 『成宗實錄』 권272, 成宗 23년 壬子 12월 丁酉, 12-250, 2ㄱ, "人臣之職 直道
　　事君 從義而不從君. 不宜唯唯諾諾 迎合是務".
45) 『成宗實錄』 권272, 成宗 23년 壬子 12월 辛酉, 12-263, 29ㄱ.
46) 『成宗實錄』 권272, 成宗 23년 壬子 12월 戊戌, 12-251, 4ㄴ.
47) 『成宗實錄』 권112, 成宗 10년 己亥 12월 戊辰, 10-99, 16ㄱ.
48) 『成宗實錄』 권278, 成宗 24년 癸丑 윤5월 庚子, 12-325, 13ㄱ, "上曰 凡事議
　　諸大臣 而人臣議論 少有不合 則所司 有攻擊之弊. 故人臣 雖問之而不對.
　　今摠管事 問諸左右 而皆嘿然 不知畏臺諫而然耶. 其於事體何如".
49) 『成宗實錄』 권280, 成宗 24년 癸丑 7월 壬戌, 12-373, 43ㄱ～ㄴ, "傳于(洪)貴
　　達曰 臺諫臆度人君所不意之事 故命鞫之……凡用人固當推移用之 臺諫不必
　　長爲臺諫 而今臺諫 以成倪等論事之餘見適 疑予惡其言事 有情而爲之 是輕
　　忽人君也. 今凌上之風成俗 其漸不小 爾等啓之 何意歟……今臺諫疑以言
　　(尹)殷老(李)昌臣等事 而出之於外 以予所不意之事 臆度而言之. 然則權在
　　臺諫 而不在政曹 其漸不小 必有後弊".

인식하였다.[50]

　이러한 상황은 연산군 즉위 이후 무오사화까지 그 절정에 이른 느낌
을 준다.[51] 연산군은 즉위하자마자 성종 喪中에 水陸齋 설행 여부를
놓고 대간과 홍문관, 그리고 성균관 유생까지 나선 대대적인 반대 공
세에 직면하였다. 弘文館 修撰 孫瀔는 水陸齋의 疏文을 지을 수 없다
고 거부하였다. 비록 군주의 명령이라도 詔書를 封還할 수 있다는 태
도였다.[52] 그리고 外戚·后族인 李鐵堅, 尹坦, 安友騫, 愼守勤, 任士
洪 등의 등용에 대한 탄핵이 이어졌다.[53] 성종의 繼妃 貞顯王后 윤씨
의 족친인 尹湯老에 대한 대간과 홍문관의 탄핵은 3개월 이상 지속되
었다.[54] 任士洪의 加資에 대해서는 대간이 57일간 伏閤하여 논집하
고,[55] 60~70번이나 사직장을 올렸다.[56]

　이에 대하여 연산군도 강경하게 대응하였다. 연산군은 君主가 臺諫
을 제압할 수 없다면 권력이 대간에게만 있고 군주에게는 없게 되어
기강을 세울 수 없다면서 대간에 대한 탄압을 합리화하였다.[57] 수륙재
설행을 반대하는 성균관 유생 157인을 의금부 옥에 가두고 국문한 뒤,
그 중 鄭希良·李穆·李自華를 外方에 付處하고 趙有亨 등 21인을

---

50) 『成宗實錄』 권281, 成宗 24년 癸丑 8월 己巳, 12-380, 14ㄱ, "傳曰 近來臺諫
　　是非之間 爭務進言 欲得慷慨之名 若與朋友談話然 是輕忽君上也. 臺諫猶
　　尙如此 豈能革庶人凌上之風哉".
51) 이하 연산군대 정국 동향에 관해서는 申奭鎬, 앞의 책, 1996, 360~408쪽 ; 金
　　燉, 앞의 책, 1997, 43~97쪽 참조.
52) 『燕山君日記』 권1, 燕山君 卽位年 甲寅 12월 癸未, 12-625, 6ㄱ, "雖人主之
　　命 若大關事體 則古之人 有封還詔書者.
53) 『燕山君日記』 권5, 燕山君 元年 乙卯 5월 乙未, 12-669, 11ㄴ.
54) 『燕山君日記』 권4, 燕山君 元年 乙卯 4월 癸亥, 12-659~660, 12ㄴ~13ㄱ ;
　　『燕山君日記』, 권7, 燕山君 元年 乙卯 7월 壬寅, 13-18, 36ㄱ~ㄴ.
55) 『燕山君日記』 권23, 燕山君 3년 丁巳 5월 辛亥, 13-217, 3ㄱ.
56) 『燕山君日記』 권24, 燕山君 3년 丁巳 6월 壬午, 13-230, 8ㄴ.
57) 『燕山君日記』 권8, 燕山君 元年 乙卯 8월 己未, 13-26, 5ㄴ, "人主不能制臺
　　諫 則威權在臺諫 而不在於人主 如此則何有紀綱乎".

停擧시켰다.58) 이에 대해 대간과 홍문관이 논계하고, 兵曹判書 成俊 등도 처벌에 반대하자 '凌上之風 不可不革'이라면서 듣지 않았다. 대 간들이 이를 집요하게 물고늘어지면서 群臣과 의논하기를 청하자 '先 王(성종)이 유생을 죄주지 않아서 凌上之風이 이 지경에 이르렀다'면 서 '收議한 뒤에 처리한다면 人主之權은 어디에 있겠는가'고 거부하였 다.59)

尹湯老의 죄를 사면하는 전지를 받들지 않자 연산군은 '是不有我'라 고 말하면서 모두 체직하여 의금부에 내려서 국문하도록 하였다.60) 대 간이 鄭文炯을 우의정에 임명한 것을 탄핵한 것에 대해서는 '臺諫弄 權', '撓亂國政'이라고 비판하고, '너희들 마음대로 하라'(任意爲之)고 자포자기적 발언을 하기도 하였다.61) 대간의 합사에 굴복하여 정문형 을 체직시키면서 연산군은 대간들이 '이기기에 힘쓰면서' '黨을 중하게 여기고 君主를 가볍게 여긴다면 백년의 종묘사직이 하루아침에 위태 로워질 것'이라고 경고하였다.62)

이러한 연산군의 강경 대응을 누그러뜨리기 위해 君主聖學論에 입 각한 상소가 연산군 초년에 줄을 이었다. 여기에는 弘文館, 司諫院, 侍 講院 등 士林 계열뿐만 아니라63) 右議政 愼承善, 左議政 盧思愼 등 勳舊 大臣들도 참여하였다.64) 그러나 이에 대한 연산군의 반응은 지극

---

58) 『燕山君日記』 권2, 燕山君 元年 乙卯 正月 庚戌, 12-640, 26ㄴ.

59) 『燕山君日記』 권2, 燕山君 元年 乙卯 正月 甲寅, 12-642, 30ㄴ, "傳曰 先王 不罪儒生 故致此凌上之風. 事皆收議然後處之 則何有人主之權".

60) 『燕山君日記』 권6, 燕山君 元年 乙卯 6월 庚辰, 12-688, 12ㄱ.

61) 『燕山君日記』 권12, 燕山君 2년 丙辰 2월 丁巳 13-72, 26ㄱ.

62) 『燕山君日記』 권14, 燕山君 2년 丙辰 윤3월 庚戌, 13-94, 3ㄱ, "今卿等 務欲 自勝……姑從卿等之言. 卿等猶以重其黨 輕其君 自勝爲心 則百年宗社 一朝 而危矣".

63) 『燕山君日記』 권3, 燕山君 元年 乙卯 2월 丙辰, 12-643~4, 2ㄱ~3ㄴ, 副提 學 成世明等 上疏;『燕山君日記』 권3, 燕山君 元年 乙卯 2월 戊午, 12-645 ~6, 6ㄱ~7ㄴ, 侍講院 輔德 李琚等 上疏;『燕山君日記』 권21, 燕山君 3년 丁巳 2월 丙戌, 13-192~194, 32ㄴ~35ㄴ, 司諫 崔溥等 上疏.

히 냉소적인 것이었다. 副提學 成世明 등의 상소에 대해서는 '알았다' (知道)고만 답하였으며, 司諫 崔溥 등의 상소에 대해서는 '상소한 말은 옳은 말'이라는 것을 인정하면서도 '나를 요순으로 만들려는 것'이지만 '가득차면 넘치게 되는 것이니 상소가 지나치다'고 구체적으로 거부하였다. 그나마 훈구 대신들의 상소에 대해서는 답이 보이지 않는다.

연산군 초년의 이처럼 혼란스러운 정국 속에서 領議政 盧思愼의 주목할 만한 上疏가 나왔다. 尹湯老를 탄핵한 대간을 연산군이 처벌하자 이를 '英主之威斷'으로 칭송한 書啓로 인하여 영의정 노사신은 대간과 홍문관의 격렬한 탄핵을 받았다.[65] 이에 맞서서 노사신은 삼사 언론의 문제점을 조목조목 비판하였다. 우선 朱子學 義理論을 빙자한 언론의 내용상 문제점을 다음과 같이 논파하였다.

> 근래 士習이 나날이 잘못되어, 남의 비밀을 들추어내는 것(告訐)을 곧다(直)고 하고, 윗사람을 능멸하는 것(凌上)을 고상하게(高) 여기며, 일의 輕重과 大小를 돌아보지 않고 오직 자기 말만을 聖經賢傳이라 여기어 이기기에만 힘을 씁니다. 그리하여 人主와 더불어 서로 버티어 여러 날 여러 달 동안 그치지 않습니다. 심지어 사람의 죄를 논한 계청이 받아들여지지 않으면 반드시 지난날의 허물을 더듬어 애써 흠을 들춰내어 죄에 빠뜨리고야 맙니다. 그리고 '대간의 체통은 마땅히 이와 같아야 한다'고 말합니다. 대간의 이름(名)은 이로 인해 더욱 높아지고 기울여서 위험에 빠뜨리는 습성이 점점 늘어나서 충후한 기풍이 나날이 사라져갑니다.[66]

---

64) 『燕山君日記』 권3, 燕山君 元年 乙卯 2월 壬戌, 12-646, 8ㄱ～ㄴ, 右議政 愼承善 書啓 ; 『燕山君日記』 권3, 燕山君 元年 乙卯 2월 丙寅, 12-648, 11ㄱ～12ㄴ, 左議政 盧思愼 書啓.

65) 金燉, 앞의 책, 1997, 50쪽 참조.

66) 『燕山君日記』 권7, 燕山君 元年 乙卯 7월 庚子, 13-16, 31ㄱ, "近來士習日非 以告訐爲直 凌上爲高 不顧事之輕重大小 惟以己言 爲聖經賢傳 務欲自勝 與人主頡頑相持 連日累旬 紛紛不止. 至於論人之罪 啓請不得 則必捃摭平昔咎愆 吹毛求疵 陷之而後已 自謂臺諫之體 固當如是. 臺諫之名 由此益高

現實(事之輕重大小)을 도외시하고 義理(聖經賢傳)만을 앞세워서 기존의 위계질서를 부정하고(凌上) 君主權 조차도 상대화시키는 것을 臺諫之體로 간주한다는 것이었다.

또한 士林 언론이 행사되는 朋黨的 양상과 그 폐단을 다음과 같이 지적하였다.

> 대간이 말하면 홍문관이 잇달고, 홍문관이 말하면 태학생이 잇달아서 갑이 부르면 을이 화답하듯 익숙해져서 이제 습성이 되었습니다. 그래서 흠 없는 곳에서 흠을 찾고 말 없는 데서 말을 만들어, 남이 혹 자기와 의견을 달리하면 문득 헐뜯어 백단으로 추하게 나무라므로 公卿大夫도 그 입을 두려워하여 감히 그 사이에서 가부를 말하지 못하게 되니 이것이 어찌 盛世의 아름다운 일이며, 조정의 체통이라 하겠습니까. 이와 같은 습속을 숭상하는 것은 옛날에도 없었고 우리 조정에서도 역시 없었던 일입니다, 만약 이 습성이 그치지 않아서 권력이 대각으로 돌아가고 대신이 입을 다문다면 조정의 일이 어찌 한심스럽지 않겠습니까.[67]

이것은 朱子學 義理論에 입각한 활동이 朋黨的 양상을 띠면서 전개되고 있는 현실을 비판한 것이다. 이렇게 되면 '權歸臺閣'하여 大臣도 입을 다물게 되고, 정부의 조직적 위계질서(朝廷大體)는 무너지게 된다는 것이었다. 義埋論에 입각한 朱子學 政治論이 현실 속에서 드러낸 모순이었다.

노사신은 이러한 폐단을 신료들 스스로는 고칠 수 없고, 오직 군주

傾危之習漸成 忠厚之風日掃".

67) 『燕山君日記』권7, 燕山君 元年 乙卯 7월 庚子, 13-16, 31ㄱ, "臺諫言之 而
弘文館繼之 弘文館言之 而太學生亦繼之 甲唱乙和 狃而成習 求疵於不疵
造辭乎無辭. 人或異己 輒加論毁 醜詆百端 公卿大夫畏其口 而不敢可否於
其間 是豈盛世美事 朝廷大體乎. 如此習尙 古所未有 至於我朝 亦所未有.
若此習不已 而權歸臺閣 大臣杜口 則朝廷之事 豈不爲寒心哉".

의 결단으로써만 해결될 수 있다고 이어서 말한 것이 주목된다.[68] 그
가 대간을 처벌한 연산군의 조치를 '英主之威斷'이라고 칭송한 것은
결코 아첨이 아니었던 것이다. 이로써 朱子學 義理論이 무차별적 정치
언론의 근원이 되고, 朋黨的 양상에 의해 君主權을 잠식할 뿐만 아니
라 정부의 조직적 위계 질서조차 무너뜨리게 된다는 것을 알 수 있다.
그리고 朱子學 政治論의 테두리 내에서나마 이를 극복하는 방안을 찾
는다면 그것은 君主權을 강화시키고, 大臣 중심으로 정부의 조직적 위
계 질서를 회복하는 데 있다는 것을 보여준다.[69]

노사신의 이러한 상소에 대하여 대간들은 '朋黨으로 지목하여 일망
타진하려 한다', '대간을 위력으로 제압하여 할 말을 하지 못하게 한다',
'尹湯老의 綱常을 무너뜨린 죄는 母后가 청하더라도 용서할 수 없다'
고 반박하였다.[70]

그리고 더욱 놀라운 것은 조정에서 아무도 노사신을 구원하는 사람
이 없었다는 점이다. 당시 院相으로 있던 훈구 대신 愼承善도 말의 실
수로 대간을 잡아 가둘 수는 없다고 盧思愼과는 다른 입장을 표명하였
다.[71] 연산군은 노사신에 대한 논란이 3개월 간이나 계속되고 있는데
도 경연에 입시한 宰相들조차 臺諫을 두려워하여 直啓하지 않는다고
불평하고 참판 이상에게 의논하게 하였는데, 尹弼商과 鄭文炯도 노사
신의 잘못에 대한 언급은 없었지만 체직은 불가피하다는 입장이었으
며, 尹壕 이하 훈구 계열 신료 모두가 노사신이 언관을 비난한 것은 잘
못이라고 말하였다.[72] 결국 연산군은 노사신을 체직시키지 않을 수 없

---

68) 『燕山君日記』 권7, 燕山君 元年 乙卯 7월 庚子, 13-16, 31ㄱ, "老臣常憂時事
   至此 以爲此弊 非人臣所能遽革 必明主留意 然後可以去矣".
69) 議政府署事制와 같은 大臣權을 강화시키는 것이 朝鮮前期에는 臣權論의 발
   현이었지만, 朱子學 義理論에 입각한 三司 言論이 활성화되어 言官의 왕권
   견제가 노골화된 이후에는 大臣權 강화가 王權論과 결합될 수 있는 가능성
   을 여기서 볼 수 있다.
70) 『燕山君日記』 권7, 燕山君 元年 乙卯 7월 辛丑, 13-16~17, 32ㄱ~33ㄴ.
71) 『燕山君日記』 권8, 燕山君 元年 乙卯 8월 己未, 13-26, 5ㄱ.

었으며, 宜城府院君으로 封爵하여 '曾經政丞'의 자격으로 중요 현안의 논의에 참여시키는 것으로 만족할 수밖에 없었다.[73] 언관들이 노사신을 '殊失大義', '傷於大體'라고 비판하고 있는 것을 보면 朱子學 政治論이 이미 훈구 계열관인들에게도 폭넓게 수용되고 있음을 반증하는 사례가 아닐 수 없었다.

따라서 '諫諍의 개념'이나 그 '制度'를 직접 겨냥하여 이들을 모두 처벌한다는 것은 불가능에 가까운 일이었다.[74] 戊午士禍가 金馹孫의 史草에서 발단된 것은 우연이 아니었다.[75] 무오사화 피화인의 治罪 내용을 담은 頒赦敎書에 열거된 죄상은 다음과 같다.

> 金宗直……假托項籍弑義帝之事 形諸文字 詆毁先王……論以大逆 剖棺斬屍
> 其徒金馹孫權五福權景裕 朋姦黨惡 同聲相濟 稱美其文 以爲忠憤 所激 書諸史草 欲垂不朽 其罪與宗直同科 並令凌遲處死
> 李宗準……俱以宗直門徒 結爲朋黨 互相稱譽 或譏議國政 謗訕時 事……[76]

---

72) 『燕山君日記』 권9, 燕山君 元年 乙卯 9월 戊子, 13-35, 7ㄱ~8ㄱ.

73) 김돈, 앞의 책, 1997, 54쪽.

74) 戊午士禍에 대하여 李秉烋와 李泰鎭은 서로 다른 정치 세력의 대립이라는 관점에서 사림파와 훈구파의 갈등을 그 원인이라 하였고, 와그너는 '三司의 역할 증대에 대한 일종의 제재 조치'(Edward W. Wager, 「정치사적 입장에서 본 李朝 士禍의 성격」, 『歷史學報』 85, 1980, 131쪽), 崔異敦은 '홍문관의 언관화에 기초한 언권의 강화를 견제하기 위한 조처'(崔異敦, 앞의 책, 1994, 260쪽)라고 정치 제도의 측면에서 그 원인을 찾았고, 金燉 역시 '君權과 言官權의 대립'을 그 원인으로 보았다(金燉, 앞의 책, 1997, 59쪽). 이것은 무오사화에서 言官 전체를 처벌하지 못하고 金宗直 문인들로 처벌이 제한된 이유를 설명하기 어렵다는 점에 난점이 있다.

75) 金馹孫의 史草 내용과 李克墩, 柳子光 등이 이를 士禍로 몰고가는 전후 사정에 대해서는 李秉烋, 『朝鮮前期 士林派의 現實認識과 對應』, 一潮閣, 1999, 230~241쪽에 자세하다.

76) 『燕山君日記』 권30, 燕山君 4년 戊午 7월 辛酉, 13-325, 23ㄴ.

즉 昭陵復位論에서 드러난 것과 같은 朱子學 義理論과 朋黨的 정치 행태에 그 초점이 맞추어져 있었고, 그에 입각한 言論에 대해서는 金宗直 門徒로만 제한하여 처벌한 것임을 알 수 있다.

따라서 戊午士禍에도 불구하고 三司의 활동이 멈추지 않고 계속되는 것은 당연한 일이었다. 이 시기에도 柳子光, 任士洪, 外戚, 佛敎 및 변방정책 등에 관하여 공격이 계속되었다.[77] 이로 인해 빚어진 무정부적 상태(政出多門)에 대하여 연산군은 대신들이 책임있게 대처해 줄 것을 바랐던 것 같다.[78] 그럼에도 불구하고 대신들은 책임을 회피하였을 뿐만 아니라 三公六卿도 臺諫의 잘못을 말하지 않고, 오히려 宰相과 臺諫이 서로 朋黨이 되어 人君을 고립시킨다고 연산군은 인식하게 되었다.[79] 무오사화 이후 갑자사화 사이에 朱子學 政治論이 빚어낸 모순은 더욱 극대화되어 표출되었던 것이다. 이에 대한 연산군의 불만이 生母 廢妃尹氏의 일을 기화로 하여 폭발한 것이 甲子士禍였다.[80] 戊午士禍가 朱子學 政治論이 현실과의 사이에 빚어낸 모순에 대하여 朱子學 義理論과 朋黨的 정치 행태로만 제한하여 처벌한 것이라면,

---

77) 와그너, 앞의 글, 1980, 134쪽 ; 金燉, 앞의 책, 1997, 63~70쪽.

78) 『燕山君日記』 권32, 燕山君 5년 己未 正月 乙酉, 13-345, 10ㄱ~ㄴ.

79) 『燕山君日記』 권52, 燕山君 10년 甲子 3월 甲戌, 13-595, 15ㄱ~ㄴ, "傳旨議政府日 君臣之分 不可不嚴 凌上之風 不可不革. 近者積弊因循 傲謾成習. 故屢下傳旨 思祛此弊 而人不知改. 爲大臣者 亦有不敬之罪 臺諫固當彈駁 而見其根據 則畏勢焰而不言 見其孤單 則必極論而不已 或事有可言而不言 或不可言而强言之. 非徒臺諫 爲宰相者 亦不敢言. 今之宰相臺諫 旣如是 而後之爲宰相臺諫 交相朋比 亦復如是 則人主將孤立於上 此風不可長也. 其令曉諭中外 痛革弊習".

80) 갑자사화에 대해서는 宮中派와 府中派의 대립이라는 통설(李秉烋, 「사림세력의 진출과 사화」, 『한국사』 28, 국사편찬위원회, 1996, 191쪽)에 대하여, '三司의 諫諍權 남용에 대한 직접적 숙청'(와그너, 앞의 글, 1980, 136쪽)이라는 해석이 제출되어 있는 상태이다. 와그너의 해석은 갑자사화에서 尹弼商, 成俊, 李克均 등 훈구 대신들이 피화한 것을 설명하지 못한다. 세력간의 대립이라는 통설적 이해는 그 대립의 필연성을 설명하지는 못한다는 문제가 있다.

甲子士禍는 '權歸臺閣', '政出多門', 朋黨的 행태, 凌上의 풍조에 의한 君主權 고립 등 朱子學 政治論이 빚어낸 전반적인 모순을 문제삼아서 廢妃尹氏의 일을 빌미로 대다수 신료들을 숙청한 사건이었던 것이다.

甲子士禍 이후 연산군에 의해 자행된 폭정은 朱子學 政治論로 인해 초래된 모순된 현실에 대한 반발로서 발생한 파행적인 정치 형태였다. 그러나 당시의 官人 儒者들에게는 그것의 원인이 연산군 개인의 횡포로만 인식되었으며, 그에 대한 반발로서 朱子學 政治論과 그 기초가 된 義理論은 더욱 내면화되기에 이르렀다.[81] 따라서 中宗反正 이후에도 비슷한 유형의 정치적 혼란이 반복되는 것은 불가피한 일이었다.

3. 己卯士林의 등장과 己卯士禍

1) 昭陵復位論과 愼妃復位論의 전개

中宗反正은 燕山君의 秕政에 의해 촉발된 것이었으므로 이후 己卯士禍까지의 정국은 朱子學 義理論이 확대되는 토양이 되었다.[82] 戊午·甲子 士禍 이후 연산군에 의해 자행된 폭정에 대한 반작용으로서 成宗朝의 經國大典體制를 복구하는 것이 정국 운영의 전제로서 표방되었다. 연산군이 갑자사화 이후 대전 체제의 변동을 통해 전제적 폭

---

81) 金燉, 앞의 책, 1997, 97쪽.

82) 이하 중종대 정국 동향에 대해서는 다음을 참조. 申奭鎬, 「己卯士禍의 由來에 관한 一考察」, 『靑丘學叢』20, 1935(朴性鳳 譯, 『申奭鎬全集』上, 앞의 책, 1996, 445~88쪽) 참조 ; 朴榮圭, 「朝鮮 中宗初에 있어서의 大臣과 臺諫의 對立」, 『慶北大論文集』5, 1961 ; 李椋浩·金光哲, 「朝鮮王朝 中宗代의 王權과 政治勢力의 動向」, 『馬山大學論文集』4, 1982 ; 이병휴, 앞의 책, 1984, 117~59쪽 ; 金燉, 앞의 책, 1997, 101~64쪽 ; 윤정, 「조선 중종 전반기 정국구도와 정책론」, 『역사와 현실』25, 1997, 138~176쪽 ; 정두희, 앞의 책, 2000.

정을 자행하면서 혁파했던 弘文館, 司諫院, 그리고 司憲府의 持平 등이 復設되어 言官 言論 기능이 회복되었고, 兼經筵官의 호칭이 회복되면서 經筵도 復設되어 朝講·晝講·夕講·夜對 등이 빈번하게 시행되었다.[83] 그리하여 經筵을 통한 時事 논의나 上疏·上啓 등의 言官 言論 등을 통해 朱子學 義理論과 그에 입각한 君主聖學論이 지속적으로 제기되었다.

중종 초년의 몇 차례에 걸친 역모 사건에도 불구하고 이러한 정국 운영은 정착되어 갔으며, 연산군대 처벌받은 대간과 홍문관원들이 등용되는 가운데 戊午士禍 被禍人에 대한 복권도 논의되어, 중종 6년 6월을 기점으로 柳子光의 유배, 李克墩의 삭탈 관작, 그리고 그 희생자들에 대한 복권 조처로 어느 정도 해결되어 가고 있었다.[84]

중종 7년에 昭陵復位論이 제기된 것은 이러한 흐름의 연장선상에 있었다.[85] 약 5개월간에 걸친 논쟁 끝에 마무리된 昭陵 復位 論爭은 다음과 같은 특징을 보여준다. 첫째, 복위 자체의 정당성에 대해서는 아무도 이의가 없었다는 점이다. 5개월 동안이나 신료들의 요구를 거부하던 중종도 昭陵 復位가 義理에 합당하다는 점은 인정하였다.[86] 이는 당시에 人倫說과 綱常論에 기초한 朱子學 義理論이 勳舊·士林을 막론하고 광범위한 동의를 얻고 있음을 보여준다.

---

83) 金燉, 앞의 책, 1997, 113쪽.

84) 정두희, 앞의 책, 2000, 62쪽.

85) 중종대 昭陵 復位 論爭에 대해서는 李秉烋, 앞의 책, 1984, 118~120쪽 ; 윤정, 앞의 글, 1997, 158~160쪽 ; 정두희, 앞의 책, 2000, 122~129쪽 ; 鄭景姬, 「朝鮮前期 禮制·禮學 硏究」, 서울대학교 박사학위논문, 2000, 171~172쪽 ; 鄭在薰, 「朝鮮前期 儒敎政治思想 硏究」, 서울대학교 박사학위논문, 2001, 157~158쪽 ; 李賢珍, 앞의 글, 2002, 66~69쪽 등 참조.

86) 『中宗實錄』 권17, 中宗 7년 壬申 11월 戊戌, 14-628, 26ㄱ, "傳曰 予觀卿等前後上箚之意 不忍文宗獨享無配也 此臣子所當言 而忠孝之至也. 今予欲復之意 豈下於卿等之言 而亦豈無誠孝之理乎. 成宗亦豈無欲復之意乎. 此必有難復之勢矣".

둘째, 문제는 先王의 조치를 고칠 수 있느냐의 여부였다는 점이다. 즉 그것이 '世祖의 잘못을 드러내게 된다'는 것이 반대의 최대 이유였다. 여기에 대해 삼사에서는 소릉을 폐위한 것이 당시 대신들의 강청에 따른 것이지 '세조의 본의가 아니었다'고 세조를 감싸면서도 그것이 '세조의 잘못'이라는 점은 분명히 하고, '비록 先王이 한 일일지라도 道에 어긋난다면 그것을 계승한 사람이 고쳐야 한다'고 주장하였다.[87] 義理論에 입각하여 變通論을 제기한 것이다. 이들은 만약 지금 이를 고치지 않는다면 이는 오히려 '세조의 실수를 만세에 드러내는 일'이 될 것이라고 반론하였다.[88]

셋째, 그 논의를 삼사에서 주로 제기하고 대신들이 이에 참여하여, 점차로 지지자가 확대되는 형태로 전개되었다는 점이다. 처음에는 柳洵·柳順汀·成希顔·宋軼·盧公弼 등 勳舊 大臣들이 반대론을 주도하여, 복위에 찬성하는 宰臣은 金詮·申用漑 등 소수에 불과하였으며, 復位論은 臺諫과 侍從에 의해 주로 주장되었다.[89] 그리하여 대간과 홍문관은 물론 성균관 유생들까지 나서서 복위를 주장하는 가운데 결국 柳洵·成希顔·宋軼 등도 復位에 찬성하는 것을 보고 중종은 복위를 결정하게 된다.[90]

넷째, 復位論이 '公論', '國論', '衆論'으로서 주장되었다는 점이다. 昭陵의 復位를 宰相·臺諫·侍從과 布衣의 선비들에 이르기까지 모두 주장하는데 한두 大臣의 편벽된 의논에 구애되어 이를 거절하는 것은 '公論'을 거부하는 것이며,[91] 이는 결국 言路를 막는 것이라고 비판하

87) 『中宗實錄』 권17, 中宗 7년 壬申 11월 甲辰, 14-630, 29ㄴ, "是以雖先王所爲 苟非其道 爲後嗣者 不得不改紀 而歸于正 以順天下之人心. 夫然後大命可保 國祚可長".
88) 『中宗實錄』 권17, 中宗 7년 壬申 12월 壬寅, 14-629, 28ㄴ, "今若不改 是彰世祖所誤於萬世也".
89) 『中宗實錄』 권17, 中宗 7년 壬申 11월 丙申, 14-627, 24ㄱ.
90) 『中宗實錄』 권18, 中宗 8년 癸酉 3월 壬申, 14-647~8, 4ㄱ~5ㄱ.
91) 『中宗實錄』 권17, 中宗 7년 壬申 12월 丙午, 14-631, 31ㄱ ; 12월 癸丑,

였다.92) 따라서 이를 중종이 수용한 것은 '公論'을 國是로서 공인한 것
이 된다.

이처럼 昭陵 復位 과정은 朱子學 義理論이 확대되는 형태로 진행
되었으며, 先王이 한 일이라도 義理에 맞지 않으면 變通할 수 있다는
선례가 되었다. 성종대에는 금기 사항이었으며, 연산군대에는 士禍의
빌미가 되었던 昭陵復位論이 中宗代 초기 정국에서 실현되는 과정은
朱子學 義理論의 확대 과정이었으며, 그에 입각하여 變通論이 제기될
수 있는 발판이 되었다는 점에 의의가 있다고 생각된다.

이와 같이 확대 과정에 있던 朱子學 義理論에 입각하여 士林 계열
이 정치적 주도권을 장악하고자 시도하였던 것이 廢妃 愼氏 復位 論
爭이었다.93) 중종 10년 3월 章敬王后 尹氏가 죽어 壼位가 빈 상태에
서 求言의 일환으로 같은 해 8월에 潭陽府使 朴祥과 淳昌郡守 金淨
이 愼氏 復位를 주장하는 封事를 올렸다. 우선 이 상소는 朱子學 名分
論과 義理論의 결정판이라고 할 만한 내용을 담고 있었다. 즉 孔子의
正名論과 그것의 연장선상에 있는 人倫說 및 綱常論을 天地 自然의
理法과 결부시켜서 정당화하고,94) 그에 입각하여 名分論과 義理論을
제기하는 朱子學의 정합적 사유체계를 분명하게 보여준다.95) 이들은

14-632, 33ㄴ, "弘文館上箚曰 追復昭陵 雖一二大臣以爲不可 而宰相臺諫侍
從 以至韋布之士 皆以爲可復 而殿下固拒不納 不顧公論之所在 何也".

92)『中宗實錄』권17, 中宗 8년 癸酉 正月 甲申, 14-636, 42ㄱ.

93) 이에 대해서는 申奭鎬, 앞의 책, 1996, 453~466쪽 ; 李範稷, 앞의 글, 1993 ;
정두희, 앞의 책, 2000. 이외에 중종대 전반의 정국 동향과 관련하여 이를 다
룬 金燉, 앞의 책, 1997, 142~147쪽 ; 윤정, 앞의 글, 1997, 151~153쪽 참조.

94)『中宗實錄』권22, 中宗 10년 乙亥 8월 壬戌, 15-97, 54ㄱ, "夫周家之所以正
始端本者 粹白而罔有瑕謬 醲厚而罔有漓薄如是. 故其王化始于床第之間 洋
洋流動于朝廷之上 沛然覃被于四方 如天地之化 本于陰陽 橐籥乎星辰寒暑
磅礴乎山川鳥獸草木. 當是時也 夫夫婦婦父父子子君君臣臣 無有寸邪毫累
敢干其間 以至天地位萬物育 騶虞麟趾 休祥必應 緜歷于八百 何莫非關雎鵲
巢之化也".

95)『中宗實錄』권22, 中宗 10년 乙亥 8월 壬戌, 15-98, 56ㄴ, "今內政缺主 宜因

이러한 논리에 의거하여 廢妃 愼氏의 복위를 주장하였던 것이다.

또한 이들은 이러한 朱子學 名分論과 義理論의 절대적 정당성에 입각하여, 愼妃 廢位를 주도한 朴元宗·柳順汀·成希顔 등 3공신의 처벌을 주장하였다. 朴元宗 등은 오직 '그 자신만을 보전하려는 간교한 계교'(謀身之狡計)에 의해 '劫制君父 放逐國母'하여 '天下古今之大分'을 犯하였으니, 亂臣賊子를 베는 春秋義理 정신에 의해, 비록 죽었지만 이제라도 官爵을 追奪하여야 한다는 것이다.[96]

나아가서 朴元宗 등은 '謀國不臧'하여 중종의 정치를 말세의 그것으로 타락시켰다고 주장하면서 그 예로서 반정 직후 명나라에 보내는 奏文에서 중종반정의 정당성을 명백하게 밝히지 못한 점을 들었다.[97] 당시 반정 공신들은 반정으로 인한 辭位·承襲에 관한 奏文이나 사신이 응대할 事目을 작성하면서 반정의 이유로서 연산군의 질병과 세자 황의 夭死라는 허위사실을 제시하였을 뿐, 君道의 상실로 인해 反正이 불가피하게 일어났다는 사실을 떳떳이 밝히지 못하였는데, 朴祥 등의 상소는 이 점을 꼬집고 있었던 것이다.

此時 廓然快斷 正愼氏坤后之位 天地之心所享也 祖宗之靈所允也 臣民之望所副也. 殿下將此位 欲屬之於誰乎. 存大分於旣墜 全舊恩於已睽 此正合於大義正理 洞然無疑矣". 이 시기 士林 계열 官人 儒者의 朱子學的 自然觀과 名分論·義理論과의 관련에 대해서는 具萬玉, 「朝鮮後期 朱子學의 宇宙論의 變動」, 연세대학교 박사학위논문, 2001, 20~40쪽 참조.

96) 『中宗實錄』 권22, 中宗 10년 乙亥 8월 壬戌, 15-98, 55ㄴ, "彼元宗等 亦豈不知名分之大 如天地之截然不可犯也. 惟其謀身之狡計勝. 故肆然無顧忌 乘草昧危疑之際 謂殿下惟其所爲 而莫敢違拂 劫制君父 與弄諸股掌之間 放逐國母 有同抛雛 是可忍也 孰不可忍也……人臣無將 將而必誅 春秋之義 正爲此輩設也"; 56ㄴ, "劫制君父 放逐國母 犯天下古今之大分 此萬世之罪也……今雖已死 宜明正其罪 追奪官爵 曉諭中外 使當世與萬世 灼然知大分之截然不可犯也".

97) 『中宗實錄』 권22, 中宗 10년 乙亥 8월 壬戌, 15-98, 56ㄱ. 중종반정 직후 명나라에 보내는 奏文이 잘못 작성된 경위에 대해서는 金燉, 앞의 책, 1997, 107~109쪽 참조.

　이러한 朴祥·金淨의 상소에 대한 처리 과정은 이전과는 매우 다른
양상을 보여 주었다. 우선 논의의 초점이 이들의 처벌 여부에 있었으
며, 폐비 신씨의 복위 주장이 부당하다는 것에 대해서는 아무도 이의
를 제기하지 못하였다는 점이다. 이 상소에 대한 첫 반응은 大司憲 權
敏手, 大司諫 李荇, 執義 許墀, 司諫 金乃文, 掌令 金瑛, 持平 蔡忱·
文瓘, 獻納 柳墩, 正言 表憑 등이 '邪議'로 규정하고 의금부에 내려서
그 의도가 무엇인지를 추궁할 것을 청한 것이었다.[98] 이에 중종 역시
대간의 주장이 옳다면서 추문하라 명하였다. 이후 아무도 신씨 복위
자체의 정당성을 주장하는 사람은 없었다.

　또한, 논의 전개 양상이 臺諫이 처벌을 주장하고 大臣들은 용서할
것을 주장하였다는 점이다. 양사에서 상소한 두 사람을 拿推할 것을
주장한 같은 날에 領議政 柳洵, 左議政 鄭光弼, 右議政 金應箕 등 대
신들은 그 論議가 狂妄하여 처벌하는 것이 당연하지만 求言하고 拿推
하는 것은 지나치다는 입장이었다.[99] 이들은 두 사람을 나추하는 것이
言路에 방해된다면서 세 번이나 논계하였으나 중종은 따르지 않았다.
이후 交城君 盧公弼, 兵曹判書 申用漑를 비롯한 六曹의 당상관들 및
弘文館에서도 求言하고 처벌하는 것은 言路에 방해되니 용서하자고
주장하였다.[100] 臺諫이 宗社安危라는 現實論에 의해 처벌을 주장하는
데, 大臣은 言路라는 義理論을 내세우면서 반대하였다.[101] 이는 대신
이 현실론을 주장하고 대간이 의리론을 주장하던 지금까지의 대립 구

---

98) 『中宗實錄』 권22, 中宗 10년 乙亥 8월 乙丑, 15-99, 58ㄱ, "潭陽府使朴祥 淳
　　昌郡守金淨上疏 敢發邪議 至爲駭愕 請拿致詔獄 推其所以. 此二人非無識
　　者 稍識文字而如此 必有其意".
99) 『中宗實錄』 권22, 中宗 10년 乙亥 8월 乙丑, 15-99~100, 58ㄴ~59ㄱ, "國家
　　大事 已定多年 而今發狂妄之議 至爲非矣 罪之當矣. 然雖拿推 豈有他意.
　　必以疏中之語置對耳. 大抵求言之後 所陳雖極狂悖 拿來推之 似爲過矣. 但
　　其所失 要使下人皆知之而已".
100) 『中宗實錄』 권22, 中宗 10년 乙亥 8월 丙寅, 15-100, 60ㄴ.
101) 『中宗實錄』 권22, 中宗 10년 乙亥 8월 丙寅, 15-100, 59ㄱ~ㄴ.

도와는 상반되는 양상이었다. 이것은 언론을 담당한 臺諫에 의해 言路
가 막히고 있다는 인식이 대다수 신료들에게 확산되어 가는 계기가 되
었음에 틀림없다

　대다수 신료들의 반대에도 불구하고 중종이 대간의 주장에 따라 박
상과 김정을 처벌한 이후 弘文館에서는 지속적으로 이들을 용서할 것
을 논계하였고,[102] 30여 명이나 되는 유생들이 別試에서 臺諫을 비방
하는 글을 짓는다거나, 심지어는 儒生 중에 殿試의 策問에 답하면서
'臺諫이 朴祥 등을 처벌하라고 청한 것은 잘못이다'고 쓴 자가 나와서
試官들이 경연석상에서 논란을 벌일 정도로 士林 계열 官人·儒者들
의 여론은 두 사람의 처벌에 비판적이었다.[103]

　그런 가운데 吏曹判書 安瑭이 朴祥·金淨을 처벌한 것은 言路에
방해되어 그 폐단이 클 것이라고 비판하면서 다음과 같이 말하였다.

　　宰相과 臺諫이 서로 是非를 다투면 上이 스스로 分辨할 수 있어야
　합니다. 재상의 말이 옳으면 재상의 말을 따르고, 대간의 말이 옳으면
　대간의 말을 따라야지 만약 오로지 대간의 말만 따른다면 이는 한쪽
　으로 치우치는 것입니다. 대저 대간은 허물을 바로잡고 잘못을 규찰
　하며, 재상은 國是를 유지하는 자입니다. 처음에 신료들에게 의논하
　게 하였을 때 정부·육조가 모두 推治해서는 안 된다 하였고, 지금까
　지 논란하여 마지않는 것은 國是가 있기 때문입니다. 예로부터 모름
　지기 國是가 朝廷에 있게 한 뒤에야 통치할 수 있는 것이니, 다른 데
　있게 하는 것은 매우 불가합니다. 대저 대간이 시비를 다툴 때에도
　간혹 착오하는 수가 있으니, 원컨대 모름지기 자세히 시비를 살펴서
　國是가 항상 朝廷에 있도록 해야 할 것입니다.[104]

---

102) 『中宗實錄』 권22, 中宗 10년 乙亥 8월 戊寅, 15-103, 66ㄱ~ㄴ ; 8월 己卯,
　　15-103, 66ㄴ.
103) 『中宗實錄』 권23, 中宗 10년 乙亥 9월 丁亥, 15-106, 3ㄱ~ㄴ.
104) 『中宗實錄』 권22, 中宗 10년 乙亥 8월 庚辰, 15-104, 67ㄱ~ㄴ, "(安)瑭曰 宰
　　相臺諫 相爲是非 自上分辨 可也. 宰相之言是 則從宰相之言 臺諫之言是 則

즉 안당은 박상과 김정을 처벌해서는 안 된다는 것이 '國是'라는 점, 宰相은 國是를 유지하는 존재라는 점, 臺諫의 논계가 잘못될 수도 있다는 점, 國是가 朝廷에 있게 해야 정치가 제대로 이루어질 것이라는 점 등을 주장하였던 것이다. 이는 朱子學 政治論이 빚어낸 현실 정치의 모순을 통찰하고서 나온 탁견으로 간주된다.

이로부터 대간은 1개월 이상 안당을 논박하였다. 이들은 조정의 公論은 臺諫으로부터 나오는 것인데, 安瑭이 臺諫과 朝廷을 둘로 나누어 國是를 公論 밖에서 구하고자 한다고 비난하면서 안당을 처벌해야 한다고 주장하였다.105) 이것을 중종이 들어주지 않았을 뿐만 아니라 조정 여론의 지지를 얻지 못하여 안당에 대한 논계는 더 이상 지속되지 못하였던 반면에 朴祥과 金淨을 구원하는 논계는 계속되었지만 역시 중종은 들어주지 않았다.106)

바로 이런 상황에서 趙光祖가 司諫院 正言이 되어 박상과 김정을 처벌하자고 주장한 대간을 비판하였다. 대간이 된 자는 言路가 잘 열리도록 해야 그 직분을 다했다고 할 수 있는데, 도리어 스스로 언로를 훼손하였으니 그 직분을 잃었다면서 양사를 파직하여 언로를 열어야 한다고 논계하였던 것이다.107) 이러한 조광조의 주장은 三公의 지지를 받았으며, 대간 내부에서도 지지와 반대가 양립되는 형세가 조성되었다. 대체로 李長坤, 金安國, 金珹, 李佑, 張玉, 方有寧, 李元幹, 許渭

從臺諫之言 若專以臺諫之言 爲可從 則是一偏矣. 夫臺諫繩愆糾謬 而宰相持國是者也. 其初下議之時 政府六曹 皆以爲不可推治 而迄今論之不置 是乃國是所在也. 自古須使國是 在於朝廷 然後可以有爲 而在於他 則甚不可也. 夫臺諫爭是非之際 亦或有錯誤之時. 願須細察是非 使國是常在朝廷 可也".

105)『中宗實錄』권23, 中宗 10년 乙亥 10월 丙辰, 15-115, 22ㄱ, "國家之不可不定者是非 而是非由公論以定 臺諫者 朝廷公論之所由出也. 瑭必欲分臺諫朝廷爲二 而求國是於公論之外 瑭之所謂國是者 果何事耶".

106)『中宗實錄』권23, 中宗 10년 乙亥 10월 壬戌, 15-116, 23ㄴ.

107)『中宗實錄』권23, 中宗 10년 乙亥 11월 甲辰, 15-122, 35ㄱ~ㄴ.

등은 趙光祖를 지지하여 言路를 중시하는 義理論의 입장에 섰고, 柳
溥, 金希壽, 成世昌, 洪彦弼, 朴守紋, 金麟孫 등은 權敏手・李荇 등의
입장을 지지하여 宗社를 우선하는 現實論의 입장에 섰다. 한편 弘文
館 副提學 金謹思, 直提學 金安老 등은 兩是兩非說을 주장하였다.[108)

이후 조정의 논의는 점차 조광조의 입장으로 기울어 가는 가운데 홍
문관이 제기한 兩是論마저 비판의 대상이 되었다. 大司諫 方有寧 등
은 조광조의 논계가 그 한 사람의 말이 아니라 '士林의 公論'이라고 주
장하고 弘文館의 兩是論에 현혹되어 조광조의 논계를 수용하지 않는
중종을 비판하였다.[109) 三公을 비롯한 議政府에서도 분명하게 홍문관
의 兩是論을 비판하고 조광조의 주장을 지지하였다. 이에 대하여 홍문
관과 사헌부의 조광조에 반대하는 논자들은 三公에게 비판의 화살을
돌려 체직시킬 것을 주장하여 중종의 지지를 받았지만, 그러나 중종은
차마 삼공을 갈지는 못하였다.[110) 그리고 朴祥과 金淨을 용서하라는
계청은 해를 넘기면서 더욱 활발해졌다.

중종의 눈치를 보면서 양시론의 입장에 서서 삼공을 바꾸라고 주장
하였던 大司諫 金謹思는 臺諫뿐만 아니라 侍從과 大臣들도 모두 朴
祥 등을 용서해 주기를 청하니 조정의 公論을 알 수 있다면서 빨리 용
서하여 言路를 열기를 청하고, 이전에 삼공을 비판하던 태도를 돌변하
여 중종이 三公에게 위임하지 않기 때문에 국가의 체모가 서지 않는다
고 오히려 중종을 압박하였다.[111) 앞서 양시론에 동소하었넌 洪彦弼과
朴世熙는 경연석상에서 공개적으로 兩是論의 잘못을 시인하고 사직을

---

108) 金燉, 앞의 책, 1997, 145~147쪽 참조.
109) 『中宗實錄』 권23, 中宗 10년 乙亥 12월 丙辰, 15-126, 44ㄱ, "趙光祖所啓 非
    一人之論 乃士林公論也. 雖一時獨啓 實出於公論 而上以爲不是 臣意未穩
    也".
110) 『中宗實錄』 권23, 中宗 10년 乙亥 12월 己未, 15-127, 46ㄴ ; 12월 甲子,
    15-128, 48ㄱ ; 12월 戊辰, 15-128~129, 48ㄴ~49ㄱ.
111) 『中宗實錄』 권23, 中宗 11년 丙子 正月 甲午, 15-133, 57ㄴ.

청하였다.112) 이후 당시 양시론에 참여하였던 논자들의 사직이 이어졌다.113)

그러고 나서도 두 달이나 지난 5월이 되어서야 중종은 재변을 빌미로 삼아서 金淨과 朴祥을 용서하라 명하고,114) 11월이 되어서야 비로소 서용하도록 하였다.115) 이처럼 愼妃復位 논쟁은 復位 자체의 정당성은 인정받지 못했지만 求言에 응한 상소이므로 言路를 열기 위해 용서해야 한다는 점에 대다수 신료들이 동조하고 중종의 동의를 끌어냄으로써 朱子學 義理論이 심화 확대되고, 趙光祖 일파가 정국을 주도할 수 있는 계기로 작용하였다. 이후 朴祥과 金淨의 처벌을 주장했던 李荇을 탄핵하여 체직시키고, 卜相에도 영향력을 행사하였으며, 戶曹判書 安瑭을 特旨로 右贊成에 除授토록 하는 등 조광조 일파의 붕당적 행태가 노골화되어 갔다.116)

2) 趙光祖 일파의 變通 指向 經世論과 己卯士禍

중종 12년 1월 金淨이 유배에서 풀려나 副應敎에 제수되면서부터 중종 14년 11월 己卯士禍까지가 조광조를 비롯한 己卯士林들이 본격적으로 활동한 시기로 볼 수 있다. 이들 활동의 특징은 다음과 같이 몇 가지로 정리해 볼 수 있겠다.

첫째, 君主聖學論이 보다 구체화되었다는 것이다. 이것은 조광조의 그것을 통해서 살펴볼 수 있다.117) 그에게서는 賢哲君主論, 君主修身

---

112) 『中宗實錄』 권24, 中宗 11년 丙子 3월 己丑, 15-149, 21ㄱ~ㄴ ; 15-150, 22ㄴ.

113) 『中宗實錄』 권24, 中宗 11년 丙子 3월 辛卯, 15-151~152, 25ㄴ~26ㄱ ; 3월 丁酉, 15-152, 27ㄱ~ㄴ.

114) 『中宗實錄』 권25, 中宗 11년 丙子 5월 戊子, 15-169, 8ㄱ.

115) 『中宗實錄』 권26, 中宗 11년 丙子 11월 庚寅, 15-236, 64ㄴ.

116) 申奭鎬, 앞의 책, 1996, 453~85쪽 ; 金燉, 앞의 책, 1997, 156~7쪽 참조.

117) 趙光祖의 政治思想과 그의 활동에 대해서는 다음을 참조. 姜周鎭, 『趙靜菴의 生涯와 思想』, 博英社, 1979 ; 金光哲, 「靜菴趙光祖의 政治思想」, 『釜山

論(至治), 德治仁政說, 君子小人論[118] 등이 朱子學 名分論과 義理論
에 기초하여 정합적으로 제시되었다.[119] 조광조는 '修德'이 聖學의 근
본이고, 이것만 힘쓰면 다른 것은 굳이 애쓰지 않아도 이루어질 수 있
다고 하였다. 그래서 중종에게 修德 이외에 公事出納을 모두 돌보지
않을 수는 없지만 大綱만 總攬하고 나머지는 아랫사람에게 맡긴 뒤,
學術에 전념해야 한다고 말했다.[120] 이것은 당시 기묘 사림 일반의 공
통된 생각이었다.[121] 조광조는 또한 군주가 '正其心'해야 '正朝廷'할 수
있고, 사대부의 마음도 모두 바르게 되어 나라가 저절로 다스려질 것
이라고도 말했다.

  그런데 조광조는 여기서 한발 더 나아가고 있었다. 그는 修德한 연

史學』7, 1983 ; 金基鉉, 「趙靜菴의 道學觀」, 『民族文化研究』14, 1987 ; 曺昇
鎬, 「靜菴 趙光祖의 改革政治 研究」, 『江原史學』6, 1990 ; 金鏞坤, 「朝鮮前
期 道學政治思想 研究」, 서울대학교 박사학위논문, 1994 ; 鄭杜熙, 「己卯士
禍와 趙光祖」, 『歷史學報』146, 1995 ; 鄭杜熙, 「昭格署 폐지 논쟁에 나타난
趙光祖와 中宗의 대립」, 『震檀學報』88, 1999 ; 정두희, 앞의 책, 2000 ; 宋雄
燮, 「中宗代 己卯士林의 形成과 學問的 交遊」, 『韓國史論』45, 2001 ; 鄭在
薰, 「朝鮮前期 儒敎政治思想 研究」, 서울대학교 박사학위논문, 2001.

118) 『中宗實錄』권32, 中宗 13년 戊寅 5월 壬寅, 15-429, 2ㄴ~3ㄴ.
119) 『中宗實錄』권26, 中宗 11년 丙子 10월 丙辰, 15-221, 34ㄱ, "夫近思錄 於學
問最切 其命加進講 至爲美矣. 然此書備太極圖 若非窮理之學 不能盡究其
微妙 所當潛心窮究" ; 『中宗實錄』권26, 中宗 11년 丙子 11월 丙午, 15-240,
72ㄴ, "史臣曰 (趙)光祖本有治心之功 一時重之 平生志業 專祖伊洛諸賢 言
行舉措 動遵古賢 誠間世之賢 而吾大東罕有其儷" ; 『中宗實錄』권26, 中宗
11년 丙子 10월 丁卯, 15-224, 40ㄱ~ㄴ, "趙光祖曰 人君當以道德爲本. 與性
理之書 與詩文異 於此當愼其好尙……理學乃爲己之學".
120) 『中宗實錄』권27, 中宗 11년 丙子 12월 戊午, 15-244, 7ㄱ, "上意須加存省…
…修德是乃根本 用力於此 則其他不勞自理矣. 不於根本致力 而勞於事爲之
末 則徒勞無益而已……公事出納 亦不可廢. 然當攬其大綱 而皆付諸下人 宜
專以學術爲主".
121) 『中宗實錄』권31, 中宗 13년 戊寅 正月 甲辰, 15-385, 43ㄴ, "檢討官奇遵 勸
以學問爲出治根本. (趙)光祖曰 此實機會之間 自上正其心以正朝廷 士大夫
之心 亦皆一出於正 則國亦自治矣 君子之心 好惡是非 欲使分明矣".

후에는 그 德을 지키고만 있을 것이 아니라 '禮樂刑政'으로 '提撕施設'
이나 '可爲之事'가 있다면 마땅히 분발해서 시행하여야 한다고 하였
다.122) 조광조가 여기서 말하는 '可爲之事'란 '變通' 곧 制度 改革을 말
하는 것이라는 점은 아래 인용문을 볼 때 분명해진다.

> 祖宗의 舊章은 갑자기 개혁할 수는 없지만 만약 오늘날에 맞지 않
> 는 것이 있다면 變通해도 좋을 것입니다. 마땅히 한가한 때 常例에
> 구애받지 말고 大臣이나 侍從을 召對하여 그 可否를 논의하여 변통
> 할 수 있는 일이라면(可爲之事) 결단하여 행하는 것(斷而行之)이 옳
> 습니다.123)

이로써 조광조의 君主聖學論이 變通論의 전제가 됨을 분명히 알 수
있다. 그에게 君主의 '修德'은 이러한 變通=制度改革을 '奮發爲之',
'斷而行之' 하기 위한 필수 요건이었다고 생각된다. 말하자면 朱子學
義理論의 연장선상에서 制度의 改革, 즉 變通論을 제기하였다는 것이
다.

둘째, 己卯 士林에 의해 다양한 활동이 變通의 차원에서 전개되었
다는 점이다. 宮中 女樂이나 內需司 長利와 같은 왕실 내부의 전통적
인습을 혁파하는 것, 忌晨齋 혁파나 昭格署 폐지와 같은 闢異端 운
동,124) 陵寢朔望祭 및 原廟制 改革論, 中宗繼妃 納妃禮時 廟見禮 실

---

122) 『中宗實錄』 권31, 中宗 13년 戊寅 正月 丁卯, 15-393, 59ㄴ, "參贊官趙光祖
   曰 人皆曰 後世治道漸下 不能復古. 若如此言 則至今當爲禽獸 而不復人理
   矣. 三代之治 卽今可復 而其要至近焉. 當先養己德而後 推於事 則人皆感悟
   不期然而然者矣. 吾德不修 而但於事爲之間 雖有施措之善者 亦何益哉. 須
   敦厚其德 使萬化皆自明德中流出 下民自然觀瞻欣悅 有不能已矣. 又非但拱
   手守其德而已也. 以禮樂刑政 提撕施設 與有可爲之事 則當奮發爲之".

123) 『靜菴集』 권3, 「檢討官時啓四」, 叢刊 22-26, 2ㄱ~ㄴ, "祖宗舊章 雖不可猝改
   若不合於今者 則亦可變而通之. 當於燕閒之中 不拘常例 召對大臣或侍從
   論議其可否 可爲之事 則斷而行之 可也".

124) 李秉烋, 앞의 책, 1984, 125~135쪽 참조.

시론 등과 같은 禮制 改革 운동,125) 賢良科와 같은 과거제도 개혁
론126) 및 후술하게 될 土地制度 改革論 등이 모두 變通의 차원에서
논의되었다. 심지어는『小學』보급 운동이나 鄕約 보급 운동을 변통의
차원으로 인식한 논자도 있었다.127)

　셋째, 變通論 그 자체가 첨예한 정치적 쟁점이 되었다는 점이다. 己
卯 士林이 制度 改革을 주장하는 것에 대해서 勳舊 계열에서는 강하
게 반발하였다. 鄭光弼은 祖宗法制는 함부로 고쳐서는 안 된다는 입
장이었다.128) 이에 대해 조광조는 다음과 같이 반론하였다.

　　옛임금의 일도 본받을 만한데, 하물며 근대에 있던 조종의 법이겠
　　습니까? 더구나 그 사이에 更張한 道가 있었으니 가볍게 여겨서는
　　안 됩니다. 三代 이후로는 成王·湯王과 같은 군주를 얻을 수 없었습
　　니다. 성·탕 같은 聖人이 못 되면 그 規模와 設施가 어찌 그 요령을
　　죄다 얻을 수 있겠습니까? 뒤를 이은 자손 중에 有爲한 임금이 있으
　　면 조종이 아직 정하지 못한 제도에 얽매여서 행하지 못해서는 안 됩

---

125) 鄭景姬,「朝鮮前期 禮制·禮學 硏究」, 서울대학교 박사학위논문, 2000, 158
　　~176쪽 참조.
126) 李秉烋, 앞의 책, 1984, 216~232쪽 ; 윤정, 앞의 글, 1997 참조. 윤정은 천거제
　　와 함께 魯山君 立後 문제도 사림파의 대표적인 更張의 사례로 꼽고 있다.
127) 李滉의 경우가 바로 그러하였다. 이황은 조광조 행장에서 다음과 같이 말했
　　다.『靜菴集』附錄 권6,「行狀」, 叢刊 22-131, 4ㄱ, "其一時 以善類同超擢被
　　眷遇者 非一二 相與協力贊襄 奮起事功 剗革宿弊 修明敎條 先王法度 次第
　　擧行 小學爲育才之本 鄕約爲化俗之方 百僚無不聳勸 而四方爲之風動矣".
128)『中宗實錄』권28, 中宗 12년 丁丑 7월 辛Ⅱ, 15 298, 51ㄱ, "(韓)忠曰……今
　　之知理學者 唯戶曹佐郞金湜而已. 湜非粗知者 臣與賜暇同僚 欲讀性理大全
　　而難於解讀 欲啓請賜暇金湜 與同僚學之. 而國法非文臣 無賜暇之例. 故臣
　　有其志 而終不果. 湜之學 非但能通一方而已. 陰陽理數文章等學 無所不通.
　　今若進講理學 非此人 其誰能之……(鄭)光弼曰 今日請左右所啓之言 皆以
　　祖宗法制爲狹隘 而欲變之 變之則不可"; 51ㄴ, "(鄭)光弼曰 祖宗法制 遵守
　　之爲貴……祖宗法制 下人豈敢汎濫啓請紛更. 若當機會 有不得已而變之者
　　則變之亦可也".

니다. 만약에 조종이 아직 거행하지 못한 일을 능히 행한다면 전 군
주들을 더욱더 빛내게 될 것이요, 한갓 조종의 제도를 지켜서 전 군
주들의 일을 확충하지 못한다면 이는 집을 짓고서 꾸미지 않는 것과
같을 것입니다. 유위한 군주라도 高遠한 것만을 힘써서 成王의 법을
變亂한다면 도리어 준수하는 것만도 못할 것이나, 밝은 군주와 어진
신하가 서로 만나서 治具가 이미 갖추어졌다면 한갓 조종의 법에 얽
매여서는 안 될 것입니다.129)

　이에 대해 같은 자리에 있던 정광필은 "成王·康王 같은 군주나 周
公·召公 같은 신하가 아니라면 更張하는 일을 어떻게 쉽게 할 수 있
겠느냐"고 반박하자 조광조는 '주공·소공의 마음이 없다고 미리 예단
해서는 안 된다'고 대응하였다.130) 훈구 계열의 이러한 반발에 직면하
여 조광조 등은 역시 조종법제를 마구 변란시키자는 것이 아니라 '因
時損益', '斟酌時宜'하자는 것이라고 한발 물러서기는 하였지만 變通
에 대한 소신을 굽힌 것은 아니었다.131)

---

129) 『中宗實錄』 권29, 中宗 12년 丁丑 8월 辛亥, 15-308, 15ㄴ, "(趙)光祖曰 雖古
　　昔帝王之事 猶可取則 況近代祖 有宗之法乎. 然其間有更張之道 不可輕忽
　　也. 三代以下 如成湯之君 不可得矣. 不至於成湯之聖 則其規模設施 豈盡得
　　其要乎. 後嗣子孫 有有爲之君 則不可泥於祖宗未定之制 而莫之行也. 若能
　　行祖宗未擧之事 則尤增光于前烈矣. 徒守祖宗之制 而不能恢弘祖烈 則是與
　　構家不修飾者 同矣".
130) 『中宗實錄』 권29, 中宗 12년 丁丑 8월 辛亥, 15-308, 15ㄴ, "(鄭)光弼曰 更張
　　之事 君非成康 臣非周召 則何能易爲. (趙)光祖曰 今之大臣 以周召之心爲
　　心 則資品雖有等級 豈不爲周召之事乎. 下之責望 不可以不及周召爲心 上
　　之期望 亦不可以無周召爲心也".
131) 『中宗實錄』 권32, 中宗 13년 戊寅 2월 己卯, 15-396, 6ㄱ, "參贊官趙光祖曰
　　金科玉條 當遵守勿失 如有膠固 則當變而通之 此不可謂變改也. 祖宗之良
　　法美意 紛亂變更 方可謂之變改也. 大抵識其勢與機而爲之 不然徒變亂先王
　　之法 則不至於喪敗者 幸矣. 又有合於古 而不合於今 則亦當因時損益也. 掌
　　令柳沃曰 祖宗之法 當遵守不可輕改. 然時異事殊 斟酌時宜 有所更張 則不
　　可謂之變法也".

　조정에서 사림 계열의 變通論에 반발한 것은 鄭光弼이 대표적이었지만 사림 계열에 의해 탄핵의 대상이 되었던 것은 張順孫과 曹繼商이었다. 이들은 아마도 이를 이유로 사림 계열을 배척하는 士禍를 꾸미다가 배척받았던 것 같다.[132] 이로 인해 이들은 결국 罷職되어 조정을 떠났다가 기묘사화 이후에야 조정에 돌아올 수 있었다. 이들이 기묘사화를 일으키는 데 가담하였으리라는 것은 쉽게 예상할 수 있는 일이다.

　넷째, 己卯士林은 變通論의 연장선상에서 土地改革論을 제기하였다는 점이다.[133] 16세기에 들어서면서 토지겸병과 이로 인한 사회경제상의 문제는 가일층 만연하였다. 이 시기에는 收租地 分給이 중단되어 가고 田主權도 현저히 약화되어 양반지배층의 토지소유에 대한 욕구는 더욱 절실하여졌다. 이 시기에 토지겸병을 주도하는 층은 勢家·兩班官僚, 富商大賈 및 品官·土豪 등이었다. 특히 品官·土豪 등 在地勢力들의 토지 집적은 괄목할 정도로 번져갔다.[134] 당시에 이러한 土地兼幷의 성행과 賦稅不均의 극심, 佃戶農民·沒落農民의 확대, 末業人口의 증가, 그리고 도적의 치성 등 이 모두는 농업 피폐와 농촌 파탄의 요인이었고, 自營小農 經營과 地主制의 균형 위에서 운영하고자 하였던 봉건국가의 존립을 위협하는 심각한 현상이 아닐 수 없었다.

　이에 대한 문제제기는 중종 10년 申用漑에 의해 처음 이루어졌다. 신용개는 우리나라는 田土가 不均하여 富者는 白餘結에 이르나 貧者는 一畝의 田地도 없는 실정이라고 토지소유의 不均을 지적하고, 옛날 井田制는 시행할 수 없다면 限田이라도 시행하자고 제안하였다.[135]

---

132) 『中宗實錄』 권33, 中宗 13년 戊寅 5월 庚申, 15-443, 30ㄴ.

133) 李景植, 「朝鮮前期의 土地改革論議」, 『韓國史硏究』 61·62, 1988 ; 金泰永, 「朝鮮前期의 均田·限田論」, 『國史館論叢』 5, 1989 ; 李景植, 『朝鮮前期土地制度硏究Ⅱ-農業經營과 地主制』, 1998, 473~495쪽 참조.

134) 李景植, 앞의 책, 1998, 473쪽.

135) 『中宗實錄』 권21, 中宗 10년 乙亥 2월 庚子, 15-57~8, 52ㄴ~53ㄱ.

그리하여 이 限田論에 대한 논의는 중종 12년 7월에 가서 대대적으로 진행되었고, 중종 13년 2월에서 5월까지 다시 계속되어 일단 결말을 보게 되었다.[136]

限田論은 신용개가 제안한 이래 金銶, 鄭譍, 奇遵, 朴遂良, 柳成春, 權橃, 鄭順朋, 柳沃 등 士林 계열 관료들이 적극 호응하였다. 주목되는 것은 이것이 變通論의 연장선상에서 제기되고 있다는 점이다. 柳成春과 朴遂良이 地主들의 원망에도 불구하고 均田制를 시행하면 良民은 혜택을 입을 것이라고 말하자 중종이 지금은 시행할 수 없다고 반대하는 것에 대하여 권벌은 "고금의 법은 오래되면 반드시 폐가 생기는 것인데 어찌 해보지도 않고 미리 말류의 폐단만을 생각하느냐"는 반박은 그것을 잘 보여준다.[137]

중종대 한전논의는 결국 한전의 상한을 50결로 제한하는 것으로 귀결되었지만 실제로는 이것도 지켜지지 않았다. 이것은 결국 中小地主의 대지주로의 성장을 한층 용이하게 하고 이들을 巨大地主나 이 규모로 성장하려는 大地主들을 토지겸병의 압박에서 보호하는 시책으로 작용하는 선에서 멈추는 것이었다.[138] 己卯士林은 이에 대하여 매우 비판적 인식을 보여주었다. 奇遵이 '50결을 가진 백성이 어디에 있느냐'고 반발하였고, 鄭順朋은 10결을 가진 사람도 드물다고 비판하면서 이로 인해 貧富가 不均해진다고 탄식하였다.[139] 이것은 己卯士林이 당시 확대 일로에 있던 地主佃戶制에 일정하게 제한을 가함으로써 地主制와 自營小農 經營의 균형 위에서 國家를 운영하고자 하였음을 보여준다.[140]

136) 李景植, 앞의 책, 1998, 479쪽.
137)『中宗實錄』권33, 中宗 13년 戊寅 5월 乙丑, 15-445, 35ㄱ.
138) 金泰永, 앞의 글, 1989, 136쪽 ; 李景植, 1998, 앞의 책, 488~490쪽 참조.
139)『中宗實錄』권36, 中宗 14년 己卯 7월 癸巳, 15-550~1, 34ㄴ~35ㄱ.
140) 중종대 토지개혁 논의에 趙光祖가 참여한 기록은 나와 있지 않지만 그도 같은 입장이었던 것으로 보는 것이 온당할 것 같다. 그가 保民과 安民을 강조

다섯째, 정국 운영과 관련해서는 大臣權 강화를 지향하였다는 점이다. 이것은 조광조의 다음과 같은 말에서 분명히 알 수 있다.

政治와 教化는 마땅히 議政府로부터 나와야 합니다. 근래 臺諫이 政令을 建白하는 일이 많은데, 이것이 비록 부득이한 일이었다고는 하더라도 그들의 임무는 아닙니다. 議政府와 六曹가 國事를 논의하고 분발하여 修擧함으로써 大事는 啓稟하고 小事는 自決함이 옳습니다. 臺諫은 闕失에 대해 糾察만 하면 됩니다.141)

여기서 조광조는 政令을 建白하는 것이 臺諫의 임무가 아니라 大臣의 임무임을 분명히 하고 있다. 臺諫은 관리의 비리를 규찰하는 것이 주된 임무라는 것이다. 주목되는 것은 조광조가 變通論의 시행 주체를 대신으로 설정하고 있다는 점이다. 그것은 앞서 인용한 부분에서도 국정에 대하여 '隨宜斟酌하여 運用하는 일은 모두 의정부의 책임이다'고 말하는 것에서 알 수 있다. 그가 이에 앞서 '法의 變改는 三公六卿이 할 일이다'고 말하는 것과 일맥상통하는 주장이었다.142)

조광조는 앞서 朴祥 등을 구원한 것에서 볼 수 있는 바와 같이 朱子學 義理論에 입각하여 言路를 개방해야 한다고 주장하였지만 公論이 臺諫에게 있는 현실에 대해서는 분명하게 비판하였다.143) 그리고 大臣

하고, 공납제의 폐단을 지적하는 것을 보면 미루어 짐작할 수 있는 일이다. 『靜菴集』권3,「參贊官時啓五」, 叢刊 22-34, 17ㄴ, "我國田稅 三十之一 而貢物則過多 以此民生日困. 經費之用 量宜裁減 然後庶可安民矣";「參贊官時啓六」, 叢刊 22-34, 18ㄱ, "今觀各邑之貢 土産不均 又皆防納 一升之納 徵以一斗 一匹之納 徵以三匹 因循積弊 至於此極 朝廷豈不爲生民計也".

141) 『靜菴集』권4,「復拜大司憲時啓八」, 叢刊 22-43, 14ㄱ.
142) 『靜菴集』권4,「大司憲時啓二」, 叢刊 22-40, 7ㄴ, "法之變改 三公六卿之所爲也. 若法司則只爲糾察而已".
143) 『靜菴集』권4,「復拜大司憲時啓三」, 叢刊 22-42, 11ㄴ~12ㄱ, "後世大臣則不然 不能主張公論 而歸之臺諫 大臣過於包容 臺諫過於峻絶 因此有相異之弊矣".

責任論을 제기하였다.[144] 위로는 君主를 감동시키고 아래로 백성을 감화시키는 것이 대신의 책임이라는 것이다. 그래야 三公, 六卿, 百官으로 이어지는 조정의 위계 질서가 바로 잡힐 것으로 보았다.

그리고 조광조는 이처럼 대신이 책임을 다해서 조정의 위계질서가 바로 잡혀야만 王權이 강화될 수 있다고 보았다. 만약 대신이 이러한 역할을 다하지 못한다면 君主는 아무런 일도 할 수 없게 된다는 것이다.[145] 조광조는 이렇게 하여 강화된 王權을 바탕으로 變通論을 군건하게 실천에 옮겨야 된다고 보고 있었다.[146]

조광조에게서는 朱子學 義理論에 입각한 君主聖學論과 大臣論, 王權論이 變通 指向 經世論과 밀접하게 결합되어 있었다. 조광조와 기묘사림은 이러한 사상에 입각하여 地主制와 自營小農 經營이 균형을 이루는 방향에서 국가 체제를 개혁하고자 하였던 것으로 보인다. 그러나 실제 정국 운영은 '政歸臺閣'의 형세를 벗어나지 못하였다.[147] 훈구 대신들은 이들의 變通論에 동조하지 않았을 뿐만 아니라 정국 운영에 책임을 지려고 하지 않았으며, 중종도 점차 조광조 일파에게 의심의 눈초리를 보내고 있었다. 사화의 기운이 무르익어 가고 있었던 것이다.

조광조 일파의 變通 指向 經世論은 賢良科와 靖國功臣 僞勳削除 문제에서 勳舊 계열의 대대적인 반격에 직면하게 되었으며, 이에 동조

---

144) 『靜菴集』 권4, 「大司憲時啓四」(己卯 3월), 叢刊 22-40, 8ㄱ, "大臣聞人之善 若己有之 休休然有樂善之誠 則百執事 各恭其職 奔走無暇矣. 上以感動人主 下以感化百姓者 責在大臣. 大臣誠能協心 與其爲善 而正其不善 三公正 六卿 六卿正百官 則百僚師師 而朝廷淸明矣. 故大臣必得老成人 可也".

145) 『靜菴集』 권4, 「復拜大司憲時啓八」, 叢刊 22-43, 14ㄱ~ㄴ, "政府統率百司 猶人之元氣也. 爲三公者 以一國之事 皆置于胸懷 密勿圖之 可也. 若政府委靡 則猶無元氣也. 人君雖欲有爲 其能獨運乎".

146) 『靜菴集』 권3, 「檢討官時啓四」, 叢刊 22-26, 2ㄱ~ㄴ, "祖宗舊章 雖不可猝改 若不合於今者 則亦可變而通之. 當於燕閒之中 不拘常例 召對大臣或侍從 論議其可否 可爲之事 則斷而行之 可也."; 「檢討官時啓五」, 叢刊 22-26, 2ㄴ, "人君於可爲之事 則當以剛健行之".

147) 金燉, 앞의 책, 1997, 163~164쪽 참조.

한 中宗에 의해 기묘사화가 빚어졌다고 생각된다.148) 大明律 奸黨條
의 '交結朋黨'이 이들에 대한 처벌의 가장 직접적 이유였는데, 기묘사
화 이후의 논의 과정을 보면 '舊章變亂' 또한 중요한 이유였음을 알 수
있다.149) 훈구 계열 대신들이 성종조 체제의 복구에 중점을 두었다면
조광조 일파는 그것을 넘어서 당시 확대 일로에 있던 地主制를 제한하
고 自營小農 經營을 유지 강화시키는 방향에서의 變通이 필요하다는
입장이었다. 그런데 사화로 이들이 처벌됨으로써 이후 사림 계열에서
變通論的 指向은 점차 소멸되어 갔다.

그러나 朱子學 義理論 그 자체는 직접적 공격 대상이 아니었으므로
이후 기묘사림에 대한 소통 논의는 지속적으로 제기되었다. 집권층 내
부에서는 이것을 권력 장악에 이용하는 경우도 생겼다. 金安老 일파가
'己卯名賢' 소통을 그들의 권력 장악을 위한 발판으로 이용한 것이 그
것이다.150) 그러나 朱子學 義理論에 입각한 政治論이 당시의 정치 현

148) 己卯士禍에 대하여 와그너 교수는 조광조와 그 일파가 三司를 거점으로 삼
고 공통의 理念에 의해 朋黨을 형성하여 배타적으로 국가를 운영하려 했기
때문에 중종이 숙청을 승인하여 발생한 것으로 인식하였다(와그너, 앞의 글,
1980, 155쪽). 사화를 주도한 '旣成勢力'은 아마도 靖國功臣을 지칭한 듯하다.
李秉烋 교수는 "사림파의 성장과 그에 따른 일련의 개혁에 불안을 느낀 공신
및 비공신계 훈구파의 연합세력"(李秉烋, 앞의 책, 1984, 206쪽)이 僞勳削除
사건을 계기로 하여 일으키 사건(이병휴, 앞의 글, 『한국사』 28, 국사편찬위원
회, 1996, 197·256쪽)이라고 하였다. 崔異敦은 "郎官權의 형성이 야기한 정
치구조의 변화를 제지하려는 움직임"이 己卯士禍라고 하였다(崔異敦, 앞의
책, 1994, 145쪽). 高英津은 鄭光弼 등 대신과 예조의 전문관료들을 중심으로
『朱子家禮』의 부분적 시행을 주장하는 '國朝五禮儀派'와 趙光祖를 위시한
신진사류들을 중심으로『朱子家禮』의 완전한 시행을 주장하는 '古禮派'의 대
립이 기묘사화의 한 원인이 되었다고 보았다(高英津, 『조선중기 예학사상
사』, 한길사, 1995, 52쪽, 61쪽). 金燉은 "言官權의 지나친 비대화에 따른 王
權·宰相權의 대대적인 반격"이 기묘사화라고 하였다(金燉, 앞의 책, 1997,
173쪽).
149) 『中宗實錄』 권37, 中宗 14년 己卯 11월 己未, 15-588, 34ㄴ~37ㄴ.
150) 金燉, 앞의 책, 1997, 192쪽.

실 속에서 구현되지 못하는 가운데 정국 운영은 표류할 수밖에 없었으
며, 權臣·戚臣이 등장할 빌미를 주었다. 金安老 일파가 집권한 다음
에는 표변하여 '己卯名賢'의 소통에 반대한 것은 그것을 말해준다.

기묘사림에 대한 소통이 난항에 부딪히자 사림 계열들은 朱子學 義
理論과 變通論을 분리하여 이들을 구원하고자 하였다. 중종 28년에 具
壽聃이나 李浚慶의 기묘사화에 대한 평가에서 그것을 알 수 있다. 당
시 탐오의 풍습이 만연한 조정의 폐습을 거론하는 夜對 석상에서 檢討
官 具壽聃은 己卯士林의 본심이 염치와 학문을 숭상하여 마음을 다스
림으로써 모든 것을 올바르게 하고자 했던 것에 불과하다고 주장하였
다. 다만 그들은 古事만을 알고 時宜를 알지 못하여 모든 것을 과격하
게 처리하다가 인심을 격발하기에 이르러 일을 그르쳤기 때문에 論罪
되었다는 것이다.[151] 같은 자리에 있던 李浚慶도 이에 동조하면서 "당
초 그 사람들이 그르다 하여 폐단을 지나치게 바로잡은 것이 도리어
폐단이 되어 마침내 권간이 뜻을 얻고 거리낌없이 방자한 행동을 일삼
다가 끝내는 법률의 저촉을 받게 되었다"고 權臣의 등장을 연관시켜서
논계하였다. 이들이 결국 대신의 논박을 받고 파직되는 것을 보면 사
림 계열이 朱子學 義理論 자체를 유지하는 것도 당시에는 힘겨운 상
황이었음을 알 수 있다.[152]

그러나 김안로 일파가 축출된 이후 중종 32년 11월에서 39년까지 趙
光祖·金淨·金湜·奇遵 등 4인을 제외한 '己卯名賢'은 전면적으로
소통되었다. 여기에는 儒生들의 상소가 중요한 역할을 하였다. 중종
32년 12월 성균관 진사 李沖南 등은 己卯士林의 소통을 權臣 정치와

---

151) 『中宗實錄』 권74, 中宗 28년 癸巳 11월 甲寅, 17-486, 38ㄱ~ㄴ, "檢討官具
壽聃……頃者 士林(指己卯人) 徒知古事 不識時宜 自上從諫如流 自以爲身
逢明主 可以展布所懷 不知酌古准今 凡事過中 至於詭激誤國之事 多矣. 是
以罪其人 而革其習. 然朝廷之間 豈無所傷乎. 其人之本心 不過尙廉恥崇學
問".

152) 金燉, 앞의 책, 1997, 202~203쪽.

대비시켜서 제기하였다.153) 그러나 여기서도 朱子學 義理論에 입각하여 소통의 정당성이 주장되었을 뿐 變通論에 대해서는 그 잘못을 인정하였다. 그리고 대부분의 기묘사림이 소통된 뒤에는 闢異端을 주장하는 상소도 계속되었다.154) 중종 말년에는 性理學의 道統論 입장에서 조광조의 신원을 주장하는 상소도 나왔다.155) 鄭夢周, 吉再, 金宗直, 金宏弼에 이어서 性理學의 道統이 趙光祖로 이어졌다는 주장이었다. 아울러 南袞·沈貞을 죄악의 괴수로 규정하여 討罪할 것을 주장하였다. 그러나 變通論 부분에 대해서는 權奸이 傅會하여 없는 죄를 만들었다고 주장하는 선에서 그치고 있었다.

4. 乙巳士禍와 李彦迪의 道學的 經世論

1) 乙巳士禍 前後 李彦迪 일파의 활동

中宗 말년에서 仁宗을 거쳐 乙巳士禍에 이르는 기간에는 朱子學 義理論이 다시 세를 얻어가는 형국이었다. 유생들의 상소에 힘입어 대부분의 기묘사림이 소통된 중종 말년에 弘文館 副提學 宋世珩 등은 조광조의 義理論과 함께 賢良科에 대해서도 적극적으로 평가하면서 기묘사화에 대한 중종의 책임을 거론하는 상소를 올렸다.156)

중종이 죽고 인종이 즉위한 뒤 3월에는 成均館 進士 朴謹 등이 상소하여 조광조 등의 복권을 청하였다.157) 주목되는 것은 이들의 상소

---

153)『中宗實錄』권86, 中宗 32년 丁酉 12월 丙辰, 18-147~150, 47ㄴ~52ㄱ, 成均館進士 李沖南等 上疏.
154)『中宗實錄』권91, 中宗 34년 己亥 6월 己亥, 18-299~300, 1ㄴ~3ㄱ, 成均館生員 柳禮善等 上疏.
155)『中宗實錄』권103, 中宗 39년 甲辰 5월 丙寅, 19-95~98, 32ㄱ~35ㄴ, 成均館生員 辛百齡等 上疏.
156)『中宗實錄』권102, 中宗 39년 甲辰 4월 乙亥, 19-64~66, 51ㄴ~55ㄱ.

에서 처음으로 '구법을 변경했다'는 조광조 등의 變通論에 대한 해명
이 이루어졌다는 것이다. 이들은 "예로부터 이제까지 법이 제정되면
폐단이 반드시 생기기 마련이므로 三代 때에도 손익하는 제도가 있었
으니, 때에 따라 손익하는 것은 당연한 것이고 고칠 수 없는 것은 오직
三綱五常뿐"이라고 주장하면서 조광조가 三綱五常을 고쳤느냐고 힐
난하였다.

朴謹 등의 상소가 나온 뒤 4월에는 경연석상에서 연일 조광조의 복
권 문제가 거론되었으며,[158] 大司憲 宋麟壽는 과거 위주의 인재 등용
책을 신랄하게 비판하고, 천거제 실시를 제안하는 것과 함께 조광조의
복권을 청하였다.[159] 5월에는 이를 홍문관과 사헌부에서 번갈아 가면
서 상소하였다. 그러나 인종은 선왕의 조처를 마음대로 취소할 수 없
다고 거부하였지만 그들의 주장의 정당성은 인정하였으며, 결국 죽기
직전에 조광조 등의 관직을 회복시키고, 현량과 급제자도 다시 등용하
라고 명하였다.[160]

인종이 죽고 명종이 즉위하자 사림 세력에 호의적이었던 大尹 세력
은 위축되고, 명종의 외척 세력인 小尹 세력이 득세하였다.[161] 명종이
즉위하자마자 소윤 세력은 尹任을 비롯한 인종의 외척 세력을 제거하

157)『仁宗實錄』권1, 仁宗 元年 乙巳 3월 乙亥, 19-210~212, 63ㄴ~67ㄱ.
158)『仁宗實錄』권2, 仁宗 元年 乙巳 4월 乙未, 19-219~221, 5ㄱ~8ㄴ.
159)『仁宗實錄』권2, 仁宗 元年 乙巳 4월 乙巳, 19-227~230, 21ㄱ~26ㄴ.
160)『仁宗實錄』권2, 仁宗 元年 乙巳 6월 庚申, 19-255, 77ㄴ.
161) 이하 명종대 정국동향에 대해서는 다음을 참조. 李秉烋,「中宗・明宗代 權臣
・戚臣政治의 推移와 晦齋의 대응」,『李晦齋의 思想과 그 世界』, 성균관대
학교 대동문화연구원, 1992, 271~315쪽 ; 李佑成,「乙巳士禍의 一考察」, 위
의 책, 1992, 317~343쪽 ; 崔異敦, 앞의 책, 1994, 173~191쪽 ; 이재희,「조선
명종대 '척신정치'의 전개와 그 성격」,『韓國史論』29, 서울대학교 국사학과,
1993 ; 李秉烋,「사림세력의 진출과 사화」,『한국사』28, 국사편찬위원회,
1996, 198~204쪽 ; 金燉, 앞의 책, 1997, 233~300쪽 ; 李秉烋,『朝鮮前期 士
林派의 現實認識과 對應』, 一潮閣, 1999 ; 金宇基,『朝鮮中期 戚臣政治 研
究』, 集文堂, 2001.

면서, 아울러 이들과 함께 조광조의 복권과 현량과의 부활을 주장하던
사림 세력을 대대적으로 숙청하였다.[162] 이것이 소위 乙巳士禍였다.
이때 사화의 주동자였던 李芑는 科擧에 비하면 현량과는 부정한 것이
라 하고, 인종의 유언이라는 것도 윤임이 꾸며낸 것이므로 믿을 수 없
다면서 혁파를 청하자 尹仁鏡이 동조하여 혁파되었다.[163]

명종 5년 7월 경연석상에서 시강관 尹玉은 을사사화에 이은 일련의
사건이 모두 기묘년 조광조 일파의 잘못에서 비롯되었다고 주장하였
다. 이들은 時宜를 알지 못하고 "조종의 구법을 하루아침에 가벼이 고
치려고 하여 老成한 신하들을 모두 다 쫓아내었다"고 비판하면서, 중
종 말년 사림의 등장과 조광조 복권 운동으로 인하여 조정이 문란하게
되었으므로 을사년의 사태는 불가피하였다는 것이다.[164] 이들은 을사
년의 죄인들을 모두 '己卯 黨類'로 규정하였다. 명종대 戚臣政治期에
는 變通論을 빌미로 삼아서 朱子學 義理論者들을 숙청하고 있었던 것
이다.

중종대 金安老의 정계 복귀를 반대하다가 김안로 일파에 의해 탄핵
받고 7년이나 향리에 폐고된 경험을 갖고 있던 李彦迪은 김안로 실세
이후 중앙 정계에 다시 진출하자 매우 신중한 처신을 보여, 당시 조야
에서 일어나고 있던 조광조 신원 운동에 개입하지 않았다. 그런 가운
데 그의 관직은 순조로운 승진을 거듭하여 인종 즉위 후에는 左贊成에
까지 올라 인종이 죽자 院相이 되었다. 명종 초 그의 활동도 매우 소극
적인 것에 머물러 있었다. 영의정 尹仁鏡, 좌의정 柳灌, 우찬성 權橃,
우참찬 申光漢 등과 함께 임금이 처음 즉위하였다 하여 올린 10개 조
항의 경계문의 내용도 지극히 평범한 내용이었으며,[165] 어린 왕에게
孝悌의 도리를 기르기 위해 『小學』을 講學하게 해야 한다는 것 정도

---

162) 정두희, 앞의 책, 2000, 284~285쪽.
163) 『明宗實錄』 권2, 明宗 卽位年 乙巳 10월 己亥, 19-350, 62ㄱ.
164) 『明宗實錄』 권10, 明宗 5년 庚戌 7월 戊申, 19-709, 60ㄱ~ㄴ.
165) 『明宗實錄』 권1, 明宗 卽位年 乙巳 7월 乙酉, 19-275~6, 22ㄱ~24ㄱ.

에 그쳤다.166)

이언적은 명종 즉위 초에 權橃과 함께 文定王后의 수렴청정을 주장하였으며, 乙巳士禍의 출발점이 된 忠順堂 引對에 참여하였고, 을사사화 뒤에는 申光漢과 함께 衛社功臣 3등에 책록되었다.167) 이러한 그의 신중한 처신도 戚臣政治의 예봉을 피해가기는 어려운 일이었다. 결국 良才驛 壁書事件에 연루되어 極邊安置에 처해져서, 유배지인 강계에서 생을 마감하고 말았다.168) 戚臣政治와 士林 계열 관인들의 朱子學 義理論은 양립할 수 없었던 것이다. 그러한 상황에서 이들에게 變通論까지 주장할 것을 요구하는 것은 무리한 일이었는지도 모른다.

2) 李彦迪의 修身 爲主 經世論

李彦迪 역시 조광조와 같이 君主聖學을 강조하였다.169) 그러나 그는 조광조에 비해 君主修身論에 보다 큰 비중을 두었으며, 變通과 更張, 즉 制度改革에 대한 관심은 보이지 않는다. 이언적은 정치의 근본이 군주의 心術에 있음을 누누이 강조하였다. 군주가 심술을 바르게 갖기만 하면 '앉아서 百官과 衆職의 成功을 거둘 수 있다'고까지 말하였다.170) 그가 말하는 심술을 바르게 갖는다는 것은 다름이 아니라 '天

---

166) 『明宗實錄』 권1, 明宗 卽位年 乙巳 7월 辛巳, 19-272, 15ㄴ～16ㄱ.

167) 李佑成, 앞의 글, 1992, 331～335쪽 ; 『晦齋集』, 「晦齋年譜」, 叢刊 24-493, 13ㄱ～14ㄱ.

168) 李秉烋, 앞의 책, 1999, 396～397쪽.

169) 이하 이언적의 思想에 대해서는 다음 논저를 참조. 성균관대학교 대동문화연구원, 『李晦齋의 思想과 그 世界』, 1992 ; 金鎔坤, 「朝鮮前期 道學政治思想 研究」, 서울대학교 박사학위논문, 1994 ; 黙民記念事業會 編, 『晦齋 李彦迪의 哲學과 政治思想』, 博英社, 2000 ; 김정신, 「朝鮮前期 士林의 '公' 認識과 君臣共治論」, 『學林』 21, 연세대학교 사학연구회, 2000 ; 鄭在薰, 「朝鮮前期 儒敎政治思想 研究」, 서울대학교 박사학위논문, 2001.

170) 『晦齋集』 권7, 「一綱十目疏」, 叢刊 24-420, 7ㄱ～ㄴ, "盖爲治之要 其綱有一 其目有十. 綱者 體也 出治之本也. 目者 用也 制治之法也. 一綱擧 則十目無

理之公'을 따라서 '人欲之累'가 없는 것에 불과하였다. 朱子學 修養論
의 핵심인 '存天理 遏人欲', 그것을 말하고 있었다. 그런데 그 방법으
로서 이언적이 제시한 것이 바로 聖學＝帝王之學이었다. 따라서 帝王
之學은 心學이 근본이고 窮理正心 이외의 것이 될 수 없었다. 그는 이
것을 制度文物에 대비시키면서 '制度文物之繁'은 한가한 때 틈틈이
보면 되는 것이지 專精講究할 필요까지는 없다고 주장하였다.[171] 여기
서 이언적이 制度의 변동에 관심을 갖고 있지 않음을 분명하게 알 수
있다. 이것은 조광조가 朱子學 義理論의 연장선상에서 變通과 更張을
강조하고 있는 것과 분명한 차이를 드러낸다.

  그리고 이언적이 경세론에서 주로 거론하고 있는 것도 대개는 修身
의 연장선상에 있는 것들이었다. 그가「一綱十目疏」에서 제시한 열 가
지 세목 중 嚴家庭에서는 宮禁이 해이해진 것을 논하고 養國本에서
세자의 훈육을 논한 것, 奢侈를 경계한 것, 幾微를 살피는 것 등은 모
두 군주의 개인적 修身의 연장선상에 있는 것으로 볼 수 있다.『大學』
에서 말하는 治國에 해당되는 正朝廷, 廣言路, 愼用舍, 順天道, 正人
心 등에서도 道學에 근거하여 그 當爲性만이 반복해서 강조되고 있을
뿐, 대신과 대간이 충돌하거나 대간과 초야의 공론이 충돌할 때는 어
떻게 해야 하는지, 인재 등용에서 붕당적 행태가 왜 나타나는지, 왜 稅

不張矣……何謂一綱. 人主心術是也. 庶政之繁 萬民之衆 而其理亂休戚之幾
未有不本於人主之心者. 故人主之心正 則萬事理人心順 而和氣至……思昔
聖人在位 體天出治 方寸之地 正大光明 純乎天理之公 而無人欲之累. 故自
微至著 由內及外 洞然無有私邪之蔽 而紀綱立於上 敎化明於下……但見虛
明之地 廓然大公 儼然至正 泰然行其所無事 而坐收百官衆職之成功 臣所謂
易簡之道者 如斯而已".

171)『晦齋集』권7,「一綱十目疏」, 叢刊 24-421, 9ㄱ, "殿下有志堯舜之道 而至於
經幄進講 則不以三代以上聖經賢傳爲本 而每取末世所輯 編帙浩繁 未易究
竟之書進讀. 如此等書 詳於制度文物之繁 而至於聖人明誠之旨 精一之要
蓋有未備焉. 人主但當置諸左右 淸閑之燕 時加省閱 以究古今制作規模之得
失 可也 不必專精講究於經幄之中也".

斂이 繁重해지고 流亡이 歲增하는지, 왜 풍속이 나빠지고 敎化가 행해지지 않는지 등등에 대한 구조적 통찰은 찾아보기 어렵다. 더구나 『大學』의 治國에 해당되는 이 항목들에 대해서 대부분 군주의 心術을 바르게 하는 것으로 궁극적 처방을 삼고 있었다. 이렇게 보면 道學的 經世論이란 군주의 心術을 바르게 한다는 君主修身의 道德的 차원으로 모든 현실 문제를 환원시키고 있음을 알 수 있다.

10목 중 유일하게 修軍政 항목에서 步兵이 騎兵보다 役이 고된 데도 保人이 둘뿐이고, 水卒의 역은 步兵보다 고된 데도 保人이 하나뿐이라서 保人이 이를 버티지 못하고 도망하면 隣族에게 督徵하게 되므로 인족이 또 도망하고 한 고을이 파산한다고 지적하여서 제도적 모순에 대한 통찰을 보여주었다. 여기서는 이언적도 단호하게 '隨時損益'하여 '救世濟民'해야 한다고 주장하면서 '因循膠固하여 更革以救之'하지 않는다면 십 년이 못 가서 보병과 수졸이 남아나는 자가 없을 것이라고 단언하였다.[172] 그러나 여기서도 군사들에게 親上死長之心을 갖게 하기 위해서는 孝悌와 禮義에 의한 敎化가 근본임을 길게 논하고 있으며, 당시의 '民窮財盡'에 대해서는 '守靜以施仁'의 차원에서 '蠲稅貢減逋負'를 건의하는 선에서 그치고 있다.

그래도 이언적의 경세론 중에서 중종 말년에 나온 「一綱十目疏」와 「弘文館上疏」[173]에는 그나마 당시의 현실에 대한 관찰에 기초하고 있었다. 그런데 을사사화를 겪고 난 뒤에 나온 「丙午春箚子」[174]와 그것을 확대 부연하여 유배지에서 작성한 「進修八規」[175]에서는 현실에 대한 분석은 사라지고 心學에 근거한 道德 修養 準則들로 가득 채워졌다. 여기서 이언적은 1) 明道理, 2) 立大本, 3)體天德, 4) 法往聖, 5) 廣聰明, 6) 施仁政, 7) 順天心, 8) 致中和를 논하고 나중에 9) 養國本 항

---

172) 『晦齋集』 권7, 「一綱十目疏」, 叢刊 24-428~9, 24ㄴ~25ㄱ.
173) 『晦齋集』 권12, 「弘文館上疏」(辛丑 4월), 叢刊 24-464~472, 1ㄱ~17ㄴ.
174) 『晦齋集』 권10, 「丙午春箚子」, 叢刊 24-449~452, 1ㄱ~7ㄴ.
175) 『晦齋集』 권8, 「進修八規」, 叢刊 24-432~443, 1ㄱ~24ㄴ.

목을 추가하고 있는데, '君主一心 萬化之源'이라는 동일한 원칙을 항목을 달리하여 강론한 것에 불과하였다. 이언적의 경세론이 이처럼 변모된 원인 중의 하나에 乙巳士禍라는 정치적 박해가 자리잡고 있다고 보지 않을 수 없는 소이가 여기에 있었다.

5. 맺음말

본고에서는 朝鮮前期 勳舊 세력과 士林 세력 사이에 정치적 갈등이 일어난 배경으로서 朱子學 政治論의 작용에 주목하였다. 南宋代 완성된 주자학은 麗末鮮初에 도입되어 集權的 封建體制를 재편·강화시키는 이데올로기로서 기능하였지만, 15세기에는 봉건국가 체제의 정비에 주력하는 가운데 완전히 정착되지는 못하였다. 成宗代에는『經國大典』체제가 완성되는 것과 함께 그것의 모순이 노출되기 시작하였으며, 兩班 官人들의 경제적 기반이었던 收租權 分給制가 점차 약화 소멸되어 가는 과정에서 地主制가 확대 발전되어『經國大典』體制가 전제하고 있던 地主制와 自營小農 經營과의 균형이 깨지기 시작했다. 이것은 결국 封建國家의 운영 방안을 두고 지배층 내부의 분열과 대립을 격화시켰다. 이러한 객관적 조건 아래 '勳舊' 세력과 '士林' 세력의 정치적 갈등은 朱子學 義理論의 수용 여부 내지 그 범위를 두고 표출되었던 것이다.

이 시기 士林 세력 정치 공세의 특징은 朱子學的 名分論과 義理論을 王室의 특정인에 대한 義理와 관련시켜 제기하였다는 점이다. 成宗代 제기된 昭陵復位論이나 中宗代의 愼氏復位論 등은 그 대표적 사례였다. 사림 세력은 이러한 왕실의 특정인에 대한 의리론을 내세우면서 정국의 주도권을 장악하고자 하였다. 이것은 人倫說과 綱常論이라는 儒敎·朱子學의 가장 보편적인 논리에 기초하여 자신들의 정치적 주장을 합리화하고 朱子學的 名分論과 義理論을 정착시키려는 독특한 양상으로 생각된다.

그 과정에서 朱子學 政治論과 정치 현실 사이에 모순이 노출되기 시작하였다. 名分論과 義理論에 기초한 朱子學 政治論은 궁극적으로 在地士族의 입장을 반영하여 君主權이 행사되는 것을 지향하였다. 그것은 이 시기에 君主聖學論으로 집약되었으며, 官人 儒者들의 政治 言論을 통하여 극단적인 형태로 표출되었다. '權歸臺閣', '政出多門', '朋黨的 행태의 등장' 등은 그러한 모순된 현실을 표현하는 말들이었다. 이는 결국 專制君主權을 견제하는 이론으로 작용하였는데, 君主가 동의하지 않을 경우 파행적 정치 현상이 나타나는 것을 막기 어려웠다. 이것이 戊午·甲子士禍의 발생 배경이었다.

이러한 모순된 정치 현실에 대하여 朱子學 義理論과 朋黨的 정치 행태에 초점을 맞추어 勳舊 세력이 士林 세력을 제거하려 한 것이 戊午士禍였으며, 그 이후에도 君主聖學論에 의거한 三司 言論이 계속되어 '政出多門'의 형세가 조성되고 君主權을 견제하려는 흐름이 멈추지 않자, 이에 대한 燕山君의 불만이 生母 尹氏의 廢妃 사건을 기화로 폭발한 것이 甲子士禍였다. 甲子士禍 이후 연산군에 의해 자행된 폭정은 儒敎·朱子學에 의한 君主權 견제의 족쇄가 풀어질 경우 초래될 수 있는 파행적 정치 행태의 극단을 보여 주었다.

中宗反正 이후 戊午士禍의 도화선이 되었던 昭陵復位論이 中宗代 초기 정국에서 실현되는 과정은 朱子學 義理論이 확대되는 형태로 진행되었으며, 그에 입각하여 變通論이 제기될 수 있는 발판이 되었다는 점에 그 의의가 있었다. 이어서 제기된 廢妃 愼氏 復位 論爭은 조광조 일파가 정국 주도권을 장악하는 계기가 되었다. 이 두 논쟁은 朱子學 義理論이 당시 정국에서 갖는 先導性을 유감없이 발휘한 논쟁이었다고 생각된다.

그리고 愼氏 復位 論爭 과정에서는 朱子學 政治論이 현실 정치와의 사이에 빚어낸 모순에 대한 주의가 환기되기도 하였다. 權歸臺閣, 政出多門에 대한 安瑭의 문제제기가 바로 그것이었다. 이후 정국 주도권을 장악한 己卯士林은 그에 대한 나름대로의 해결책으로서 大臣 責任論을 제기하여 臺諫의 임무를 官吏 규찰이라는 본연의 임무로 제한함으로써 三公·六卿과 百官으로 이어지는 조정의 위계 질서를 바로잡아서 君主權을 강화시킬 것을 구상하였다. 그리하여 이들에게서는 朱子學 義理論에 입각한 君主聖學論과 大臣論, 王權論이 變通 指向 經世論과 밀접하게 결합되어서 나타났다.

그와 함께 己卯士林에 의해 다양한 활동이 變通의 차원에서 전개되었다. 宮中 女樂이나 內需司 長利와 같은 왕실 내부의 전통적 인습을 혁파하는 것, 忌晨齋 혁파나 昭格署 폐지와 같은 闢異端 운동, 陵寢朔望祭 및 原廟制 改革論, 中宗繼妃 納妃禮時 廟見禮 실시론 등과 같은 禮制 改革 운동, 賢良科와 같은 과거제도 개혁론 및 土地制度 改革論 등이 모두 變通의 차원에서 논의되었다. 심지어는『小學』보급 운동이나 鄕約 보급 운동을 변통의 차원으로 인식한 논자도 있었다.

그리고 이처럼 개혁이 추진되는 가운데 變通論 자체가 첨예한 정치적 쟁점이 되었다. 훈구 세력은 祖宗法制는 함부로 고쳐서는 안 된다면서 강하게 반발하였던 것이다. 중종 역시 기묘 사림의 집요한 개혁 추구 성향이 오히려 국왕권을 위협하고 있다고 인식하였다. 따라서 현실 정치에서는 '權歸臺閣'에 의한 君主權 선제와 朋黨的 양상을 노출하지 않을 수 없었다. 이것이 기득권 세력인 勳舊 大臣과 국왕의 반발을 불러일으켜, 賢良科 실시와 靖國功臣의 僞勳削除 문제를 계기로 하여 '交結朋黨'과 '舊章變亂'을 이유로 士林세력이 숙청된 것이 己卯士禍였다.

經世論의 측면에서 볼 때 己卯士林 단계까지는 自營小農 經營과 在地士族의 이익을 동시에 추구하는 變通論이 제기되었다. 중종대 기묘사림이 제기했던 土地制度 改革論은 그것의 정점에서 나온 주장이었다. 그러나 乙巳士禍를 전후한 시기의 사림 계열의 경세론에서는 變通論은 약화되고 修身 爲主의 道學的 經世論이 지배하게 된다. 李彦迪의 君主聖學論은 『大學』에서 제시한 修身·齊家뿐만 아니라 治國 그 자체의 문제까지도 군주의 心術을 바르게 한다는 君主修身의 道德的 차원으로 환원시켜서 제기하고 있었다. 乙巳士禍 이후에는 制度改革을 의미하는 更張과 變通을 통하여 당시 국가가 직면한 위기를 극복하려는 지향은 점차 약화되어 가고 있었다. 己卯士禍 이후 조광조 등 己卯士林 소통 논의 과정과 乙巳士禍를 전후한 李彦迪의 경세론의 변화는 바로 기묘사림 단계까지 견지되었던 자영소농의 이해관계를 반영하는 변통론이 약화되고, 성장하는 中小地主의 입장이 주로 관철되는 과정을 반영한 것이었다. 그리고 그것이 朱子學 政治論의 본질이기도 하였다고 생각된다.

결국 朱子學 義理論을 내세우면서 成宗代 등장한 士林 세력의 진보적 역할은 己卯士林 단계에서 의리론의 연장선상에서 自營小農의 보호를 주장하는 變通論을 提論하여 그 정점을 보이다가 己卯士禍 이후에는 勳戚의 정치 공세와 박해에 내몰리면서 義理論 자체를 유지하는데 급급하였으며, 그 과정에서 朱子學 名分論과 義理論을 강조하는 朝鮮朱子學의 독특한 양상이 李彦迪을 거쳐 李滉에 의해 정착되기에 이른 것이었다.

李滉이 趙光祖보다는 李彦迪을 높이 평가한 것은 그가 주로 활동했던 明宗代가 戚臣政治에 의한 정치적 박해가 아직도 맹위를 떨치던 역사적 상황의 산물이었으며, 동시에 그가 朱子學 政治論의 본질에 보다 충실한 학자였음을 의미하는 것이었다. 문제는 그것이 地主制의 확대 발전을 방임하는 가운데 集權的 封建國家의 위기가 심화된다는 데 있었다. 따라서 國家의 위기를 해결하고자 하는 官人 儒者들 사이에서는 趙光祖의 變通論을 재평가하여 현실 문제 해결에 원용하고자 하는 인물이 나오기 마련이었다. 李珥는 그러한 경향을 대표하는 학자였다고 생각된다. 여기에 이황과 이이에 이르러 완성된 朱子學 政治論의 결정체인 君主聖學論의 서로 다른 특징이 나타난 소이가 있었다.[176) 이후 진행된 黨爭에는 이러한 두 경향의 經世論이 상호 대립하는 측면도 반영되면서 진행되었던 것이다.

---

176) 李滉과 李珥 君主聖學論의 차이점에 대해서는 金駿錫, 앞의 책, 2003, 248∼249쪽 참조.

찾아보기

연세국학총서 46
조선 국가의 구조와 경영 1

조선 건국과 경국대전체제의 형성
오 영 교 편

2004년 5월 27일 초판 1쇄 인쇄
2004년 5월 31일 초판 1쇄 발행

펴낸이 · 오일주
펴낸곳 · 도서출판 혜안
등록번호 · 제22-471호
등록일자 · 1993년 7월 30일

⊕ 121-836 서울시 마포구 서교동 326-26번지 102호
전화 · 3141-3711~2 / 팩시밀리 · 3141-3710
E-Mail hyeanpub@hanmail.net

ISBN 89 - 8494 - 220 - 0 93910
값 25,000원